"十三五"国家重点图书出版规划项目
交通运输科技丛书·公路基础设施建设与养护

公路工程斜坡病害防治理论与实践

成永刚 著

人民交通出版社股份有限公司
北 京

内 容 提 要

本书依据公路工程斜坡病害特征，分别对坡面、边坡、崩塌、坡体的病害特征、机理、稳定系数、计算工况、安全系数、勘察等进行了系统性论述，对公路工程斜坡稳定性的定性、定量分析和相应工程防护措施的应用与关键点进行了归纳总结，通过大量实例针对性地对公路工程斜坡病害的防治与抢险原则、方案确定进行了阐述。

本书可供公路、铁路、水利水电等地质灾害防治领域的工程设计、施工技术人员和相关科研人员参考使用。

图书在版编目(CIP)数据

公路工程斜坡病害防治理论与实践 / 成永刚著. —北京：人民交通出版社股份有限公司, 2020.10
ISBN 978-7-114-16357-9

Ⅰ.①公… Ⅱ.①成… Ⅲ.①斜坡—道路工程—灾害防治—研究 Ⅳ.①U417.2

中国版本图书馆 CIP 数据核字(2020)第 032899 号

"十三五"国家重点图书出版规划项目
交通运输科技丛书·公路基础设施建设与养护
Gonglu Gongcheng Xiepo Binghai Fangzhi Lilun yu Shijian

书　　名：	公路工程斜坡病害防治理论与实践
著 作 者：	成永刚
责任编辑：	丁　遥
责任校对：	孙国靖　魏佳宁
责任印制：	张　凯
出版发行：	人民交通出版社股份有限公司
地　　址：	(100011)北京市朝阳区安定门外外馆斜街 3 号
网　　址：	http://www.ccpcl.com.cn
销售电话：	(010)59757973
总 经 销：	人民交通出版社股份有限公司发行部
经　　销：	各地新华书店
印　　刷：	北京市密东印刷有限公司
开　　本：	787×1092　1/16
印　　张：	20.75
字　　数：	505 千
版　　次：	2020 年 10 月　第 1 版
印　　次：	2021 年 3 月　第 3 次印刷
书　　号：	ISBN 978-7-114-16357-9
定　　价：	120.00 元

(有印刷、装订质量问题的图书,由本公司负责调换)

交通运输科技丛书编审委员会
(委员排名不分先后)

顾　　问：王志清　汪　洋　姜明宝　李天碧
主　　任：庞　松
副 主 任：洪晓枫　林　强
委　　员：石宝林　张劲泉　赵之忠　关昌余　张华庆
　　　　　郑健龙　沙爱民　唐伯明　孙玉清　费维军
　　　　　王　炜　孙立军　蒋树屏　韩　敏　张喜刚
　　　　　吴　澎　刘怀汉　汪双杰　廖朝华　金　凌
　　　　　李爱民　曹　迪　田俊峰　苏权科　严云福

总 序

科技是国家强盛之基,创新是民族进步之魂。中华民族正处在全面建成小康社会的决胜阶段,比以往任何时候都更加需要强大的科技创新力量。党的十八大以来,以习近平同志为核心的党中央做出了实施创新驱动发展战略的重大部署。党的十八届五中全会提出必须牢固树立并切实贯彻创新、协调、绿色、开放、共享的发展理念,进一步发挥科技创新在全面创新中的引领作用。在最近召开的全国科技创新大会上,习近平总书记指出要在我国发展新的历史起点上,把科技创新摆在更加重要的位置,吹响了建设世界科技强国的号角。大会强调,实现"两个一百年"奋斗目标,实现中华民族伟大复兴的中国梦,必须坚持走中国特色自主创新道路,面向世界科技前沿、面向经济主战场、面向国家重大需求。这是党中央综合分析国内外大势、立足我国发展全局提出的重大战略目标和战略部署,为加快推进我国科技创新指明了战略方向。

科技创新为我国交通运输事业发展提供了不竭的动力。交通运输部党组坚决贯彻落实中央战略部署,将科技创新摆在交通运输现代化建设全局的突出位置,坚持面向需求、面向世界、面向未来,把智慧交通建设作为主战场,深入实施创新驱动发展战略,以科技创新引领交通运输的全面创新。通过全行业广大科研工作者长期不懈的努力,交通运输科技创新取得了重大进展与突出成效,在黄金水道能力提升、跨海集群工程建设、沥青路面新材料、智能化水面溢油处置、饱和潜水成套技术等方面取得了一系列具有国际领先水平的重大成果,培养了一批高素质的科技创新人才,支撑了行业持续快速发展。同时,通过科技示范工程、科技成果推广计划、专项行动计划、科技成果推广目录等,推广应用了千余项科研成果,有力促进了科研向现实生产力转化。组织出版"交通运输建设科技丛书",是推进科技成果公开、加强科技成果推广应用的一项重要举措。"十二五"期间,该丛书共出版72册,全部列入"十二五"国家重点图书出版规划项目,其中12册获得国家出版基金支持,6册获中华优秀出版物奖图书提名奖,行业影响力和社会知名度不断扩大,逐渐成为交通运输高端学术交流和科技成果公开的重要平台。

"十三五"时期,交通运输改革发展任务更加艰巨繁重,政策制定、基础设施建设、运输管理等领域更加迫切需要科技创新提供有力支撑。为适应形势变化的需要,在以往工作的基础上,我们将组织出版"交通运输科技丛书",其覆盖内容由建设技术扩展到交通运输科学技术各领域，汇集交通运输行业高水平的学术专著，及时集中展示交通运输重大科技成果，将对提升交通运输决策管理水平、促进高层次学术交流、技术传播和专业人才培养发挥积极作用。

当前，全党全国各族人民正在为全面建成小康社会、实现中华民族伟大复兴的中国梦而团结奋斗。交通运输肩负着经济社会发展先行官的政治使命和重大任务，并力争在第二个百年目标实现之前建成世界交通强国，我们迫切需要以科技创新推动转型升级。创新的事业呼唤创新的人才。希望广大科技工作者牢牢抓住科技创新的重要历史机遇，紧密结合交通运输发展的中心任务，锐意进取、锐意创新，以科技创新的丰硕成果为建设综合交通、智慧交通、绿色交通、平安交通贡献新的更大的力量！

2016 年 6 月 24 日

作者简介

　　成永刚，工学博士，教授级高级工程师，注册土木（岩土）工程师，中国土木工程学会土力学及岩土工程分会非饱和土与特殊土专业委员会常务委员，中国土木工程学会土力学及岩土工程分会交通岩土工程专业委员会委员，中国地质学会工程地质专业委员会会员，国家公路建设项目评标专家，四川省交通运输专业人才教育专家，现任四川公路工程咨询监理有限公司副总工程师。

　　20多年来先后从事地基基础、路基工程、地质灾害的施工、设计、咨询工作。指导和负责了部分"一带一路"沿线国家公路与我国十几个省（自治区、直辖市）的公路、铁路、文物、房建的千余处地质病害治理工作，以及百余条不同等级公路、近万公里不同阶段的路基施工、设计及相应的工程咨询、审查工作。每年撰写约50万字的相关专业咨询意见，长期在国内各省（自治区、直辖市）举办的滑坡、高边坡、崩塌、锚固工程和公路路基技术培训班授课。

　　基于系统的工程地质与结构知识、长期的工作实践与总结，对工程斜坡病害的机理分析和防治具有独到的见解，在支挡工程结构和锚固工程的理论和应用方面多有创新，有效推进了工程实践中急需的工程斜坡病害防治技术革新。从事的复杂地质灾害与路基工程病害的现场施工咨询和设计咨询审查，平均每年可节省投资过亿元。以第一发明人取得8项实用新型发明专利，以第一作者在国内核心期刊和国际会议中发表论文40篇，出版《滑坡的区域性分布规律与防治》专著，合著《滑坡的识别、监测与避灾与防治》（第二作者），参编《边坡与滑坡工程治理》以及《山区高速公路高边坡病害防治实例》。多次获得甘肃省、广东省、四川省的省级优秀设计和咨询的一、二、三等奖，被评为勘察设计先进质量管理小组成员及四川省交通运输厅优秀党员。

序

改革开放40多年来,我国国民经济高速发展,取得了令人瞩目的成就,人民生活水平显著提高,社会和谐、稳定,全面建成小康社会指日可待,中华儿女向实现中华民族伟大复兴的目标继续前进。

在国民经济高速发展中,公路交通发挥了十分重要的作用。"要想富,先修路"的理念已深入人心。截至2019年底,我国公路总里程已达500多万公里,高速公路里程超14万公里,有力地推动了国民经济的发展和脱贫致富政策的实现。

然而,我国70%国土为山区,地形地质条件极为复杂,因此在公路建设和运营中遇到了滑坡、崩塌、坍塌、泥石流等众多灾害。公路边坡开挖、堆填后发生变形破坏,增加投资,延误工期,甚至造成了灾害。如2018年10月和11月,川藏交界的金沙江岸坡发生大滑坡,堵江形成堰塞湖,被迫疏散数万名沿江居民,溢流后大洪水又冲垮沿江公路和桥梁。边坡和斜坡病害的识别、评价、监测、预防和治理已引起各级领导和广大技术人员的重视。

本书作者成永刚博士,本科专业为铁道工程,硕士和博士专业为地质工程。20多年来,他从事铁路与公路勘察设计和病害治理及咨询工作,积累了大量实践资料。他勤于学习,勤于思考,善于总结。本书较系统地分析了各种坡面变形、边坡变形和坡体变形的特征、发生机理、稳定性评价方法及有效防治措施,并附有实例,是一本实用性、操作性很强的书,相信对从事灾害防治工作的年轻一代技术人员会大有帮助,故我愿为之作序。

王恭先

2019年3月

前　言

　　公路工程斜坡，指公路沿线对建设和运营安全具有直接或间接影响的各类人工或自然斜坡，包括人工直接改造的工程斜坡以及虽然没有经过人工工程直接改造，但对公路具有直接或间接安全隐患的自然斜坡。

　　随着我国公路工程建设的飞跃式发展，建设或运营公路工程斜坡病害大量产生。这类病害基数大、地质条件多样、影响因素众多，严重影响公路的正常建设和运营，造成了巨大的社会财富浪费和不良的社会影响。尤其是"5·12"汶川地震灾后重建和川藏高速公路工程建设中出现的大量工程斜坡病害，让笔者越来越感到需要对公路工程斜坡病害防治，从理论与实践、定性与定量、设计与施工等方面进行系统性的归纳总结，从而为实现"领导满意、业主放心、同行服气、造价节省、施工便捷"的公路工程斜坡病害防治理念提供坚实的基础。

　　工程斜坡病害防治，必须贯彻理论与实践相结合的原则。岩土工程师只有掌握系统的理论知识、进行严谨的现场调查并具备丰富的工程经验，才能对复杂的工程斜坡病害提出针对性的防治方案。由于地质体的复杂性、影响因子的多样性以及岩土工程对感性认识的强烈依赖性，在工程斜坡病害防治实践中，只有通过多看、多学、多总结，将实践经验与理论相融汇，才能对工程斜坡病害提出针对性的防治方案。在长期工程实践中，笔者亲身感受到了王恭先、郑颖人、张倬元等老一辈岩土工程大师的严谨态度。为了一个细微的地质变化、一个细小的裂缝特征在现场认真调查，充分掌握基础资料后科学确定工程治理方案，这种精神时时鞭策我们年轻一代岩土工程工作者加强综合素质的培养。

　　工程斜坡病害防治，既要反对纯理论的数字游戏，也要反对完全的经验主义。借用李广信教授对土力学的评述："土力学是厚重的、粗犷的……土力学中的实用主义也常表现为它的不严密和随意性，实用主义与经验主义也往往只有一步之差与一墙之隔……我们提倡处理工程问题要简洁，但不应轻视与抹杀土力学的理论与概念。"岩土工程又何尝不是这样呢？！刘建航院士提出的"理论导向，实测定量，经验判断，检验验证"的岩土工程理念，正是工程斜坡病害防治技术遵循的基本准则。

只有将工程地质与工程结构相结合，将两者进行有效的融会贯通，才能在工程斜坡病害防治中"知其然，知其所以然"。否则，若只掌握其中一个专业知识，就可能造成地质灾害防治时考虑问题的不全面、不系统。在这里，笔者要感谢中铁西北科学研究院有限公司，是它的锤炼让笔者深刻感受到了利用地质和结构知识处理岩土工程的必要性；感谢广东省交通规划设计研究院股份有限公司，是它让笔者对路基工程的病害防治有了全新和系统的认识；感谢四川公路工程咨询监理有限公司，是它的信任和提供的良好工作平台，让笔者多年来在工程实践中有机会利用地质和结构知识系统地解决岩土工程问题。

基于此，笔者通过总结20多年来所从事的公路工程斜坡病害防治相关的具体实践工作，针对工程实践中急需的病害特征和机理分析、理论应用和防治方案进行了系统性的归纳和创新，且在工程实践中证明是有效的、可行的，希望能为公路、铁路、水利水电等工程斜坡病害防治的一线技术人员以及理论研究人员提供帮助。

本书共分13章。第一章为公路工程斜坡病害防治的发展与现状；第二章对公路工程斜坡病害的类型和主要影响因素进行分析；第三章~第六章依据公路工程斜坡病害特征，分别对坡面、边坡、崩塌、坡体病害的特征与形成机理进行总结，并对滑坡的稳定度、滑面参数反算和大型滑坡的区、级、层的划分与机理进行系统总结；第七章为公路工程斜坡中的水作用因素分析，针对性地根据工程斜坡的水文地质条件对水力计算的应用进行分析；第八章在对公路工程斜坡的稳定系数、计算工况、安全系数和边坡与滑坡勘察资料进行系统说明的基础上，分别对边坡、崩塌、坡体稳定性的定性、定量分析进行系统的归纳和总结；第九章对公路工程斜坡工程中常用的监测方法和应用对象进行说明，并重点介绍目前工程中最为常用的深孔位移监测和常见误差辨识；第十章介绍公路工程斜坡工程中最为常用的生态防护、柔性防护、半刚性防护、刚性防护和截排水的工程措施及其应用，针对防护对象和工艺应用进行系统阐述，并重点对工程最为常用的抗滑桩与锚固工程的设计与施工关键要点、技术理论和创新进行针对性的说明；第十一章基于系统的研究和总结，理论联系实践，对公路工程斜坡病害防治中处于核心地位的防治原则与方案分析确定进行分类说明；第十二章有感于近年来公路工程斜坡病害抢险逐年增多,为更高效地提高工程抢险成功率,依据工程实践对抢险工程的原则进行总结,并通过相关实例对抢险工程的实施进行系统性的阐述;第十三章通过工程实践中的公路工程斜坡病害防治案例,对病害防治的成功和遗憾进行论述,为灵活掌握公路工程斜坡病害防治理论与实践提供具体实例。

笔者在本书写作过程中一直得到尊敬的老岳父、一生的导师——王恭先的指导,他老人家是笔者一生都该好好学习的榜样。多年来,在跟随他老人家学习设计、咨询的过程中,在他老人家的指点和笔者自己的努力下,笔者更深刻地感受到了岩土工程之美,以更大的热情投入到值得一生去追求的岩土工程事业中。

本书是笔者多年理论与实践的工作总结,写作历经7年时间。在此感谢四川公路工程咨询监理有限公司提供的良好工作平台,使笔者能从事自己热爱的事业,感谢中交第一公路勘察设计研究院有限公司、中交第二公路勘察设计研究院有限公司、四川省公路规划勘察设计研究院有限公司、四川省交通勘察设计研究院有限公司、广东省交通规划设计研究院股份有限公司、中铁西北科学研究院有限公司、中国国际工程咨询有限公司等单位提供的帮助,感谢吉随旺、范安军、马洪生、李兵、程强以及其他很多同志在笔者写作过程中给予的大力支持。同时感谢四川公路工程咨询监理有限公司对本书提供的出版资助。

由于笔者仍处于不断的学习过程中,技术水平还有待不断提高,书中难免存在不足之处,恳请广大读者批评指正。

2019 年 3 月

目　　录

第一章　公路工程斜坡病害防治的发展与现状	001
第二章　公路工程斜坡病害类型及影响因素	003
第一节　公路工程斜坡病害类型	003
第二节　公路工程斜坡病害的主要影响因素	004
第三章　公路坡面病害特征与机理	018
第一节　坡面病害的特征	018
第二节　坡面病害形成机理	019
第四章　公路边坡病害特征与机理	023
第一节　边坡病害特征	023
第二节　边坡病害形成机理	025
第五章　公路崩塌特征与机理	031
第一节　崩塌的影响因素	031
第二节　崩塌的特征及机理	035
第六章　公路坡体病害特征与机理	039
第一节　滑坡病害特征	039
第二节　滑坡的分类	040
第三节　按滑体物质分类的滑坡特征	045
第四节　滑坡机理	070
第五节　滑坡的稳定度和滑面参数反算	072
第六节　滑坡推力计算	076
第七节　大型复杂滑坡的区、级、层划分与机理分析	077
第七章　公路工程斜坡水力学作用计算	083
第一节　水对公路工程斜坡稳定性的影响	083
第二节　公路工程斜坡水力学计算	086
第八章　公路工程斜坡稳定性分析	091
第一节　公路工程斜坡安全系数确定	091
第二节　公路工程斜坡稳定性分析的基础资料	093
第三节　边坡稳定性分析	095

第四节	崩塌稳定性分析	097
第五节	坡体稳定性分析	107

第九章　公路工程斜坡监测 … 122

第十章　公路工程斜坡病害防治工程与应用 … 128
- 第一节　生态绿化防护工程措施与应用 … 129
- 第二节　柔性防护工程措施与应用 … 137
- 第三节　半刚性防护工程措施与应用 … 143
- 第四节　圬工刚性防护工程措施与应用 … 147
- 第五节　抗滑桩受力特点及设计关键要点 … 158
- 第六节　锚固工程受力特点及设计关键要点 … 171
- 第七节　截排水工程措施与应用 … 192

第十一章　公路工程斜坡病害防治原则与方案 … 202
- 第一节　公路坡面病害防治原则与方案 … 202
- 第二节　公路边坡病害防治原则与方案 … 204
- 第三节　公路崩塌防治原则与方案 … 207
- 第四节　公路高边坡病害防治原则与方案 … 211
- 第五节　公路滑坡防治原则与方案 … 225

第十二章　公路工程斜坡病害抢险 … 246
- 第一节　公路工程斜坡病害抢险原则 … 246
- 第二节　公路工程斜坡病害抢险案例分析 … 248

第十三章　公路工程斜坡病害防治实例 … 254
- 第一节　隧道区滑坡防治方案研究 … 254
- 第二节　川藏高速公路路基设计主要技术探讨 … 262
- 第三节　川藏高速公路高烈度区不良地质体分析与病害防治 … 272
- 第四节　川藏高速公路雅（安）康（定）段大仁烟高位堆积体病害分析与防治 … 279
- 第五节　川藏高速公路雅（安）康（定）段玄武岩边坡工程地质分析与病害防治 … 285
- 第六节　川藏高速公路汶（川）马（尔康）段崩塌危岩发生机制与病害防治 … 291
- 第七节　川藏高速公路复杂地质灾害体综合处治分析——以喇叭嘴泥石流、滑坡、崩塌、弃渣、高填综合处治为例 … 300

参考文献 … 310
索引 … 311
后记 … 315

第一章　公路工程斜坡病害防治的发展与现状

斜坡的变形和破坏在自然界中是普遍存在的,但只有对人类生产、生活形成威胁的斜坡才能称之为斜坡病害。也就是说,只有对公路前期建设和后期运营造成安全隐患的斜坡病害才称之为公路工程斜坡病害。发生病害的斜坡是由不同性质的岩土体,以结构面和临空面为基础形成的斜坡体。

我国作为历史悠久的文明古国,修建道路的历史源远流长,一部中华民族的文明史,也伴随着我国优秀的道路史。如 4000 年前我国就有了车和行车的路,在商朝实现了驿道传送,在周朝修建了以都城为中心的道路体系,在秦朝修建了质量上乘的驰道交通网,在西汉开辟了影响人类文明进程的丝绸之路,并在唐朝达到了一个顶峰。但道路的修建必然会对自然斜坡进行不同程度的改造或再造,继而伴生出不同性质的工程斜坡病害,并呈现点多、线长、面广的特征。

20 世纪 50 年代,我国铁路建设迎来了第一个高潮,由于对地质复杂性的认识不足,工程建设中出现了大量的工程斜坡病害。如具有典型性的宝成铁路,建设期间全线共出现崩塌、坍方 337 处,滑坡 75 处,造成工程建设成本的大幅度提高和工期的延长。尤其是 1956 年 7 月 1 日,暴雨造成全线出现多处滑坡、坍塌等病害,宝成铁路全线断道,在其后 1 年多的工程斜坡病害治理中共耗资 2 亿多元。这一时期的工程措施主要以卸载反压、排水和抗滑挡墙为主。20 世纪 60 年代,修建成昆铁路时,铁路部门根据新中国成立以来的工程斜坡治理经验,采取了"治早治小、一次根治、及时绕避"的防治理念,使工程建设期间的工程斜坡病害大为减少,但仍然出现了 103 处滑坡。这一时期铁路部门理论分析能力的提高与实践经验的增长,以及普通抗滑桩、锚杆挡墙等新型结构的应用,使治理大型滑坡成为可能。

20 世纪 80 年代后,铁路部门相继开发了锚索抗滑桩、锚索框架和微型桩群等工程结构,大大丰富了工程斜坡病害治理的工艺。伴随着贵昆、川黔、襄渝、宜万等重大铁路工程的建设,尤其是进入 21 世纪以来,我国高速铁路建设工程迅速发展,工程斜坡病害的防治规模和成本由早期的不断增长阶段逐渐进入平稳阶段,甚至开始出现下降,逐渐形成重视环境保护、力求人与自然和谐发展的工程斜坡病害防治理念。

新中国成立前,我国各等级公路通车总里程约 8 万 km,地质灾害频发,很多公路处于半通车状态。新中国成立后,我国公路建设迅猛发展。伴随着我国经济的发展和国力的不断提高,1988 年,上海至嘉定高速公路建成通车,标志着我国公路建设进入了一个新的时期,全国高速公路的建设掀起了一个又一个高潮。但我国是一个典型的地质灾害高发的国家,伴随着公路工程建设的是随之而来的公路工程斜坡病害频发,且病害发生频率长期居高不下,不但导致工程建设成本的增加,也给后期的公路运营养护带来了很大的压力,造成了巨大的社会资源浪费。

如1998—2003年，北京至珠海高速公路粤北段建设过程中，仅为治理滑坡和高边坡病害新增直接投资达8亿元，占全线总投资的7.8%；2000—2003年，万州至梁平高速公路在建设过程中，为有效治理位于砂泥岩顺层地段的30余处挖方边坡病害，新增直接投资达2亿元，占全线总投资的8%；2000—2003年，元江至磨黑高速公路在建设过程中，全线300余处高边坡有130余处发生病害，处治这些高边坡病害直接增加投资达6亿多元，占全线总投资的10%；2012—2015年，巴广渝高速公路在建设过程中，挖方路堑和填方路堤的路基病害治理投资达12亿元，占全线总投资的9.8%；2004年12月11日，甬台温高速公路K256+065~K256+135左侧边坡发生体积约$1.5\times10^4 m^3$的崩塌，交通被迫中断近5个月，造成了很大的社会影响；2011年5月，暴雨造成永安至武平高速公路箭丰尾$1600\times10^4 m^3$的滑坡复活，治理工程费用达2亿元；映秀至卧龙二级公路在2008年"5·12"地震后由于崩塌、滑坡、泥石流等病害影响多次重建，直至2018年初才得以通车；绵竹至茂县公路仍处于漫漫重建过程中，造成了难以计量的社会资源和人力成本浪费。

根据相关主管部门统计，2015年四川省全省高速公路的养护费用约为18.75亿元，其中公路工程斜坡病害的养护费用约为11.0亿元，占全省高速公路养护费用的58.6%，极大地提高了高速公路的维护成本，并造成了不良的社会影响。因此，系统性地研究和分析公路工程斜坡病害的类型、机理和防治技术，为公路工程斜坡病害的成功防治提供技术指导，成为迫在眉睫的首要任务。

多年来，公路部门积极通过借鉴铁路部门的防治经验、自身的人才培养和经验积累等多种手段，在一定程度上缓解了公路工程斜坡病害带来的巨大压力。但近年来我国公路建设规模井喷式增长，地质工程的地质控制论、岩体结构控制论、地质赋存环境论三个方面相结合的理念以及理论联系实践的理念还有待进一步提高，造成公路工程斜坡病害长期居高不下。主要存在如下问题：

（1）各地的公路设计部门相互交流较少，技术存在一定的固化，不能及时有效地实现知识的更新和经验教训的吸取。

（2）地质选线贯彻欠佳，欠合理的选线造成后续工程建设和运营期间产生大量工程斜坡病害。

（3）技术人员过于依赖单纯的理论计算，对工程地质条件的复杂性、岩土参数的不确定性、计算的模糊性等缺少深刻的认识，过于依赖工程支挡而轻视工程排水。

（4）施工质量有待进一步提高，施工人员不能有效领会设计意图等造成工程斜坡病害频发。

第二章　公路工程斜坡病害类型及影响因素

任何具有相对高差的斜坡,无论是自然斜坡还是人工开挖或填筑的斜坡,都具有降低自身势能而提高自身稳定性的特征,都具有向夷平方向演化的趋势。从地质历史上来说,任何斜坡最终都会消亡,一旦受到地震、人类活动等强烈外力的影响,则会大大加速其向夷平演化的进程。

随着我国工程建设的大规模开展,对自然斜坡进行了大规模的改造,形成了多种多样的工程斜坡。尤其是作为线形工程的公路往往通过地形地貌、地层岩性、气象水文等地质条件差异很大的地区,造成公路工程斜坡具有典型的多类型、多影响因子的特性。这些工程斜坡危害程度大小不一,规模小的病害体随风飘动,规模大的可达上亿立方米,时时刻刻影响着公路的正常建设和运营。为有效防治公路工程斜坡病害,首先需要研究病害的类型和影响因素,从而为针对性地采用合理的工程防治方案提供最基本的依据。

第一节　公路工程斜坡病害类型

公路工程斜坡病害依据其致灾特征,按"从浅到深,从小到大"的原则,通常可以分为坡面病害、边坡病害及坡体病害三大类,如图 2-1、图 2-2 所示。

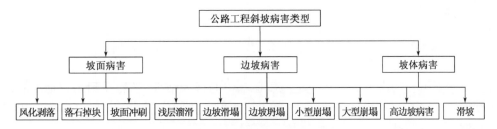

图 2-1　公路工程斜坡病害分类图

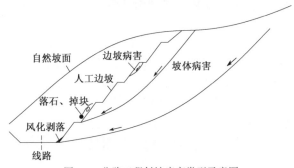

图 2-2　公路工程斜坡病害类型示意图

坡面病害一般指直接暴露于大气影响下的斜坡体表层风化剥落、降雨冲刷、浅层溜滑、危岩、掉块等现象。如土质或类土质斜坡的坡面易发生坡面冲刷，泥岩等软岩斜坡易发生风化剥落，破碎岩质斜坡易发生危岩、掉块等。

边坡病害一般指岩土体强度较低、含水率较高或在不利结构面与临空面等作用下，造成斜坡在现有坡率情况下不能保持稳定而产生的病害。对工程斜坡来说，一般指病害范围发生在边坡的某一级，小部分会延伸到相邻的上、下人工平台位置而导致两级左右边坡发生病害。病害范围多发生在松弛带以内，规模相对较小，主要包括滑塌、坍塌和小型崩塌。

坡体病害是指坡体的深层病害。对人工边坡来说，一般指边坡变形范围延伸到相邻的上、下两级，或两级以上的边坡沿下伏贯通剪切面同时发生变形；对自然斜坡来说，一般指坡体变形发生在上、下两级夷平面之间，或从自然斜坡的坡脚或坡脚附近的某一结构面至山顶或山体某个宽大平台后部一定位置范围内的大规模变形，往往以明显的下伏软弱结构面为依托。它的特点是病害规模较大，一般情况下多归入滑坡范畴。这种公路工程斜坡的病害多发生在挖方或填方高度超过20m的土质或类土质路堑或路堤边坡，以及高度超过30m的岩质边坡。坡体病害一般不仅限于自重应力为主的卸荷松弛区范围内，而多发生于自重应力与构造应力共同作用的坡体之中，这种坡体变形往往造成地貌单元发生大的变化，对人类工程的危害也最大，主要包括大型崩塌、高边坡病害和滑坡等病害。一般需付出较大的工程代价方能对其进行有效治理，稍有不慎则可能导致工程治理代价的急剧上升。

坡面、边坡和坡体病害是相互关联、相关影响的。如斜坡在降雨的长期冲刷作用下，若坡面变形不加限制，随着时间的推移、冲沟的加深，易演化为边坡的病害。边坡病害随着时间的推移，变形、破坏范围不断扩大，则会导致与之相邻的其他边坡发生病害，进而可能形成贯通几个边坡的剪切面，从而造成深层坡体变形。深层坡体不断松弛或不断加大变形范围和深度时，就可能会导致滑坡的发生。坡体病害的发生势必会造成地层结构松散甚至解体，进而促进坡面冲刷等浅表层边坡病害的发生（图2-2）。

第二节　公路工程斜坡病害的主要影响因素

公路工程斜坡作为人类工程在一定地质环境中的行为结果，必然受到工程地质和地质工程的相互作用，其病害是由斜坡的内在因素和外在因素共同作用的结果。其中内在因素是公路工程斜坡病害的基础，外在因素是公路工程斜坡病害的重要诱发因素。

一、公路工程斜坡病害的主要内在影响因素

1. 岩土体性质

不同岩土体的密实度、胶结度、坚硬程度、抗风化和抗软化能力等均不相同。一般来说，土质或类土质斜坡力学性质较低，易发生斜坡病害；沉积岩构成的斜坡，由于沉积岩分布范围广泛和岩性相对较差，故斜坡病害相对较多；沉积岩变质构成的斜坡，一般情况下由于变质作用，有利于提高岩体强度，故斜坡病害相对较少。但对于岩浆岩变质构成的斜坡，由于定向变质作用，斜坡病害较岩浆岩斜坡更易发生。岩浆岩构成的斜坡，岩体强度较高，故在三大岩类构成的斜坡中，病害相对最少。

2. 地形地貌

斜坡的地形地貌是在漫长的地质年代中,由自身的岩土体性质、坡体结构和外界影响因素等共同作用的产物,是斜坡体综合性能的外在表象反映,对斜坡的工程性质具有良好的借鉴作用。总体来说,自然界中的斜坡形态可分为直线形、凸形、凹形及台阶形四种,如图 2-3 所示。

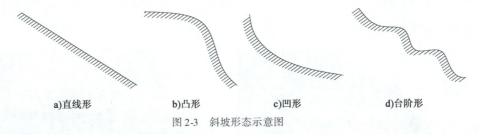

a)直线形　　　b)凸形　　　c)凹形　　　d)台阶形

图 2-3　斜坡形态示意图

1)直线形坡

直线形坡的成因有四种情况:一是坡体岩土性质单一,经长期的剥蚀作用后形成,这种斜坡的整体稳定性一般较高。如由花岗岩构成的坡体,往往高大、陡峻,坡面呈直线形,稳定度高(图 2-4)。二是断层三角面形成的直线形坡,斜坡的稳定性主要取决于断层作用形式和岩体性质(图 2-5)。三是单斜岩层的顺向坡,稳定性主要取决于构成坡体的岩土体性质和坡体结构(图 2-6)。四是由破碎岩体或崩坡积体形成的直线形坡,其工程性质最差(图 2-7)。

图 2-4　单一花岗岩形成的直线形坡

图 2-5　断层三角面形成的直线形坡

图 2-6　单斜岩层形成的直线形坡

图 2-7　崩坡积体形成的直线形坡

2）凸形坡

斜坡在坡形上呈上缓下陡，坡脚与前部地形单元有明显的界线。凸形坡主要有以下两种成因：一是坡体主要由新构造运动加速上升、河流下切为主形成（图2-8）；二是坡体下部岩土体性质相对较弱，上部岩体强度较高，在长期的差异风化等作用下形成（图2-9）。凸形坡岩性往往相对较好，结构面也较不发育，故稳定性相对较高。但在强烈地震或差异风化作用下，多会造成上部岩体发生崩塌。

图2-8　新构造运动加速上升、河流下切形成凸形坡

图2-9　差异风化形成的凸形坡

3）凹形坡

斜坡在坡形上呈上陡下缓，坡顶与后部地形单元的界线明显。凹形坡主要有以下两种成因：一是斜坡由于上部岩土体在长期的卸荷等作用下发生崩塌、滑塌、滑坡等变形，在坡体下部堆积形成（图2-10）；二是由于断层和长期风化共同作用形成（图2-11）。凹形坡一般情况下地质体性质较差，往往是地表水、地下水的相对活跃区，为工程性质不良地区。

图2-10　老滑坡形成的凹形坡

图2-11　断层作用形成的凹形坡

4）台阶形坡

斜坡在坡形上呈台阶状，主要有以下两种成因：一是斜坡由软硬相间的岩体构成，由于差异风化作用形成（图2-12）；二是由于斜坡曾经发生多期滑坡而改造成为台阶状的次生地貌（图2-13、图2-14）。这种由滑坡形成的台阶形地貌，可在断面上形成从前至后的台阶形地貌，也可由大型结构面控制侧界，在平面上呈一侧向另一侧多次滑移形成的台阶形地貌。

图 2-12　差异风化形成的台阶形坡

图 2-13　滑坡多期滑动形成的台阶形坡

图 2-14　基岩多期滑动形成的台阶形坡

3. 地质构造

地质构造作用对公路工程斜坡的稳定性有着不良的甚至是决定性的影响,且地质构造越复杂、越强烈,就越容易发生斜坡病害。如由于断层的上盘岩体往往较下盘岩体破碎,因此斜坡病害具有明显的上盘效应,即位于断层上盘的斜坡病害明显较下盘发育。

如 2008 年我国的"5·12"汶川地震震级为 8 级,震源深度 14km,震后发生了惨烈的崩塌、滑坡、泥石流等次生灾害,其危害甚至超过了地震造成的原生灾害,共造成近 9 万人死亡或失踪,3.7 万人受伤;而与之相类似的 2015 年尼泊尔"4·25"地震震级为 8.1 级,震源深度 20km,造成 0.7 万人死亡、1.4 万人受伤,引发的崩塌、滑坡等次生灾害远远小于我国的汶川地震。这其中一个最主要的原因就是汶川地震发生地龙门山断裂为逆冲推覆式构造断裂带,地震造成位于逆冲推覆式构造断裂带上盘的映秀至北川中央断裂与后山的茂汶断裂之间的崩塌、滑坡等次生灾害具有明显的上盘效应,是汶川地震中斜坡灾害最为严重的地带,因此对人民的生命财产造成了巨大的危害。而尼泊尔"4·25"地震发生的原因是印度板块向北俯冲,在欧亚板块之下形成逆冲断裂作用,位于该构造断层带下盘的尼泊尔南部德赖平原与恒河平原地形相对平缓,而逆冲断裂的上盘山地区域的地块完整性明显较我国四川的龙门山逆冲推覆式构造断裂带的地块完整性好,从而使尼泊尔"4·25"地震斜坡次生灾害相对较小。

4. 坡体结构

坡体结构以结构控制论为基础,以岩土体的结构面不同组合以及坡体受自然营力和浅表生改造作用等为研究对象。坡体结构主要考虑工程地质岩组、结构面及临空面三个主要因素。其中工程地质岩组是指构成坡体的岩土体类别、力学性质和在坡体中的分布特征。结构面是指坡体中的原生结构面、构造结构面和浅表生结构面。临空面主要考虑斜坡体的地表水和地下水、坡率等因素,以及区域性剥蚀卸荷和沟谷深切卸荷对近地表应力场和结构场改造的影响因素。坡体结构除了岩土性质和构造特征外,由于临空面的存在,坡面以下一定深度的岩土体性质发生了很大的变化,直接影响了斜坡的稳定性。

1)土质、类土质坡体结构

主要包括黏性土、黄土和各种成因的堆积体(含人工堆填土)形成的坡体(图 2-15、表 2-1)。它的变形或破坏面主要受控于坡体中的最大剪应力面或不同成因、不同时期的堆积层面。

a)花岗岩全风化边坡　　　　　　　　　　b)黄土边坡

c)崩坡积体边坡

图 2-15　土质、类土质坡体结构

土质、类土质坡体特征分类表　　　　　　　　　　　　　　　　表 2-1

坡体类型	主要特征	坡体稳定性主要影响因素
黄土坡体	以粉粒为主构成,钙含量较高,垂直裂隙发育,对水敏感,有时呈多元结构	水,不同时代的黄土界面、古土壤层、下伏基岩面产状
砂性土坡体	暴露于地表的各类岩石在物理风化破碎后经搬运、磨蚀、分选、堆积而成,由透水性较好的 0.075~2mm 颗粒组成的无塑性土构成	砂土的密实度,地表水与地下水的变化和振动

续上表

坡体类型	主 要 特 征	坡体稳定性主要影响因素
碎石土坡体	由多种成因且粒径大于2mm的颗粒质量超过总质量的50%的碎块石、砾质土、砂土构成	颗粒胶结、密实情况,坡体含水率,下伏基岩面产状等
黏性土坡体	塑性指数大于10,干湿效应明显,干燥时坚硬,遇水时软化	亲水、溶滤性矿物,地表水与地下水,冻融、节理和下伏基岩面产状
堆填土坡体	由各类人工填土、弃渣构成,成因复杂,力学性质较低	水、压实度、物质组成

2)层状或似层状坡体结构

岩性不均匀,一组或多组连续性好,抗剪能力相对较低的软弱层岩体明显与相邻层状岩体的强度存在较大差异。该类坡体主要由沉积岩构成,也包含明显喷发旋回的流纹岩、玄武岩等岩浆岩和片岩、板岩、片麻岩等变质岩。根据岩层产状与边坡形态,可分为如下四种形式:

(1)近水平层状坡体结构(图2-16):主要指岩层产状不大于10°的坡体,斜坡稳定性相对较高,但坡体卸荷裂隙发育、差异风化严重或下伏软弱地层时可能会产生斜坡病害。

(2)反倾状坡体结构(图2-17):主要指倾角大于10°的岩层倾向坡内,斜坡的稳定性相对较高,但坡体发育外倾贯通性结构面、下伏软弱地层时易形成切层坡体变形。当岩层产状较陡时,在重力作用下易形成倾倒式病害。

图2-16 近水平层状坡体结构

图2-17 反倾状坡体结构

(3)斜交状坡体结构(图2-18):主要指岩层产状与斜坡坡向斜交,一般情况下斜坡稳定性较高,但坡体中发育的外倾结构面和岩层产状配套时,往往形成斜坡的楔形体破坏,但变形规模一般相对较小。

(4)顺层状坡体结构(图2-19):主要指岩层倾向与坡向的夹角不大于40°的斜坡,这种斜坡稳定性较差,当软弱层力学性能不能满足坡体的稳定性需求时,易发生顺层面的斜坡变形。

3)破碎岩质坡体结构(图2-20、图2-21)

主要由多组密集结构面切割的破碎岩体构成,坡体的变形或破坏是由多组结构面共同作用的结果。斜坡稳定性较差,多依附于次级断裂结构面或坡体内部形成的同生面发生病害。

图 2-18　斜交状坡体结构

图 2-19　顺层状坡体结构

图 2-20　破碎千枚岩夹砂岩坡体

图 2-21　破碎砂岩坡体

4) 块状或块体状坡体结构(图 2-22、图 2-23)

主要由花岗岩、闪长岩为代表的侵入岩，流纹岩、安山岩等原生结构较不发育的喷出岩，厚层或巨厚层的碳酸盐岩、砂岩等沉积岩和石英岩、大理岩等变质岩构成。这类坡体整体稳定性相对较高，但在差异风化、断层、贯通状结构面和地下水作用下，可能形成多种形式的变形破坏。

图 2-22　巨厚层砂泥岩互层坡体

图 2-23　花岗岩块状坡体

5) 基座式坡体结构(图 2-24、图 2-25)

主要由上部强度较高的岩土体和下伏平缓的软弱层构成。上覆岩土体在重力作用下，使下伏产状平缓的软弱层发生塑性或流动，上部岩土体呈现侧向扩离状平移式或下错式变形破坏。

图 2-24　平移式斜坡病害

图 2-25　错落式斜坡病害

6）二元坡体结构（图 2-26）

坡体的上部为土质或类土质等堆积体，下部为基岩。这类斜坡的稳定性较差，稳定性主要取决于上部堆积体的性质、土岩界面形态和地下水的发育程度。

图 2-26　二元坡体结构

7）楔形坡体结构（图 2-27、图 2-28）

坡体发育两组或两组以上的不利结构面，与临空面共面组成潜在的不稳定结构体。这种斜坡主要发生于岩层倾向与坡向斜交或两种结构面斜交配套的地层中。

图 2-27　砂岩楔形体

图 2-28　花岗岩楔形体

公路岩土体坡体结构类型汇总简表见表2-2。

公路岩土体坡体结构类型简表　　　　　表2-2

坡体结构类型		基本特征	坡体结构示意图	破坏模式
土质、类土质坡体结构		由各种成因的堆积层构成，潜在滑面为坡体中的最大剪应力面，或不同成因、不同时期的堆积层面		蠕滑-拉裂
层状或似层状坡体结构	顺倾层状坡体结构	主要由软硬相间的沉积岩以及沉积岩变质而成的副变质岩组成，岩层倾向临空面，坡面与层面走向夹角小于40°		滑移-拉裂
				滑移-弯曲
	反倾层状坡体结构	主要由软硬相间的沉积岩以及沉积岩变质而成的副变质岩组成，岩层倾向坡内，倾角相对较缓		弯曲-拉裂 蠕滑-拉裂
		主要由软硬相间的沉积岩和副变质岩组成，岩层倾向坡内或坡外，倾角多陡于临空面坡率		弯曲-拉裂
		基岩产状较陡，坡体下部断层等软弱地层发育		塑流-拉裂
	似层状坡体结构	主要由岩浆岩定向变质形成的片麻岩等或多期喷发的岩浆岩组成		滑移-拉裂
破碎岩质坡体结构		坡体多位于构造影响带、强卸荷带、强风化带、蚀变带等区域，岩体破碎、松弛，构造裂隙切割严重，结构组数多且密度大		蠕滑-拉裂

续上表

坡体结构类型	基 本 特 征	坡体结构示意图	破 坏 模 式
块状或块体状坡体结构	主要由完整性较好的岩浆岩、厚层或巨厚层沉积岩、变质岩构成，主要结构面为节理、岩脉、接触面或层面	（结构面、花岗岩、人工边坡、断层示意图）	蠕滑-滑移-拉裂
基座式坡体结构	产状近于水平状。在坡体下部存在软弱岩体，在水压力或卸荷作用下，上部为相对坚硬的层状岩体，向临空面滑移、崩塌	（结构面、人工边坡、软弱基座示意图）	塑流-拉裂
二元坡体结构	坡体下部为基岩，上部为各种成因的土质或类土质堆积体	（堆积层、溜滑体、泉、基岩、人工边坡示意图）	蠕滑-拉裂 塑流-拉裂
楔形坡体结构	坡体中发育两组或两组以上外倾结构面，与临空面组合形成楔形欠稳定块体	（人工边坡、f_1、f_2 楔形块体示意图）	滑移-拉裂

5.坡体应力

斜坡的发展过程就是坡体的应力和应变不断调整的过程，当坡体的应变调整超过一定的界限时，在宏观上就表现为斜坡的变形或破坏。因此，研究坡体应力具有相当重要的意义。

(1)斜坡的天然应力根据性质主要分为自重应力、构造应力、变异及残余应力。

①自重应力。位于地壳浅表面的斜坡自重应力由重力场作用形成，为岩土体的重度和坡体内某点距地表的埋深距离乘积。

②构造应力。构造应力分为活动构造应力和剩余构造应力。作为公路工程斜坡来说，地质构造应力一般不予考虑，但新构造运动强烈地区存在的剩余构造应力对公路坡体开挖后的稳定性有一定的影响。

③变异及残余应力。变异应力主要指由于岩浆岩侵入对周围岩体形成的压应力以及侵入岩自身形成的静水式应力；对于喷出岩而言，主要指岩浆收缩时形成的应力分布各向异性特征。残余应力是不同颗粒和胶结物或不同性质的岩体在卸荷回弹时，由于岩体的组成成分不同造成岩体内部不同成分相互约束，岩体中出现拉、压应力相互平衡的情况。

(2)坡体应力分布特征主要如下：

①新构造运动强烈地区往往存在着一定程度的剩余构造应力，造成坡体在临空面附近，尤

其是在坡脚、坡面和坡顶等重点部位出现明显的应力分异(重分布与集中)现象,这是不利于斜坡稳定的。

②坡体中结构面对应力具有明显的影响,它是控制坡体变形或破坏的一个重要条件,主要表现为:坡体中的结构面与主压应力平行时,结构面受压张应力作用,在结构面的端点区形成拉应力与剪应力集中现象,可能造成结构面的贯通度与张开度发展,不利于坡体的稳定;坡体中的结构面与主压应力垂直时,结构面受压应力作用"压密",有利于坡体的稳定;坡体中结构面与主压应力斜交、外倾时,结构面在压剪作用下可能发生剪切滑移,是不利于坡体稳定的;坡体中多组结构面交汇或结构面拐点部位,在主压应力的作用下,将在交汇点出现应力集中现象,这极可能造成在结构面交汇点处率先发生变形或破坏,如图2-29所示。

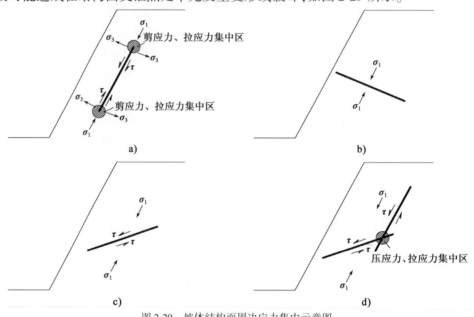

图 2-29　坡体结构面周边应力集中示意图

6. 水文地质条件

地表水的径流形态,地下水的埋深、动态变化等,对斜坡稳定性有着直接的影响。主要表现在降低坡体力学参数、冲刷坡面、潜蚀坡体、增大重度、形成动水压力或静水压力等。所谓"治坡先治水",正是水对斜坡稳定性影响力的直接写照。

二、公路工程斜坡病害的主要外在影响因素

1. 气象水文

降雨对斜坡病害的作用可分为物理化学作用和力学作用。物理化学作用主要改变斜坡岩土体的物理力学性质和力学环境,主要包括对岩土体的软化作用和结构面的弱化作用;力学作用主要决定斜坡的水力学作用类型,包括水在岩土体中产生的静水压力、动水压力和对岩土体的增重作用等。降雨,尤其是大暴雨和长时间的连续降雨,是影响斜坡稳定性的重要因素。

如根据1990—2006年广东省的斜坡病害大数据分析,4—9月雨季期间发生的斜坡病害占全年总数的85.73%,一次降雨量大于200mm时发生的斜坡病害占总数的70.95%,这充分

说明了降雨量和降雨强度及累计降雨时长对斜坡病害的重要诱发作用。

降雨通过孔隙渗入坡体,或通过节理、裂隙流入坡体均需一定的时间,也就是说降雨对增加岩土体荷载、降低斜坡体的物理力学参数需要一个过程。因此,降雨诱发的斜坡病害往往与降雨存在一定的时间差,即滞后效应。这个滞后效应的时间长短取决于斜坡体岩土体的地质条件和降雨的强度。一般来说,岩体越坚硬、越完整,降雨强度越小,则滞后时间越长,滞后效应越明显;反之,岩体强度越低、越破碎,降雨强度越大,则滞后时间越短,也就是说,岩土体越软弱、越松散,滞后效应就越不明显。

降雨量和降雨强度相对较小的我国北方地区坡体稳定度与南方地区具有明显差异。一般来说,北方地区降雨量和降雨强度相对较小,斜坡中地下水位较低,岩土体物理力学参数相对较高,造成斜坡可以存在长期的能量蓄积,在强降雨、地震、水库蓄水等强烈外界因素的作用下可能发生大规模的坡体变形破坏。而我国南方地区降雨量和降雨强度相对较大,斜坡中地下水位较高,岩土体物理力学参数相对较低,斜坡在降雨的作用下经常发生小规模的滑塌、溜滑等,使斜坡体较难存在一个可能蓄积较大能量的时长,故在强降雨、地震、水库蓄水等强烈外界因素的作用下坡体发生变形破坏的规模往往相对较小。如我国西北地区上亿立方米的滑坡规模就明显较我国东南地区大,正是我国南北方气象水文差异的真实写照。

高海拔或北方冬季季节性冻融区坡体,由于冬季气温降低,坡体中水分难以蒸发而冻结,使岩土体中的孔隙、节理等由于水体冻结膨胀而变大、变宽或进一步贯通。春融时冻结岩土体化冻,常造成富水斜坡体发生病害,这也是每年春融时节这些地区公路工程斜坡病害高发的主要原因。如我国川藏公路所处的高海拔地区,每年4、5月的春融期和7、8月的雨季是斜坡病害的两个高发期。

2. 地震

地震作用使坡体在竖向地震力和水平地震力作用下,岩土体结构损伤、破坏,在坡体中形成的超孔隙水压力作用下,在短时间内急剧降低了斜坡的稳定性,且地震等级越高,诱发的滑坡数量越多,规模也越大。如根据"5·12"汶川大地震后的不完全统计,地震共造成约4.8万个滑坡发生,且Ⅺ度、Ⅹ度、Ⅸ度等高烈度区的滑坡密度、滑坡方量远较Ⅶ度、Ⅷ度区大。

3. 人类活动

坡体变形和坡体破坏的发展过程可以是漫长的,也可以是短暂的,如天然斜坡的发展演化和工程斜坡就分别呈现出两种截然不同的形态。由于人类工程活动往往在较短的时间内"快速"完成,"瞬时"改变了坡体的应力状态和地下水的渗流环境,大大加速了斜坡的演化进程,对坡体的演化有着相当重要的影响。

(1)斜坡经工程改造后,坡体出现应力的重新调整,发生明显的应力重分布现象(图2-30),主要存在以下特征:

①坡体中的主应力方向发生偏转,最大主应力σ_1趋于坡面平行,最小主应力σ_3趋于坡面正交。坡体下部附近出现由内向外逐渐增强的剪应力,且在坡脚处最强。

②坡脚附近形成明显的应力集中带,坡角越陡,最大主应力或剪应力在临空面附近增大越明显,应力集中系数越大。

③坡体由坡面向坡内会渐次出现应力释放区、应力集中区和应力平稳区。其中坡面附近

的侧向土压力趋近于零,受力状态变为两向应力。

④坡顶附近由于水平应力降低而可能出现拉应力,形成张力区。

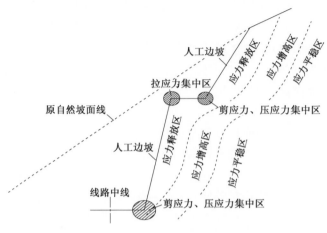

图 2-30　挖方坡体附近应力分布示意图

(2)通过分析以上坡体应力特征,可以得出以下结论:

①工程斜坡的坡形坡率设计时应尽量设置一定宽度的边坡平台,避免下一级边坡的坡顶拉应力与上一级边坡坡脚的剪应力重叠。

②当坡脚的剪应力超过岩土体的抗剪强度时,势必会引起斜坡的变形,而坡面附近的两向应力状态也不利于坡体的稳定,故公路工程斜坡的防护工程设计应重点强调"固脚强腰"的设计理念。

③边坡开挖过陡时,坡顶出现的拉应力极易造成岩土体出现拉张变形。因此,在无法放缓坡度消除不利的坡顶拉应力情况下,宜贯彻"锁头"的加固设计理念。

④构成坡体的不同岩土体之间的力学性能差异、结构差异和应力史差异等,可造成坡体开挖后引起差异卸荷回弹而形成残余应力(图2-31),从而可能导致坡体中岩体产生张性破裂面和剪裂面。因此,对于坡体开挖后应力快速释放形成的坡体卸荷变形应与坡体的整体失稳变形相区别,切忌将应力释放造成的坡体变形当作坡体的剪切破坏变形而进行大规模的工程加固。

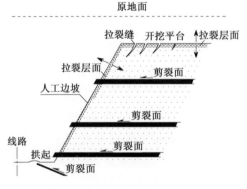

图 2-31　坡体中卸荷回弹结构面示意图

如某高速公路边坡,开挖前的钻孔中出现了较多高地应力状态下的饼状岩芯。边坡开挖后,在边坡的坡口线以外约6.0m的范围内出现了多条与线路平行的卸荷裂隙,半坡岩土体性质差异部位出现剪裂面,坡脚出现局部隆起。技术部人员误判为坡体整体失稳的前兆,采用两排大截面抗滑桩对坡体的"整体失稳"进行了加固,造成了巨大的工程浪费。

第三章　公路坡面病害特征与机理

坡面病害一般位于外界大气影响带内，工程防治措施规模相对较小。但由于坡面病害位于斜坡表面而直接暴露于地表，因此对环境和社会的影响最为直接。若处治欠合理，则可能会引发水土流失、光声污染和生态环境与道路景观环境的破坏，降低行车的舒适性。坡面病害轻者堵塞路基排水沟，造成路基、路面损坏；重者可能演化为坍塌、滑塌、崩塌等边坡病害，甚至诱发滑坡等深层坡体变形。因此，对坡面病害及时进行防治既是环保要求，也是确保公路安全的要求。

第一节　坡面病害的特征

公路坡面病害是公路工程斜坡中常见的一种病害形式，规模小，但病害点多面广，主要发生在易于冲蚀的土质或类土质斜坡、易于风化的软岩斜坡和坡面分布潜在落石的斜坡。此类病害如果不及时进行必要的坡面工程防护或坡面防护工程欠合理，在长期的自然风化营力、降雨等外力作用下，形成的坡面病害可能逐渐演变为边坡病害或坡体病害。

我国黄土地区和花岗岩风化区坡面冲刷问题十分严重，造成了大量的水土流失，甚至演变成滑坡等坡体的变形；我国东北地区、西北地区和青藏高原地区冻融现象普遍，坡面溜滑病害多发，严重影响公路的安全；泥岩、页岩等易风化软岩、较软岩分布区每年公路边坡风化剥落物造成的路基边沟堵塞，不但需花费大量的人力、物力进行定时清除，也往往造成路基的翻浆冒泥，导致路面损坏，增加了大量的公路养护成本。

据统计，2015年四川省高速公路工程斜坡病害的养护费用约为11.0亿元，占全省高速公路养护费用的58.6%，其中坡面病害达近千处，工程治理费用约占公路工程斜坡病害防治费用的38.2%，且有15%左右的坡面病害演变为边坡病害或坡体病害。这充分说明了公路工程斜坡坡面病害防治工程的重要性和潜在危害性。

根据病害性质，坡面病害可分为风化剥落、落石掉块、坡面冲刷及浅层溜滑四类，如图3-1所示。

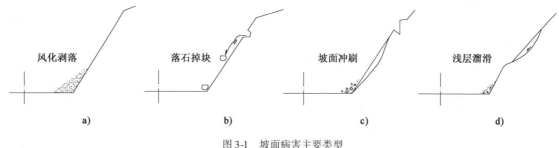

图3-1　坡面病害主要类型

第二节 坡面病害形成机理

一、风化剥落

风化剥落指暴露于自然环境中的坡体表层岩土体在日晒、降雨、风蚀、温差等风化作用下形成疏松层,继而疏松层中的片状物在重力或外界因素作用下呈碎屑状从坡面的疏松层脱落下坠的工程斜坡病害现象(图3-2)。坡面的风化虽然有物理风化、化学风化及生物风化等多种形式,但影响最大的当属物理风化,也就是说,高温、降雨使坡体表层与内部出现较大的温差是其快速风化剥落的主要外因。坡体表面的风化剥落与岩土体性质密切相关,而与斜坡的坡度没有直接关系,故边坡的坡度可根据坡体地质条件适当提高,减小坡面直接暴露于大气环境的面积,继而在一定程度上减弱工程斜坡的风化剥落病害。

风化剥落物块体小,一次剥落下来的物质数量也较少,短期内不会对公路安全形成直接的安全隐患。但如果坡面长期发生风化剥落,日积月累,会形成以下两类主要病害:一是风化剥落造成坡面凹凸不平,这在一定程度上影响了公路边坡的美观,但更为重要的是形成的较大风化凹腔不利于坡面的稳定,极易使上部相对坚硬的岩体形成危岩、落石;二是剥落下来的堆积物逐渐堵塞边沟、截水沟、涵洞等排水系统,造成地表排水不畅(图3-3)。当地表水渗入路基路面时,易使路基路面出现病害。

图3-2 泥岩坡面的风化剥落

图3-3 风化剥落造成的排水沟堵塞

二、落石掉块

落石掉块指由于节理裂隙切割、风化、植物根劈以及人类工程扰动,斜坡浅表层体积较小的岩土体在降雨、风力、重力等作用下突然脱离母体或离开原位向下崩落的一种动力地质灾害现象。总体来说,路堑边坡高度较小时落石掉块对公路的影响较小。但如果路堑边坡的高度较大,甚至为高边坡时,落石体积多小于$1.0m^3$,但从高空掉落的落石则可能形成较大的安全隐患,尤其是对行车速度较快的高速公路而言,由于落石具有突然性,往往可能造成重大的安全事故。

落石病害的发生与公路边坡的坡面形态、岩土体性质、落石体的特征、工程斜坡的高度等密切相关,导致落石运动路径、运动能量等很难精确预测和分析。尤其是在我国西南、西北等地区的高山峡谷、地质活动强烈的地带,落石有时距公路高差达几百米,甚至上千米,且分布广泛,造成落石防护极其困难。

落石病害主要有以下几种类型:

(1)倾倒型(图3-4),斜坡上节理、裂隙等构造面发育的个别岩块在重力或外力作用下发生倾倒导致落石发生。

(2)滑移型(图3-5),斜坡上的岩块沿下伏外倾结构面,在重力或外力作用下沿结构面向下发生滑移导致落石发生。

(3)坠落型(图3-6),受结构面切割的悬空岩块在重力或外力作用下使依附的结构面逐渐贯通造成坠落,形成落石。

(4)滚落型(图3-7),斜坡上的碎、块状浮石等颗粒物在降雨、大风、人工开挖等作用下脱离坡面滚落。

图3-4 倾倒型坡面落石

图3-5 滑移型坡面落石

图3-6 坠落型坡面落石

图3-7 滚落型坡面落石

三、坡面冲刷

坡面冲刷指斜坡地表附近的岩土体在降雨形成的径流作用下发生的淘蚀、侵蚀、冲蚀、潜蚀等病害(图3-8、图3-9)。坡面冲刷的病害发展过程如下:降雨时雨滴直接造成坡面的颗粒分散,或加大地表的薄层水流紊动而加强坡面流的冲刷能力。当坡面出现细小冲沟时,地表水在坡面局部区域由面流在冲沟中形成径流,使冲沟在径流的作用下不断扩大、加深,造成冲沟两侧"岸坡"逐渐失稳,发生小范围的坍塌、掉块等病害。随着"崩塌物"不断被水流冲走,坡面冲沟规模不断加大,逐渐造成边坡发生局部破坏。当局部病害在冲刷作用下规模达到一定程度,或多个局部病害体贯通时,就可能导致坡体发生整体变形破坏。

图3-8　花岗岩风残积层坡面冲刷

图3-9　黄土边坡坡面冲刷

坡面冲刷易发生在土质或类土质结构、二元结构和碎裂状结构斜坡中。坡面冲刷与工程斜坡的坡度也存在直接的关联,即在一定条件下,坡面的冲刷量与坡度成正比关系。但当坡度超过一定的范围时,冲刷量又与坡度成反比关系,也就是说坡面冲刷存在一个与坡长、降雨强度和坡面地质条件有关的临界坡度。工程斜坡坡度接近临界坡度,冲刷量最大。坡度过缓,坡面的汇水面积相对较大,地表水对坡面的冲刷就可能加剧;坡度过陡,坡面汇水形成的水流速度相对较大,地表水对坡面的冲刷也可能加剧。因此,工程斜坡在进行坡面防护时,宜根据坡体的地质条件等因素合理确定临界坡度。

四、浅层溜滑

浅层溜滑指斜坡浅表层呈饱和或近饱和状态的土质或类土质体,在重力作用下呈黏性流或塑性流向坡脚滑动的病害现象(图3-10～图3-13)。溜滑体厚度往往小于2.0m,但逐级牵引现象明显。从平面形态上看,由于溜滑体富水特征的影响,滑动主轴长度与顺线路方向的宽度比值相对较小,多呈现长条弧状和宽缓弧状的病害形态。

溜滑病害主要发生于雨季和春融时期。雨季期间降雨过程长、雨量大,水流的长期渗入造成斜坡浅表层土体富水,使土体重量加大、抗剪强度降低,继而使土体向临空面变形产生裂隙,导致更大量的地表水渗入裂隙,最终使斜坡浅表层土体在自身重力和水压力作用下向下发生滑动形成溜滑体。季节性冻土区春融时水分在短时间内由固体转化为液体,造成斜坡浅表层土体富水而发生边坡溜滑病害。尤其是草原等植被相对较好的地区,非常有利于水分入渗和保持,更易在春融时发生坡面溜滑。

图 3-10　坡面饱水溜滑

图 3-11　坡面冲刷溜滑

图 3-12　坡面冻融溜滑

图 3-13　坡率过陡溜滑

第四章 公路边坡病害特征与机理

边坡病害一般指工程斜坡的某一级边坡卸荷松弛带内的滑塌、坍塌和小型崩塌。对于边坡滑塌的潜在滑面、坍塌的拉裂面和控制崩塌的结构面,其深度较浅,受风化、降雨等外力因素的影响较大,因此,边坡病害对气象水文的敏感性较深层的坡体病害更为直接。边坡的岩土体性质、结构面等地质条件是形成边坡病害的基础,边坡病害的工程防治较坡面病害对地质条件更为依赖,考虑的问题也更为复杂。

第一节 边坡病害特征

边坡病害深度较浅,常发生在黏粒含量较高的粉质黏土层、残坡积体或冲洪积体,以及岩体结构面与开挖临空面形成的不稳定体、坡率较陡的路堑或路堤边坡、垂直节理发育的黄土层、土岩组合的二元结构边坡和河流冲刷的岸坡中,往往与降雨、冰雪融水和地下水位等的变化有直接关系,尤其是每年雨季、春融期是该类病害的高发期。边坡病害体积多不大于 $1000m^3$,厚度往往小于 $8.0m$,多属于工程斜坡的局部稳定性问题。对于公路工程斜坡来说,边坡病害大多发生于某一级路堑边坡或某一级路堤边坡。

不同区域由于地形地貌、地层岩性、地层构造、降雨等地质环境条件和建设工程改造程度的不同,边坡病害的特征也大不相同。如根据笔者统计,2004—2010 年广东省边坡病害在通车养护期间的发生率约为工程建设期间的 8%,且滑塌、坍塌约占边坡病害的 95%,崩塌约占5%;四川省 2010—2016 年边坡病害在通车养护期间的发生率约为工程建设期间的 5%,且滑塌、坍塌约占边坡病害的 75%,崩塌约占 25%。这两个省份公路边坡病害的差异与地质环境条件的差异有着直接的关系。如广东省降雨量相对较大,省内易受降雨影响的花岗岩残坡积层分布范围相对较广、风化深度大,加之区内地形多为丘陵地貌,故工程建设期间边坡病害较多,且边坡病害多以滑塌、坍塌为主而少崩塌;而四川省降雨量相对较小,且区内地质条件复杂,尤其是川西地区构造强烈、地形变化剧烈,故造成了区内以崩塌为主的边坡病害相对较为发育。

边坡病害依据其性质可分为边坡滑塌和边坡坍塌(崩塌本书单独成章)。

滑塌是指坡体卸荷松弛带内的岩土体在重力作用和雨雪、上层滞水、冲刷、开挖卸荷、填方加载等作用下,沿岩土体内的最大剪应力面或结构面向临空面发生以剪切滑移为主的现象。

坍塌是指坡体卸荷松弛带内的岩土体在重力作用和雨雪、上层滞水、冲刷等作用下,由于自然斜坡临空面或挖方或填方坡率过陡造成坡顶拉应力集中,当超过岩土体自身抗拉强度形成主动破裂面后岩土体发生以下错为主的现象。

一、滑塌病害特征

（1）滑塌多受边坡松弛区内的岩土体强度控制，一般情况下含水率越高、密实度越低，边坡越易发生滑塌。

（2）土质、类土质斜坡滑塌多由于降水等造成边坡沿最大剪应力面形成同生圆弧滑面滑移；岩土体中不利结构面发育时，边坡多依附于结构面向临空面发生滑移，且只要结构面倾角缓于临空面，边坡就存在滑移的可能性。

（3）滑塌往往从边坡上部的岩土体拉裂部位产生变形，并逐渐向边坡内部发展。如果边坡局部受水作用变形，则病害由过湿区开始变形并向后、向两侧逐渐扩展变形。

（4）饱水滑塌体平面上沿线路方向的宽度一般大于断面方向的长度，且长度往往是厚度的1~2倍。

（5）滑塌在坡口线后部往往形成密集的裂缝，并由多条断续状裂缝逐渐连接形成一个大的环状裂缝。

边坡滑塌实例见图4-1、图4-2。

图4-1　饱水造成黏土边坡滑塌

图4-2　沿结构面发生滑移的边坡滑塌

二、坍塌病害特征

（1）坍塌多受边坡松弛区内的岩土体强度控制，一般情况下含水率越高、密实度越低，边坡越易发生坍塌。

（2）坍塌是构成原坡松弛区内岩土体的结合强度不足而产生的张拉破坏，坍塌面往往很少有镜面、擦痕等现象，破裂面多不平整。

（3）坍塌多发生于边坡坡率较陡、岩土体中陡倾结构面发育、原坡岩土体结合强度较低、冲刷导致的岩土体中。

（4）坍塌体后壁一般较陡且呈不规则状，坍塌堆积物基本没有原岩土体层序。

（5）发生坍塌的斜坡一般会随着前部坡体的失稳坍塌而逐渐向后不断发展，直至形成与原坡岩土综合内摩擦角相适应的休止角坡度后停止发展。

（6）坍塌体在坡口线后部往往多分布密集裂缝，最远的裂缝受控于原坡岩土体的稳定休止角。

边坡坍塌实例见图4-3、图4-4。

图 4-3　河流冲刷造成路堤坍塌

图 4-4　坡率过陡造成黄土边坡坍塌

第二节　边坡病害形成机理

公路边坡可分为路堑边坡和路堤边坡两类。

路堑边坡在开挖过程中,坡体中应力场、渗流场、位移场的调整速率要远快于坡体在自然界中的调整速率,尤其是开挖形成的松弛区范围内,浅层岩土体受到的工程扰动、降雨、风化等外力影响要远大于深部岩土体,当松弛区内的岩土体应变无法适应坡体应力场和渗流场的快速调整时就会出现边坡病害。

路堤边坡的稳定性取决于路堤下伏的自然斜坡的地质条件和路堤填筑的人为因素。属于自然条件的主要因子有:原自然斜坡的地表坡度,岩土体性质,降雨,地表水和地下水等;属于人为因素的主要因子有:路堤填料性质,路堤坡度,截、排水措施,支挡工程和施工质量等。

一、滑塌病害机理

1.路堑边坡滑塌机理

(1)当自然斜坡由土体力学性质较差的粉质黏土、煤系地层、膨胀土等构成时,由于其自身力学强度较低,故自然坡度较为平缓。当公路边坡开挖形成临空面后,造成潜在滑面的抗剪强度无法满足边坡的稳定性需要时,就会在土体中形成圆弧状为主的滑面而发生滑塌(图 4-5)。

如某高速公路位于地形地貌平缓、构造相对简单的川东红层地区,地表广泛分布的可塑~软塑状粉质黏土对工程扰动敏感,边坡开挖和填方后,发生了大量沿粉质黏土中的最大剪应力面形成的同生滑面滑塌。据笔者统计,工程建设过程中发生的边坡滑塌病害达 124 处,相当于 1.21 处/km,工程治理费用约 1.5 亿元,严重影响了高速公路的正常建设。

(2)当坡体为"上土下岩"的二元结构边坡时,土岩界面的隔水作用造成接触面处土体含水率较高,甚至呈饱水状态。边坡开挖后上部堆积体利用土岩界面与土体中的圆弧状剪切面发生滑移(图 4-6)。此类边坡病害仅放缓边坡坡率是不能稳定的,只要土岩界面的倾角小于挖方边坡坡率就可能发生滑塌,故一般需在土岩界面处设置支挡或排水工程进行处治。

(3)当残积体斜坡或岩质斜坡中发育具有一定贯通度的结构面时,尤其发育的外倾结构面与边坡开挖后形成的临空面相组合时,当结构面的抗剪强度不能满足岩土体的下滑力作用时则发生边坡滑塌(图4-7)。此类由结构面控制的边坡病害,一般情况下仅放缓边坡坡率不能提高边坡的稳定性,只要岩土体中控制边坡稳定性的结构面的倾角小于挖方边坡坡率就可能发生病害,故宜根据结构面的性质、规模等设置必要的支挡工程进行处治。

(4)一些水敏性较高的边坡,一旦截排水工程欠佳或设置于边坡平台与堑顶的截、排水沟渠破损漏水时,易造成边坡富水而发生滑塌(图4-8),甚至造成坡体整体失稳。

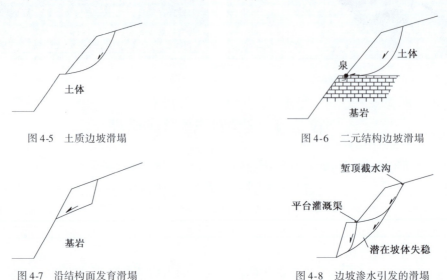

图4-5 土质边坡滑塌   图4-6 二元结构边坡滑塌

图4-7 沿结构面发育滑塌   图4-8 边坡渗水引发的滑塌

如某高速公路花岗岩残坡积层边坡高约54m,开挖坡率为1∶2~1∶3。工程施工过程中由于平台截水沟破损,暴雨后大量地表汇水渗入坡体,造成二级和三级边坡发生大面积滑塌(图4-9、图4-10)。

图4-9 平台截水沟渗水形成边坡滑塌   图4-10 依附于中风化花岗岩结构面的滑塌

(5)边坡存在外倾楔形结构面时,若没有合理的工程防护,边坡易形成楔形滑塌(图4-11)。

(6)季节性冻土区地下水在冬季冻结、春季融化。冻结膨胀造成岩土体结构松散,冻结线以下地下水富集,春融冻土解冻时造成边坡松散物质含水率升高甚至饱和,继而形成热融滑塌(图4-12)。

图 4-11　楔形边坡滑塌　　　　　　　　图 4-12　边坡热融滑塌

（7）产状近水平、完整性相对较好的软岩或较软岩体，竖向结构面发育时在强降雨作用下，边坡开挖形成临空面时若大量地表水灌入坡体，在水压力作用下边坡易发生平移式滑塌（图 4-13、图 4-14）。但随着边坡滑塌和水压力的快速消散，边坡将趋于稳定。因此，平移式滑塌的防治关键是设置完善的地表水和地下水排水系统。

图 4-13　坡后汇水造成边坡平移式滑塌　　　　图 4-14　暴雨造成边坡平移式滑塌后缘

（8）边坡作为工程地质体的改造产物，工程质量至关重要，一旦工程施作质量欠佳，往往造成边坡病害的发生，甚至随着坡体岩土体性质的变差而引发滑坡。

如某高速公路 K97 滑坡原设计为采用锚杆框架加固的二级边坡，但由于锚杆施工质量问题，先后在两年内经历了三次变更仍不能稳定边坡，造成病害由最初的边坡滑塌不断扩大发展为体积近 $6 \times 10^4 m^3$ 的滑坡，最后不得不采取在坡脚设置抗滑桩进行加固的措施（图 4-15）。

2. 路堤边坡滑塌机理

（1）路堤位于横坡较陡的斜坡时，如果没有采取开挖台阶、工程支挡等必要的工程措施，路堤底部与自然斜坡之间形成的"结构面"易成为路堤边坡滑塌依附的潜在滑面，造成路堤发生滑塌病害（图 4-16）。

（2）路堤后部的地表汇水和地下水如不能及时有效地进行截、排，路堤受水浸润后可能会造成路堤边坡滑塌，甚至引发整个路堤发生滑坡（图 4-17）。

（3）路堤底部软弱地基无法对上部填筑体提供有效承载力时，上部路堤发生沉降、失稳（图 4-18）。

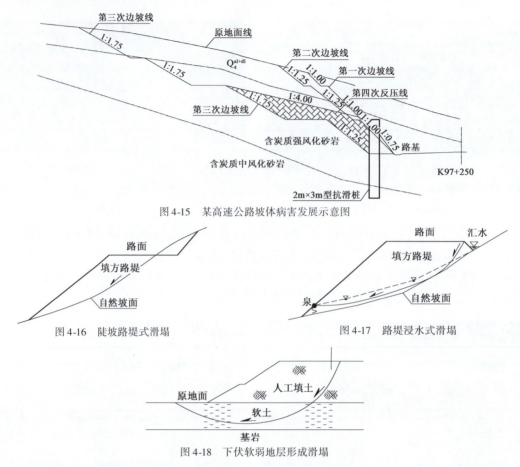

图 4-15 某高速公路坡体病害发展示意图

图 4-16 陡坡路堤式滑塌

图 4-17 路堤浸水式滑塌

图 4-18 下伏软弱地层形成滑塌

（4）骨架护坡等坡面防护工程与坡面顺接较差，导致坡面汇水无法沿骨架顺利排泄，或骨架圬工顶部凸出坡面形成类似于"边沟"的结构物时，降雨时地表汇水渗入路堤而引发路堤边坡滑塌，导致路面开裂，甚至演化为滑坡（图 4-19、图 4-20）。

图 4-19 骨架圬工凸出形成阻水凹槽

图 4-20 骨架阻水引发的路面病害

二、坍塌病害机理

1. 路堑边坡坍塌机理

（1）边坡坡率与构成边坡的岩土体地质条件对应性较差，边坡开挖过陡造成坡体无法自稳时易发生坍塌（图4-21）。边坡坍塌后形成的综合坡度基本能反映边坡的极限平衡坡度。此类边坡坍塌宜通过放缓边坡坡率或通过设置平台减小边坡应力来进行处理。

图4-21　挖方坡率过陡式坍塌

（2）黄土、花岗岩残坡积体、红黏土等易冲刷边坡，若不能及时有效地进行坡面防护，随着坡面冲刷深度、范围的不断加大，极易出现边坡坍塌（图4-22）。

图4-22　边坡冲刷式坍塌

（3）坡体中断层发育或竖向节理裂隙发育，边坡开挖形成临空面时，在降雨等不利因素作用下，易发生依附于陡倾贯通性结构面的边坡坍塌（图4-23、图4-24）。

图4-23　依附于断层侧壁的边坡坍塌

图4-24　黄土竖向节理控制的边坡坍塌

2. 路堤边坡坍塌机理

（1）路堤填方坡率过陡，不能与路堤填筑材料自身的性能相匹配时形成边坡坍塌（图4-25）。此类边坡病害可采用填石路堤、工程支挡、加筋工程或放缓坡率进行处治。

（2）岸坡路堤应满足相应的防洪标准，尽量减少侵占河床。防止岸坡在冲刷尤其是河流顶冲段的局部强冲刷和河水挟带的大直径颗粒撞击下发生坍塌（图4-26、图4-27）。

图4-25　填方坡率过陡式坍塌　　　　　　图4-26　河流冲刷式路堤坍塌

如位于岷江上游映秀至卧龙的省道S303在"5·12"地震灾后重建时，路堤岸坡受河流冲刷、挟带物撞击相当严重，多次造成沿河段路堤发生大范围坍塌，最后不得不在第三次重建时调整线路平面、纵断面并大量设置隧道工程后方才确保了线路的安全。

（3）路基地表水或地下水截排工程欠佳，大量水体长期潜蚀、淘蚀路堤，造成路堤发生坍塌（图4-28）。

图4-27　河流冲刷形成的坍塌　　　　　　图4-28　地下水渗流造成路堤坍塌

（4）路堤下伏自然边坡较陡，在填方体下部存在软弱地基时，填方加载后沿自然坡面发生错落式坍塌（图4-29）。

（5）路堤的填筑过程中如果不能采用合格的路堤填料，粒径偏大，压实度不能满足相关要求或排水不畅时，很容易造成路堤边坡坍塌（图4-30）。如填方路堤中的块体在长期风化、水解等作用下产生局部变形，使路堤在降雨入渗后形成"鸡窝水"，进一步降低路堤稳定性，就很容易发生路堤坍塌。

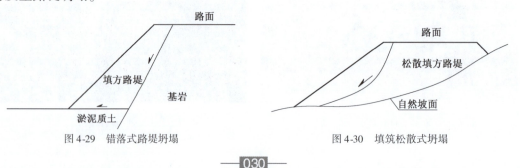

图4-29　错落式路堤坍塌　　　　　　图4-30　填筑松散式坍塌

第五章 公路崩塌特征与机理

崩塌是指陡峻斜坡上的岩土体在重力、地震、降雨及其他外力作用下,突然以倾倒、滑落、坠落、滚动的形式脱离母体,在坡脚形成结构杂乱、大小混杂、多孔隙的松散堆积体为主的一种地质现象。从位移特征来看,崩塌的垂直位移往往大于水平位移,这是崩塌区别于滑坡的一个重要特征。陡坡上的岩土体存在变形迹象、征兆,具备发生崩塌条件的岩、土块体称为危岩,危岩体是潜在的崩塌体。

崩塌是公路三大病害(滑坡、崩塌、泥石流)之一,在我国各个区域基本上均有分布,但主要集中分布在地形变化大、地质构造作用强烈的地区。崩塌发生前虽然有一定的征兆,如岩土体的掉块、斜坡出现裂缝等,但由于带状分布的公路崩塌源分布点多、面广,且公路崩塌往往发生于距线路高差较大的地方,危岩源下部地形多变,因此危岩特征、落石轨迹、能量大小等无法精确量化,尤其是崩塌破坏过程往往"瞬间"完成,加剧了崩塌的突发性,加大了崩塌的预防和治理难度。

如四川省绵茂公路在"5·12"汶川地震时完全损坏,在进行灾后重建时,线路布设于花岗岩、灰岩等硬岩或较硬岩组成的狭窄峡谷中,线路两侧山体高差达上千米,加之震后崩坡积体发育,造成该条公路在灾后重建中多次由于泥石流、崩塌而报废,成为汶川地震灾后重建公路工程中的"卡脖子"工程。

第一节 崩塌的影响因素

崩塌形成于不同的地质环境之中,与坡体的地形地貌、岩性、构造、气象水文等密切相关。

1. 地形地貌

地形地貌作为崩塌的主要因素体现在斜坡的坡度和表面构造。从斜坡的坡度分析,崩塌一般发生在峡谷深切、坡体高陡、构造上处于长期上升的地区。坡体高度越高、坡度越陡、切割密度和切割深度越大,则坡体发生卸荷松弛、风化等不利因素的作用更加明显。从斜坡的表面构造分析,表面凸凹不平,则凸出部分在合适的岩体裂隙、风化等作用影响下易发生崩塌。

如从"5·12"汶川地震崩塌的灾害点来看,斜坡坡度在35°~45°之间的崩塌占调查灾害点总数的12%,斜坡坡度在45°以上的崩塌占调查灾害点总数的87%。地震时自然坡度多为40°以上的岷江河谷右岸发生崩塌的数量、规模等远远大于自然坡度多为25°~35°的左岸,造成右岸的原国道G213线几乎被崩塌掩埋。因此,灾后重建时不得不将线路调整至震后崩塌相对较轻的左岸。

2. 岩土类型

岩土体是产生崩塌的物质条件,不同性质、类型的岩土体发生崩塌的概率、规模均会有所不同。通常岩性坚硬的岩浆岩(又称为火成岩)、变质岩及沉积岩(又称为水成岩)的碳酸盐岩(如石灰岩、白云岩等)、石英砂岩、砂砾岩等均易形成规模较大的崩塌;页岩、泥灰岩等软岩或极软岩等往往以剥落为主;岩堆、花岗岩风化球等堆积体则极易在工程扰动下形成滚落式崩塌。

从"5·12"汶川地震的公路灾后重建调查来看,岩浆岩、碳酸盐岩类的崩塌灾害发育密度和规模最大,砂岩、板岩类崩塌次之,千枚岩区的崩塌强度最小。主要原因是坚硬岩由于强度高,更易形成突兀的地形地貌和高陡的斜坡,能够蓄积更大规模的危岩;千枚岩由于岩体强度相对较低,坡体抵抗自然剥蚀的能力较弱,自然斜坡的坡度相对较缓,少见突兀地形,因此,形成崩塌的条件大为降低。

需要说明的是,对于初具成岩性、结构密实且垂直裂隙发育的早更新世(Q_1)午城黄土、中更新世(Q_2)离石黄土和晚更新世(Q_3)马兰黄土,由于物理力学指标较高,土质结构构造和垂直节理构造发育,易形成高度较大的陡立斜坡、"天生桥"、土柱等(图5-1、图5-2),在降雨、人类工程等不利因素的扰动下往往会形成较大规模的黄土崩塌。

图5-1 沿垂直节理发育的黄土土柱

图5-2 黄土"天生桥"

3. 岩土体结构

坡体中的构造结构面,如节理、断层、层间错动带、破劈理、滑劈理、褶皱、断层、整合与不整合等对坡体的形态、水文地质条件、岩土体性质、坡体稳定性等具有控制作用。具体来说,当岩土体中存在与坡体延伸方向一致的外倾层面、片理面等控制性构造面,以及岩土体中发育平行于坡体走向的拉张陡裂隙,使岩土块体与母体形成分离之势时,就有利于形成滑移式崩塌;当岩体中存在外倾的贯通性结构面切穿岩体层面时,就易形成倾倒式崩塌;当坡体由岩性差异较大的不同岩体构成时,差异风化易造成坠落式崩塌的发生。构成坡体的岩土体结构节理、裂隙越发育,就越易发生崩塌。尤其是断层破碎带、岩脉侵入带、褶皱核部等构造强烈地区,当公路边坡开挖形成临空面时很容易发生崩塌。

4. 地震

从地形地貌上看,崩塌常发生在坡度大于45°的高陡斜坡上,但在地震作用下发生崩塌的坡度要求会大幅度降低。这是由于地震时产生的水平地震力和竖向地震力引起的坡体晃动将大幅度减小岩、土块体与母体之间的联结,造成岩土块体破碎,增加倾向坡外的不平衡力矩,破坏斜坡上岩、土块体的平衡,从而诱发崩塌。当构成坡体的岩体较为破碎时,在强震作用下可能造成坡体一定深度内的岩体迅速解体、溃散,以坡面碎石流的形式从物源区沿坡面倾泻而下(图5-3)。尤其是地震烈度较高时,甚至可能直接造成震动-抛射式崩塌,即部分斜坡的岩、土块体在强震作用下被整体"摔出"(图5-4)。当斜坡体中存在地下水时,地震在坡体中形成的剪胀效应造成坡体中出现超静水压力,将大大加剧岩土体发生失稳。地震造成的崩塌危害在"5·12"汶川地震时表现得相当充分。

图5-3 地震造成岩体解体形成的碎石流(程强摄)

图5-4 地震力造成的岩块抛出(程强摄)

对于坡体中发育的断裂、软弱夹层、结构面等,由于其密度、弹性模量较两侧岩体小,当爆破、地震引发的震动波传播至两者界面处时发生反射,反射波与随后继续传来的波相叠加,在同相位时应力波会大幅增强,使结构面迎波一侧岩体破坏加剧。同时,由于结构面的能量吸收作用(图5-5),背波岩体破坏减轻,这在"5·12"汶川地震的崩塌分布上表现得相当明显。如映秀至北川中央断裂诱发的"5·12"汶川地震,由于地震能量受到西侧茂汶后山断裂、东侧彭灌前山断裂的明显消震和隔震作用,公路在穿过两侧的茂汶后山断裂和彭灌前山断裂后,崩塌密度由 2.0 处/km 迅速下降至 0.5 处/km。

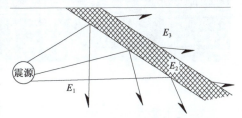

图5-5 结构面对震动能量消减示意图

5. 气象水文

气候上的差异造成我国南北方的地形地貌存在较大差异,导致崩塌发生的概率也大不一样。如广东地区地层风化深度大,山体形态也往往比较浑圆,多产生边坡冲刷、坡体滑塌。青藏高原等高海拔地区往往山体突兀,自然坡面平整度差,山体坡面危岩发育,崩塌高发,是影响区内公路安全的主要隐患之一。

降雨造成岩土体的软化、结构面的弱化和岩土体中产生水压力、冻胀力等,是影响崩塌体稳定性的重要因素(图5-6、图5-7)。而且由于地形高差大、坡度陡,往往在岩土体中形成较大的水力梯度而降低其稳定性,因此崩塌多在暴雨或连续降雨过程中发生。

图5-6 高山区风化冻胀造成崩塌发育

图5-7 冰冻造成危岩发育

6. 人类活动

边坡开挖质量较差是工程活动中崩塌发生的一个重要因素（图5-8、图5-9）。如忽视硬岩、较硬岩边坡开挖时的光面爆破和预裂爆破工艺，采用野蛮爆破开挖，形成了大量的人造危岩；坡体由软硬岩互层边坡构成时，工程开挖形成的坡面凸凹不平，大量裸露人造危岩。

图5-8 工程开挖造成的砂泥岩边坡危岩

图5-9 工程开挖造成的变质砂岩边坡危岩

7. 其他主要因素

（1）土质或类土质边坡由于地表水的不断冲刷形成冲沟，随着冲沟的不断加深形成崩塌。

（2）河流下切、冲刷淘蚀对崩塌的发生有明显的影响，尤其是对地壳缓慢抬升、大江大河发育的青藏高原地区，河流坡降大，挟带的颗粒加剧了对河道的冲刷力度，形成了高差巨大的临空面，在卸荷等作用下为崩塌的发生提供了良好的条件。

（3）坡体风化，尤其是差异性风化，往往使软硬相间的边坡由于软岩易风化而形成凹腔，造成上部相对较硬的岩体架空，加剧岩体卸荷裂隙和构造裂隙的发育，从而促使崩塌的发生（图5-10）。

此外，我国西北风沙强烈的地区，强风挟带砂粒极易对斜坡造成强烈的风蚀而形成雅丹地貌，加大崩塌的发生概率；昼夜温差较大的地区，岩土体白天吸收热量，夜晚温度降低，在岩土体不良的热导体作用下，岩土体表层与内部形成的较大温度差造成岩土体破损而有利于危岩掉块的发生。

（4）坡面上的乔木、灌木等植物根系生长时变粗、变长形成的根劈作用造成岩土体结构面不断扩展，从而加速崩塌的发生（图5-11）。

图5-10　风化、侵蚀地貌（宋响军摄）

图5-11　根劈作用形成的危岩

第二节　崩塌的特征及机理

一、崩塌的分类

不同坡体结构形成的崩塌表现出不同的变形机理和模式，崩塌分类的目的是反映崩塌的内外作用机理、变形规律，为勘察、评价和防治工作提供指导。

1. 按物质成分分类

崩塌按物质成分可分为岩崩和土崩。岩崩包括岩浆岩、沉积岩及变质岩三大岩形成的崩塌；土崩主要包括各种具有一定胶结力，能形成一定块状单元体积的土质或类土质崩塌，如老黄土崩塌、岩堆或具有一定胶结能力的堆积体崩塌等。

2. 按成因分类

崩塌按成因可分为自然演化式崩塌和人类工程式崩塌。

自然演化式崩塌为自然斜坡在河流侵蚀、重力卸荷、风化、温度和冻融等较为漫长自然力作用下发生的崩塌，以及在降雨剥蚀、地震破坏等快速自然力作用下发生的崩塌。

人类工程式崩塌主要指人工开挖作用下发生的崩塌。随着人类改造自然力度的逐渐提高，这类崩塌表现得越来越突出，成为控制工程安全性和经济性的一个重要因素。如某高速公路花岗岩开采区开挖欠合理，造成路堑边坡上存在大量危岩体，对公路的运营安全构成了直接的威胁。工程建设期间虽采取清危、挂网喷浆、主动网和被动网柔性防护、拦石墙等工程措施进行多次治理，但在公路建成通车近3个月内仍发生了多起坡体崩塌、落石，严重影响了高速公路的正常运营。最终不得不采取以明洞为主的工程措施进行治理，工程治理费用达1.3亿元左右。

3. 按体积分类

崩塌按体积可分为小型、中型、大型崩塌。一般情况下坠落物体积小于$1.0m^3$的称为落石,归为坡面病害;坠落物体积大于 1.0m³ 的称为崩塌,并将坠落物体积为 1~30m³ 的称为小型崩塌,体积为 30~100m³ 的称为中型崩塌,体积大于 100m³ 的称为大型崩塌。

4.按破坏模式分类

崩塌按破坏模式可分为滑移式崩塌、倾倒式崩塌、坠落式崩塌及滚落式崩塌,这是工程治理中最常见、最重要的崩塌分类模式,如表 5-1 所示。

公路坡体崩塌破坏模式分类表　　　　　表 5-1

类型	基本特征	示意图	照片
滑移式	距坡脚一定高度的岩土体被结构面切割成相对独立的块体,且下伏倾向临空面的结构面。上部块体在重力、水压力、地震力等作用下的下滑力大于结构面抗剪力时,崩塌体沿下伏外倾结构面滑出而堆积于坡脚	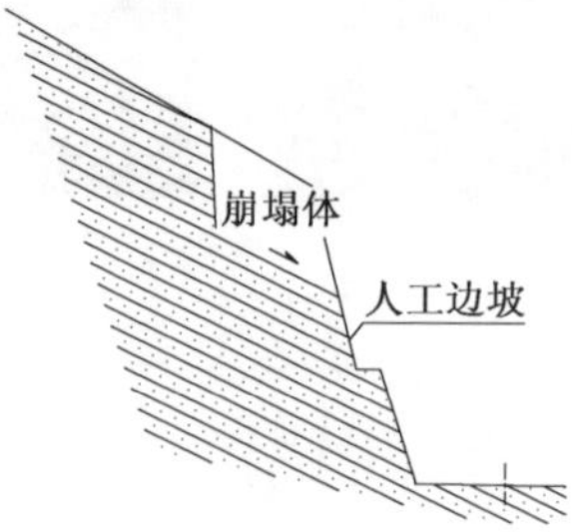	
倾倒式	坡体中发育贯通性垂直结构面,将岩、土块体与后部母岩切割分离形成欠稳定或不稳定岩体,在重力、水压力、地震力等形成的外倾力矩作用下发生折断、倾倒	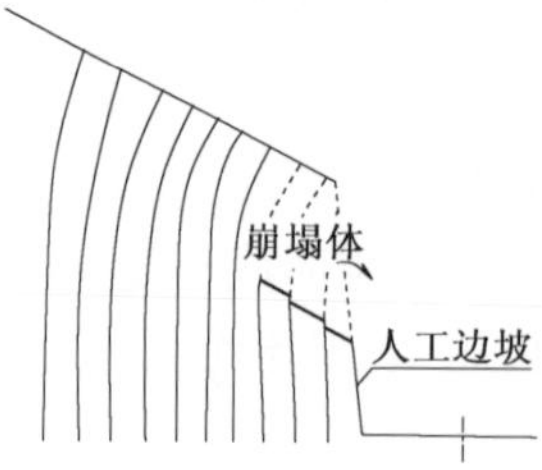	
坠落式	坡体在差异风化、局部掉块或其他因素作用下形成凹腔,造成上部相对坚硬的岩土体以悬臂梁的形式突出,在重力、地震力等形成的张拉力作用下,上部岩土体逐渐发生贯通性拉裂缝而坠落	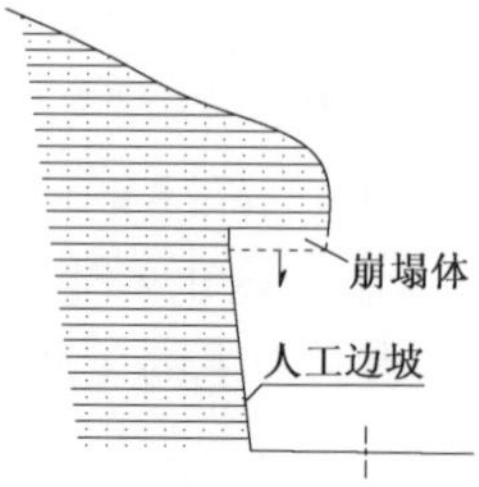	

续上表

类　型	基　本　特　征	示　意　图	照　片
滚落式	距坡脚一定高度的地表崩坡积物、残坡积物或坡洪积物以及断层破碎带等坡体中的岩块,在重力、地震力、降雨等作用下在坡体表面发生起动,以滚动、跳跃为主向坡脚移动		

二、按破坏模式分类的崩塌特征及机理

1. 滑移式崩塌

滑移式崩塌主要指在距坡脚有一定高度的岩体被结构面切割成相对独立的地质体,且下伏倾向临空面的控制性结构面(该结构面可以是层面、节理面、劈理、小型断层,土岩界面、古土壤层面等),造成地质体在重力、地震力、水压力等作用下沿下伏的外倾结构面从坡体上滑出,并向下坠落堆积于坡脚的地质现象。一般来说,崩塌体的下伏控制性外倾结构面倾角为10°~35°最为常见,而后缘张拉结构面倾角往往较大,甚至出现反倾。

滑移式崩塌在层状或似层状坡体结构、块状或块体状坡体结构、楔形坡体结构和二元坡体结构中均有发生,但以层状或似层状坡体结构中最为常见。主要是由于结构面的抗剪力无法平衡上部岩土体形成的下滑力时沿结构面滑移所致。这种崩塌和滑坡有些相似,但崩塌的垂直移动距离大于水平移动距离,这是与滑坡的关键区别所在。

2. 倾倒式崩塌

倾倒式崩塌主要发生于坡体中发育的贯通性竖向结构面。岩、土块体与后部母岩被切割分离形成欠稳定或不稳定岩块,当倾覆力矩大于抗倾覆力矩时,岩、土块体脱离母岩转动倾倒形成崩塌。这种崩塌在卸荷强烈的高山峡谷、直立岸坡、陡崖和直立的黄土坡体中比较常见。其临空面陡立,甚至呈反坡状,坡体在重力、地震力、水压力、坡脚的盐类侵蚀等作用下卸荷严重,岩、土块体沿竖向的结构面向临空方向发生倾倒、折断,直至失稳而脱离母岩。

3. 坠落式崩塌

坠落式崩塌指距坡脚一定高度的岩土体下部存在凹腔,造成上部岩土体出现类似于悬臂梁式的悬空,在长期的重力、差异风化、降雨、地震、人工扰动等作用下,悬挂的岩土体突然脱离上部母岩而发生坠落的地质现象。其主要是由悬空或悬挑式岩块、土块拉断、切断而形成。坠落式崩塌在产状近于水平或较为平缓的层状或似层状坡体结构中最为常见,尤其是产状近水平、差异风化强烈的砂、泥岩等地层更为常见。

坠落式崩塌在硬岩为主的块状或块体状坡体结构以及胶结性较好的土质、类土质坡体结构中也时有发生,代表性的如硬岩"天生桥",就是在下部岩土体不断发生坠落、溶蚀等作用下

而逐渐形成的。当然,这种"天生桥"将来也会发生坠落式崩塌而消亡。此外,老黄土由于斜坡表层黄土在风化、降雨等作用下出现剥落、冲刷,导致上部黄土悬空,甚至形成黄土质"天生桥"。这些悬空的黄土在重力等作用下沿黄土的垂直节理发生剪切变形贯通后,将会导致上部黄土发生坠落。

4. 滚落式崩塌

滚落式崩塌主要指距坡脚一定高度的地表崩坡积物、残坡积物或坡洪积物中的岩块,如岩堆、风化球、厚层冰积体等,以及断层破碎带或构造作用强烈的碎裂岩质坡体结构形成的岩块,在重力、降雨、地震力等作用下克服了外摩擦后在斜坡表面发生起动,以滚动、跳跃为主向坡脚移动的地质现象。这种崩塌在高山峡谷区形成的高位崩、坡积物中非常常见。如"5·12"汶川地震后在岷江峡谷内形成了大量高差较大的崩、坡积物,在降雨、余震等作用下岩块失去平衡而快速滚落,给下方的 G213 国道造成了巨大的安全隐患。

第六章　公路坡体病害特征与机理

坡体病害是指公路开挖形成的高路堑边坡或填方形成的高路堤边坡发生的深层整体滑移,以及对公路安全具有直接或间接影响的自然滑坡或工程滑坡,如图6-1所示。它是公路工程斜坡病害中对公路建设、运营养护影响最大的一类地质病害,是公路工程斜坡病害防治的重点和难点。

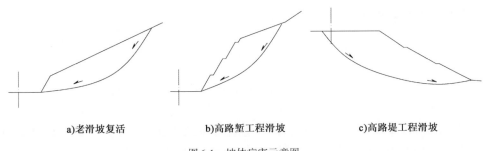

a)老滑坡复活　　　　b)高路堑工程滑坡　　　　c)高路堤工程滑坡

图6-1　坡体病害示意图

滑坡是指斜坡上的岩土体在重力作用下,受水、地震、工程改造等因素影响,沿一定的软弱面(带),以整体向下、向前滑移的地质现象。滑坡的水平运动距离往往大于垂直运动距离,这也是滑坡区别于崩塌的主要特征。滑坡是一种复杂的大型地质病害,给公路建设和运营造成了巨大的成本、工期压力和安全隐患。如某高速公路集美隧道大型滑坡造成高速公路全线通车延长近1年,治理工程费用达到1.57亿元;某高速公路K21滑坡治理造成高速公路半幅封闭长达近1年的时间,治理工程费用达3000多万元,占当年该条高速公路养护费用的80%以上,严重影响了整条高速公路的正常养护计划。

第一节　滑坡病害特征

一、滑坡的内部特征

(1)坡体内部具有倾向于临空面的软弱结构面是滑坡形成的必要条件,它的形成有以下三种形式:

①在地质构造、水文地质等作用下,坡体原生结构面逐渐发育成滑面(带),这是自然滑坡中最为常见的一种形式。

②人类活动作用造成坡体形态改变,使坡体内部应力增大而形成新生滑面(带),常称之为工程滑坡。

③坡体形态未变,但坡体下部空洞、凹陷,造成坡体松弛,使坡体结构面逐渐贯通形成滑面

(带)。如北京戒台寺滑坡就是采煤巷道塌陷造成上部坡体松弛,坡体在地下水的作用下沿倾向采空区的构造裂面滑移形成的。

(2)由泥化夹层和构造结构面形成的滑带厚度往往较薄,并多在滑带的表面看到黏土薄膜;断层破碎带或互层状的层间错动带形成的滑带往往较厚,除发育有滑坡擦痕或镜面外,带内常具有揉皱现象。

(3)滑带多含有黏粒,具有一定的吸水性和持水性,遇水前后其强度变化较大。

(4)坡体中地下水发育时,由于滑带的相对隔水作用,滑体中的稳定水位往往高于滑带,并常在地表以泉的形式出露,故可依据地下水位和泉点初步判断滑面的埋深和滑坡剪出口位置。

(5)滑坡可发生于任何岩土体中,只是发生的概率不同而已。岩土体的结构越完整,结构面越少,贯通率越低,发生滑坡的概率就越低,反之越高。

二、滑坡的外部特征

(1)滑坡多为"整体式"坡体变形、破坏,滑动后滑体内部的岩土体结构及层序相对变化较小。

(2)滑坡一般情况下沿主滑方向的长度往往大于平行于线路方向的宽度,且滑坡主轴长度多为滑体厚度的数倍。

(3)滑坡滑动时由势能转化为动能滑行,滑动后形成的自然坡度往往相对较缓,滑坡的滑动造成前缘向前呈坨状、舌状等,形态而明显较两侧稳定的斜坡突出。

(4)大型滑坡滑动后往往在脱离后部坡体处、前后级滑坡交界处形成洼地,并在滑坡滑动方向上呈现一级或多级平台,从而将整个滑坡分为多级次级滑坡。在平行于滑动方向上,由于不同滑体之间的滑动距离不同或冲沟作用等,将整个滑坡分为几条滑区。

(5)滑坡后的地表多呈高低起伏状,土质或类土质滑坡后壁多呈圈椅状,岩质滑坡后壁受结构面控制多为直线状或折线状。

(6)滑坡滑动前往往经历了蠕变、挤压、微滑几个阶段,故一般情况下滑坡后缘张拉裂缝最先出现,然后侧界羽状裂缝贯通,前缘出现挤压、鼓胀裂缝。

(7)滑坡滑动后所展示的滑床往往具有反映滑动方向的滑痕,甚至是光滑的镜面滑床。

第二节 滑坡的分类

滑坡可依据构成滑坡的岩土体性质、成因机理、坡体结构、厚度、规模、时代、诱因、力学性质、滑动速度等进行分类,而分类的目的是对滑坡的表象特征及促其产生的因素进行组合概括,以便扼要地反映滑坡的内外在规律,指导滑坡的勘察、防治工作。

一、按发生的时间分类

按发生的时间,滑坡可分为新生滑坡和古、老滑坡。

新生滑坡就是近期产生的滑坡,包括当前暴雨、地震等自然因素诱发的滑坡,以及人类生活、生产等活动诱发的滑坡。该类滑坡随着人类改造自然的规模、力度的不断加大而占有越来越大的比重。

如某高速公路 K20~K49 段地表平缓，地表水和地下水丰富，下伏厚层粉质黏土。笔者在该条高速公路刚刚开工的现场咨询过程中，建议适当调整线路的平、纵面指标，避免工程施工诱发大量工程滑坡。但由于各种原因而没有实现，公路边坡开挖后形成了"连绵不断"的工程滑坡，直接治理工程费用高达 3.5 亿元左右。

古、老滑坡就是历史上曾经发生过滑动的滑坡，全新世(Q_4)以前发生的滑坡称为古滑坡，全新世(Q_4)以后发生的滑坡称为老滑坡。古、老滑坡的暂时稳定并不意味着它的使命就此结束，自然因素、人为因素都可能再次导致滑坡的滑动。故坡体的稳定性除对自然状况进行评价外，更重要的是对人类活动后的滑坡体稳定性进行评价，防止老滑坡复活。

如张家坪老滑坡在自然状态下处于稳定状态，但技术人员在没有评价工程对滑坡扰动的基础上，将线路设置于滑坡区，高速公路边坡开挖后诱发了大型老滑坡的复活，直接治理工程费用高达 3000 多万元。

二、按滑动力学特征分类

滑坡按滑动力学特征可分为牵引式滑坡和推移式滑坡。

牵引式滑坡是指滑坡发生变形、滑移的动力起源位于滑坡的前部临空面附近，即前部临空面附近的滑体首先发生变形或小规模滑塌，继而不断牵引后部滑体使变形范围不断扩大，最终导致滑坡向临空方向发生整体滑动。这类滑坡是由坡体的不断牵引扩展而来，故在滑坡整体滑动前地表裂缝一般相对较为发育。在公路工程中，这类滑坡多由路堑边坡开挖和路堤坡脚的河流冲刷引发。

推移式滑坡是指滑坡发生变形、滑移的动力起源位于滑坡的后部，即后部滑体首先发生变形，推挤前部滑体使其逐渐发生变形，在滑坡的滑面逐渐贯通后将向临空方向发生整体滑动。除古、老滑坡外，在工程滑坡中，这类滑坡的滑面往往较牵引式滑坡的滑面较深一些，滑坡的整体性相对较好，地表裂缝相对较少。在公路工程中，这类滑坡多由路堤加载、坡后渗水引发。

在滑坡的工程治理中，应首先准确判断滑坡的动力学特征，防止判断失误造成工程治理费用的浪费或工程治理的失败。如某高速公路 K198+880~K199+100 段滑坡为路堤加载形成的推移式滑坡，但由于技术人员误判为坡脚河流冲刷造成的牵引式滑坡，在滑坡前部设置了大量反压工程后仍没有稳定滑坡。后期依据滑坡的动力性质，通过在滑坡后缘的路堤位置设置支挡和排水工程有效地处治了滑坡病害。

三、按滑坡的规模分类

滑坡的规模一般指滑坡的体积或滑坡的滑体厚度，公路工程以此将滑坡进行分类（表 6-1、表 6-2），从而直观地依据滑坡规模对滑坡的治理原则、治理难易程度、治理工期、治理工程费用等进行预判。

滑坡按体积分类　　　　　　　　　　　　　　　表6-1

滑坡类型	小型滑坡	中型滑坡	大型滑坡	巨型滑坡
滑坡体积 $V(\times 10^4 \mathrm{m}^3)$	$V \leq 4$	$4 < V \leq 30$	$30 < V \leq 100$	$V > 100$

滑坡按滑体厚度分类　　　　　　　　　　　　　表6-2

滑坡类型	浅层滑坡	中层滑坡	深层滑坡
滑体厚度 $H(\mathrm{m})$	$H \leq 6$	$6 < H \leq 20$	$H > 20$

滑坡规模的准确判断在公路工程中有着重要作用，滑坡规模的判断失误可能造成巨大损失。尤其是对一些年代久远的古、老滑坡，由于后期的地形地貌的改造作用，有时会在前期调绘工作中难以发现，线路一旦选定在此通过，将给后续工程带来极大的被动。如某公路王家寨黄土古滑坡体积达 $2200 \times 10^4 \mathrm{m}^3$，由于在漫长的地质年代中古滑坡的地形地貌发生了巨大的改变，滑坡地貌形态非常不明显，技术人员误将其判断为小型滑塌，决定公路在滑坡前部挖方通过，最终导致老滑坡复活而不得不花费巨资进行治理。

四、按滑面性质分类

不同性质滑面对滑坡的防治有着重要作用，它对滑坡的定性、定量分析和滑坡的分层、分区、分条，或变形、破坏趋势、规模等起着关键性的控制作用。只有准确地认识滑坡的滑面性质，才能针对性地为滑坡防治提供最基础的资料。

滑坡依据滑面成因可分为原生结构面滑坡、堆积层面滑坡、构造结构面滑坡、浅表生结构面滑坡和同生面滑坡五类。

1. 原生结构面滑坡（图6-2）

原生结构面主要指沉积岩的沉积结构面、岩浆岩的火成结构面和变质岩的变质结构面。其中沉积岩的沉积结构面主要指沉积过程中形成的层理、软弱夹层、不整合面、假整合面、成岩裂隙面和古风化面等；岩浆岩的火成结构面主要指侵入体与围岩的接触面、岩浆岩的流线和流面、原生冷凝节理面和火山喷发间断界面；变质岩的变质结构面主要指区域变质的片理面、片麻理面、板劈理面、片岩软弱夹层等。

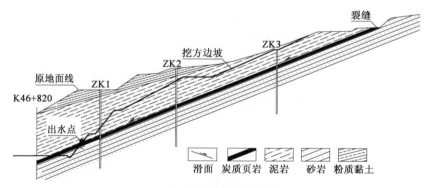

图6-2　原生结构面顺层滑坡

原生结构面控制的滑坡中，一般情况下以结构面贯通度好、结构面力学性质相较对差的沉积岩滑坡最为常见，变质岩滑坡相对较少，而以结构面贯通度相对较差、结构面力学性质相对较好的岩浆岩滑坡最少。

2. 堆积层面滑坡(图6-3)

堆积层面主要指第四系堆积体在形成过程中的各种间隔界面,如不同时期、不同性质的冲积、洪积、残积、崩积界面和土岩界面等,以及人工堆填土与下伏原地面之间形成的接触面。

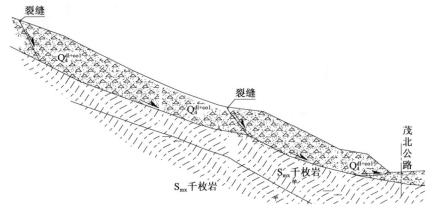

图6-3 堆积层面滑坡

堆积层面滑坡最常见的是堆积体沿下伏基岩发生滑动,该界面往往是此类滑坡的最深层滑面。但堆积体由于可能为多期或不同成因形成,造成堆积体中可能存在多组倾向坡外的不利"结构面"。此外,大型堆积体所依附的下伏原自然坡面由于构造剥蚀形成多级平台,造成上覆堆积体滑坡往往具有多级滑动的特点。如张家坪大型堆积层滑坡就是由不同性质的堆积层面控制形成的一个具有浅、中、深三层滑面和分为前、中、后三级的巨型堆积层滑坡。

3. 构造结构面滑坡(图6-4)

构造结构面指岩体在构造作用下形成的节理面、断层面、层间错动面、破劈理面等。岩体在形成后的漫长地质历史年代中,不断受到构造运动作用而产生各种形式的构造结构面。构造结构面对坡体的完整性和稳定性具有控制性作用,一旦坡体在后期改造过程中形成临空面,就极易形成构造结构面滑坡。

如G316国道稍子坡段地处西秦岭构造带北部,两条区域性大断裂带在此交汇,造成近6km的线路范围内发育了15处大~中型滑坡;再如某高速公路K21滑坡Ⅰ区,就是坡体开挖形成临空面后,坡体迁就利用了倾向坡外、产状为120°∠17°、115°∠72°的两组贯通性构造节理形成的构造结构面滑面,逐渐演变成为滑坡的。

4. 浅表生结构面滑坡(图6-5)

浅表生结构面主要分为浅生结构面和表生结构面两类。浅生结构面主要指由古剥蚀面、区域性断裂活动和侧向临空面所控制的卸荷裂隙、重力作用下的扩展变形结构面;表生结构面主要指受地形及原生结构面控制,在卸荷风化带内发育的卸荷裂隙、风化裂隙、泥化夹层、次生夹泥等结构面。浅表生结构面控制的滑坡在地形陡峻、地应力较高的坡体开挖过程中相对比较常见。

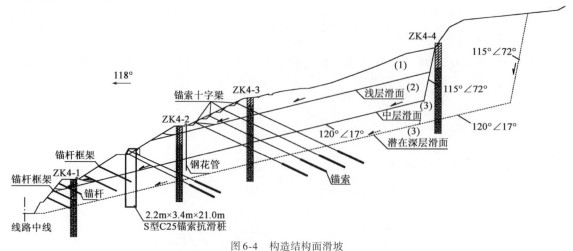

图 6-4 构造结构面滑坡
(1)-粉质黏土;(2)-强风化火山角砾岩;(3)-中风化火山角砾岩

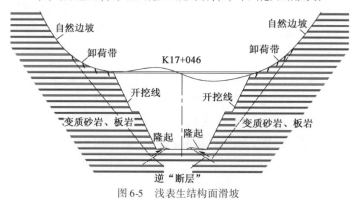

图 6-5 浅表生结构面滑坡

如坡体在长期的河流冲刷深切或短时间内的工程开挖后,产生应力释放和临空面岩体回弹。当卸荷速率大于岩体的应变速率时,坡体出现平行临空面走向、倾角小于临空面倾角的卸荷裂隙,并在上部岩体的重力作用下产生切向应力。当切向应力大于卸荷裂隙的强度时,卸荷性滑坡便形成了。

5. 同生面滑坡(图 6-6)

同生面主要指土质较为均匀、土体中没有明显或根本没有倾向临空面的结构面,由坡体中的最大剪应力控制、在滑坡滑动过程中同时生成的剪切面,滑面形态往往呈圆弧状。

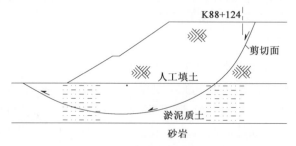

图 6-6 同生面滑坡

五、按滑体物质分类

根据滑体物质,滑坡可分为岩质滑坡、半成岩滑坡及土质(类土质)滑坡三大类和多个小类,如图 6-7 所示。

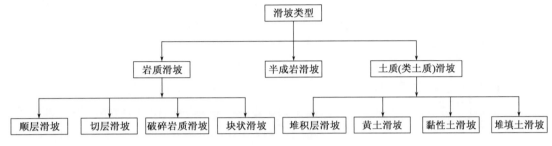

图 6-7　滑坡类型

岩质滑坡指构成坡体的岩体向临空面发生滑动形成的灾害,它可以在任何岩质坡体中发生,但多发生在倾向临空面的层状岩体、坡体节理裂隙或软弱夹层发育、地下水富集的斜坡体中。岩质滑坡根据坡体结构性质可分为顺层滑坡、切层滑坡、破碎岩质滑坡及块状滑坡四类。滑坡在平面形态上后缘受结构面控制而多呈直线状、折线状,滑面主要受结构面控制而呈直线形或折线形。个别破碎岩体形态的岩质滑坡,有时会受到最大剪应力控制而呈圆弧状。

半成岩形成于晚第三系及第四纪更新世初期,成岩程度低,富含黏土颗粒及矿物,遇水易软化,滑面可为顺层、切层或弧状形态。

土质(类土质)滑坡可分为堆积层滑坡、黄土滑坡、黏性土滑坡、堆填土滑坡。滑坡在平面形态上后缘受张拉应力而多呈弧状、圈椅状;滑面形态受最大剪应力、不同成因结构面等的影响而呈弧形、直线形或折线形等多种形态。

第三节　按滑体物质分类的滑坡特征

按滑体物质分类是目前最普遍的一种分类方法,它能直观地反映滑坡的组成物质、滑动面的性质、滑坡的变形特点、滑动速度的快慢等滑坡的基本特征,这对滑坡的防治具有十分重要的意义。

一、岩质滑坡的特征

岩质滑坡根据滑体物质和潜在滑面性质、特征,可分为顺层滑坡、切层滑坡、块状滑坡、破碎岩质滑坡。

1. 顺层滑坡

顺层滑坡是岩质滑坡中最为常见的一类滑坡,主要指坡体沿岩体原生结构面向临空面发生滑动。顺层滑坡的发生需满足三个条件:一是坡体前部具有临空面,使后部坡体具有潜在滑移的势能;二是倾向临空面的岩层倾角需小于临空面的坡度,一旦倾向临空面的岩层倾角大于临空面的坡度,则只能产生崩塌或切层滑坡;三是潜在下滑力必须大于潜在滑面的抗剪强度。

也就是说,并不是所有的顺层坡都会发生滑坡。

1) 顺层滑坡的特征

顺层滑坡的主要特征如下：

(1) 线状公路的走向与岩层走向近平行或呈小角度时,只要边坡的开挖坡度大于岩层的倾角且层面摩擦力不足时,往往会造成顺层滑坡成群出现,形成"大挖大滑,小挖小滑"的滑坡群。

如重庆万梁公路在25km的砂泥地层中,工程施工期间发生了24处大~中型顺层滑坡；四川宜叙高速公路在长5km的泥灰岩、灰岩地层中,发生了8处大~中型顺层滑坡。基于此,在公路工程中,一般在岩层走向与线路走向的夹角小于40°时,均列为顺层岩质易滑坡体。

(2) 当坡体中无软弱夹层时,岩体的倾角越接近45°+φ/2(φ为层面内摩擦角),坡体越易发生顺层滑坡,且层面的倾角往往大于35°；当坡体存在软弱夹层时,顺层滑坡在岩体倾角大于10°的岩层中最为常见。当然,岩体的倾角小于10°时也会有顺层滑坡发生,但多以地震力、水压力等外界作用力驱动下发生的平推式滑坡为主。

(3) 一般情况下,岩层倾角缓、层间有较厚的软弱夹层时,顺层滑坡的滑动速度较慢。当岩层倾角较陡,层间软弱夹层较薄或没有软弱夹层时,坡体可以蓄积更大体积的势能,一旦发生滑动,则往往具有较大的滑动速度。

2) 顺层滑坡的分类

依据滑面形态和破坏机制,顺层滑坡可分为平直层面的滑移-拉裂型和滑移-弯曲型,变倾角的滑移-拉裂型和滑移-弯曲型几类。

(1) 平直层面形态的顺层坡体,主要是原生沉积岩在形成时周围环境比较平静,可使岩层形成水平状层面。坡体在后期轻微构造作用下发生倾斜时,易在倾向线路的一侧形成顺层坡体。

①平直层面的滑移-拉裂型(图6-8)

该类滑坡是最为常见的顺层滑坡。当坡体由于工程开挖等因素形成临空面,坡体沿层面向临空面方向发生蠕变变形时,滑面附近岩体在拉应力作用下逐渐扩张而成为某一级滑坡的后缘裂缝。当坡体中存在软弱夹层时,坡体的开挖往往能在短时间内造成坡体形成牵引式顺层滑坡。该类滑坡规模可大可小,主要取决于坡体的开挖深度、岩层倾角和岩体性质等,并多有多级拉裂的情况出现。

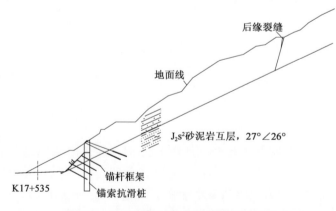

图6-8 某高速公路K17滑移-拉裂型顺层滑坡

②平直层面的滑移-弯曲型

倾角较大或滑面长度较大的顺层坡体,尤其是薄层状岩体或延性较强的碳酸盐类层状岩体,当上部岩体具备下滑条件下滑时在坡脚附近受阻,上部岩体的下滑力对坡脚附近的顺层板状岩层形成纵向压应力,使坡体出现强烈的类似于"纵弯褶皱"的蠕变变形,并在一定条件下造成"褶皱轴部"出现断裂而形成切穿岩体层面的滑移-弯曲变形。由于受到上部坡体的强烈压剪作用,"褶皱"部位岩体往往相对比较破碎。

这种坡体变形整体上来说属于顺层滑坡,但在剪出口附近表现为明显的切层变形或破坏,且由于坡脚附近岩层的"闸门锁固",往往能形成规模较大的滑坡。岩体强度越高,岩层厚度越大,则后部滑坡蓄积的能量越大,规模也越大。

该类型滑坡的发展形成可分为三个阶段:

a. 轻微弯曲阶段。坡脚附近岩层由上部顺层坡体形成的下滑力而产生的压应力 σ_1 与垂直于坡面的压应力 σ_3 之间的差值较大时,岩层局部发生剪切破坏,坡面轻微隆起,层面之间发生层间错动。

如某高速公路 K58+405~K58+615 段顺层斜坡由薄~厚层砂泥岩互层构成,岩层产状为 110°∠35°,与线路近于正交。边坡开挖时采用顺层"一坡到顶"的清方形式,形成了高约 75.0m 的顺层高边坡,且距坡脚约 10.0m 发育处于轻微弯曲阶段的厚层状砂岩和处于强烈弯曲状的薄~中厚层状的粉砂质泥岩层(图6-9)。若不对其进行必要的工程加固,在边坡高大和产状倾角较陡的情况下,在上部边坡较大的潜在下滑力作用下,坡体存在沿此轻微弯曲段逐渐发展形成剪出滑移的可能。故现场最终变更采用锚索框架对此轻微弯曲段进行了锁固(图6-10)。

图6-9　厚层砂岩拱起、薄~中厚层粉砂质泥岩"X"形节理　　　图6-10　工程锚固防止顺层坡体溃曲

b. 强烈弯曲阶段。随着上部顺层坡体的稳定性不断降低,上部坡体的下滑力产生的压应力 σ_1 不断增大,造成应力圆半径不断加大而使坡脚附近岩层所受的剪应力不断加大,使得该部位岩层弯曲度不断变大,岩体扩容现象明显,层间出现架空现象,地表隆起显著,岩层面错动加剧,岩体出现"X"形剪切节理,且其中一组剪切裂缝将逐渐发展成为切层的滑移剪切面。

如某高速公路 A 匝道顺层滑坡由震旦系(Z_{1x})巨厚层砂岩和粉砂岩构成,层间夹有 10~30cm 厚的黄绿色岩屑及次生泥,岩层产状 110°∠50°~52°,与线路小角度相交。岩体受断层、层间错动带作用,节理裂隙密集而极为破碎。边坡开挖破坏了位于一级边坡附近处于强烈弯曲阶段的砂岩层,弯曲部位岩体中的滑移剪出面与碎裂状岩体内剪切滑动面贯通后,造成坡体整体失稳,形成了规模达 $3.6 \times 10^5 \mathrm{m}^3$ 的大型滑坡(图6-11)。最后在弯曲部位设置锚索抗滑桩,上部坡体采用锚索框架和锚杆框架加固后才得以治理。

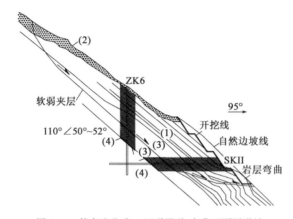

图6-11 某高速公路 A 匝道滑移-弯曲型顺层滑坡
(1)-石英砂岩与泥质粉砂岩互层;(2)-块碎石土;(3)-石英砂岩;(4)-泥质粉砂岩

c. "闸门"切层贯通阶段。当"X"形剪切裂缝中的一组剪切裂缝逐渐发展贯通后,该顺层滑坡在降雨、地震等外力作用下,将由于坡脚岩层形成的"闸门"失效而形成滑坡。

三峡库区范家坪顺层滑坡发育于巴东复向斜与秭归向斜交汇带,坡体主要由侏罗系厚~巨厚层石英砂岩夹煤层构成,前部岩体相对破碎,中后部岩体相对较完整。岩层产状为 $10°\angle 26°$。三峡库区蓄水后,滑坡前缘处于贯通阶段的滑面的抗剪强度急剧降低,从而形成了规模达 $1.25 \times 10^8 \mathrm{m}^3$ 的巨型滑坡(图6-12)。

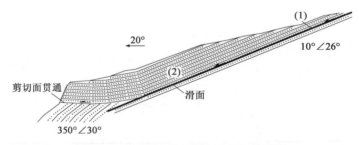

图6-12 三峡库区范家坪滑移-弯曲型顺层滑坡
(1)-煤层;(2)-砂岩

(2)变倾角顺层坡体主要由以下四种因素形成:

①一些同沉积构造形成的坡体,由于在沉积的过程中地层持续发生上升或下沉,沉积层面形成具有一定弧度的原生形态。

②在原始地貌中存在一定弧度的地表形态,岩土体在沉积时依附于原始地表形成一定弧度的层面形态。这种成因的变倾角顺层滑坡往往与周围地层倾角有较大差别。

如某高速公路某互通 CK0+074~CK0+185 段变倾角顺层滑坡(图6-13),砂泥岩沉积于原始洼地,呈弧状。勘察时由于周围岩体均为近水平产状,故没有对边坡进行工程防护,造成该段边坡开挖时在长约110.0m的范围内发生了变倾角顺层滑坡,最后不得不采用清方结合抗滑桩工程进行治理。

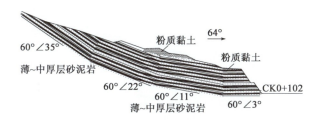

图 6-13　变倾角滑移-拉裂型顺层滑坡

③坡体在上部岩体的重力作用下沿软弱层面发生缓慢变形,在坡体下部受到阻力后逐渐发生弯曲,它是坡体长期缓慢蠕变的结果,多会造成构成坡体的岩层发生破裂,进而形成以碎裂岩为主,夹杂有碎块石和粉质黏土等物质的顺层滑坡,有时也会形成破碎岩质的顺层滑坡。

如三峡库区旧县坪滑坡滑体由石英砂岩与紫红色泥岩互层为主的碎裂岩构成。由于滑体破碎严重,滑体滑动时在下部陡缓转折部位受阻而发生弯曲变形破坏(图 6-14)。

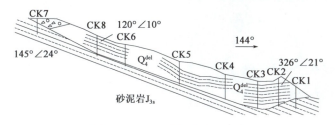

图 6-14　变倾角滑移-弯曲型滑坡

④坡体在岩浆和盐岩的底辟构造作用下,上部层状岩体发生变形弯曲。这种类型的滑坡在岩体强度、刚度较小的软岩中更为发育,且层厚也相对较小,这有利于岩层在受到外力作用时发生弯曲变形,往往具有上陡下缓的形态。

需要说明的是,在岩浆岩组成的坡体结构中,由于岩浆岩的火成结构面,如侵入岩的流线和流面,以及岩浆岩受到动力变质作用发育带有动力变质矿物薄膜的贯通结构面,将岩浆岩体切割成厚度不等的层状体时(图 6-15),一旦在坡体前部形成临空面,则可能发生似层状滑坡,公路工程中也可将这类滑坡归入广义的顺层滑坡范畴。

图 6-15　绵茂公路花岗岩似层状结构

2. 切层滑坡

滑面切过岩层面发生的滑坡称为切层滑坡,多发生在原生结构面近水平或与临空面相反的坡体中。切层滑坡根据滑面形成机理可分为两类,即外倾结构面贯通形成的切层滑坡和倾倒形成的切层滑坡。

1)外倾结构面贯通式切层滑坡

该类切层滑坡往往由于坡体前缘临空,造成坡体长期卸荷时在重力作用下迁就利用坡体中外倾的结构面逐渐发育而成,这在岩体强度较高的高山峡谷区相对比较发育。从结构面性质来说,如果坡体结构面密集或贯通度有限,则坡体病害多形成崩塌;而结构面贯通度良好且岩体完整度相对较好时,坡体往往依附于贯通性结构面形成切层滑坡,甚至是依附于多层贯通性结构面出现多层滑动。

图6-16 外倾结构面贯通形成的切层滑坡

如川西青藏高原某省道 K78 切层滑坡位于沟谷深切、自然坡度陡峻、地震作用频繁的峡谷段,坡体在长期的卸荷和地震作用下,利用了变质砂岩中发育的外倾结构面逐渐发育成为一个体积达 $6 \times 10^4 m^3$ 的切层滑坡(图6-16),严重威胁着下部公路的安全。

需要说明的是,对于坡体追踪利用顺倾结构面形成的切层滑面,其形态可能为近直线形,也可能呈台阶形。此外,由于结构面具有"等厚"多层的特点,切层滑坡往往具有多层滑面,这需要在滑坡治理时予以充分重视,否则可能会造成滑坡治理的失败。

如某高速公路 K111+286~K111+433 段切层滑坡(图6-17),坡体由千枚岩和变质砂岩构成。坡体在龙川断裂的多次构造运动的影响下,形成了产状(140°~149°)∠(20°~23°)的顺倾主滑结构面以及产状 132°∠58°为后缘结构面的潜在滑体。该坡体在路堑边坡开挖后,采用在一、二级边坡设置锚索框架进行加固。但由于对下伏的更深层的结构面考虑不足,加之地下水疏排不佳,一、二级边坡锚索框架工程完工后,坡体沿中层的顺倾结构面再次发生滑动。后虽然在三、四级边坡再次设置锚索框架进行加固,但由于锚固工程对深层顺倾结构面考虑不足,造成工程完工后坡体再次沿深层顺倾结构面发生滑动。该工程虽然最终再次采用加深、加密的锚索框架、注浆钢管桩和排水工程进行综合加固防护,但教训是深刻的。

2)倾倒式切层滑坡

从斜坡的变形破坏机制来说,在层状、板状岩体,尤其是薄层状、岩体强度较弱的坡体中,陡立的斜坡岩体在卸荷和自重弯矩力的作用下发生向临空面的弯曲,并不断向坡体内部发展,导致弯曲的岩层之间相互错动并伴有拉裂,在岩层弯曲较大的部位产生横切岩层的折裂或使坡体中的结构面不断发展贯通。在此过程中,坡体的卸荷松弛促使结构面贯通,并使坡体后缘形成拉裂缝,从而导致切层滑坡的发生。即岩体受重力作用蠕变弯曲、剪切、滑移,最终形成以重力弯曲剪切形成的次生结构面作为滑带的倾倒式切层滑坡(图6-18)。

如川藏高速公路汶川至理县段千枚岩大面积分布于高山峡谷区,坡体在长期卸荷作用下造成区内千枚岩倾倒体非常发育,并多转化为倾倒式切层滑坡(图6-19),严重威胁高速公路安全。

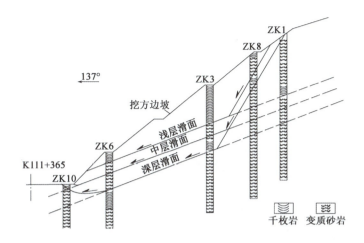

图6-17　某高速公路切层滑坡断面图

图6-18　薄层状砂岩倾倒式切层滑坡

图6-19　千枚岩倾倒式切层滑坡

倾倒式变形体在边坡开挖后形成良好临空面,造成坡体在短时间内快速卸荷、应力松弛的幅度远远大于自然斜坡卸荷松弛,坡体前缘由于开挖造成后部岩体失去支撑,导致渗流场作用力快速加大,最终导致坡体发生沿缓倾构造面发育的切层滑坡。

如向家坡滑坡位于背斜西翼的斜坡上,坡体由产状为(270°~290°)∠(70°~80°)的侏罗系中厚层泥岩夹砂岩为主构成。在漫长的地质年代中,由于缓坡地段侏罗系泥岩夹砂岩卸荷松弛而应力释放,陡立的岩体在自重作用下发生弯曲,并与坡体中丰富的地下水共同作用,使坡体中(270°~290°)∠(25°~35°)的顺坡结构面贯通,为切层滑坡的发生提供了良好的地质基础。边坡开挖造成倾倒式坡体平衡被打破,坡体发生了依附于(270°~290°)∠(25°~35°)顺倾结构面的切层滑坡。但在工程治理阶段,由于对深层顺倾结构面及地下水沿结构面活动的不利因素认识不足,该切层滑坡先后设置了5排抗滑桩并实施了多级锚固工程,花费近5000万元,先后5次才得以有效治理(图6-20)。

3. 块状滑坡

块状滑坡多发育于岩浆岩物质为主的地质体和厚层、巨厚层的砂泥岩、灰岩等沉积岩及正变质岩中。滑面主要依附于原生结构面(如喷出岩流面、侵入接触带等)和次生结构面(如风化界面、断层影响带、卸荷裂隙、片麻理等)。

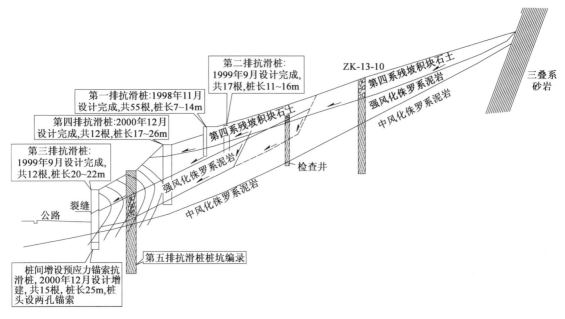

图 6-20 向家坡滑坡治理断面图

该类滑坡主要有以下五种特征：

(1)玄武岩等喷出岩流面或花岗岩等侵入岩形成的似层面，易造成坡体沿似层面发生滑坡。

如四川龙门山段的绵竹至茂县公路所在的峡谷，山体高大巍峨，花岗岩似层面相当发育(图6-21)，造成沟谷内历史上多次发生花岗岩滑坡，尤其是在"5·12"汶川地震时，大量沿顺倾似层面滑动的花岗岩滑坡堵塞河道(图6-22)，形成堰塞湖。灾后重建时地质灾害频发，致使绵茂公路灾后重建工程多次毁坏。

(2)坡体在不同深度产生不同程度的风化时，易沿不同的风化界面产生滑坡。

如某高速公路K21滑坡Ⅱ区，坡体由风化界限明显的全～强～中风化火山角砾岩组成，岩体内发育有几组顺倾线路的原生不利结构面，产状为(102°～120°)∠(17°～22°)。高速公路边坡开挖后，形成了依附于顺倾原生结构面、全风化层沿强风化层、强风化层沿中风化层，在地下水的作用下分浅、中、深三层滑面和前后两级的多层、多级滑坡(图6-23)。

(3)在多期岩浆入侵的情况下，易在坡体中沿不同时期岩浆的接触面，以及岩浆岩与其他岩体的接触面发生滑坡。

如某高速公路文祠互通边坡最大坡高59m，坡体由于燕山期花岗岩侵入三叠系砂岩造成砂岩形成陡倾角外倾层面(图6-24)。侵入带附近地下水丰富而风化强烈(图6-25)，导致边坡开挖后形成了错落型滑坡，使大量既有锚固工程破坏。

图6-21 似层面发育的花岗岩山体

图6-22 沿似层面滑移的大型花岗岩滑坡

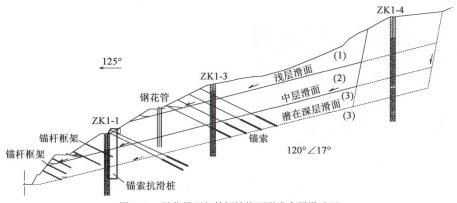
图6-23 风化界面与外倾结构面形成多层滑动面
(1)-全风化；(2)-强风化；(3)-中风化

图6-24 花岗岩与变质砂岩接触面控制坡体变形

图6-25 接触面处地下水丰富

(4)坡体在后期构造作用下,相对完整的块状岩体沿构造结构面或小断层产生组合式滑动。

如秦岭某试验场花岗岩边坡高115m,坡体主要由中～微风化花岗岩构成,坡体中发育贯通状300°∠35°外倾结构面,且坡脚发育横穿坡脚的小断层,坡体开挖后由于坡脚承载力明显不足,沿外倾贯通性结构面发生了大规模的滑坡(图6-26、图6-27)。

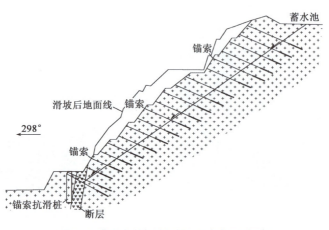

图 6-26　断层与外倾结构控制花岗岩滑坡形态

图 6-27　坡顶微风化花岗岩张拉裂缝

(5)岩浆岩变质形成的片麻理等定向结构面外倾,造成坡体发生滑坡的概率大为增加,尤其是当片麻理层状结构面间形成云母片岩等软弱夹层时,就更易造成滑坡的发生。

如某公路芭蕉树滑坡,坡体主要由斜长片麻岩构成,岩体片理面产状为(50°~65°)∠(36°~45°),陡倾坡外,岩体呈层状结构。片麻岩中夹有厚 4~5cm 的白云母片岩软弱夹层,造成坡体在暴雨作用下岩体沿着软弱夹层向坡外变形,形成了蠕滑-拉裂型滑坡(图 6-28、图 6-29)。

图 6-28　滑源区全貌

图 6-29　剪出口部位岩体结构

4. 破碎岩质滑坡

破碎岩质滑坡滑体由断层、构造、风化等作用下形成的破碎地质体组成,滑坡的分布与岩性关联度不大,但与地质构造具有较为密切的联系。

破碎岩质滑坡的主要特征如下:

(1)组成滑体的岩体破碎,造成地表水易于渗入滑体。加之滑体破碎,地下水或地表水渗入后往往主要在滑面或滑带附近活动较为强烈,地表水将细颗粒物质带入坡体内部的裂隙中时易在结构面上形成泥膜,使坡体的稳定性进一步弱化。

(2)除滑坡整体上受控制于结构面外,由于组成滑体的岩体破碎,可形成由最大剪应力控制、与类土质坡体中的圆弧形滑面相类似的局部滑动。

(3)破碎岩质滑坡多依附于断层破碎带、褶皱核部、岩浆多次侵入和穿插等地质构造作用强烈的地带。此类破碎岩质滑坡中为数最多的一类是断层上盘的岩体沿顺倾断层带滑动。由于顺倾断层带往往经历坡体应力松弛,结构带中的物理力学参数相对较小,坡体被工程切割和河流冲刷后更易失去平衡而发生变形。如川西二郎山龙胆溪破碎岩质滑坡就属于此类情况(图6-30)。

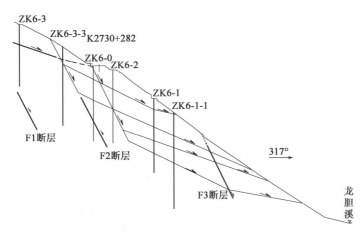

图6-30 二郎山龙胆溪破碎岩质滑坡地质断面

(4)对于富水的软质破碎岩坡体,坡体在丰富的地下水作用下往往会形成不收敛的蠕变变形,若不能有效及时地进行治理,坡体的变形往往会由缓慢变形的蠕变演变为剧烈变形的滑坡,甚至会形成碎屑流滑坡或成为泥石流物源区。

如某公路K52+387~K52+437段的坡体位于富水断层上盘,坡体由呈碎裂状和糜棱状的千枚岩构成。断层破碎带的存在造成蠕变体所在的坡体呈相对低凹地形,坡后汇水面积相当大,加之断层供水,坡体四季常年渗水或流水,使坡体成为泥石流的物源区。泥石流的不断牵引发展造成多处桥桩发生倾斜、开裂。工程治理时,在桥梁桩基周边设置注浆式钢管桩固结松散岩土体,在桥梁前部适当减载后设置双排抗滑桩对前部的泥石流物源区进行隔断,并对坡体地下水和地表水进行有效截排,对蠕变体进行了有效治理,如图6-31~图6-33所示。

对于切层破碎岩质滑坡,应查明错动带位置,软弱带产状、性质和抗剪强度;对于顺层破碎岩质滑坡,应查明顺坡软弱结构面产状、特征和抗剪强度;对于破碎变质岩体滑坡,应查明岩体性质、外倾结构面的组数、贯通度、产状、水化作用、卸荷裂隙等;对于破碎岩浆岩体滑坡,应查明岩浆岩岩性、侵入顺序、岩脉、断层特征、结构面产状、水化作用、地下水的分布等。

因此,破碎岩质滑坡工程治理难度一般较大。如某高速公路K108滑坡,滑区内有6条不同性质的断层通过,造成坡体地下水富集,并具有多层滑面分布。先后经历4年半时间及5次变更治理,花费约6000万元,方才对滑坡进行了成功治理。

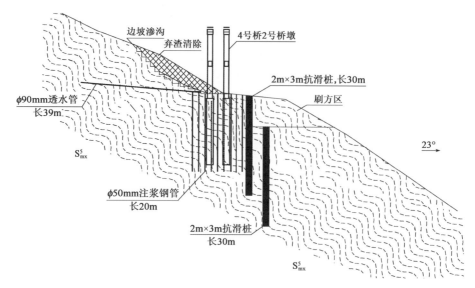

图 6-31　破碎岩质坡体蠕滑病害处治断面图

图 6-32　断层破碎带坡体蠕滑造成桥梁变形

图 6-33　桥墩前部的双排抗滑桩施工

二、半成岩滑坡的特征

半成岩在我国分布较为广泛,具代表性的是青海省东部的共和组地层和四川省攀西地区的昔格达地层,属于典型的易滑地层,且滑坡往往成群分布。

1. 共和组半成岩

共和组地层为一套巨厚层的湖相或河湖相的红色地层,具有一定的成岩性,干燥时岩层强度较高,具有脆性破坏的特征。但由于其黏粒含量较高,地层透水性较弱,遇水易于崩解、软化而导致地层的强度快速下降。

共和组半成岩滑坡的主要特征如下:

(1)一般来说,位于干旱地区的共和组半成岩滑坡多具有滑动速度高、滑坡规模大和滑程远的特征,滑坡发生后滑体分解明显,体积多有百万立方米以上,甚至达到上亿立方米。

如查纳滑坡是 1943 年发生在共和盆地东部边缘的半成岩巨型滑坡,滑坡体积约为 $1.27×10^8 m^3$,滑坡滑动时的滑速达 40m/s,造成滑坡前部约 $4.5km^2$ 的区域被滑体掩埋,东查纳村和西查纳村遭受毁灭性的灾害,黄河出现断流。

（2）从滑面形态和结构特征上看,共和组半成岩滑坡大多具有多级台阶和陡坎,平台前后缘高差大,且具有典型的"三段式"滑坡特点。

（3）从物质组成上看,共和组半成岩滑坡往往由一套湖相或河湖相地层构成,具有物质单一的特点。滑坡发生后,滑坡中、后部滑体整体性相对较高,往往保留了原岩的成层顺序、结构和构造;但滑坡前部由于高速或远程滑动,往往滑体解体明显,呈现比较松散的状态。

2. 昔格达半成岩

昔格达组地层分布于青藏高原东南缘大江大河及其支流的河谷地区,呈串珠状分布,为湖相静水沉积物,主要由灰绿色、灰黑色、灰黄色粉砂岩、粉砂质黏土岩和黏土岩组成,易滑是其突出特征之一。一般来说,粉砂岩具有孔率较大、均质性和透水性相对较好的特点,粉砂质黏土岩具有孔隙率较低、透水性相对较差的特点。昔格达半成岩与共和组半成岩一样,也具有弱胶结、成岩作用较差、强度低、遇水易崩解软化的工程特征。

昔格达半成岩滑坡的主要特征如下:

（1）从滑面形态和结构特征上看,昔格达半成岩滑坡的滑面往往为不同成分的昔格达地层接触面、昔格达地层与下伏较老地层的接触面、不同风化程度的昔格达地层接触面、昔格达地层的顺层滑面、受最大剪应力控制的圆弧面(图6-34)。需要说明的是,昔格达地层虽然沉积时代较晚,但往往存在原生变形构造或次生的褶皱、断层、陡倾角节理等,这表明昔格达地层沉积环境的地壳动力学背景是有差异的。

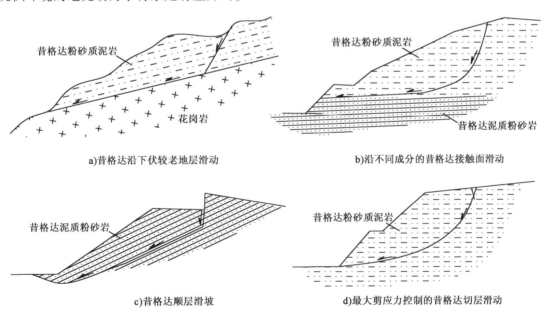

图6-34 昔格达地层滑面形态

（2）半成岩的典型工程特征是水的敏感性。如龙羊峡水电站蓄水后由于水的作用而产生了大量的共和组半成岩库岸再造滑坡;某高速公路开挖后由于降雨作用,全线大部分昔格达地层发生了不同程度的变形与滑坡。因此,边坡开挖后对地表水和地下水的截、引、排对坡体的稳定性具有关键作用。

某高速公路 K236 昔格达滑坡地层产状为 210°∠45°,与线路夹角为 30°,自然坡度为 10°~15°,植被良好。边坡开挖后,由于坡体后部山脊至坡口线附近的"M"形地貌负地形凹槽部位汇水,在暴雨的情况下大量地表汇水进入坡体,最终使坡体发生大规模滑坡(图 6-35)。滑坡发生后,大量地下水从滑坡前部呈股状流出,滑体多呈流体状。该滑坡治理时采用适当刷方和设置良好的地表水和地下水截、引、排系统,在二次注浆锚索框架和微型桩的共同加固下,确保了坡体的稳定(图 6-36)。

图 6-35　昔格达半成岩滑坡全貌

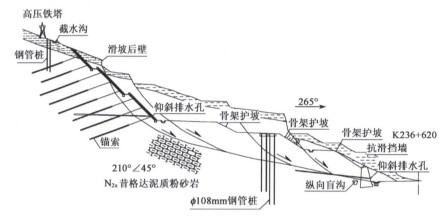

图 6-36　滑坡处治工程地质断面

(3) 一般来说,位于南方多雨地区的半成岩地层滑坡规模相对较小,体积大多在数千至数十万立方米之间。发育于北方地区的半成岩地层滑坡规模相对较大,体积多有十万立方米至上百万立方米,甚至上千万立方米至上亿立方米。这种南北方半成岩滑坡体积之间的差别主要由于地理位置差异和半成岩对水的敏感性综合作用所致。如南方半成岩地区降雨量相对较大,有利于坡体地下水的富集和活动,使坡体不能较长时间维持稳定,导致易发生小规模的滑坡而无法蓄积更大体积的潜在滑坡,也就是说发生滑坡的频率较高且规模较小。对于分布于我国北方的半成岩地层,气候干燥少雨造成水对坡体的影响较弱,使坡体能在较长的一段时间内维持相对稳定,为孕育较大体积的滑坡提供了较好的地理环境。

三、土质和类土质滑坡的特征

土质或类土质滑坡根据滑体物质,可分为黏性土滑坡、黄土滑坡、堆积层滑坡及堆填土滑坡。

1. 黏性土滑坡

坡体主要由各种成因的黏土、砂黏土、黏砂土组成,主要矿物为蒙脱石、伊利石及高岭石。黏性土具有亲水性强、透水性弱、暴露易风化、浸水易崩解和干湿效应明显的特点。坡体干燥时裂隙发育,土体强度较高,坡体稳定性较好;富水时裂隙闭合,坡面出现径流时易形成冲刷破坏,土体强度下降明显,坡体易发生变形失稳。在水的长期作用下,黏性土地层力学强度较低,地形地貌上多呈剥蚀残丘或低缓丘陵状形态,自然坡度多不大于15°。基于此,黏性土滑坡主要特征如下:

(1)黏性土滑坡具有牵引性、浅层性、间歇性、水敏性、结构性、季节性和体积小、多次滑坡与成群分布的特性,这与黏性土的性质是直接相关的。受上层滞水、沉积时矿物分布、下伏基岩的形态等影响,黏性土边坡开挖后往往形成沿土岩界面、黏性土内部的同生滑面、母岩结构面的滑坡,滑面形态可呈圆弧状、直线状或折线状(图6-37)。

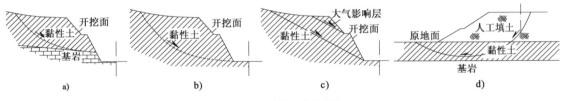

图6-37 黏性土滑坡形态

如某高速公路在K23～K59段通过红黏土宽缓丘陵地段,黏性土参数低,坡体含水率高。由于地质选线贯彻不利,路基填挖方规模较大,工程补偿与排水措施力度偏弱,造成工程施工时在K23～K59段出现了体积1万～10万m^3的红黏土滑坡85处,体积更小的边坡滑塌更是不胜枚举,教训是深刻的、惨痛的。

(2)黏性土滑坡形态上多具有"宽扁形"特点,即滑坡的宽度大于主轴长度。笔者结合川东某高速公路发育的71处红黏土滑坡施工咨询成果研究发现,红黏土滑坡宽度与主轴长度之比$L/m \geq 3$及滑坡主轴长度与滑体厚度之比$m/d \geq 3$的滑坡数量占比分别为74.7%和71.8%。坡体变形后若不能及时进行治理,则会不断发生渐进式的牵引变形(图6-38),造成滑坡范围不断扩大。

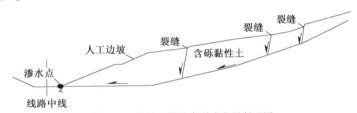

图6-38 黏性土滑坡牵引式发展断面图

(3)黏性土具有明显的干湿效应,坡体水分蒸发收缩时多形成具有一定深度和宽度的土体裂隙,这种收缩具有竖向和横向两种形态。由于自重压力的作用,在一定深度后黏性土就不会产生裂缝的延伸,裂隙深度在自然状态下多小于5.0m,故坡体稳定性受大气影响明显且滑面较浅。当然,黏性土也会出现深层滑动,但深层滑动往往更受控于坡体中存在的原生结构面配套组合形成的贯通性结构面。

(4)水对黏性土的影响可以用"天晴一把刀,雨天一团糟"进行形象的比喻,也就是说黏性土含水率较小时强度较高,但含水率升高时强度大幅度衰减且基底吸力降低,土体重量增加,直接影响坡体的稳定性。因此,黏性土边坡若不能在开挖后及时对坡面进行防护,就应即时进行土工膜覆盖等临时坡面防护,防止新暴露于大气中的黏性土在卸荷、干湿作用下产生裂隙。

黏性土挖方路堑病害，在土地占用许可的条件下，常采用与坡体物理力学参数相适应的缓坡率进行处治，但具体的坡率应根据具体黏性土的性质在1∶1.75～1∶3之间选定，并配以截水盲沟、边坡渗沟、支撑渗沟、格宾挡墙等排水工程。对于膨胀性较强的坡体，可采用加筋墙、土工袋、锚索等柔性工程进行处治。采用挡墙工程时可在墙背设置砂石、EPS（土工塑料泡沫）、土工袋等缓冲层。当滑坡规模较大时，可采用钢锚管、抗滑桩等能提供深层锚固力的工程进行支挡处治。路堤填筑加载造成的滑坡病害治理时，可采取排水固结、复合地基、反压等工程措施进行处治。对于形成滑坡群的地段，有条件时应积极考虑调整线路纵面，以减小边坡挖方高度或进行反压为主的工程进行治理。

需要说明的是，黏性土往往节理裂隙发育，甚至呈"蒜瓣土"，因此用于室内土工试验的原状土样品取样困难，很难对现场的黏性土裂隙特征进行较为真实的模拟，从而使室内试验的黏性土参数偏离现场实际情况。无论是室内的直剪试验还是三轴试验，所得到的土体强度指标往往偏高，造成计算的边坡安全系数偏大，这是需要注意的。故建议对重要工程的土体强度指标，可结合现场原位大剪试验或工程地质类比进行确定。

2. 黄土滑坡

黄土是多孔隙、富含碳酸盐的第四纪沉积物，在我国北方分布广泛。黄土在地形地貌上可分为宽广的黄土塬、狭长而边坡较陡的黄土梁、浑圆孤立的黄土峁和沿河分布的河谷阶地。由于质地相对疏松、多孔，水敏性强，垂直裂隙发育，在降雨、地震和不合理的工程扰动、农业灌溉等作用下，极易引起滑坡、崩塌、泥石流、水土流失等灾害。

黄土根据沉积年代划分为老黄土和新黄土。老黄土指早更新世（Q_1）的午城黄土和中更新世（Q_2）的离石黄土，以褐红色和黄褐色为主，多有古土壤层和钙质结核（姜石），密实度、压缩性和透水性相对较小，一般不具有湿陷性。新黄土指晚更新世（Q_3）和全新世（Q_4）早期的马兰黄土与相对杂乱具有强湿陷性的全新世（Q_4）近期新近堆积黄土，以浅黄色为主，孔隙比、压缩性、透水性等较大，水敏性强，一般具有湿陷性。

黄土滑坡多具有以下主要特征：

（1）滑坡的滑动规模较大、滑动距离远（图6-39），滑坡往往具有多区、多层、多级滑动的特点（图6-40）；黄土水敏感性高，坡体稳定性受水影响明显；黄土滑坡常具有成群分布的特点；黄土滑坡的后缘多呈圈椅状，并多有陷穴分布（图6-41）；由于垂直节理发育，错落型黄土滑坡较多（图6-42）。

图6-39　黄土滑坡的高陡后壁和塑性流

图6-40　黄土滑坡多级滑动拉裂缝槽

图6-41 黄土滑坡圈椅状外貌和陷穴

图6-42 错落型黄土滑坡

(2)我国黄土分布区多有活断层分布,造成上覆黄土地层不断受到活断层改造,历史上多次强烈地震造成的黄土滑坡灾害相当严重。地震力形成的巨大水平力对斜坡黄土具有抛射和摇动作用,甚至发生液化,从而使黄土力学强度大幅度降低,形成了相当数量的近水平、远距、高速滑坡。

(3)非正常的暴雨或连续降雨造成大量地表水沿垂直裂隙或大孔隙渗入黄土,不但形成水压力加大坡体下滑力,也使坡体中的软弱层富水形成软弱易滑带,从而为滑坡的发生提供了有利条件。在水的作用下,黄土滑坡有时会发生滑距很远的塑性流。此外,冬季黄土坡面冻结,有利于地下水在坡体内积存,春融气温升高时,冻土解冻消融造成坡体含水率迅速增大且坡体力学性质降低,从而引发黄土滑坡。

(4)黄土区多为干旱半干旱地区,不合理的水利、灌溉造成坡体中潜水面不断升高形成的浸润面成为坡体的软弱面,继而导致斜坡区滑坡成群分布,这在宽广的黄土塬边缘斜坡具有典型的特征;不合理的工程开挖形成临空面,造成坡体支撑力度减弱,不合理的工程加载破坏斜坡的力学平衡,也可能诱发滑坡的发生。

(5)黄土地区由于降雨量相对较小,容易形成大型或特大型滑坡。如青海省张家庄黄土滑坡体积约$4.0 \times 10^8 m^3$,滑面最大深度达300.0m。古滑坡滑动时后缘切穿了不同时代的黄土层,主滑段切穿了下伏的泥岩、湟水多级阶地等地层,形成了左右两大区块和前后共分五级的特大型黄土切层古滑坡。再如陕西省刘家泉黄土滑坡,滑坡长约860.0m,体积约$1.1 \times 10^8 m^3$,滑面最大深度约200.0m。滑坡后缘切穿了不同时代的黄土层,主滑段切穿了下伏泥岩、砂砾岩等地层,形成了特大型黄土切层滑坡(图6-43)。

(6)黄土滑坡滑面形态主要有:同一成因黄土中的圆弧形滑动,新黄土沿老黄土接触面滑动,滑面切穿不同成因黄土后沿基岩面滑动,同一成因黄土沿基岩面滑动,黄土沿下伏河流阶地的卵石层滑动,黄土沿下伏古土壤层滑动,黄土带动下伏基岩滑动,黄土切穿卵石层滑动和黄土老滑坡复活滑动,如图6-44所示。

3.堆积层滑坡

堆积层滑坡指除黄土、黏性土、人工堆填土以外,发生于第四系的坡积、残积、冲积、洪积、崩积、冰积等成因的堆积层形成的滑坡。根据滑坡成因,可分为残坡积层滑坡、冲洪积层滑坡、冰水堆积层滑坡和混合成因堆积层滑坡等类别。

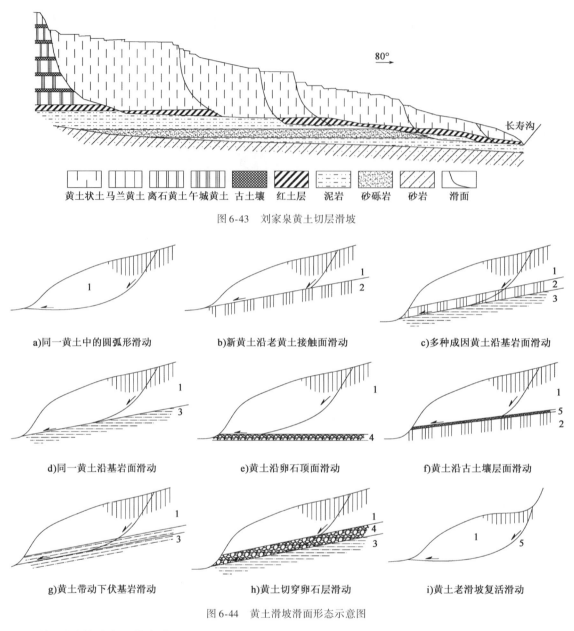

图6-43 刘家泉黄土切层滑坡

图6-44 黄土滑坡滑面形态示意图

堆积层滑坡主要特征如下：

（1）堆积体内部结构相对松散，大小块体混杂，堆积物组成复杂多变，不同岩相的堆积物交替变换频繁，多有不完整的沉积层状或透镜体结构，造成坡体渗水性和阻水性在不同深度处往往具有明显的差异。堆积层滑坡的形成主要取决于堆积层的坡体结构，即不同成因、不同时期、不同深度形成的具有明显性质差异的"层面"决定了堆积层滑坡形成的内在基础，使其往往成为滑坡的潜在滑动面，如图6-45所示。

（2）大型堆积体坡体结构复杂，影响坡体稳定性的因素众多，滑坡不同部位的滑体多存在多区、多级、多层和多期次滑动。也就是说，大型堆积层滑坡常常不是整体滑动的。故滑坡治理时应依据其坡体结构、诱发因素等,理清滑区各区、级、层之间的相互关系和稳定状态,针对性地设置工程处治措施。否则若始终按最不利的"整体、最深层"状况进行滑坡治理,可能造成工程规模过大,甚至造成滑坡无法治理。

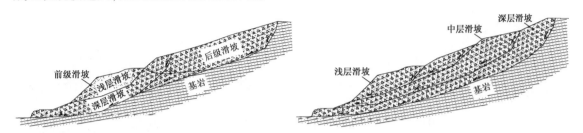

图 6-45　多层、多级堆积层滑坡示意图

(3) 堆积层滑坡尤其是大型堆积层滑坡的地下水往往比较发育,故工程治理时应首先考虑地下水和地表水的截、疏、排措施,不应过分强调支挡而忽略排水。

如某公路 K27+140～K27+320 段大型堆积层滑坡位于凹槽状负地形部位,自然坡度为 15°～20°,滑坡体地下水丰富,从滑坡后缘到滑坡前缘多有地下水渗流,滑坡主轴长约 383m,滑坡总体积约 $72\times10^4\mathrm{m}^3$。滑坡分为前、后两级滑体。其中前级滑坡长约 150m,具有浅、深两层滑面,滑坡体积约 $35\times10^4\mathrm{m}^3$;后级滑坡长约 230m,滑坡体积约 $37\times10^4\mathrm{m}^3$。工程治理方案(图 6-46):依据滑坡性质,一期工程在滑坡前缘设置锚索抗滑桩+反压+排水盲沟对前级滑坡的浅、深层滑面进行支挡,并通过设置的集水井对丰富的地下水进行截排。在后级滑坡前缘设置作为二期工程的锚索抗滑桩,根据一期工程的治理效果,通过监测核查是否进行施作。该滑坡一期工程实施后,监测反映坡体稳定性良好,故没有施作二期锚索抗滑桩工程,如图 6-46 所示。

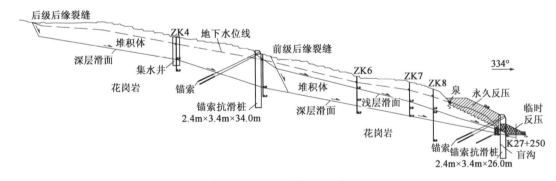

图 6-46　滑坡工程地质断面图

(4) 富水的松散堆积层由于坡体滑移时往往存在剪缩效应而可能形成超静水压力,造成滑坡存在较大的起动能量,且滑体在运动过程中由于坡体中地下水的"挤出"作用,对滑体形成一定的浮托和颗粒流作用,使滑坡滑动时具有较高的速度和较大的滑移距离,具有远程、滑源形成较大凹坑的特点。如深圳光明新区弃渣场滑坡就属于此类性质的滑坡。该类滑坡一旦发生,滑坡解体充分,地表坡度相对平缓,滑坡能量得以充分释放,滑移后的稳定度一般相对较高,一般不需要设置过强的支挡工程进行处治。

如某公路的 K34+540～K34+740 段富水碎屑流滑坡(图 6-47),在高约 65m 的部位起动,滑动距离近 500m,滑体充分解体并有大量地下水渗出(图 6-48)。滑坡发生后相关单位拟采用两排抗滑桩对滑坡进行处治,但笔者依据滑坡的性质,建议只在公路内侧设置必要格宾挡墙,提高残留滑体形成的公路内侧边坡的稳定性,而无须对碎屑流滑坡进行处治。该方案实施后,该段线路多年来一直保持良好的运营状况。

图6-47 碎屑流滑坡全貌

图6-48 充分解体后的滑坡前缘渗水严重

4. 堆填土滑坡

随着人类工程的快速发展,出现了大量各种形式的堆填土工程。如由碎块石土、砂卵石土、粉土或黏性土等填料组成且不含杂物的素填土工程;含有一定量的建筑、工业或生活垃圾与废料的杂填土工程;由吹沙等人工水力作用形成的冲填土工程;按不同控制标准压实形成的人工场地或路堤工程等。对于公路工程而言,由于我国基建工程规模大,路堤工程和弃方工程规模大幅度增长,相应的路堤滑坡和弃土场滑坡数量也出现了大幅度增长,对工程建设造成了很大的破坏,形成了不良的社会影响。

堆填土滑坡根据其成因可分为以下6类:

(1)由于填方体下部的软弱地层没有有效处治,下伏软弱地层在上覆填土的重力作用下发生挤出变形而形成堆填土滑坡,如图6-49所示。该类滑坡往往采用排水固结、反压护道或复合地基处治基底,提高软弱地层的承载能力和抗剪力,继而提高路基的稳定性。需要说明的是,反压工程应首先确保反压体稳定,防止反压体失稳更进一步牵引后部堆填土造成滑坡规模扩大。

(2)填方体上覆于较陡的自然或人工斜坡,由于未有效处理堆填土与下伏斜坡的界面,堆填土沿下伏斜坡发生滑坡,如图6-50所示。该类滑坡往往采用开挖台阶+土工格栅、挡墙或抗滑桩等进行处治或支挡,且一定要注意防止发生"越顶"事故。

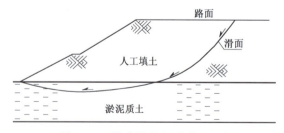
图6-49 下伏软弱地层型堆填土滑坡

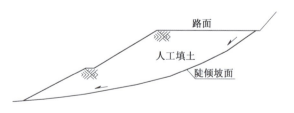
图6-50 沿陡倾坡面滑移型堆填土滑坡

(3)由于前缘受河流冲刷,堆填土发生牵引式滑坡,如图 6-51 所示。该类滑坡应加强河岸防护,尤其是河流顶冲部位的局部冲刷防护,可设置有充分埋置深度的浸水挡墙、桩板墙等刚性护岸工程,或格宾挡墙等柔性防护工程,必要时可设置挑坝工程对影响填方区的水流进行挑离改道。

(4)堆填土后部有较好的地表汇水条件,由于未有效处理被堆填土阻断后的坡后地表汇水,地表水渗入堆填土而形成滑坡,如图 6-52 所示。该类滑坡需在堆填土迎水侧的汇水区域设置边沟或截水盲沟,有效阻止地表水和地下水渗入路堤。对于自然沟部位的填方体,填方前应在原沟底部设置必要的渗水盲沟工程,确保堆填土下部的积水有效疏排,并阻止填方加载造成的地下水位上升形成的不良影响。

图 6-51 河流冲刷型堆填土滑坡　　图 6-52 堆填土积水型滑坡

(5)由于填方体前部的支挡工程抗滑力度不足,堆填土滑坡发生,如图 6-53 所示。该类滑坡应加大挡墙或抗滑桩等支挡工程的埋置深度,严格核查墙前或桩前的水平地基承载力,确保支挡工程的有效锚固能力。

(6)填方体设置于老滑坡上部形成加载造成老滑坡复活,从而诱发填方滑坡发生,如图 6-54 所示。该类滑坡应在填方前进行详细的地质勘察,防止因老滑坡的错判而留下后患,尽量避免在老滑坡后部填方,而宜积极在老滑坡前部填方形成反压为最佳。

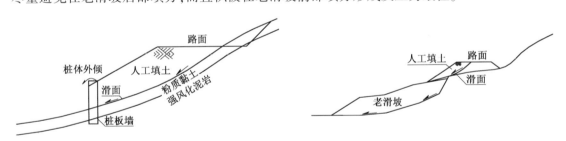

图 6-53 支挡力度不足型堆填土滑坡　　图 6-54 老滑坡复活型堆填土滑坡

堆填土滑坡的治理,要针对性地依据相关的地质资料和填料性质等,合理确定处治方案;并应考虑堆填土滑坡的特殊性,尽量避免工程报废,以免产生较大的社会影响。

某高速公路互通连接线 K1+606~K1+812 段位于厚 3~8m、方量约 $11×10^4 m^3$ 的老滑坡体前缘,坡体地下水丰富。原设计采用清除老滑体后换填合格填料 + 路堤边沟下设置截水盲沟为主的治理方案。线路通车半年后,由于路基中央分隔带排水工程质量问题,大量路面汇水反向流入中央分隔带而诱发路堤滑坡。滑坡后缘以中央分隔带为界呈直线形分布,与常见堆填土滑坡弧形后缘有明显差异。

从滑坡变形特征来看,填方体下部的滑坡换填反压以及路堤内侧边沟下部设置的截水盲沟有效截排了老滑坡地下水,对路堤起到了良好的保护作用。但由于中央分隔带排水质量问题,区内丰沛的降雨沿宽大的路面汇流后灌入路基中部,浸润了位于基岩面以上的换填泥岩填料,造成滑坡的发生(图 6-55、图 6-56)。方案确定时,由于路堤前部为基本农田,故无法实施反压方案,而采用抗滑桩为主的工程进行支挡处治,如图 6-57 所示。

图 6-55　路堤滑坡后缘图

图 6-56　滑坡后缘以路堤中央分隔带为界分布

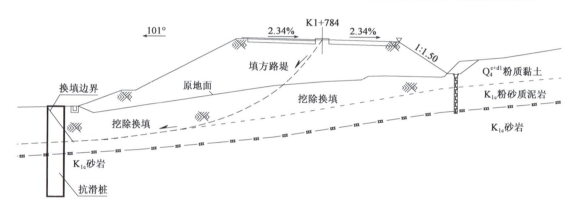

图 6-57　路堤滑坡治理工程地质断面图

四、两种特殊坡体病害——错落式滑坡和平推式滑坡

1. 错落式滑坡

错落是指坡体沿倾角较陡的结构面,依附于坡体下部有一定厚度、物理力学性质较差的底错带,在上部岩土体的重力作用下发生整体下错的现象。错落主要发生于坡体中存在贯通性陡倾结构面、坡体下部存在一定厚度的软弱层,在河流冲刷、人工切坡造成隐伏的软弱底错带处于临空状态时,尤其是底错带部位有地下水活动时,更易造成错落的发生(图 6-58)。

错落的主要特征如下:

(1)竖向位移量大于水平位移量,错落体相对比较完整,能基本保持原有坡体的结构(图 6-59)。

(2)错落在外貌形态上呈阶梯状,阶梯的级数对应坡体的错落次数。

(3)错落体后壁多依附于岩土体陡倾结构面而呈近直立状,倾角多大于 65°,错落体的底部多存在一定厚度、呈近水平状的软弱底错带。

(4)错落以重力作用为主,是底错带上部岩土体在重力作用下挤压下部软弱底错带而发生的病害现象。

（5）错落依附于近水平状的底错带沿后部陡倾结构面下错时，由于底错带的反向抗剪力很小，对错落体滑动力的抗滑作用很弱，故错落体后缘部位一般不会出现反倾块体。

（6）错落发生后，由于重力作用于下部的底错带性质，滑体会在较长的一段时间内保持基本稳定。但若长期放置，在降水等作用下坡体可能再次发生错动。

图6-58　河流阶地富水形成的黄土错落

图6-59　保持原有坡体结构的砂泥岩错落

这类滑坡主要是由于坡体上部岩土体的重力作用挤压下部软弱底错带所致。因此，在条件允许的情况下，最有效的治理方案是对软弱底错带上部的岩土体进行卸载减重，若能结合反压对底错带进行压覆，则工程效果最好。在采取工程支挡加固措施时，处治的重点是增大底错带部位的抗剪能力，可根据坡体病害的地质条件采用抗滑桩、微型桩等工程提高底错带的抗剪能力，达到有效处治的目的。

某高速公路 K142+615～K142+865 段边坡由产状 245°∠5° 的中风化粉砂岩夹泥岩构成，原设计开挖坡高约24m，坡率为 1:0.75～1:1，采用绿化防护。边坡开挖后在坡脚出露厚1.5m 左右的饱水软弱带，造成坡体上部岩体依附于产状为 242°∠70° 的贯通性陡倾结构面，在重力作用下挤压下部饱水软弱底错带发生了体积约 $9\times10^4\mathrm{m}^3$ 的错落。错落体高约24m，后缘错台高2～3m，前缘挤出鼓胀，错落体的原有坡体结构保持较好。

错落发生后，由于工程处治方案久拖不决，坡体在13个月后再次沿后一级陡倾结构面和下伏底错带发生错落，形成了高约45m、体积约 $16.8\times10^4\mathrm{m}^3$ 的错落体，与原错落体在地形上呈现明显的前、后两级错落形态。处治方案确定时，由于错落体坡体结构相对完整且区内弃方较为困难，故对错落体采取适当刷方，坡脚底错带部位设置抗滑桩加固为主的工程措施确保错落体的整体稳定。刷方形成的高边坡通过设置锚杆和锚索框架进行了分级加固（图6-60），取得了良好的工程效果。

2. 平推式滑坡

平推式滑坡多发育于黄土或产状近水平的软硬相间的砂泥岩等地层中，岩层倾角多小于5°，有时呈略反倾状。平推式滑坡的滑动距离相对较小，后缘拉裂槽是滑坡滑移距离的直观反映（图6-61）。

平推式滑坡的主要特征如下：

（1）岩土体结构：产状近于水平的软硬相间地层，黄土上覆于第三系泥岩地层段，竖向结构面发育，且下部软弱岩层相对隔水。

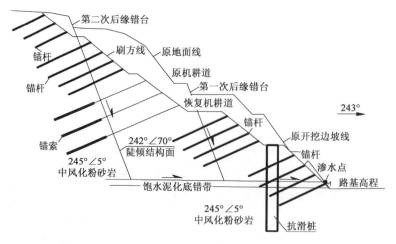

图 6-60　K142+615～K142+865 段错落体工程地质断面图

(2)水的作用:水是平推式滑坡发生的关键因素之一。坡体地下水丰富,在特大暴雨条件下大量地表水渗入或流入坡体,造成坡体地下水位快速上升,在达到临界高度时,坡体在后部静水压力和位于滑面的地下水扬压力联合作用下发生滑动(图 6-62)。而滑坡一旦发生滑动,拉裂缝中的充水高度和滑面上的扬压力会随之快速降低或消散,滑体由于失去作用力而快速制动,直至停止。

图 6-61　平推式滑坡后部拉裂槽

图 6-62　平推式滑坡前缘出水

如某高速公路发生平推式滑坡后,技术人员拟采用抗滑桩和锚索对滑坡进行治理。笔者在现场调查后发现,滑坡滑动后在后缘形成了宽约 5m 的拉陷槽,使造成滑坡起动的水压力完全消散,且拉陷槽成为天然的排水通道,滑坡不存在再次滑移的条件,不需要对滑坡采用较强的工程进行加固支挡,而宜对滑体形成的路堑边坡采用锚杆进行适当防护即可。该处治方案造价是设计处治方案造价的 6% 左右,且工程实施后,坡体一直保持稳定。

滑坡起动时拉裂缝临界高度 h_{cr} 采用下式计算:

$$h_{cr}=\frac{1}{2\cos\alpha}\left[L^2\tan^2\varphi-8\frac{W}{\gamma_w}\cos\alpha(\cos\alpha\tan\varphi-\sin\alpha)\right]^{\frac{1}{2}}-\frac{L}{2\cos\alpha}\tan\varphi \quad (6-1)$$

式中:W——滑块单位宽度质量(t/m);

α——滑面倾角(°),滑面顺倾为正值,反倾为负值;
L——滑块滑面长度(m);
φ——滑面综合摩擦角(°);
γ_w——水的重度(kN/m^3)。

(3)由于平推式滑坡的主要作用力是水压力(图6-63),滑坡滑动后,虽然后期较难再次发生整体滑动,但可以在滑体的其他拉裂缝发育部位孕育新的次级平推式滑坡,使滑坡呈现多级滑动的形态。

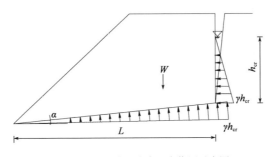

图6-63 平推式滑坡水压力作用示意图

如四川省冯店垮梁子平推式滑坡体积达$1600 \times 10^4 m^3$,由于多次滑动形成了4处明显的拉陷槽,并在后期被碎石土逐渐覆盖,如图6-64所示。

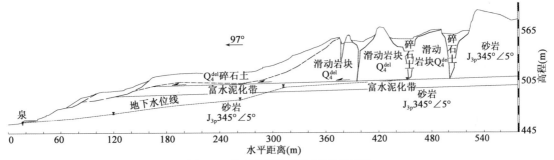

图6-64 垮梁子平推式滑坡地质断面图

(4)坡体中地下水富集的裂隙、孔隙等架空、扩容部位,在地震等强烈震动作用下形成陷落压密的剪缩效应,激发的瞬时高压超空隙静水压力可使坡体获得较高的下滑速度。这时滑坡的滑距明显较普通水压力作用形成的滑坡滑距偏大,且滑坡规模也往往相对较大。

如体积达4亿m^3的青海张家庄黄土滑坡,由于自早更新世(Q_1)以来的多次地震产生的超静水压力,上覆于第三系泥岩的黄土多次发生滑动,形成了5级滑坡平台和5处宽度为15~100m的拉裂槽,且宽度由滑坡后部向前部逐级减小,被后期中更新世(Q_2)~全新世(Q_4)黄土逐渐覆盖,显示了平推式滑坡由后向前逐次多级滑动的特点。

鉴于平推式滑坡与水的直接关系,此类滑坡的治理重点是地表水和地下水的有效截、疏、排,以降低和控制坡体中的地下水位为原则。对于地表水,多采用在拉裂缝后部设置截水沟,对坡体裂缝进行及时封闭;对于地下水,往往在滑坡后部设置截水盲洞或集水井,在滑坡前部设置仰斜排水孔进行处治。

对于平推式滑坡的工程加固,可采用抗滑桩、微型桩、锚索、锚杆等工程进行处治,提高滑坡的抗滑能力。当然,也可以采用滑坡后部减载,从而有效减小坡体后部形成临界水头高度,继而减小滑坡的下滑力,达到治理滑坡的目的。对于滑坡前部的反压,首先应确保在反压前采取有效的地下水疏排措施,防止滑坡前部反压后阻碍滑坡地下水通道,造成反压工程的失败。

第四节 滑坡机理

滑坡的形成发展是滑面的应力、应变发展的过程,由加载、开挖或地震等造成滑面剪应力超过抗剪强度,或地下水位上升等造成滑面岩土体强度降低而不能平衡剪应力发展演变而来。滑面是滑坡形成的必要条件,滑面的形成、发展史从一定程度上说就是滑坡的形成、发展史,是滑坡防治的核心内容。只有对其性质进行充分有效的论证,方能为滑坡的工程防治提供最为核心的基础资料。下面就以典型滑坡的滑面机理进行说明。

(1)滑体的下滑力大于滑面自身的抗剪强度时引发滑面变形、破坏,而这种变形、破坏反过来使上部滑体沿滑面发生滑动。此时,这个滑面称为主滑面,受其牵引的部分为牵引段滑面,受其挤压的部分为抗滑段滑面。

(2)滑坡的形成受控于滑面的应力、强度两者之间的相互关系。如滑坡抗滑段的河流冲刷、人工切坡造成滑坡的抗滑力减小,也就是造成了滑面处的应力失去平衡而使滑坡滑动;滑坡主滑段以上部位的人工加载或自然崩塌等加载,造成滑面应力增加,从而促使滑面通过变形进行协调,但当这种协调变形超过一定的限度时就会引发滑坡;滑坡中的水不但会通过增加滑体的重量而增大滑面的应力,而且通过浸润、潜蚀滑面使其强度降低,从而造成滑坡下滑力的增大和滑面强度的降低,进而可能诱发滑坡。

(3)由于岩土体的抗拉强度远小于抗压和抗剪强度,因此,当主滑带向临空方向发生变形时,一般先会牵引后部岩土体发生变形,然后在滑坡后缘下错,主滑带逐渐向前贯通并将下滑力传递给抗滑段,从而对抗滑段形成挤压,直至滑坡剪出口形成。从地表裂缝反映的特征来说,滑坡在初始的蠕变状态时,在滑坡主滑段形成的过程中牵引滑坡后部岩土体,使坡体后部出现断续状裂缝并逐渐贯通。随着滑坡主滑面的不断发展、贯通,滑坡过渡至挤压阶段时,滑坡后缘的拉裂缝向滑坡两侧延伸,逐渐形成雁列状排列的羽状压剪裂缝,同时在滑坡前部由于挤压而形成放射状挤压裂缝和鼓胀裂缝。当滑坡滑带和四周裂缝完全贯通后,滑坡就开始在重力或其他外力的作用下发生整体滑动。

(4)滑坡主滑段向临空方向发生变形时,后部岩土体失去支撑而具有向前变形的势能,从而可能造成岩质坡体结构面松弛张开产生贯通性裂缝,土质坡体产生主动破裂面,形成滑坡的后缘陡壁,在岩土体未完全与后部稳定山体脱离前不会对前部主滑段滑体形成作用力。

(5)滑坡后缘拉张裂缝与主滑面贯通后,极易使其深度范围内的裂隙水汇集,并对主滑段地下水进行补给,从而使滑体所受的静水压力或动水压力增大,这是非常不利于滑坡整体稳定的。

(6)后缘滑体与后部稳定山体脱开时,后缘较陡滑面的抗力由岩土体内部的结合力(内摩擦角 φ 和黏聚力 c)转化为裂面间的外摩擦力,这时后缘滑体将对前部滑体产生主动的下滑推力。

(7)滑坡主滑段下传的下滑力在前部受阻时,必将挤压前部抗滑段滑体,寻找坡体前部抗力最小的部位以求释放滑体的势能。这种抗力最小的部位在岩质坡体中常利用既有结构面形成,在土质坡体中利用抗滑段产生被动破裂面形成。这时在下滑力作用下,抗滑段新生成的滑面便可能与原坡体固有的软弱带发生相对位移。这种滑坡前缘新生成的滑面可能是单一的,也可能呈帚状多条分布,这取决于抗滑段岩土体的性质、结构面和地下水特征。

(8)滑面整体贯通微动后,可使滑体中的地下水从剪出口一带渗流而出,降低滑体的地下水位,从而会在一定程度上减小水压力对滑坡的不良影响。此外,滑坡体的变形扩容也能在一定程度上缓解滑面的应力集中状态,消耗滑坡的应变能,使滑坡稳定性有所提高,从而可能使滑坡停止滑动而暂时稳定。但随着降雨对滑体的增重、地下水的再次富集或滑面力学参数的降低,滑坡可能会再次起动。因此,滑坡的滑动有时会表现为时滑时停,这在一些大型滑坡中比较常见。

如某二级公路 K57 滑坡体积达 $250 \times 10^4 m^3$,在滑坡周界贯通后时滑时停长达 1 年多,尤其是在旱季时滑坡基本上处于稳定状态,让相关单位误以为滑坡会最终趋于稳定,难以下定决心进行彻底治理,最终滑坡在雨季中的一场暴雨后发生了整体远距离滑动。

(9)一般情况下,滑坡滑动的距离越远,滑动速度越大,滑体扩容破坏越严重,滑坡停止后的稳定性也越高;反之,如果滑坡滑动速度越慢,滑坡整体性越好,滑动距离越近,尤其是滑体并未脱离原滑床时,滑坡的能量耗散有限,即滑体中仍储存一定的能量,滑坡会在降雨、地震等外界因素的诱发下复活而再次产生滑动。

(10)在一些大型滑坡中,由于滑坡各个断面上的滑体形态各异,滑面也不一定表现为整齐的平面,加之滑坡前部的自然地形多样,因此,滑坡滑动时各个部位的速度和滑动方式也可能不尽相同,往往造成滑动后的滑坡呈现分级、分区的形态,各个滑块之间的稳定度也不尽相同。如某高速公路集美隧道老滑坡体积达 $1100 \times 10^4 m^3$,就是由稳定度各异的前、中、后三级滑坡和左、右两个滑区组成的。

(11)滑坡具有多层滑面时,往往依附于各滑面的滑体稳定度是不相同的,这在工程治理时需依据各自的稳定度和将来的发展趋势进行针对性的处理。

如某高速公路 K66 滑坡的防治就是以中层滑面作为控制性滑面,而对深层滑面只适当兼顾,工程取得了良好的治理效果。相反,某高速公路 K16 顺层滑坡,由于对坡体深层滑面的稳定性和发展趋势分析欠佳,在对浅层滑体采用锚索工程加固约 2 年后,滑坡体出现了依附于深层滑面的变形,不得不再次进行工程治理加固,造成了较大的工程浪费和不良的社会影响。

(12)滑坡的发生往往晚于诱发因素的作用时间,这种滞后性与滑坡的特征、诱发因素的强弱有密切关系。如降雨诱发的滑坡滞后时间长短与滑坡体的岩土体性质、坡体结构、降雨量等有密切关系。对于中、小型滑坡或滑体相对松散的滑坡,降雨的敏感性相对较高,往往在降雨后比较短的一段时间内即可发生滑坡;对大型、特大型滑坡或坡体结构相对完整的滑坡,降雨后诱发滑坡的间隔期相对较长,很多大型、特大型滑坡往往发生在春融期或雨季后期的地下水补给旺盛期,需要浸润较大范围的滑面后才可能导致滑坡的发生。如青海省的查纳大滑坡、甘肃的洒勒山滑坡均是发生在春融期地下水对滑面的充分浸润之后。

第五节　滑坡的稳定度和滑面参数反算

一、滑坡的稳定度

根据滑坡各个阶段的不同稳定度特征,可将滑坡划分为稳定阶段、基本稳定阶段、欠稳定阶段、失稳阶段和压密阶段5个阶段。其中欠稳定阶段、失稳阶段为滑坡防治的研究重点,又将欠稳定阶段细分为蠕变阶段和挤压阶段,将失稳阶段细分为微滑阶段和剧滑阶段。稳定度的合理选取是滑坡防治时滑面参数反算的基础,对滑坡下滑力(潜在下滑力)计算具有直接影响,是滑坡防治的关键参数之一。一旦滑坡的稳定度取值有误,将直接造成滑面参数反算的失误,继而造成滑坡防治失误,甚至失败。

如某公路旁的查沟变电站滑坡主轴长约100m,滑体厚约8m,近百年来一直保持稳定状态,坡体上没有任何变形裂缝形态。这说明滑坡应处于基本稳定~稳定状态,滑坡的稳定度应不小于1.1。但技术人员在滑面参数反算时选用的滑坡稳定系数在天然工况下为1.02,暴雨工况下为0.93,造成反算后的滑面参数严重偏小,继而造成计算的滑坡下滑力达到了2500kN/m,不得不采用2排截面为2.5m×3.5m的锚索抗滑桩进行加固,造成了严重的工程浪费。

因此,滑坡不同阶段的稳定度的合理选用是滑坡防治的关键和基础,现分析如下。

1. 稳定阶段

坡体的坡形坡率符合岩土体的强度条件,无地下水,坡体的整体或局部稳定系数均符合要求,坡体没有任何变形,稳定系数 $K \geqslant 1.15$。

2. 基本稳定阶段

坡体的坡形坡率符合岩土体的强度条件,少有地下水,坡体的整体和局部均稳定,但坡面有冲沟、剥落、落石等,稳定系数 $1.1 \leqslant K < 1.15$。

3. 欠稳定阶段

受地下水影响,坡体岩土强度降低,坡体产生不同形态的裂缝和局部坍滑,稳定系数 $1.0 \leqslant K < 1.1$。

(1)蠕变阶段[图6-65a)]:滑坡后缘出现断续状裂缝,随着时间推移,裂缝逐渐由断续状向贯通状发展,宽度不断加大。此阶段坡体变形主要集中在滑坡上部,滑坡的变形是局部的,主滑面还没有形成,稳定系数 $1.05 \leqslant K < 1.1$。

(2)挤压阶段[图6-65b)]:滑坡后缘的拉张裂缝向滑坡两侧逐渐延伸,形成了较为明显的圈椅状主拉裂缝,滑坡两侧界裂缝向下逐渐贯通,且裂缝两侧出现雁列状排列的羽状裂缝,滑坡前缘出现放射状挤压裂缝及鼓胀裂缝,稳定系数 $1.0 \leqslant K < 1.05$。

4. 失稳阶段

滑坡坡率不符合岩土强度条件,滑体发生整体较大距离的变形,稳定系数 $K < 1.0$。

(1)微滑阶段[图6-65c)]:滑坡的滑面及四周不同性质的裂缝已完全贯通,滑坡发生整体滑动变形,滑坡的阻力参数已由坡体的内摩擦力转换为外摩擦力,稳定系数 $0.95 \leqslant K < 1.0$。

（2）剧滑阶段：滑坡出现明显的变形滑移，滑体脱离依附的滑面向前发生滑动，能量充分释放。有些大型滑坡在滑动过程中往往伴随着气浪、巨响等现象，稳定系数 $K<0.95$。

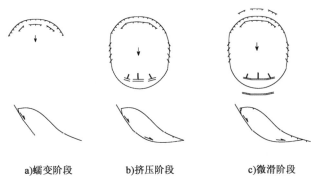

a) 蠕变阶段　　　b) 挤压阶段　　　c) 微滑阶段

图 6-65　坡体变形发展阶段示意图

5. 压密阶段

滑坡由剧滑转向停止的过程中，积蓄了较高的稳定度，滑体不断压实，稳定度不断提高，滑坡在较长时间内保持稳定，稳定系数 $K \geq 1.0$。

滑坡发育各阶段稳定系数演化示意图如图 6-66 所示。

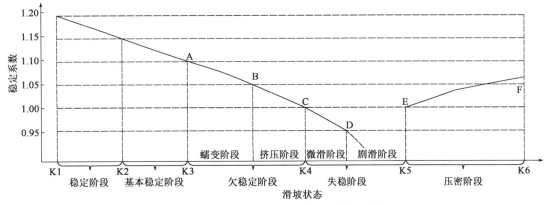

图 6-66　滑坡发育各阶段稳定系数演化示意图

二、滑面参数反算

滑面力学参数的确定，是现场试验、室内试验、工程地质条件类比、经验数据和反算分析综合确定的结果，其中反算分析由于可有效模拟滑坡的特征，在滑面参数的确定中具有相当重要的地位。

1. 滑面参数反算工况选择

应考虑滑坡历史上所经历的最不利工况稳定性和滑坡当前的状态，综合分析滑坡所处的阶段和对应的稳定度数值，从而为滑面参数的反算提供合理的稳定系数。

所谓应考虑滑坡历史上所经历的最不利工况稳定性，就是老滑坡的主滑段参数反算时，应充分考虑老滑坡在历史上可能已经历了甚至是多次经历了规范上所要求的天然工况、暴雨工况和地震工况,故在主滑段参数反算时,不仅只是进行天然工况下的主滑面参数反算,而且可能要以暴雨工况和地震工况状态下的坡体稳定性去反算主滑段参数。

对于新近发生的滑坡,工程滑坡在主滑段的参数反算时,可根据诱发滑坡的主要因素,采用合理的工况反算主滑面参数。如滑坡为工程开挖诱发的工程滑坡,则宜结合开挖规模采用天然工况反算滑坡的主滑面参数;如滑坡为降雨诱发的滑坡,则宜采用暴雨工况反算滑坡的主滑面参数;如滑坡为地震诱发的滑坡,则宜采用地震工况反算滑坡的主滑面参数。

如某老滑坡经测定发生于全新世(Q_4)早期,滑坡体积达$1631 \times 10^4 m^3$,滑坡整体上长期稳定,现由于工程建设需在滑坡的中前部进行场坪的开挖或填筑。技术人员采用天然工况下的滑坡稳定系数为1.1进行滑面参数反算,且采用全滑面取平均值模式的滑面参数反算方法,所得主滑面黏聚力$c = 8.5 kPa$,内摩擦角$\varphi = 10°$,继而求得控制性工况下坡脚设置桩位处的滑坡下滑力达13945kN/m,造成滑坡无法得到有效处治。

在咨询过程中,考虑到老滑坡发生于全新世(Q_4)早期,历史上必然经历了符合规范要求的暴雨工况和区内设防烈度为Ⅷ度的地震工况,且滑坡稳定性一直保持良好,故应分别采用暴雨工况和地震工况状态下的稳定系数为1.1进行主滑面参数反算,而不应只选取天然工况下的滑坡稳定系数1.1进行主滑面参数反算,且滑面参数反算应严格区分牵引段、主滑段和抗滑段,而不应采用全滑面取平均值进行反算。以此求得主滑面黏聚力$c = 25 kPa$,内摩擦角$\varphi = 11.6°$,继而求得控制性工况下坡脚设置桩位处的滑坡下滑力为3467kN/m,为原方案下滑力的25%,故可在坡脚设置1排大截面锚索抗滑桩和3排锚索框架对滑坡进行处治。

2. 不同性质的滑面参数反算

根据典型滑坡的牵引段、主滑段和抗滑段三段性质(图6-67),相应的各段滑面物理力学参数分析如下。

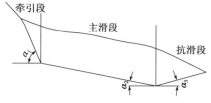

图6-67 典型滑坡"三段式"示意图

(1)牵引段即滑坡后缘段,为滑坡岩土体的主动受力段,由土体主动破裂面或岩体结构面控制。

对于堆积体来说,可根据$\alpha_1 = 45° + \dfrac{\varphi}{2}$进行反算,得到牵引段滑面的内摩擦角$\varphi$值。其中,$\alpha_1$为主动破裂面倾角。此时,由于滑坡后缘裂缝已经拉开,故黏聚力c数值为零。

对于岩体破裂面来说,由于滑坡下滑时受到拉剪作用,结构面的内摩擦角φ值可根据岩体具体结构面的性质确定,但此时黏聚力c数值也为零。

(2)抗滑段即滑坡前缘段,为滑坡岩土体的被动受力段。

土质或类土质抗滑段滑面由被动挤压形成,可依据被动破裂面$\alpha_3 = 45° - \dfrac{\varphi}{2} - \alpha_2$进行反算,得到抗滑段的内摩擦角$\varphi$值。其中,$\alpha_3$为被动破裂面倾角,$\alpha_2$为主滑面倾角。

此外,老滑坡抗滑段滑面参数可依据滑面原状土的剪切试验、工程经验确定,而岩体结构面控制的抗滑段滑面参数,可依据现场大剪试验、工程经验确定。

(3)主滑段位于滑坡中部,为滑坡滑面参数反算的核心。

根据以上求出的牵引段和抗滑段滑面的抗剪参数,依据滑坡的稳定系数,将其代入相应的稳定性计算公式,即可得出主滑段滑面的抗剪参数。切忌没有区别滑面的不同性质而取全滑面的平均值进行滑面的参数反算。尤其是滑坡后缘牵引段具有较长的拉剪破裂面,或滑坡前部具有较长的抗滑段时,取平均值反算滑面参数会造成较大的主滑段参数误差,从而造成滑坡下滑力失真而影响工程防治方案的合理确定。

如某高速公路K55+262新沟老滑坡主轴长150m,滑体厚约15m,滑坡体积约$25 \times 10^4 m^3$,主滑面倾角约43°,线路以桥梁的形式从滑坡前缘通过。滑坡的坡面有冲沟发育,但坡体整体和局部稳定性良好。下部桥梁完工时相关单位发现该滑坡漏判,故考虑对滑坡进行加固。参数反算时技术人员选取天然工况下滑坡的稳定系数为1.02,对全滑面采用平均值反算,造成反算滑面参数严重偏离滑面实际参数,形成了明显偏大的滑坡下滑力,继而需采用在桥梁后部设置大规模的锚索抗滑桩和在滑坡后部刷方$5.3 \times 10^4 m^3$的减重工程处治方案,如图6-68所示。

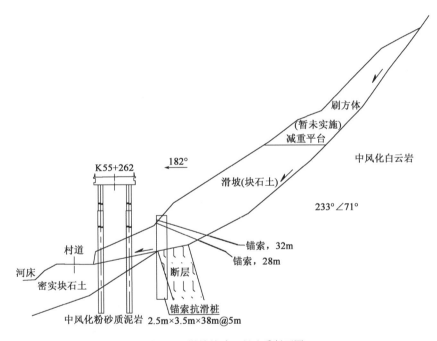

图6-68 滑坡处治工程地质断面图

设计方案中滑坡参数分析的不足:

(1)该滑坡地表没有裂缝产生,坡面有冲沟发育,滑坡的整体稳定性处在稳定~基本稳定状态,且该老滑坡在历史上多次经历暴雨工况而没有出现变形,故应以暴雨工况进行主滑面参数反算,且暴雨工况下反算时选取的稳定系数宜为1.1,而不应采用天然工况反算,也不应采用"滑坡周界裂缝贯通"时的稳定系数1.02。

(2)滑面参数反算应区别滑坡的抗滑段、主滑段和牵引段,而不应全滑面进行反算取平均值。

从表6-3可以看出,技术人员对滑坡稳定系数的选取偏差和滑面反算时的全断面平均取值直接造成滑坡下滑力的明显偏大,使得治理工程规模大幅度提高,处治方案欠合理。

设计与咨询滑面反算参数和下滑力对比   表 6-3

工况	设计(S)			核算(H)			S/H
	c(kPa)	φ(°)	下滑力(kN/m)/安全系数	c(kPa)	φ(°)	下滑力(kN/m)/安全系数	
天然	18.5	32	5863.4/1.3	15	41.5	1987.3/1.3	295.0%
暴雨	16	31	5380.4/1.2	13.5	40.5	1872.5/1.2	287.3%
地震	18.5	32	5960.3/1.1	15	41.5	2015.4/1.1	295.7%

经与建设单位多次沟通,在加强该滑坡监测的基础上,决定暂缓实施滑坡刷方工程,只对桥梁后部的抗滑桩工程进行施作,以提高滑坡的稳定度。根据监测反馈,滑坡稳定性良好,这也验证了笔者对滑坡稳定系数和滑面参数确定的合理性。

第六节 滑坡推力计算

滑坡推力推荐采用传递系数法,并应注意以下关键要素:

(1)滑坡推力系设置工程位置处的滑坡下滑力,即在滑面参数确定后,代入设置一定安全系数的传递系数法公式中,确定公路在使用年限内控制性工况下的工程部位最大下滑力。

(2)由于岩土工程具有定性分析是基础、定量分析是手段的特性,因此,滑坡推力应结合工程地质类比进行校核,防止单纯的理论计算出现较大偏差。

下滑力计算示意如图6-69所示。

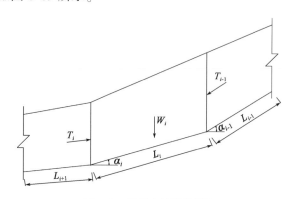

图6-69 下滑力计算示意图

1. 滑坡下滑力计算

$$T_i = K(W_i \sin\alpha_i + E_i) + \psi_i T_{i-1} - W_i \cos\alpha_i \tan\varphi_i - c_i L_i \quad (6-2)$$

$$\psi_i = \cos(\alpha_{i-1} - \alpha_i) - \sin(\alpha_{i-1} - \alpha_i)\tan\varphi_i \quad (6-3)$$

式中:T_i、T_{i-1}——第 i、$i-1$ 滑块剩余下滑力(kN/m);

       K——不同工况下的滑坡稳定系数;

       W_i——第 i 滑块剩余重力(kN);

       E_i——第 i 滑块地震作用力(kN);

α_i、α_{i-1}——第 i、$i-1$ 滑块对应滑面倾角(°);

ψ_i——传递系数;

c_i、φ_i——第 i 块滑面黏聚力(kPa)和内摩擦角(°);

L_i——第 i 块滑面长度(m)。

采用上述公式计算时,若所得某条块的剩余下滑力为负值,说明自该条块以上的滑体是稳定的,并考虑其对下一条块的推力为零。此外,当滑体条块上有额外的特殊作用力时,应依据其性质分别加入下滑力或抗滑力进行计算。

2. 作用于各条块重心处的地震作用力计算

作用于各条块重心处的地震作用,一般情况下只考虑水平向地震作用(E_{hsi}),但当路堤高度大于 20m 且设计基本地震动峰值加速度大于或等于 0.2g 时,作用于各条块重心处的地震作用应同时考虑水平向地震作用(E_{hsi})和竖向地震作用(E_{vsi})。

(1)水平向地震作用:

$$E_{hsi} = C_i C_z A_h \psi_j W_i / g \tag{6-4}$$

(2)竖向地震作用:

$$E_{vsi} = C_i C_z A_v W_i / g \tag{6-5}$$

式中:C_i——抗震重要性修正系数;

C_z——综合影响系数,取 0.25;

A_h——所在地区的水平向设计基本地震动峰值加速度,按表 6-4 取值;

A_v——所在地区的竖向设计基本地震动峰值加速度,作用方向取不利稳定方向,计算时向上取负,向下取正,按表 6-4 取值;

W_i——计算第 i 条块岩土体重力(kN);

ψ_j——水平地震作用沿路堤边坡高度增大系数,按式(6-6)计算取值。

$$\psi_j = \begin{cases} 1.0 & H \leq 20\text{m} \\ 1.0 + \dfrac{0.6}{H-20}(h_j - 20) & H > 20\text{m} \end{cases} \tag{6-6}$$

式中:H——路基边坡高度(m);

h_j——计算第 j 条块高度(m)。

地震基本烈度和设计基本地震动峰值加速度对应表　　　表 6-4

地震基本烈度	Ⅵ	Ⅶ		Ⅷ		Ⅸ
水平向 A_h	≥0.05g	0.10g	0.15g	0.20g	0.3g	≥0.4g
竖向 A_v	0	0		0.10g	0.17g	0.25g

第七节　大型复杂滑坡的区、级、层划分与机理分析

大型复杂滑坡往往存在多区、多级和多层滑动,各滑体之间在稳定性、影响因素等方面存在相互差异和一定的关联度,若忽略滑体之间的差异,将具有不同区、级、层的滑体采用最不利

的"整体"进行计算,往往会造成滑坡治理工程偏保守,甚至无法治理,或因忽略滑坡复杂性质造成滑坡防治方案欠合理而出现反复治理。因此,合理利用大型滑坡各区、级、层之间的差异,将大型滑坡在平面上细分为不同的"区"和"级",在断面上细分为不同的"级"和"层",并结合它们之间的相互关联度对滑坡进行"分而治之"显得尤为重要。

一、大型复杂滑坡的区、级、层划分

1. 从地形地貌形态对滑坡进行分区、分级

(1)由于大型滑坡的各区滑体滑动时间、速度、距离和次数不同,各区滑体之间发生相对位移形成"弱带",被后期地表水改造形成的沟谷往往就是不同滑区之间的天然边界。

(2)由于大型滑坡各级滑体滑动时间、速度、距离和次数不同,往往在各级滑坡后缘形成缓坡平台、反坡平台,或形成拉裂槽,这些滑坡平台或拉裂槽往往就是各级滑坡的分界标志。

(3)滑坡滑动时由于老地面形态的差异表现出不同的特征。如滑坡在呈多级夷平面的老地面滑动时,不可避免会呈现出不同的陡缓形态,而这些陡缓交界部位往往就是老滑坡分级滑动的控制性节点;老地面呈现多个冲沟时,滑坡滑动时各冲沟之间的脊梁就成为滑坡不同分区的天然界线。

2. 从坡体构造和结构上对滑坡进行分区、分级、分层

(1)断层位置是滑坡分区、分级的重要因素。断层对坡体结构具有直接控制作用,坡体变形时往往在断层两侧表现出不同的滑动形态,从而造成滑坡出现依附于断层的区、级、层差异。

(2)坡体结构是滑坡分层的重要控制因素。同一成因堆积体的不同期堆积界面,不同成因堆积体的堆积界面,沉积岩层的多期旋回式软弱夹层,是滑坡分层的重要依据。

(3)地下水在不同高程的渗水线、泉、井等出露与分布特征是滑坡分层的重要依据。这是由于滑面往往黏粒等细颗粒状含量较高,具有较好的隔水效果,故地下水可能出现分层活动的迹象。

3. 从勘察和监测对滑坡进行分区、分级、分层

(1)利用勘察钻孔所提取的滑动面为依据,可直观地将滑坡沿深度方向分为不同的层。

(2)利用地表位移监测和深孔位移监测数据,可有效地对滑坡进行分区、分级和分层。

二、大型复杂滑坡的机理性分析

多级、多层、多区的大型滑坡稳定性应依据各级、各层、各区滑坡性质和相互之间的关系进行合理的定性分析,从而为"分而治之"的合理定量分析提供有效的计算范围。定性分析与定量计算相辅相成、不可分割,共同构成了大型滑坡稳定性分析的基础。

1. 多级滑坡的机理分析

对于牵引式的多级滑坡(图6-70),形态上往往表现为前级滑坡后缘与后级滑坡前缘之间存在明显的错台,前级滑坡后缘切穿后级滑坡前缘,此类多级滑坡只有前级滑坡滑动使后级滑坡失去支撑时,方能造成后级滑坡滑动。因此,只要有效地对前级滑坡进行治理,就可确保后级滑坡的稳定。也就是说,牵引式多级滑坡治理应重点加强前级滑坡有效工程处治,在此基础

上加强对后级滑坡的监测。如果后级滑坡在前级滑坡成功治理的 2~3 个雨季周期中仍然保持稳定，就说明可以不对后级滑坡进行工程处治。需要说明的是，如牵引式多级滑坡地下水从坡体后部向前部供应时，可在大型滑坡的后部设置截水盲洞，通过有效降低整个滑坡的地下水位实现滑坡整体稳定性的提高。

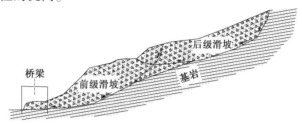

图 6-70　牵引式多级滑坡示意图

对于推移式的多级滑坡（图 6-71），形态上多表现为后级滑坡滑动后上覆于前级滑坡后部，前、后级滑坡之间没有明显的错台。当公路在滑坡前部通过时，前级滑坡治理时需考虑后级滑坡对前级滑坡的加载作用，并可能由于后级滑坡的推挤造成前级滑坡复活，这时需考虑前、后级滑坡的整体作用，即滑坡下滑力计算时，应考虑后级滑坡推挤前级滑坡的作用力，处治工程措施应考虑前、后级滑坡叠加的下滑力。

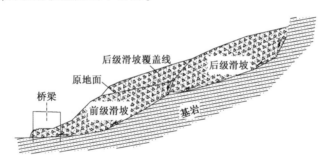

图 6-71　推移式多级滑坡示意图

需要说明的是，多级滑坡的治理应贯彻"治早治小"理念。如牵引式多级滑坡若放置时间过长，就可能因前级滑坡的滑移造成后级滑坡长时间失去支撑而发生牵引发展变形，最终导致滑坡的前、后级均发生滑动。这时就需要对前、后级滑坡形成的整个滑坡进行支挡处治。

如某公路 K38 老滑坡主轴长 356m，边坡开挖造成老滑坡长约 175m 的前级滑坡复活。滑坡发生后，相关单位积极采用反压为主的应急工程，限制了前级滑坡的发展变形，随后对前级滑坡设置了 1 排锚索抗滑桩进行治理，并加强后级滑坡的监测。该滑坡经工程处治后一直保持稳定。

而同样位于该条公路的 K78 滑坡，滑坡主轴长 314m，边坡开挖造成老滑坡前部长约 148m 的滑体复活，但由于工程应急措施和永久处治措施久拖不决，在前级滑坡复活后放置了约 1 年的时间，最终导致后级滑坡由于前级滑坡的不断滑移失去支撑，造成长约 166m 的后级滑坡也发生了复活，最终不得不对整个滑坡进行处治。治理工程共设置前、后 2 排锚索抗滑桩进行处治，工程造价翻番，其教训是深刻的。

2. 多层滑坡的机理分析

滑坡存在多层滑面时,应依据监测、坡体变形等资料,正确分析滑坡的各滑面活动性,即哪一个滑面正在变形,哪一个滑面属于目前稳定的潜在滑面,继而以正在活动的滑面作为滑坡下滑力计算的控制性滑面,而对目前稳定的潜在滑面只在工程设置时予以适当加固,以进一步提高其稳定性。切忌对多层滑坡不加区别地按最不利滑面进行处治。

20 世纪 70 年代,我国尚无深孔位移监测设备对滑坡的多层滑面活动性进行精确监测,故安全其见,多采用最不利深层滑面对滑坡进行处治,往往工程规模较大。

如襄渝铁路赵家塘滑坡勘察时发现在 24~32m 之间具有多层滑面,但由于没有监测资料准确分析各滑面的稳定性,故最终按最深的 32m 部位的滑面进行处治,对应设置了长 48m、截面为 3.5m×7.0m 的大型抗滑桩。

再如某高速公路 K56 滑坡,依据滑体布设的 4 个深孔位移监测孔发现,滑坡的中层滑面在所有监测孔中均表现出较大的位移,而深层滑面只有 1 个监测孔有 2~3mm 的位移。因此,滑坡工程治理时,将中层滑面作为滑坡治理的控制性滑面,依此进行了下滑力计算和支挡工程的结构设计,并将抗滑桩与锚索伸入深层滑面以下,对深层潜在滑坡进行了必要的加固(图 6-72)。这种以中层滑面为控制、兼顾深层潜在滑面的设计理念,大幅度优化了工程造价。根据后期滑坡监测数据反馈,工程处治效果良好。

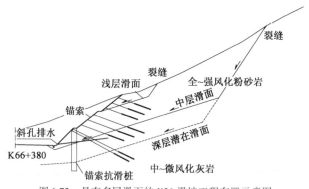

图 6-72 具有多层滑面的 K56 滑坡工程布置示意图

当然,滑坡变形特征明显时,坡面裂缝的形态、特征也可用于多层滑面的稳定性分析。如某高速公路 K21 滑坡,台风降雨后发生大规模变形。笔者依据滑坡变形的裂缝特征、地下水出露点和坡体结构面形态等,判断滑坡的主控滑面为中层滑面,即中层滑面的后缘裂缝和前缘剪出口贯通,地下水渗流严重,滑坡侧界明显;而深层滑面所在的滑坡后缘裂缝长只有 1.0m 左右,前缘挡墙完整且无任何变形迹象,故分析深层滑面为潜在滑面。滑坡工程治理时,采用以中层滑面的控制性下滑力设置抗滑桩和锚索工程,但锚索抗滑桩伸入深层潜在滑面以下一定深度,以提高深层潜在滑面的稳定性。坡体上部的锚索只设置于中层滑面以下,而没有对深层潜在滑面进行加固,以减小工程规模。该治理方案工程造价约 3000 万元,较最不利深层潜在滑面为控制的治理方案工程造价(约 5700 万元)具有明显的经济性。工程处治以来,滑坡稳定性良好。

3. 多区滑坡的机理分析

滑坡在平面上呈现多区滑动时,由于各区滑坡的滑面形态、埋深、地下水等因素存在差别,滑坡的下滑力、治理工程措施应有所差异。工程治理时应在兼顾整个滑坡稳定性的同时,依据各分区滑坡性质上的差异,采取针对性的工程措施对各个滑区的滑坡分别进行治理,切忌"一刀切"式的粗犷治理。

某高速公路的张家坪堆积层滑坡总体积达 $1260×10^4m^3$,分区、分级、分层如下(图6-73、图6-74):

(1)由于多次的崩坡积、坡洪积因素,在堆积层内部、土岩界面处共形成3层滑带。

(2)由于老地面呈"台阶形"地貌,老滑坡滑动时在地表形成3个陡缓不同的"台阶"形平台,依次将滑坡分为前、中、后三级。

(3)由于滑坡堆积体下伏的老地面在斜坡前缘呈现3条冲沟,中级滑坡沿冲沟之间的脊梁分为左、中、右3个区。

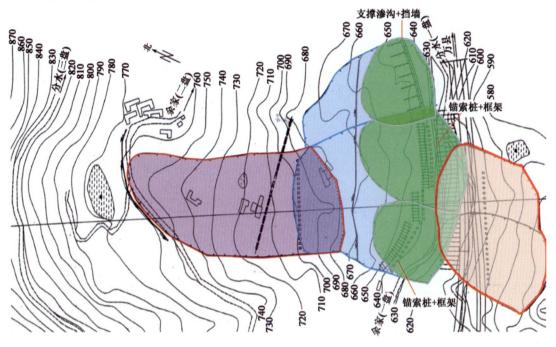

图6-73 多区滑坡工程处治示意图

滑坡各区稳定性分析:中级滑坡的左、中区,由于老地面冲沟较深,堆积体相对较厚,下滑力较大,故采用锚索抗滑桩+锚索框架进行处治。滑坡右区堆积体厚度较小,采用挡墙+支撑渗沟进行处治。

滑坡各级稳定性分析:高速公路的开挖和加载势必造成工程直接影响区的滑坡前级与中级稳定性降低,依据"保路"的原则,分别采用锚索抗滑桩进行分级支挡。由于后级滑坡没有工程扰动,若能及时通过工程防治确保前级和中级滑坡的稳定,则其稳定性是可以保证的。在针对前级与中级滑坡治理的工程实施后,依据多年监测反馈,后级滑坡稳定性良好,故没有实施为后级滑坡预留的二期抗滑桩工程,有效降低了工程造价。

滑坡各层稳定性分析:根据深孔位移监测数据,中级滑坡的浅层和中层滑面处于明显的蠕滑状态,深层滑面处于稳定状态。故工程治理方案依据浅层和中层滑面进行了控制性设计,依据其对抗滑桩和锚索工程进行结构设计,从而大大减小了工程支挡规模。

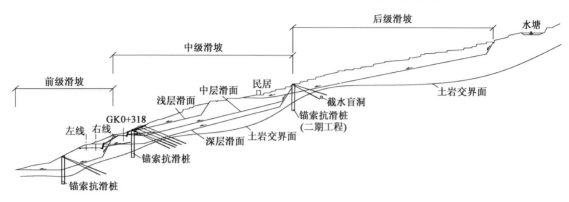

图 6-74　张家坪滑坡工程断面图

此外,由于滑区地下水丰富,故在滑坡中上部的滑面以下设置截水盲洞对滑体地下水进行有效截排,从而将控制性的中层与浅层滑面的内摩擦角提高了 1.5°,使中级滑坡的中层滑面控制性下滑力由 5325kN/m 降低为 3036kN/m,大大减小了工程支挡规模。

第七章　公路工程斜坡水力学作用计算

水对工程斜坡的稳定性具有相当重要的影响,民间有"十滑九水"的说法,可见水对斜坡病害的影响之大。实践证明,斜坡病害多集中在春融、雨季或降雨量多的时候,不少斜坡病害具有"大雨大滑,小雨小滑,无雨不滑"的特点,这形象地说明了水是工程斜坡病害的重要诱发因子。尤其是随着近些年来全球气候的变化,降雨引起的公路工程斜坡病害比例越来越高,病害越来越严重。在工程建设过程中,由于人工开挖或填筑快速改变了斜坡体的"场和势",坡体形态的改变极大地影响了工程斜坡中水的作用形式和大小,造成水作用参与下形成的工程斜坡病害比例长期居高不下。

正常情况下,坡体中的应力场与渗流场维持着相对平衡的状态,其中一方的"场"变化必然会造成相应另一方的"场"变化,以维持坡体的动态稳定。当一方的"场"超过另一方的"场"的平衡协调能力时,就会造成斜坡出现变形,甚至失稳。如雨季斜坡病害的高发就是由于降雨造成坡体渗流场变化过大,致使坡体的应力场无法协调平衡所致。当然,不同地理位置、不同岩土体性质的斜坡,对降雨的敏感性是不同的。如我国南方多雨地区的斜坡承受降雨量和降雨强度的能力明显强于我国北方干旱地区的斜坡。

第一节　水对公路工程斜坡稳定性的影响

工程斜坡的稳定性受坡体的物质条件、结构条件、环境条件三方面的综合影响。物质条件和结构条件是坡体本身固有的,处于相对的平衡状态,是相对稳定的;环境条件是外界给予的,是最活跃的影响工程斜坡稳定性的重要因子,其中,水是环境条件中影响斜坡稳定性最活跃的因素之一。

水在斜坡中的形态可以分为地表水和地下水两类。一般来说,地表水会对工程斜坡的坡面形成直接影响,而地下水主要对边坡、坡体病害有更大、更直接的影响。

根据水对工程斜坡的作用属性,可分为化学作用和物理力学作用两类。

水对斜坡岩土体的化学作用是相对长期的,主要表现为对斜坡岩土体力学性质的改变或对岩土体力学环境的改造。如水对斜坡岩土体的软化,降低结构面力学参数,减弱岩土体内部岩块之间的联系;腐蚀、溶解岩土体的物质成分,尤其是性质差异较大的岩土体界面物质成分,造成岩土体孔隙率增大而提高坡体中应力场与渗流场变化的敏感性,这也是滑面对水更为敏感的原因。

水对斜坡岩土体的物理力学作用是相对短暂的,主要表现为水对斜坡岩土体的直接作用力,根据其性质可分为静水压力作用和动水压力作用,如水对岩土体的静水压力作用、浮力作用、渗透力作用等。水对斜坡岩土体的物理力学作用主要由地下水分布形态、岩土体性质和地质环境等共同决定。

以下从五个方面来分析水在斜坡稳定性中的重要作用。

一、水文地质环境分析

工程斜坡病害多分布于水作用强烈的地区,并受水的作用与坡体材料力学性能的控制。对于工程斜坡而言,坡体的性质、结构的变化是比较缓慢的,而水文地质的变化却是相对比较迅速的。无论是自然斜坡还是工程斜坡,其所在时空位置的不同,赋存的水文地质环境也相应呈现各自独特的水文地质特征。水文地质特征受斜坡汇流性质的控制,而汇流性质可以区分为性质不同但又相互联系的两个基本过程,即坡面流和地下径流。

(1)斜坡的地表形态、软弱结构面的空间组合、植被等因素,决定了整个坡体的径流效应及相应的分配功能。当强降雨超过坡面的渗透能力时,就形成坡面流。但关键是随着水的继续下渗,当到达滑面等相对隔水层时,形成受滑面制约的地下水层,这时水就成为影响斜坡的重要动态因子。

(2)在斜坡病害发生的基础条件中,需要一个有利的坡度和临空面。沟谷强烈切割或人类开挖导致岩土体松弛,在松弛部分的滞水及潜水自松弛带和卸荷裂隙向坡脚渗流,坡体中的水文地质条件随坡体的变形而改变,改变后的水文地质条件又促使斜坡向不稳定方向发展。

(3)地表水系中水流不断冲刷和切割岸坡,使岸坡增高变陡;河水位的升降引起与地下水补给关系的变化,在坡体内形成很大的水压力。所有这些作用都会造成斜坡稳定性降低而有利于病害的产生。

(4)斜坡的变形破坏与地下水压力作用密切相关。静水压力主要减少滑面上的正应力,减小摩阻力,进而降低抗滑力,对坡体产生推力,并由于"水楔"作用推动了裂缝的扩展进程。在拉裂缝形成以前,静水压力的作用不明显。拉裂缝形成以后,缝隙中积聚的重力水对裂隙壁的静水压力就对坡体的变形起到了一定的促进作用;动水压力主要是地下水渗流受岩土体阻碍对坡体产生推力,并引起渗透变形和破坏。尤其是在地下水动态剧烈变化、流速较高的条件下,动水压力是地下水影响坡体应力场的重要因子。

二、岩土体结构分析

水的渗透力作用加剧了坡体的渐进性变形。对于一个具体的斜坡,由于地质体的不同、地下水分布不同,静水压力作用、渗透动水压力作用、浮力作用等地下水的力学作用就有不同的组合方式。尽管斜坡中的水力学作用非常复杂,但诱发滑坡的实质机理可以概括为增大滑面剪应力和降低滑面抗剪强度。

从地下水的长期效应分析,构成坡体的岩土体大多属于准连续介质,地下水对坡体的侵蚀将导致这种准连续介质的连续性、整体性进一步降低,强度衰减,使之向松散介质转化,且各种软弱面的力学性质受地下水的影响而软化,抗剪强度降低等。

从地下水的短期效应分析,坡体处在一定的地质环境之中,一方面坡体系统内的应力和地下水相互作用,表现在受力坡体的空隙结构调整而改变地下水的运移通道,即坡体系统内应力场对渗流场的影响;另一方面,坡体系统内地下水通过物理、化学作用改变坡体结构,施加给坡体以静水压力和动水压力,即坡体系统内渗流场对应力场的影响。在一定时期内,坡体中渗流场与应力场通过某种方式维系着一种动态平衡关系,其中一方发生变化时,另一方都会通过它们之间的联结方式自动调整,以达到新的平衡。如果渗流场超常变化超过一定幅度,这个平衡体系就被破坏,从而产生斜坡病害。

由 Barton 公式分析地下水的长期效应及短期效应:

$$\tau = \sigma\tan\left[\text{JRC}\lg\left(\frac{\text{JCS}}{\sigma} + \varphi_u\right)\right] \tag{7-1}$$

式中:τ——岩体结构面的抗剪强度(MPa);

σ——作用于结构面上的法向应力(MPa);

φ_u——结构面的基本摩擦角(°);

JRC——结构面粗糙度系数;

JCS——结构面两侧的岩石强度(MPa)。

从式(7-1)可以看出,由于地下水通过化学的、水力学的方式促使岩体结构面的亲水性和可溶性矿物成分及显微结构发生变化,减小结构面的基本摩擦角(φ_u),并随着地下水位的上升使中性压力(u)上升而导致有效压力(σ')下降,进而降低了作用于结构面上的法向应力(σ),从而直接导致了岩体结构面的抗剪强度(τ)的衰减,由此削弱了与上下岩体之间的联系,增加了结构面的自由度及活动度,加大了斜坡发生病害的可能性。

三、地质构造分析

一个地区的地质构造环境对斜坡的影响是多方面的。在某种情况下构造对坡体结构、斜坡边界及坡体的地貌形态等起着控制作用,并为水对斜坡产生不利影响提供条件。

工程斜坡及其周围的各种结构面是地质历史上构造作用和人为工程作用的产物。由于自然构造应力场和人为应力场作用的强烈方向性和坡体介质的各向异性,形成了坡体及其周围地质体对水的不同赋存性。张性或张扭性构造裂隙透水性好,蓄水量大,有良好的含水和过水作用,所以断裂带及其影响带范围的岩体均可储存地下水,它常位于滑坡的后缘而向滑面供水。在压性、扭性或压扭性的构造裂隙中,裂隙多密闭,透水性差,可以起到隔水作用。当其位于坡体下部,倾向与坡体一致,倾角大于坡角时,其后部在较高的地下水位作用下有较大的水压力,这对斜坡是相当不利的;而若其位于斜坡后部,倾向与坡向相反时,就阻止了水的渗入。此外,层面、节理面及地层的不整合面亦为水的活动提供了重要通道。因此地质构造决定了工程斜坡区水作用的类型、分布、状态和运动规律,从而不同程度地影响着斜坡病害的产生和发展。

四、病害产生时节分析

从长时段的季节来分析,斜坡病害大多发生在雨季,降雨是触发斜坡病害发生的一个重要外界因子。但不同性质的斜坡病害却与降雨表现出不同步性。坡面或浅层边坡常在雨季的前期滑动,坡体变形或滑坡由于雨季中周围地下水汇集的时差性,多发生在雨季的中、后期。坡体变形滞后于降雨的特性,其实质是由水进入坡体的时间所决定的。

此外,旱季坡体地下水位出现不同程度的降低,形成深厚的非饱和区,继之而来的连续强降雨使地下水位对地表水进入过程反应敏感。当雨水不断下渗于结构面上汇流贯通时,就会浸润相对干燥的结构面,从而降低坡体中结构面的摩擦阻力。此外,雨水的下渗使坡体某一部分的水头迅速提高,可以在较短时间内形成较大的水头差,产生较大的水力梯度,从而形成较大的静水压力或动水压力,使之成为斜坡变形的诱发因子。

五、病害发育过程分析

滑坡的蠕动变形阶段:由于某种原因,斜坡内岩土体某一部分因抗剪强度小于剪切应力首先变形,伴随着变形逐渐发展,直至坡面出现断续的拉张裂缝。滑坡剪出口附近渗水混浊,水在此过程中起到了催化剂的作用。

滑动的破坏阶段:滑面贯通,滑坡在整体向下滑动的时候,滑动面土体因剪胀作用而湿度增大,强度降低,促使滑坡加速滑动,水在此过程中起了润滑剂的作用。

第二节　公路工程斜坡水力学计算

坡体中地下水力学作用主要有对岩土体的浮力作用、浮托力作用、静水压力作用、动水压力作用四种。对于一个具体的工程斜坡,由于岩土性质、坡体结构、水文地质环境等各不相同,受到的地下水作用力往往也各有差异,并不是全部的地下水作用力均发挥效应。

一、上层滞水和裂隙水计算

当坡体中存在上层滞水或裂隙水,但没有与长大贯通性隔水层面连通时,可将水体重量与滑体重量叠加后参与计算。

二、透水性介质中的水力学计算

透水性介质指地下水能自由运动的松散岩土体工程斜坡,如松散～稍密的土石堆积体、节理裂隙发育呈非压密状的碎块石性质坡体,可采用浮重度(有效重度)和动水压力考虑水力学作用。

1. 浮力

由透水性介质构成的坡体,水下部分岩土体取浮重度,水上部分取天然重度。

$$\gamma' = \gamma_{sat} - \gamma_w = \frac{\gamma_s - \gamma_w}{1+e} \tag{7-2}$$

式中:γ'——岩土体浮重度(kN/m^3);

　　γ_{sat}——岩土体饱和重度(kN/m^3);

　　γ_w——水重度(kN/m^3);

　　γ_s——岩土体颗粒重度(kN/m^3);

　　e——岩土体孔隙比。

2. 动水压力

当坡体的前后部存在水头差,造成地下水流动受到岩土体颗粒的阻滞时就会产生动水压力,动水压力是体积力,其方向平行于下伏隔水层。当然,如果坡体完全浸没于地下水位以下而没有水头差,就不必考虑动水压力。

$$D_i = \gamma_w \cdot V \cdot i = \gamma_w \cdot A \cdot n_i \cdot i \tag{7-3}$$

式中：γ_w——水重度（kN/m^3）；
　　　V——滑体渗流体积（m^3）；
　　　i——水力梯度；
　　　A——滑体过水面积（m^2）；
　　　n_i——滑体孔隙度。

三、隔水性介质中的水力学计算

隔水性介质指地下水在坡体中不能自由移动，而只能沿隔水结构面、滑面移动形成承压作用力的工程斜坡，如风化程度较低的块状、层状岩质坡体、黏性土坡体以及中密～密实的堆积体坡体，可采用静水压力和浮托力考虑水力学作用（图7-1）。

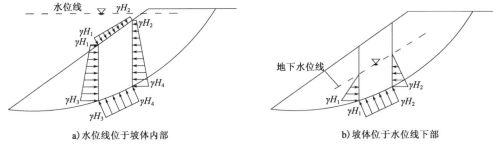

图7-1　隔水介质坡体静水压力和浮托力计算示意图

1. 静水压力

静水压力主要产生于隔水结构面、滑面以上透水性不良的岩土体或滑体中，受隔水作用而在滑体中形成侧向面力。需要说明的是，在大暴雨和库水急速下降的透水性坡体中，在短时间内有时也会形成静水压力。其计算公式如下：

$$E_w = \frac{1}{2} \times \gamma_w \times H^2 \tag{7-4}$$

式中：γ_w——水重度（kN/m^3）；
　　　H——岩土体裂隙深度（m）。

2. 浮托力

当坡体存在静水压力时，会在结构面或滑面处形成对上部岩土体或滑体具有浮托作用的底部面力，其计算公式如下：

$$E_{托} = \frac{1}{2} \times \gamma_w \times (H_1 + H_2) \times L \tag{7-5}$$

式中：γ_w——水重度（kN/m^3）；
　　　H_1——条块后部岩土体裂隙深度（m）；
　　　H_2——条块前部岩土体裂隙深度（m）；
　　　L——条块长度（m）。

浮托力依据结构面或滑面与前缘出口是否连通透水，在结构面与滑面处形成不同的浮托力形式（图7-2）。

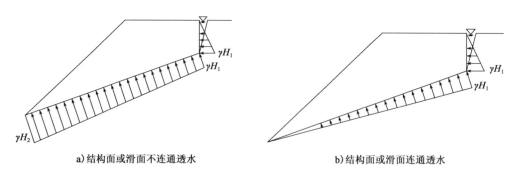

a) 结构面或滑面不连通透水　　　　b) 结构面或滑面连通透水

图 7-2　隔水介质坡体结构面或滑面连通性对地下水力学影响示意图

当结构面或滑面前缘出口连通透水时,式(7-5)可简化为:

$$E_{托} = \frac{1}{2} \times \gamma_w \times H_1^2 \times L \tag{7-6}$$

在工程实践中,坡体的地下水位线或降雨过程中在裂隙中形成的短暂静水位线常常难以有效获得,故对地下水的作用力及其对结构面或滑面的参数影响常采用反算法进行综合考虑。这种方法虽然存在一定的误差,但大大简化了计算时需要考虑的工程要素,也有利于坡体病害的快速治理,在工程实践中证实是可行的。

但这种地下水作用力的综合考虑计算法应依据工程斜坡在降雨后短时间内的坡体稳定性进行反算,此时反算工况为暴雨工况。反之,若在降雨引起的地下水作用力完全消散后进行反算,则反算工况应为天然工况。

四、地下水作用下的透水介质坡体稳定性计算

由于单个土条两侧的水压力差值很小,故工程实际中通常采用忽略的近似解法。

1. 简化 Bishop 法(图 7-3)

稳定系数 K_s 由式(7-7)和式(7-8)两个公式迭代计算:

$$K_s = \frac{\sum [c'_i l_i \cos \alpha_i + (W_{Qi} + D_i \sin \beta_i) \tan \phi'_i] / r_s}{\sum [W_{Qi} \sin \alpha_i + D_i \cos(\alpha_i - \beta_i)]} \tag{7-7}$$

$$r_s = \cos \alpha_i + \frac{\sin \alpha_i \tan \phi'_i}{K_s} \tag{7-8}$$

式中:K_s——安全系数;

l_i——第 i 条块宽度(m);

α_i——第 i 条块滑面倾角(°);

β_i——第 i 条块浸润线倾角(°);

c'_i——第 i 条块岩土体有效黏聚力(kPa);

ϕ'_i——第 i 条块岩土体有效内摩擦角(°);

W_{Qi}——第 i 条块岩土体重力与竖向外力之和(kN)(岩土体自重在水位以上取天然重度,在水位以下取浮重度);

D_i——第 i 条块岩土体动水压力(kN);

r_s——系数。

2. 不平衡推力法(图 7-4)

稳定系数 K_s 由式(7-9)和式(7-10)两个公式迭代计算:

$$K_s = [W_{Qi}\sin\alpha_i + D_i(\alpha_i - \beta_i)] - \frac{1}{K_s}\{c'_i l_i + [W_{Qi}\cos\alpha_i - D_i\sin(\alpha_i - \beta_i)]\tan\phi'_i\} + E_{i-1}\psi_{i-1} \tag{7-9}$$

$$\psi_{i-1} = \cos(\alpha_{i-1} - \alpha_i) - \frac{\tan\phi'_i}{K_s}\sin(\alpha_{i-1} - \alpha_i) \tag{7-10}$$

式中:K_s——安全系数;

E_{i-1}——第 $i-1$ 条块向第 i 条块传递的下滑力(kN);

l_i——第 i 条块滑面长度(m);

α_i——第 i 条块滑面倾角(°);

α_{i-1}——第 $i-1$ 条块滑面倾角(°);

β_i——第 i 条块浸润线倾角(°);

c'_i——第 i 条块岩土体有效黏聚力(kPa);

ϕ'_i——第 i 条块岩土体有效内摩擦角(°);

W_{Qi}——第 i 条块岩土体重力与竖向外力之和(kN)(岩土体自重在水位以上取天然重度,在水位以下取浮重度);

D_i——第 i 条块岩土体动水压力(kN)。

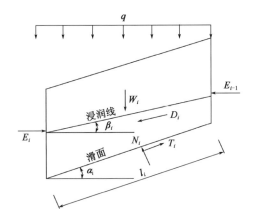

图 7-3 边坡简化 Bishop 法稳定性计算示意图

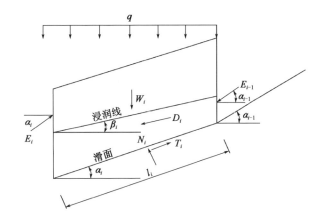

图 7-4 不平衡推力法稳定性计算示意图

五、地下水作用下的非透水介质坡体稳定性计算

由于单个土条两侧的水压力差值很小,故工程实际中通常采用忽略的近似解法。

1. 简化 Bishop 法

稳定系数 K_s 由式(7-11)和式(7-12)两个公式迭代计算:

$$K_s = \frac{\sum[c'_i l_i + (W_i - E_{托})\tan\phi'_i]/r_s}{\sum W_i \sin\alpha_i} \tag{7-11}$$

$$r_s = \cos \alpha_i + \frac{\sin \alpha_i \tan \phi_i'}{K_s} \tag{7-12}$$

式中：K_s——安全系数；

l_i——第 i 条块宽度(m)；

α_i——第 i 条块滑面倾角(°)；

c_i'——第 i 条块岩土体有效黏聚力(kPa)；

ϕ_i'——第 i 条块岩土体有效内摩擦角(°)；

W_i——第 i 条块岩土体重力(kN)(岩土体自重在水位以上取天然重度,在水位以下取饱和重度)；

$E_{托}$——第 i 条块底部浮托力(kN)；

r_s——系数。

2. 不平衡推力法

稳定系数 K_s 由式(7-13)和式(7-14)两个公式迭代计算：

$$K_s = W_{Qi}\sin \alpha_i - \frac{1}{K_s}[c_i'l_i + (W_{Qi}\cos \alpha_i - E_{托})\tan \phi_i'] + E_{i-1}\psi_{i-1} \tag{7-13}$$

$$\psi_{i-1} = \cos(\alpha_{i-1} - \alpha_i) - \frac{\tan \phi_i'}{K_s}\sin(\alpha_{i-1} - \alpha_i) \tag{7-14}$$

式中：K_s——安全系数；

E_{i-1}——第 $i-1$ 条块向第 i 条块传递的下滑力(kN)；

l_i——第 i 条块滑面长度(m)；

α_i——第 i 条块滑面倾角(°)；

α_{i-1}——第 $i-1$ 条块滑面倾角(°)；

c_i'——第 i 条块岩土体有效黏聚力(kPa)；

ϕ_i'——第 i 条块岩土体有效内摩擦角(°)；

W_{Qi}——第 i 条块岩土体重力与竖向外力之和(kN)(岩土体自重在水位以上取天然重度,在水位以下取浮重度)；

$E_{托}$——第 i 条块底部浮托力(kN)。

第八章 公路工程斜坡稳定性分析

由于公路工程斜坡的地质复杂性和自然与人为影响因素的多样性,以及作为天然材料不可控制的变异性,其稳定性分析、计算不可避免地带有一定的"粗犷性"。一些实用性很强的理论和方法,多伴随有较多的近似与假设。即公路工程斜坡的稳定性往往存在一定合理范围内的"容错性"和"粗犷性"。它是以理论研究为基础、以工程实践为核心的一门学科和艺术。过于苛求计算的精确性,或过于苛求经验的唯一性,都是不合理的。因此,在工程实践中应坚持贯彻在一定理论框架指导下的"实用主义",避繁就简,不宜受过多、过细的经典数学、力学约束,以免在工程实践中受到牵绊。当然,公路工程斜坡工程实践并不是表现为随意性和经验性。

作为地质工程,公路工程斜坡的稳定性分析采用工程地质分析的定性判断法和理论计算的定量计算法有机结合的模式。稳定性评价中,应将公路工程斜坡视为一定地质环境下的动态变化地质体,在评价当前状态的同时,还应评价外界因素、人类工程扰动和防治后的公路工程斜坡稳定性变化及发展趋势。因此,工程地质分析为公路工程斜坡的稳定性评价提供了参数和边界条件,而理论计算则给出了定量数值,为工程治理措施量化提供依据,这两种方法是相辅相成,相互验证、校核的不可分割体。

工程斜坡分析虽然是半经验、半理论的一门学科,但工程的实用主义和经验主义仍是有本质区别的,如何把握严密理论与实用主义之间的平衡,在岩土工程、地质工程实践中具有高超的艺术性。这就要求我们每个岩土工作者要在长期的工作中进行积累,理论联系实际,合理有效地解决公路工程斜坡的稳定性问题。

公路工程斜坡稳定性的分析,即工程处治前自然状况下的稳定系数与工程处治后的安全系数,是定性和定量分析坡体稳定性的判定指标,是分析坡体的稳定度是否达到公路安全使用要求的最基本依据,这在公路工程斜坡稳定性分析中居于核心地位。

第一节 公路工程斜坡安全系数确定

稳定系数反映的是斜坡在自然状态下的稳定度,即反映的是没有人类活动改造前自然斜坡的稳定度;安全系数反映的是经人类活动改造后的工程斜坡安全度,即人工边坡和坡体的可靠性和稳定度能否满足公路工程斜坡的安全性需求。一般来说,斜坡自然状态下的稳定系数越高,经过合理人工改造后的工程斜坡安全系数也就相应越高。

公路工程斜坡所处的地理位置不同,所受到的暴雨、地震等因素的控制程度也不相同,只有对不同公路等级(社会功能)、不同工程斜坡保护对象、不同工况下的工程斜坡安全系数进行合理确定,才能满足相应公路工程斜坡在使用年限内的安全性要求。

综上,公路工程斜坡稳定系数和安全系数的确定,主要是综合考虑了地质条件、公路等级、工程工况、社会影响、工程经济五个指标后的人为指标量化。

一、斜坡稳定系数分级

斜坡稳定系数分级如表 8-1 所示。

斜坡稳定系数分级　　　　　　　　　　表 8-1

稳 定 度	公路工程斜坡特征	稳定系数 K
稳定	坡率符合岩土体强度要求,无倾向坡外的不利结构面,无地下水或地下水量很小	$K \geq 1.15$
基本稳定	坡率符合岩土体强度要求,无倾向坡外的不利结构面,无地下水或地下水量很小,坡面有剥落、落石或冲刷	$1.1 \leq K < 1.15$
欠稳定	坡体整体稳定,但局部坡率大于岩土体稳定角而存在崩塌或滑塌,有倾向坡外的不利结构面,地下水较发育	$1.0 \leq K < 1.1$
不稳定	坡率偏陡,不符合岩土体强度要求,有倾向坡外的不利结构面,地下水发育,坡体存在整体失稳的可能	$K < 1.0$

二、公路工程斜坡稳定性工况

(1)正常工况:工程斜坡处于天然状态下的工况,即工程斜坡自重 + 天然状态下裂隙水压力工况。

(2)非正常工况 Ⅰ:工程斜坡处于暴雨或连续降雨状态下的工况,即工程斜坡自重 + 降雨时最高水位的裂隙水压力工况。

(3)非正常工况 Ⅱ:工程斜坡处于地震荷载作用下的工况,即工程斜坡自重 + 天然状态下裂隙水压力 + 地震力工况。

三、公路工程斜坡安全系数

《公路路基设计规范》(JTG D30—2015)和《公路工程抗震规范》(JTG B02—2013)分别对路堑边坡、路堤边坡和公路滑坡在不同公路等级、不同工况和不同边坡高度等情况下的安全系数进行了明确规定(表 8-2 ~ 表 8-4)。但需要说明的是,体积较大、公路等级较高的高速公路、一级公路,滑坡的非正常工况 Ⅱ 安全系数应依据"小震不坏、中震可修、大震不倒"的原则进行专项研究后确定,即建议安全系数宜进行专项研究后在 1.1 ~ 1.15 之间灵活选择,而不宜照搬规范中的安全系数不小于 1.15 的要求,否则在高烈度地震区可能会造成滑坡防治工程规模过大和工程经济性指标欠合理。

公路路堑边坡安全系数　　　　　　　　表 8-2

公 路 等 级	设 计 工 况			
	正常工况	非正常工况 Ⅰ	非正常工况 Ⅱ	
			边坡高度 $H < 20\mathrm{m}$	边坡高度 $H \geq 20\mathrm{m}$
高速公路、一级公路	1.2 ~ 1.3	1.1 ~ 1.2	1.1	1.15
二级公路	1.15 ~ 1.25	1.05 ~ 1.15	1.1	1.15
三、四级公路	1.15 ~ 1.25	1.05 ~ 1.15	1.05	1.05

注:1.边坡地质条件复杂或破坏后危害严重时,安全系数取大值;地质条件简单或破坏后危害较小时,安全系数取小值。
　　2.边坡影响区域内有重要建筑物时,安全系数取大值。
　　3.使用期限小于 3 个月的临时边坡安全系数均不得小于 1.05。

公路路堤边坡安全系数　　　　　　　　　表8-3

分析内容	地基强度指标	工况	安全系数	
			二级及二级以上公路	三、四级公路
路堤的堤身稳定性、路堤和地基的整体稳定性	采用直剪的固结快剪或三轴固结不排水剪指标	正常工况	1.45	1.35
		非正常工况Ⅰ	1.35	1.25
	采用快剪指标	正常工况	1.35	1.3
		非正常工况Ⅰ	1.25	1.15
路堤沿斜坡地基或软弱层滑动稳定性	—	正常工况	1.3	1.25
		非正常工况Ⅰ	1.2	1.15

注：1. 区域内唯一通道的三、四级公路重要路段以及高路堤与陡坡路堤安全系数可采用二级公路标准。
　　2. 非正常工况Ⅱ安全系数的选用同路堑边坡。

公路滑坡安全系数　　　　　　　　　表8-4

公路等级	安全系数		
	正常工况	非正常工况Ⅰ	非正常工况Ⅱ
高速公路、一级公路	1.2~1.3	1.1~1.2	1.1~1.15
二级公路	1.15~1.2	1.1~1.15	1.1
三、四级公路	1.1~1.15	1.05~1.1	1.05

注：1. 滑坡地质条件复杂或破坏后危害严重时,安全系数取大值;地质条件简单或破坏后危害较小时,安全系数取小值。
　　2. 同一复杂滑坡中,前级或浅层易滑动的滑体,安全系数取大值,整个滑坡的深层滑动安全系数取小值。
　　3. 滑坡影响区域内有重要建筑物或滑坡位于库区时,安全系数取大值。
　　4. 使用期限小于3个月的临时工程或抢险应急工程的安全系数可取1.05。

第二节　公路工程斜坡稳定性分析的基础资料

一、边坡基础资料和边坡勘探

1. 边坡基础资料的内容

(1)边坡所在地段的自然斜坡走向、坡向、坡高、坡形；地层岩性、岩体强度、产状、风化特征、有无软弱夹层或接触面等；构造特征、结构面位置、延伸度、充填物、含水情况等；降雨量、气温、风速等气象水文特征；地下水出露位置、流量变化、地表汇水和径流情况等水文地质特征；断裂构造和地震等新构造运动等。

(2)河流和沟谷发育程度、分布密度、切割深度、走向、沟形、沟岸稳定状况。

(3)线路在自然斜坡的位置、走向和线路的平、纵、横等资料,欲开挖或填筑工程斜坡的高度和形式,当地同类地层中已有工程斜坡的形式和稳定情况。

(4)明确坡体结构类型,即属于类均质体结构、近水平层状结构、顺倾层状结构、反倾层状结构、碎裂状结构和块状结构中的哪一种类型。

(5)已开挖或填筑工程斜坡的施工方法,包括施工季节、工程施作顺序和施作方式。

(6)已变形的自然斜坡或工程斜坡历史、变形类型、规模和产生部位、发生时间、裂缝特征、发展过程和特征,以及地表植被发育程度与类型。

2. 边坡勘探

（1）勘探工作是对地面地质调查工作的验证和补充，是对坡体地质的认知准确度和完整度以及地面调查不能查清的地层界面、风化界面、软弱夹层、地下水的分布等内容进行补充。

（2）对高边坡或不良地质体，应在代表性主轴断面上布置不少于3个勘探点，且在拟确定的工程部位布设勘探点。

（3）勘探点以取芯钻孔为主，适当配以坑槽探和物探，并对取样进行必要的土工试验。对地质环境复杂、有重要保护对象的工程，可布设地面位移监测和深孔位移监测。

二、滑坡基础资料和滑坡勘探

1. 滑坡基础资料的内容

（1）调查以斜坡有无圈椅状、马刀树（图 8-1）、双沟同源（图 8-2）、河道凸出、新老地层倒转、坡面积水与泉水出露、植物类型差异等为重点。

图 8-1　滑坡体上的马刀树

图 8-2　滑坡的双沟同源

如老滑坡多呈圈椅状、双沟同源分布。马刀树是坡面、边坡浅层或滑坡变形的产物。河道凸出一则可能是凸出的山脊所致，二则可能是滑坡或其他堆积物后期侵占河道所致。若判定为非基岩凸出造成河道凸出，则可确定为不良地质体。新老地层倒转，一则可能是构造运动所致，二则可能是滑坡滑移所致。坡面积水和泉水出露多为滑坡平台积水或滑坡潜在滑面隔水所致。同一斜坡区的植被类型差异，往往是所依附的地层差异所致，这在我国南方植被茂盛区很难反映地面形态时，可起到良好的调查效果。如笔者曾发现某隧道出口处斜坡四周边坡均为乔木和灌木，而斜坡中部区域分布有大面积竹林。后经调查，发现竹林分布区为老滑坡堆积体，而四周为基岩山体。

（2）以坡体结构、岩性、产状、地下水位和地表汇水、施工季节、工程地质类比等为重点进行调查。

（3）滑坡的分条、分级和主滑方向调查，滑带地层和滑坡各层剪出口调查，滑坡地表和建筑物的变形及裂缝分布性质与变形历史调查，滑坡主要作用因素调查。

2. 滑坡勘探

（1）对现场调查发现的疑似老滑坡、潜在工程滑坡，可通过设置勘探点进行验证。勘探主要采用钻探、坑、槽、洞探、物探等方法进行,重点查明老滑面、土岩界面、风化界面、接触面、地下水位等。

(2)勘探点依据现场调查情况布置,分别布设于主轴断面或辅助断面,查清滑面的基本形态,且必须有伸入最低基准面以下5m左右的控制性钻孔,防止遗漏深层滑面或将大孤石误判为基岩。此外,需在拟布设工程位置设置钻孔,从而为工程措施的设置提供基础资料。

(3)勘探点应在前、后级滑坡之间加密布设,查明前、后级滑坡的相互关系。

(4)对滑体、滑面和滑床的岩土体性质进行相关土工试验,并依据坡体结构、滑面形态等,对滑坡的稳定性进行必要的定性和定量评价,为工程设计提供必要的参考。

需要说明的是,勘察单位的滑坡稳定性评价提供的相关滑面参数只能作为设计时的重要参考,切忌全盘照搬,设计人员应结合勘探结论进行独立的分析与计算,继而对滑坡治理方案进行合理设计。

(5)为有效查明滑坡的滑面和地下水位,应采用无泵反循环钻孔或双管钻工艺进行勘探,防止循环开水钻进时造成滑面细颗粒被冲走而无法判断,也防止开水钻进造成无法对地下水位进行准确判断。

(6)对大型或复杂滑坡滑面,为有效核查勘探滑面的准确性,或有效指导工程施工和验证工程治理的有效性,必要时应设置地面位移监测和深孔位移监测。

(7)进行必要的水文地质试验,从而为地下水排水工程设置和判断地下水有无腐蚀性提供依据。

(8)滑动面的室内剪切试验方法根据滑坡性质、滑动面结构、滑坡稳定状态和发展情况确定。一般采用下列试验方法:

①连续滑动的滑坡,可采用重塑土的残余强度剪或重复剪试验。
②时断时续滑动的滑坡,包括已稳定的滑坡,可采用固结快剪或三轴固结不排水剪试验。
③滑动面土稠度不大、滑动面清晰时,可采用沿滑动面的重合剪切试验。
④滑动面土为饱和状或泥化流动状,滑动面不清晰时,可采用饱和快剪试验。
⑤对水敏感的滑动带土,可采用不同含水状态的快剪试验。

第三节 边坡稳定性分析

一、边坡稳定性的定性分析

(1)从地质环境类似的自然斜坡或工程斜坡的坡形坡率、坡高和病害类型、规模来推断工程边坡的稳定性和可能发生的病害类型及规模。

(2)依据边坡的坡体结构,采用赤平投影法和实体比例投影法分析工程边坡的稳定性和可能发生病害的类型及产生的部位。

(3)从作用因素的大小和快慢分析工程边坡的稳定性,如开挖引起的坡体卸荷和松弛、渗流场、潜在滑面强度降低等。

二、边坡稳定性的定量分析

1. 不同岩土体的稳定性分析模型

（1）土质、类土质边坡和破碎岩质边坡,若坡体中存在结构面,应以结构配套进行潜在滑面的确定,并采用不平衡推力法进行计算;若坡体中无明显结构面或结构面均匀分布,则可采用最大剪应力控制的圆弧形潜在滑面,并宜用简化 Bishop 法进行计算。

（2）岩质边坡的潜在滑面应采用结构面配套确定,采用不平衡推力法进行计算。

（3）二元结构边坡中由土岩界面形成的滑面,采用不平衡推力法进行计算。

（4）地质条件复杂的边坡,宜结合数值模拟进行分析计算。

2. 岩土体潜在滑面物理力学参数的确定方法

（1）室内土工试验:由于用于室内土工试验的岩土体样本局限性,由此确定的潜在滑面物理力学参数一般只作为边坡稳定性分析的参考数据。

（2）现场原位试验:对确定潜在滑面物理力学参数最为可靠,但由于试验难度较大和造价较高,除大型工程和控制性工程外一般较少采用。

（3）区域经验值:在岩土工程的边坡参数选取中占有相当重要的地位,但区域经验值的合理应用是建立在大量工程实践和符合具体边坡岩土体工程地质内在规律基础上的。

（4）参数反算:建立在合理确定工程斜坡工程地质模型和稳定系数基础上的分析方法。所谓合理的边坡地质模型,就是合理确定构成边坡的岩土体性质、坡体结构、水、临空面等关键因子,继而合理确定潜在滑面形态,为参数反算提供最基本的地质工程模型;合理的稳定系数是指根据自然斜坡、工程斜坡的合理稳定性进行评价,即主要结合工程地质定性分析,确定边坡的稳定系数,从而为潜在滑面的参数反算提供基础资料。需要说明的是,对稳定性良好的边坡,由于稳定系数很难精确量化,故一般不建议采用反算法。

3. 土质或类土质潜在滑面参数的确定

（1）自然斜坡的坡度是坡体内部物理力学性能表观的综合反映,自然坡面倾角由于受外部自然营力作用而较坡体内部土体的综合内摩擦角小,即自然斜坡的综合内摩擦角 φ 一般不小于自然平均坡度。

（2）根据区内相似地质条件的已发生变形破坏的边坡拉裂面倾角,依据主动破裂面 $\theta = 45° + \dfrac{\varphi}{2}$,反算边坡的综合内摩擦角 φ。

（3）根据工程改造前的边坡稳定系数,结合开挖损失的静止土压力和岩土体抗剪力,通过迭代计算得出对应边坡的综合内摩擦角 φ。

根据以上得出的边坡综合内摩擦角 φ 的最小值,结合工程施工扰动造成的土体强度衰减,采用 0.8~1.0 的折减系数折减后用于工程边坡的潜在滑面参数应用。

4. 岩质边坡潜在滑面参数的确定

由于岩质边坡的潜在滑面往往依附于结构面配套组合形成,因此,岩质边坡潜在滑面参数的确定以岩体的岩性、结构面性质等为基础,并与工程开挖形成的临空面形式存在直接关系。

一般可采用地区经验、现场原位试验和反算法(稳定性良好边坡除外)综合确定,或参考《公路路基设计规范》(JTG D30—2015)的结构面抗剪强度指标标准值确定,见表8-5。

结构面抗剪强度指标标准值　　　　　　　表8-5

岩性和结构面结合程度	内摩擦角 $\varphi(°)$	黏聚力 $c(kPa)$
坚硬岩,结合好	>35	>130
坚硬~较硬岩,结合一般;较软岩,结合好	27~35	90~130
坚硬~较硬岩,结合差;较软~软岩,结合一般	18~27	50~90
坚硬~较硬岩,结合很差;软岩,结合差;软质岩泥面	12~18	20~50
软弱结构面泥化层	根据地区经验确定	

注:1. 本表结合《工程岩体分级标准》(GB/T 50218—2014)略有修改和补充。
　　2. 表中数值已考虑结构面时间效应。
　　3. 结合面贯通性差时取高值。
　　4. 结构面浸水时取低值。

岩体结构面结合程度可参考《公路路基设计规范》(JTG D30—2015)确定,见表8-6。

岩体结构面结合程度　　　　　　　表8-6

结合程度	结构面特征
好	张开度小于1mm,胶结良好,无充填;张开度1~3mm,硅质或铁质胶结
一般	张开度1~3mm,钙质胶结;张开度大于3mm,表面粗糙,钙质胶结
差	张开度1~3mm,表面平直,无胶结;张开度大于3mm,岩屑或岩屑夹泥充填
很差、泥化层	表面平直无胶结;泥质或泥夹碎屑充填,充填物厚度大于起伏差;分布连续泥化夹层;未胶结或强风化的小型断层破碎带

由岩块的内摩擦角确定岩体的内摩擦角时,可根据岩体的节理裂隙发育程度,参考《公路路基设计规范》(JTG D30—2015)确定,见表8-7。

岩块内摩擦角确定岩体内摩擦角的折减系数　　　　　　　表8-7

岩体性质	内摩擦角的折减系数	岩体性质	内摩擦角的折减系数
裂隙不发育	0.9~0.95	裂隙发育	0.8~0.85
裂隙较发育	0.85~0.9	碎裂结构	0.75~0.8

第四节　崩塌稳定性分析

一、崩塌的定性分析

定性分析从地貌形态演变、地质条件对比、失稳因素变化及监测变形迹象的发展趋势四个方面进行。

1. 从地貌形态演变判断崩塌体的稳定性

某个部位岩土体结构松弛形成的坍塌、失去底部支撑形成的崩塌,或是沿软弱结构面滑动形成的滑坡等,都是斜坡各部分岩土性质和结构上的差异在不同高差形成的不同应力作用下,向临空面方向产生不同的变形或破坏。因此,从斜坡的岩土体性质、结构、水文地质、临空面上的陡坎、平台、凹陷、陡崖、山嘴等地形地貌形态以及相邻斜坡体的病害特征就可初步判断斜坡可能产生的病害类型和稳定程度。

要定性判断崩塌体是否稳定,首先要分析其依附母岩是否稳定,继而分析危岩体稳定性、病害范围和崩塌发生的可能。如层状滑移式崩塌的前部岩体滑走后,将可能导致后部岩体失去支撑而形成潜在崩塌体,若不能及时采用工程措施进行加固,就可能不断牵引后部坡体发生新的崩塌;再如软弱相间的岩体在性质上存在较大差异,对外界环境影响存在不同的敏感度,就可能呈现坠落式或倾倒式崩塌。

如某高速公路从近直立、高约200余米的灰岩陡崖前部通过,陡崖坡脚发育厚约1.0m的煤层。煤层开采造成崖壁坡后20~60m范围内形成近平行于崖体走向、宽0.2~1.0m、贯通度高约近百米的卸荷裂缝,历史上发生多期小规模崩塌。高速公路勘察期间,考虑到坡脚附近厚约1.0m的煤层采空区影响,坡体可能存在大规模倾倒式崩塌、堵塞前部河道和危及高速公路的情况,专家建议高速公路应尽量远离崩塌危岩体及其可能形成的堰塞湖次生灾害范围。在高速公路改线后的1个月,该处接连发生了2次体积10余万立方米的大规模倾倒式崩塌(图8-3、图8-4),造成前部河流堵塞,形成堰塞湖。该崩塌体是依据危岩性质,从地貌形态演变判断崩塌危岩体的稳定性、崩塌类型和影响范围的典型成功案例。

图8-3 第一次大规模崩塌全景

图8-4 第二次大规模崩塌全景

2.从地质条件对比判断崩塌体的稳定性

不同稳定阶段的崩塌体在宏观上呈现出不同的形态,故可将需判断稳定性的崩塌体与地质条件类似,处于不同稳定阶段的斜坡岩、土块体进行对比,找出彼此之间的差异和关联度,并结合具体地质条件在今后的可能发展变化状态,初步判断崩塌体的稳定状态。若要进一步较为准确地分析崩塌体的稳定程度,则需要依据详细的地质调查和勘察,否则可能会造成崩塌体的漏判、误判。

如某公路经过的21km范围内,河流深切,峡谷高陡,沟内滑移式、倾倒式、坠落式和滚落式等各种形式的自然崩塌相当发育,尤其是"5·12"地震后加剧了沟谷崩塌发育的频率,崩塌体甚至可以达到300万m^3。灾后重建阶段根据工程地质类比,采用了以隧道为主的工程措施进行处治,但个别明线段的路基和桥梁虽然初步依据工程地质类比进行分析并进行了工程处治,但由于区内山体相对高差达上百米至上千米,工程调查难度太大,工程施工期间多次出现工程报废和变更。

再如某高速公路 K105+414～K106+235 段花岗岩高陡坡体，在经过多年开采后形成了面积巨大的崩塌体临空面，由于选线时对高位崩塌体稳定性的判断失误，将高速公路布设于坡脚，坡体经常发生崩塌、落石，直接威胁高速公路安全。虽进行了多次原位治理，但效果一直较差，最后不得不花费近亿元在坡脚修建明洞才得以有效治理，如图 8-5、图 8-6 所示。

图 8-5　崩塌体原位防治局部图

图 8-6　坡脚设置明洞对崩塌体进行被动治理

3. 从失稳因素的变化分析崩塌体的稳定性

崩塌体的稳定性变化是内部"抗力"与"下坠力"之间"此消彼长"的变化结果，这种变化可能是渐进的，也可能是突变的。如自然斜坡上发育的崩塌体在长期的风化、降雨作用下，稳定性虽然在不断降低，但在没有突破稳定度的阈值时，仍然可能是"稳定"的。而此时如果突发地震或出现大规模工程扰动，在短时间内极大地改变坡体的形态和应力状态，就可能造成崩塌体的稳定性在突破阈值后失稳。

如某公路斜坡位于向斜一翼，坡体上部产状约 25°，下部约 50°。多年来由于坡体下部道路建设和村民建房开挖出现多次小规模崩塌，但由于斜坡体整体一直没有变形迹象，故没有引起人们的注意。但在 2018 年 12 月，该斜坡约 $4\times10^4 m^3$ 的岩体突然从层面陡缓相交的部位发生溃曲滑移式崩塌，导致下部公路断道和多户民居损坏，造成 5 人死亡和 7 人受伤的惨剧，如图 8-7 所示。

图 8-7　滑移式崩塌造成公路和民居损坏

在高山峡谷区建设公路工程时，经常会遇到斜坡体崩塌后在坡脚形成的以块状物和碎屑物为主的倒石堆。有些不稳定、欠稳定的倒石堆在工程开挖后极易再次发生崩塌,故需对不同性质的崩塌倒石堆进行分析判定。

一般来说,斜坡坡度较陡时坡脚倒石堆多呈锥形,斜坡坡度较缓时坡脚倒石堆多呈扇形。当高山峡谷区的崩塌分布较广时,多个倒石堆可能彼此相连接而在坡脚形成带状倒石堆,这在"5·12"地震后的岷江河谷中是非常常见的。

依据稳定状况可将倒石堆划分为三个发育阶段:

(1)崩塌源陡峻,断裂面新鲜,正在发展的倒石堆。这种状况下坡体仍会发生崩塌,且坡脚的倒石堆稳定性较差,线路宜尽量绕避。

(2)崩塌源没有新鲜结构面裸露,坡脚倒石堆有一定的风化,有碎屑夹在块体之间并有一定的胶结。这种倒石堆一般情况下趋于稳定,可采用适当的工程通过崩塌区。

(3)崩塌源植被较好,斜坡相对平顺,坡脚的倒石堆坡面缓和,块体之间有大量碎屑物填充胶结,并有植被生长。这种倒石堆稳定性较好,有利于线路的通过。

4. 从监测变形迹象的发展趋势分析崩塌体的稳定性

崩塌体的不同稳定阶段体现出不同的变形状态。如稳定阶段的崩塌体位移是趋近于零或小于规范的容许值的;处于欠稳定或不稳定阶段的崩塌体位移是持续不断发展的,且稳定性越低,位移随时间的增长呈加速变化的趋势,当这种趋势出现突变点时,即出现位移的跳跃时,崩塌体的稳定性就会由积累的"量"的变化出现"质"的变化,最终导致崩塌的发生。因此,通过对崩塌体变形迹象的不断监测,就可判断崩塌的发育、发展阶段和稳定状态。尤其崩塌体后部出现裂缝,前部不断出现掉块、坠落,地下水位、水质发生变化,监测的位移-时间曲线出现突变时,就说明崩塌即将发生。

如 G213 国道映秀至汶川段 K46 七盘沟段崩塌体,自然斜坡在高约 300m 的部位岩体松散,零星发生的落石造成下部坡脚的被动网被落石击毁。2016 年 11 月 29 日下午,笔者在现场踏勘时发现自然斜坡上不断有落石、扬尘现象发生(图8-8),故判断是即将发生大规模崩塌的前兆,当即建议设立警示标志,暂停 G213 国道运营,加强巡查和崩塌源变形观测。第二天凌晨 5 点左右,在坡体 300m 高的部位发生了体积约为 4000m³ 的大型崩塌,造成国道断道(图8-9),但由于崩塌预判及时,没有发生人员伤亡事故。

图8-8 崩塌发生前坡面扬尘、落石

图8-9 崩塌发生后的景象

二、崩塌的定量分析

《公路路基设计规范》(JTG D30—2015)和《建筑边坡工程技术规范》(GB 50330—2013)中均没有给出具体的崩塌体稳定性计算公式,但崩塌地质灾害发育的重庆市多年来根据工程实际情况多次颁布《地质灾害防治工程设计规范》和《地质灾害防治工程勘察规范》,对崩塌体的设计工况、荷载取值、计算模式进行了较为系统的说明,有效地指导了当地的崩塌病害治理,也为当地公路部门所采纳和应用,并在工程实践中取得了良好的效果。因此,笔者结合《地质灾害防治工程设计规范》和《地质灾害防治工程勘察规范》中崩塌体的相关规定及《公路路基设计规范》(JTG D30—2015)中边坡稳定性的相关规定,对公路工程斜坡崩塌体的稳定性计算方法分析如下。

1. 崩塌体的稳定性计算采用的三种工况

(1)正常工况:崩塌体处于天然状态下的工况,即崩塌体自重+天然状态下裂隙水压力工况。

(2)非正常工况Ⅰ:崩塌体处于暴雨或连续降雨状态下的工况,即崩塌体自重+降雨时最高水位的裂隙水压力工况。

(3)非正常工况Ⅱ:崩塌体处于地震荷载作用下的工况,即崩塌体自重+天然状态下裂隙水压力+地震力工况。

2. 崩塌荷载取值

(1)崩塌体重度取标准值,为崩塌体的体积与天然重度的乘积,荷载分项系数取1.0。

(2)天然状态下的地下水位应根据调查确定;暴雨或连续降雨状态下的裂隙水压力应根据汇水面积、裂隙蓄水能力和降雨情况确定,一般可取裂隙深度的1/3～2/3,但当崩塌体已脱离母岩时就不应再考虑裂隙水压力。

(3)公路崩塌多位于路堑边坡或线路上部的自然斜坡,线路下部路堤形成崩塌的可能性相对较小,故根据《公路工程抗震规范》(JTG B02—2013),地震力主要考虑水平地震而不考虑竖向地震力。水平地震力为崩塌体自重与水平地震系数的乘积,抗震设防烈度和水平向设计基本地震加速度值对应关系按表8-8采用。

抗震设防烈度和水平向设计基本地震加速度值对应关系   表8-8

抗震设防烈度	Ⅵ	Ⅶ	Ⅷ	Ⅸ
水平向设计基本地震加速度值	0.05g	0.1g/0.15g	0.2g/0.3g	0.4g

3. 崩塌防治工程分级

根据不同等级公路重要性和崩塌致灾后可能造成的损失大小,崩塌防治工程等级按表8-9进行划分。

公路崩塌防治工程分级   表8-9

致灾危害	公路等级		
	高速公路、一级公路	二级公路	三级公路、四级公路
大	一级	一级	二级
中	一级	二级	三级
小	一级	三级	三级

4.崩塌体安全系数

由于崩塌多位于高陡斜坡段,往往难以做到崩塌源的精确勘察,这就极大地限制了崩塌防治工程的精确性,另外崩塌病害往往具有隐蔽性、突发性。因此,崩塌体的安全系数在依据工程等级、设计工况的基础上,一般可取边坡安全系数的上限值,从而在兼顾工程经济性指标的基础上确保崩塌体的安全。公路崩塌体安全系数取值见表8-10。

公路崩塌体安全系数   表8-10

公路等级	设计工况		
	正常工况	非正常工况Ⅰ	非正常工况Ⅱ
高速公路、一级公路	1.3	1.2	1.1
二级及二级以下公路	1.25	1.15	1.05

5.崩塌体的理论计算方法

崩塌依据不同的类型,分别采用不同的计算模型,并进行如下假定:每段崩塌体取单位宽度进行分析计算,并不考虑两侧相邻岩土体的摩擦阻力、水压力等作用力;崩塌岩、土块体为整体、连续无压缩介质,不计块体内的局部应力。

1)水压力的计算

崩塌体的水压力计算要根据崩塌岩、土块体的透水性质进行水力学作用分析,即应确定崩塌体是透水型、隔水型,还是两者组合的复合型。一般情况下,透水型崩塌体的水作用力是动水压力、浮力为主的体力,隔水型崩塌体的水作用力是裂隙型静水压力和崩塌体底部结构面处浮托力为主的面力。复合型崩塌体的水力学作用可能同时具有体力和面力,这需要根据崩塌体的具体地质条件进行分析。

(1)隔水型崩塌体水力学分析(图8-10)

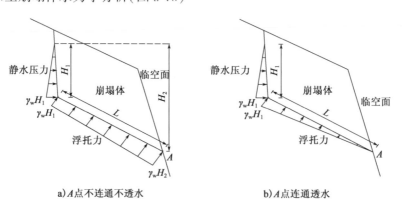

a) A点不连通不透水   b) A点连通透水

图8-10 隔水型崩塌体地下水力学效应

后缘裂隙静水压力:

$$P = \frac{1}{2}\gamma_w H_1^2 \quad (8-1)$$

浮托力:

① 当前缘裂隙不连通、不透水时：

$$F_1 = \frac{1}{2}\gamma_w L(H_1 + H_2) \tag{8-2}$$

② 当前缘裂隙连通透水时：

$$F_2 = \frac{1}{2}\gamma_w L H_1 \tag{8-3}$$

式中：γ_w——水重度（kN/m^3）；

H_1、H_2——后缘、前缘裂隙充水高度（m）；

L——下伏结构面长度（m）。

（2）透水型崩塌体水力学分析

动水压力：

$$D = \gamma_w V I \tag{8-4}$$

式中：γ_w——水重度（kN/m^3）；

V——渗流体积（m^3）；

I——水力梯度。

浮力：

$$Q = \gamma' V \tag{8-5}$$

式中：γ'——岩土体浮重度（kN/m^3）；

V——水下岩土体的体积（m^3）。

2）水平地震力计算

地震力采用静力法分析计算，作用在岩、土块重心处的水平地震力按式（8-6）计算：

$$E_h = C_i C_z A_h G / g \tag{8-6}$$

式中：E_h——作用于崩塌块体重心处的水平地震作用力（kN）；

C_i——抗震重要性修正系数，按表 8-11 取值；

C_z——综合影响系数，取 0.25；

A_h——崩塌所在区的水平向设计基本地震加速度值；

G——崩塌块体重力（kN）。

公路工程构筑物抗震重要性修正系数 C_i　　表 8-11

公路等级	构筑物重要程度	抗震重要性修正系数 C_i
高速公路、一级公路	抗震重点工程	1.7
	一般工程	1.3
二级公路	抗震重点工程	1.3
	一般工程	1.0
三级公路	抗震重点工程	1.0
	一般工程	0.8
四级公路	抗震重点工程	0.8

注：本表选自《公路工程抗震规范》（JTG B02—2013）。

3)不同类型崩塌理论计算

(1)滑移式崩塌(图8-11)

作用于崩塌体滑移面的抗滑力为:

$$N = G\cos\theta - (E_h + P)\sin\theta - D\sin(\theta - \delta) - F \tag{8-7}$$

作用于崩塌体滑移面的下滑力为:

$$T = G\sin\theta + (E_h + P)\cos\theta + D\cos(\theta - \delta) \tag{8-8}$$

式中:θ——滑移面倾角(°);

δ——动水压力与水平面夹角(°);

其余符号含义同上。

崩塌体的稳定系数为:

$$K = \frac{N}{T} = \frac{[G\cos\theta - (E_h + P)\sin\theta - D\sin(\theta - \delta) - F]\tan\varphi + cL}{G\sin\theta + (E_h + P)\cos\theta + D\cos(\theta - \delta)} \tag{8-9}$$

式中:c——滑移面的黏聚力(kPa);

φ——滑移面的内摩擦角(°);

L——滑移面的长度(m);

其余符号含义同上。

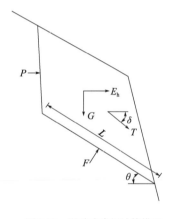

图8-11 滑移式崩塌计算模型

其中,对于正常工况,后缘裂隙静水压力 P 计算时水位一般取调查时的实测值,没有实测值时可取裂隙深度的1/3,地震力 E_h 取值为零。

对于非正常工况Ⅰ,后缘裂隙静水压力 P 计算时水位一般取调查时的实测值,没有实测值时可取裂隙深度的2/3,地震力 E_h 取值为零。

对于非正常工况Ⅱ,后缘裂隙静水压力 P 计算时水位一般取调查时的实测值,没有实测值时可取裂隙深度的1/3,地震力 E_h 取值根据地震烈度进行分析计算。

(2)倾倒式崩塌

①稳定性由后缘岩、土体抗拉强度控制时:

当崩塌体重心位于倾覆转折点之外时(图8-12),相对于转折点的倾覆力矩为:

$$M_{倾覆} = Ga + E_h h_0 + P\left[\frac{h_1}{3\sin\theta} + \frac{H - h_3}{\sin\theta} + \frac{b\cos(\theta - \beta)}{\cos\beta}\right] \tag{8-10}$$

相对于转折点的抗倾覆力矩为:

$$M_{抗倾覆} = f_{ik}\frac{H - h_3}{\sin\theta}\left[\frac{H - h_3}{3\sin\theta} + \frac{b\cos(\theta - \beta)}{2\cos\beta}\right] \tag{8-11}$$

式中:θ——破裂面倾角(°);

β——崩塌体与基座接触面倾角(°),外倾取正值,内倾取负值;

f_{ik}——崩塌体抗拉强度(kPa);

a——重力作用点距倾覆转折点的水平距离(m);

b——崩塌体底部结构面端点距倾覆转折点的水平距离(m);

其余符号含义同上。

崩塌体的稳定系数为:

$$K = \frac{M_{抗倾覆}}{M_{倾覆}} = \frac{f_{ik}\dfrac{H-h_3}{\sin\theta}\left[\dfrac{H-h_3}{3\sin\theta}+\dfrac{b\cos(\theta-\beta)}{2\cos\beta}\right]}{Ga+E_h h_0+P\left[\dfrac{h_1}{3\sin\theta}+\dfrac{H-h_3}{\sin\theta}+\dfrac{b\cos(\theta-\beta)}{\cos\beta}\right]} \quad (8\text{-}12)$$

当崩塌体重心位于倾覆转折点之内时(图8-13),相对于转折点的倾覆力矩为:

$$M_{倾覆} = E_h h_0 + P\left[\dfrac{h_1}{3\sin\theta}+\dfrac{H-h_3}{\sin\theta}+\dfrac{b\cos(\theta-\beta)}{\cos\beta}\right] \quad (8\text{-}13)$$

相对于转折点的抗倾覆力矩为:

$$M_{抗倾覆} = Ga + f_{ik}\dfrac{H-h_3}{\sin\theta}\left[\dfrac{H-h_3}{3\sin\theta}+\dfrac{b\cos(\theta-\beta)}{2\cos\beta}\right] \quad (8\text{-}14)$$

式中:θ——破裂面倾角(°);

β——崩塌体与基座接触面倾角(°),外倾取正值,内倾取负值;

f_{ik}——崩塌体抗拉强度(kPa);

a——重力作用点距倾覆转折点的水平距离(m);

b——崩塌体底部结构面端点距倾覆转折点的水平距离(m);

其余符号含义同上。

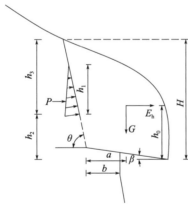 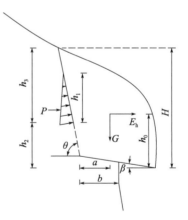

图8-12 倾倒式崩塌计算模型Ⅰ　　　图8-13 倾倒式崩塌计算模型Ⅱ

崩塌体的稳定系数为:

$$K = \frac{M_{抗倾覆}}{M_{倾覆}} = \frac{Ga + f_{ik}\dfrac{H-h_3}{\sin\theta}\left[\dfrac{H-h_3}{3\sin\theta}+\dfrac{b\cos(\theta-\beta)}{2\cos\beta}\right]}{E_h h_0+P\left[\dfrac{h_1}{3\sin\theta}+\dfrac{H-h_3}{\sin\theta}+\dfrac{b\cos(\theta-\beta)}{\cos\beta}\right]} \quad (8\text{-}15)$$

②稳定性由底部岩、土体抗拉强度控制时(图8-14),相对于转折点的倾覆力矩为:

$$M_{倾覆} = E_h h_0 + P\left(\dfrac{h_1}{3\sin\theta}+b\cos\theta\right) \quad (8\text{-}16)$$

相对于转折点的抗倾覆力矩为：

$$M_{抗倾覆} = Ga + \frac{1}{3}f_{0k}b^2 \qquad (8\text{-}17)$$

式中：f_{0k}——崩塌体底部基座岩、土体抗拉强度(kPa)；
其余符号含义同上。

崩塌体的稳定系数为：

$$K = \frac{M_{抗倾覆}}{M_{倾覆}} = \frac{Ga + \frac{1}{3}f_{0k}b^2}{E_h h_0 + P\left(\frac{h_1}{3\sin\theta} + b\cos\theta\right)} \qquad (8\text{-}18)$$

需要说明的是，倾倒式崩塌不考虑动水压力和浮托力的影响。

(3)坠落式崩塌(图8-15)

坠落式崩塌往往是从危岩体的下底逐渐向上部崩塌，故不考虑水的作用力，其稳定系数可按岩、土体的抗拉强度和抗剪强度分别确定，并取两者之间的小值，即 $K \in \min(K_1, K_2)$。

$$K_1 = \frac{cH - E_h\tan\varphi}{G} \qquad (8\text{-}19)$$

$$K_2 = \frac{\xi f_{ik}H^2}{Ga + E_h b} \qquad (8\text{-}20)$$

式中：c——崩塌体黏聚力标准值(kPa)；
φ——崩塌体内摩擦角(°)；
a——崩塌体重心至潜在破坏面的水平距离(m)；
b——崩塌体重心至潜在破坏面形心的垂直距离(m)；
ξ——依据潜在破坏面形态系数，一般取 1/6~1/1；
其余符号含义同上。

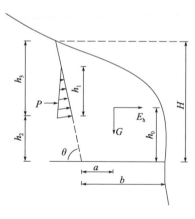

图8-14 倾倒式崩塌计算模型Ⅲ

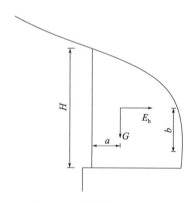

图8-15 坠落式崩塌计算模型

(4)滚落式崩塌

滚落式崩塌的岩块与下部斜坡一般没有附属关系，故不考虑黏聚力和地下水作用力，只考虑重力作用下的下滑力与岩块和下伏斜坡之间的外摩擦力，或地震工况下考虑重力作用与水平地震力作用下的下滑力与岩块和下伏斜坡之间的外摩擦力。

$$K = \frac{G \cos \alpha \tan \varphi}{G \sin \alpha + E_h \cos \alpha} \tag{8-21}$$

式中:φ——岩块与下伏斜坡之间的外摩擦角(°);

α——岩块所在部位的坡度(°);

其余符号含义同上。

需要说明的是,崩塌病害由于与线路之间的高差大,详细、精确的工程地质调查难度较大,因此,崩塌危岩防治的量化计算应结合工程地质类比等的定性分析进行校核,防止计算结论偏差过大造成防治工程的失误。

第五节 坡体稳定性分析

坡体稳定性分析可分为定性分析、半定量分析和定量分析,如图8-16所示。

一、坡体稳定性的定性分析

1. 地形地貌演变

地形地貌是坡体岩土体性质对外界的最直观的综合反映,它与坡体所在的岩土体性质、坡体结构、地下水与地表水、风化、地震等因素直接相关。对于均质、类均质的岩土体地形地貌,基本上就是其综合力学性质的直观反映,只是地表受外界不利因素的影响要比坡体内部更大,故地表的斜坡休止角较坡体的综合内摩擦角略偏小。受结构面控制的坡体地形地貌,地表形态往往反映了内在坡体结构面的性质,只是在外界因素的影响下,地表坡度较内部结构面倾角偏缓,贯通度更大而已。这种反映坡体内部岩土体综合性质的外在地形地貌特征,可直接用于定性评价坡体的稳定性。

1)自然斜坡类比法

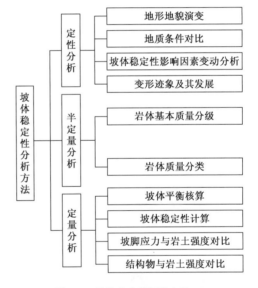

图8-16 坡体稳定性评价方法

地形地貌、气象条件、地层岩性、地质构造等地质条件相似的地区,斜坡的演变规律具有相似性。因此,研究分析地质条件类似的坡体稳定性对于公路坡体的稳定性、工程改造后的坡体稳定性等具有重要的参考价值。

自然斜坡的地形地貌是重力、坡体结构、岩土性质、风化、水文等综合因素共同作用的结果,是坡体的一种特殊结构面。由于暴露于地表而受外界因素影响大于坡体内部,经过漫长地质年代的自然斜坡坡度常较使用年限只有几十年的工程斜坡坡度要缓,且坡体的岩土体物理力学越弱,形成的自然斜坡地形地貌越缓;反之,坡体的岩土体物理力学越强,形成的斜坡地形地貌越陡。自然斜坡这种"综合能力"的外在反映,为公路工程斜坡病害的防治提供了直接的类比方法。

如某高速公路的 K17~K53 段，坡体地表覆盖层主要由深厚的砂泥岩残坡积和崩坡积构成，自然斜坡地形地貌平缓，约80%的地段自然坡度为5°~10°，约15%的地段自然坡度为10°~20°，形成了良好的汇水条件，区内水田、池塘等广泛分布，堆积体含水率高。从自然斜坡的形态类比分析，项目区平缓的地形地貌必然是地表深厚堆积体参数普遍偏低的综合反映。良好的地形地貌条件使技术人员忽略了地质选线的重要性，坡体开挖或路堤加载后形成了大量的工程滑坡，基本上达到"逢挖必滑"和填方高度较大时发生失稳，后期工程治理费用达3亿元以上。

2) 观察地质现象判断斜坡稳定性法

不同稳定性的斜坡具有不同的地质现象，故可按坡体曾经发生过的变形迹象以及目前的活动迹象判断工程斜坡的稳定性。这些迹象包括老滑坡体泉水、湿地的消长，地表植被的发育程度和地表堆积体的密实程度，地表裂缝是新近开裂还是老裂缝消亡，斜坡上的陡坎是否松弛或是受到挤压，斜坡前缘是否具有新沉积的地层，斜坡外貌的夷平程度以及工程改造后的地质环境变化等。

如川藏高速公路汶川至马尔康段，在汶川与理县之间山体高大陡峻，峡谷深切，相对高差可达上千米，节理、断层、褶皱发育，临空面高大，风化强烈，卸荷严重，地震活动频繁，造成倾倒式、滑移式、坠落式和滚落式崩塌相当发育。每年形成2个崩塌高发期，即7月、8月的降雨型崩塌高发期，4月、5月的春融型崩塌高发期；在理县至马尔康段，河谷相对宽缓，各种成因的堆积体分布广泛，沿杂谷脑河古老滑坡群密集分布，滑坡规模达上百万立方米至几千万立方米，历史上常堵塞或侵占河道。鉴于以上这些不良地质体的强烈活动迹象，在高速公路设计时就依据具体的病害特征采取了绕避、预加固等工程措施进行了积极的防治，使病害的危害程度大大降低。

大型老滑坡往往具有独特的外貌特征，如圈椅状地貌、滑坡后缘的滑坡湖或湿地、滑坡前缘挤压河岸形成的凸出地貌、多级滑坡平台分布形成的阶梯状地貌等。进行老滑坡的稳定性分析时，如果作用于滑坡的河流冲刷等不利因素消失，虽然滑坡局部可能在降雨、地下水作用下存在局部失稳的可能，但滑坡往往整体是稳定的。但若存在强烈的工程扰动，滑坡稳定性就可能大幅度降低。即在自然状态下稳定的滑坡，在工程改造作用后，就存在整体或局部复活的可能。

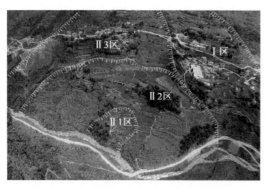

图8-17 集美隧道滑坡局部地形地貌图

如某高速公路集美隧道滑坡方量达$1100 \times 10^4 m^3$，地形地貌具有典型的圈椅状。滑坡多次滑动后形成的横向错台陡坎将滑坡分为左右Ⅰ区和Ⅱ区，且Ⅱ区多次滑动形成多级宽大平台，将Ⅱ区滑坡分为前级Ⅱ2、中级Ⅱ3、后级Ⅱ4三级滑坡(图8-17、图8-18)。该滑坡历史上处于整体稳定状态，滑体地下水丰富，只是在滑坡前缘的Ⅱ1区由于河流局部冲刷存在小规模的滑塌，滑坡中后部修建了集美村的大量民居和小学。

高速公路修建时以隧道的形式从滑坡下部通过，但前期选线时对老滑坡的地质判断失误，将隧道布置在了Ⅱ3区滑坡的后缘和Ⅱ4区滑坡的前缘滑面附近。隧道开挖的工程扰动和大规模弃方加载造成滑坡地质条件发生了较大变化,使Ⅱ3区滑坡局部复活和Ⅱ4区滑坡整体复活,严重挤压隧道,最终不得不采用大规模刷方减载和设置排水与支挡工程进行治理,工程造价达1.57亿元。

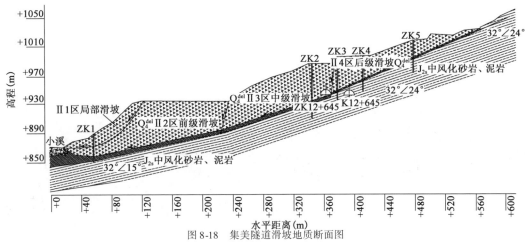

图8-18 集美隧道滑坡地质断面图

2. 地质条件对比

1) 岩土体性质方面

不同岩土体性质的坡体稳定性是不同的。当坡体分布有泥页岩、黏土类土、半成岩、泥灰岩、凝灰岩以及由以上岩土变质形成的千枚岩、板岩、片岩等岩体,煤系地层、黄土、老滑坡堆积层等岩土体时,坡体的稳定性就较差,有时即使设置较缓的开挖坡率,若不能及时有效地对地表水和地下水进行截、引、排,仍可能产生坡体变形。易滑地层汇总见表8-12。

易滑地层汇总表　　　　　　　　　　　　　　　　表8-12

滑坡类型		岩土组合类型	滑面特征
土质 (类土质) 滑坡	堆积体滑坡	各种成因的堆积物	分期、不同成因的堆积层面、土岩界面
	黄土滑坡	各期黄土,古土壤和砂砾层	同生面、不同期黄土界面、土岩界面
	黏性土滑坡	膨胀土、红黏土等	同生面、基岩顶面
	堆填土滑坡	人工堆弃土(石)	同生面、老地面、不同期堆填界面
半成岩 滑坡	昔格达组滑坡	昔格达组粉砂岩、黏土岩	顺层面、切层面、基岩顶面
	共和组滑坡	共和组粉砂岩、黏土岩	
岩质 滑坡	砂、泥(页)岩滑坡	砂岩与页岩、泥岩互层或夹层	顺层面、切层面
	碳酸盐岩滑坡	石灰岩、大理岩夹页岩、泥灰岩	顺层面、切层面、风化界面
	煤系地层滑坡	其他岩夹煤层或煤层大范围发育	顺层面、切层面
	变质岩类滑坡	千枚岩、片岩、片麻岩、板岩等	片理面、构造面、风化界面
	火山岩类滑坡	玄武岩、流纹岩、凝灰岩等	构造面、层面、风化界面
	破碎岩类滑坡	构造破碎岩	构造面、同生面

如某公路位于高原草甸区,自然斜坡平缓,上部覆盖厚5~10m的碎石土,其下为相当破碎的薄层状炭质板岩。原设计采用1:1~1:1.5坡率开挖后形成了高约30m的边坡,由于设计

坡形坡率过陡,不满足坡体岩土体的物理力学要求,各级边坡发生坍塌且高边坡整体失稳(图8-19)。病害治理时依据坡体的变形裂缝位置和岩土体性质,结合自然地形平缓的特点,采用1:1.75~1:2的缓坡率开挖,并设置多级宽为5.0m的平台与截排水工程对病害进行处治。由于现场截排水工程施作不利,变更坡体基本开挖到位后,在降雨和地下水的作用下,再次发生多级边坡失稳和坡体的整体滑移。后续病害坡体治理时,重点加强了截排水工程的设置,并在采用1:2~1:2.2和设置多级宽为5.0m的平台的基础上,有效地对病害进行了治理。

a)滑坡开挖面地层分布

b)坡顶密集的张拉裂缝

c)坡脚破碎炭质板岩

图8-19 坡率过陡形成的煤系地层滑坡

易滑地层进行工程设置时,应加强相似岩土体性质的自然斜坡和既有工程斜坡稳定性的工程地质类比,防止加固力度不足造成坡体失稳。

如某高速公路选线时将约4km的线路布设于顺层泥灰岩地层,技术人员在进行预加固工程设置时,忽视了线路通过段自然斜坡病害和既有公路顺层滑坡特征的工程地质类比,造成设置的大量预加固抗滑桩和锚索工程力度偏小,坡体开挖后引发了7处较大规模的工程滑坡(图8-20、图8-21),造成锚索拔出和抗滑桩剪断事故。

2)坡体结构方面

(1)从沉积岩、变质岩和岩浆岩的坡体结构分析

①沉积岩坡体结构:沉积岩具有贯通性的沉积层面,坡体稳定性通常在三大岩中最差。沉积岩在沉积过程中形成的平行不整合或角度不整合,也会降低坡体的稳定性。岩层产状顺倾向线路形成顺层坡,往往成为潜在滑体。岩层产状反倾向线路形成逆向边坡,往往为崩塌或错落体提供了有利的坡体结构。厚层沉积岩的稳定性一般高于薄层沉积岩。

图 8-20　K67+246~K67+354 段工程滑坡

图 8-21　K69+356~K69+498 段工程滑坡

②变质岩坡体结构：构造作用形成的流劈理、破劈理、滑劈理结构面往往相对光滑且多有软弱夹层，对坡体的稳定性具有控制作用，成为重要的滑移控制面。从变质岩的原岩性质来看，由沉积岩形成的副变质岩由于岩石强度有较大的提高，其稳定性较沉积岩相对要高；对于由岩浆岩形成的正变质岩，由于变质时往往会产生定向作用形成似层面，故其稳定性反而较原岩低。如花岗岩变质后形成的花岗片麻岩，由于片麻理的存在，大大降低了坡体的稳定性。

③岩浆岩坡体结构：岩浆岩往往形成整体结构或块状结构，坡体的稳定性一般相对较好。但若坡体中存在流面、岩浆岩与其他岩体的接触面、岩脉、断层等各种成因的结构面，坡体的稳定性则会大幅度降低。

(2)从坡体的构造结构分析

无论是原生节理、构造节理还是浅表生构造节理，由于破坏了岩体的完整性，往往更有利于大气降雨的入渗、地下水的渗流、坡体的风化等不利因素作用，易使坡体沿配套的最不利结构面发生病害。构造运动中形成的褶皱或错动使岩体层面倾斜或破碎，坡体的稳定性会大幅下降。一般情况下，构成坡体的岩体越破碎，坡体稳定性就越差。如在断层作用下，坡体的完整性遭受严重破坏，公路工程斜坡修建时往往会形成较大规模病害，尤其是当坡体位于断层的上盘时，形成的断层上盘效应更易造成坡体病害的发生。

如某高速公路隧道进口段位于地形上呈凹槽的部位，坡体由产状为(330°~340°)∠(30°~35°)的砂泥岩地层构成，与隧道夹角近正交。工程施工时，隧道开挖形成的临空面造成坡体前部沿层面滑移，将隧道左洞进口段约 25m 的洞身被"压扁"(图 8-22)。工程抢险时由于没有认识到坡体中存在的贯通性良好的 350°∠15°结构面对坡体的控制作用，造成几天后坡体沿贯通性结构面发生了大面积的切层滑坡(图 8-23)，隧道右洞约 80m 的范围发生了大面积开裂，不得不紧急采用反压和支挡工程进行处治。

3)气象水文方面

我国广东、福建等湿热地区普遍降雨量较大、地下水发育且风化作用强烈，坡体多呈浑圆状。一旦坡面防护欠佳或地下水截排欠佳，往往随着坡面冲刷作用的不断发展造成边坡滑塌、溜滑，甚至滑坡。反观我国西北地区，由于区内降雨量明显较小，地下水位相对较低，坡体的稳定性就相对较高。如兰州地区的公路黄土高边坡往往开挖高度达上百米，在没有任何防护工程的情况下也能保持良好的稳定状态。

图 8-22　坡体前部顺层挤压隧道

图 8-23　顺层坡体中的切层滑坡

紧邻河流、水库的公路岸坡稳定性需加强对河流冲刷、库岸再造等方面的资料的掌握,继而对坡体的稳定性进行合理分析判断。如毛尔盖电站水库蓄水后产生数量庞大的库岸再造(图 8-24),对公路造成了巨大的威胁。

图 8-24　毛尔盖电站库岸再造现象严重

反之,如某高速公路狮子坪水库地段,岸坡分布厚度较大的松散堆积体(图 8-25)。技术人员分析发现,电站建成后进行正常蓄水时,库水位的涨落将会形成严重的库岸再造,可能诱发大规模滑坡病害,且线路经过地段泥石流灾害严重(图 8-26),故对高速公路原线路进行了及时调线变更,采用特长隧道绕避库岸再造严重区。

4)地质构造方面

地质构造作用强烈地区,由于区域上处于斜坡演化的活跃期,坡体卸荷松弛现象严重,坡体稳定性较差,常常会有密度较大的古滑坡、老滑坡分布。我国四川、云南、甘肃等省,由于青藏高原的快速隆起和区内密布河流的强烈下切,高发的地质灾害常常造成公路断道。尤其是区内地震频率及烈度较高,成为坡体稳定性的重要影响因素。如"5·12"汶川地震的强烈震动作用造成公路上部坡体失稳后大量掩埋公路,下部坡体大量滑入河道,造成川西断裂带沿线的大多数公路断道。反之,位于稳定扬子地台的地区,坡体完整性就相对较好,这对于维持坡体的稳定性是有利的,故发生自然坡体病害的概率就相对较低。

图 8-25　原线路经过的库岸松散堆积体段　　　　图 8-26　原线路泥石流破坏严重

3. 坡体稳定性影响因素变动分析

根据斜坡受到的不利因素及不利因素的增长速率、阈值等，可对斜坡目前的稳定性和将来的稳定性做出分析判断。这些因素包括斜坡前缘经受江河的冲刷及其加剧程度，湖、海、库水位的涨落及其速率，斜坡前缘人为切割的程度与速率，斜坡体及其周边的地表汇水能力和坡体地下水位的变化与水量的增减，以及斜坡体所在地区的季节旱涝程度，人为灌溉频率和程度，斜坡体后部自然崩塌、滑坡等因素形成的加载规模和人为弃方加载等的程度，地震和人工爆破的程度与频次，岩土体的风化程度等。

如成昆铁路八渡车站滑坡，设计阶段稳定性评价时认为老滑坡在自然状态下是稳定的，但没有依据坡体稳定性影响因素的变化去考虑八渡老滑坡的长期稳定性，尤其是八渡滑坡将南盘江河床由 200.0m 压缩为 120.0m，在一定标准洪水位时可能存在严重冲刷滑坡前缘而造成滑坡稳定性降低的实际情况。八渡车站即将完工时，南盘江暴发了 70 年一遇的特大洪水，冲刷和浸润滑坡前缘抗滑段，导致整个八渡滑坡整体复活，最后不得不设置 113 根锚索抗滑桩进行治理才得以稳定。

坡体的稳定性由多种因素共同作用，但具体到某一个特定坡体的稳定性分析，则往往是由个别主控因素起决定性的影响。坡体分析时，应抓住重点、关键点，从而针对性地对坡体的稳定性做出合理判断。如对于公路工程斜坡大规模开挖或填方形成的坡体失稳，欠合理的工程因素是主控因素；对于暴雨后形成的坡体变形或滑坡，暴雨工况是其主控因素。

4. 变形迹象及其发展

斜坡的变形是一个动态过程，不同稳定阶段对应不同的变形迹象，只有正确掌握斜坡的变形迹象、发展阶段，才能有效地分析坡体的稳定状态。如根据滑坡变形各个阶段的形态，可将滑坡的状态划分为稳定阶段、基本稳定阶段、欠稳定阶段和失稳阶段。其中作为滑坡失稳的重点研究对象，将欠稳定阶段又分为蠕变阶段和挤压阶段，失稳阶段分为微滑阶段和剧滑阶段。滑坡的稳定性分析只有合理确定各个阶段的稳定系数，才能将其合理地用于滑面的抗剪参数反算并设置合理的工程防治方案。

斜坡的变形迹象调查与监测包括地表裂缝、地下水位和坡体深孔位移与影响区建筑物等的调查与监测。重点调查与监测斜坡体坡脚、平台，斜坡变形速率，影响区建筑物变化形态，斜坡前缘的泉水和湿地的水量、水位、水质和水温的变化，地表植被形态等。

二、坡体稳定性的半定量分析

坡体稳定性的半定量分析,主要结合岩体基本质量分级和岩体质量分类 CSMR 进行综合测评。

1. 岩体基本质量分级

岩体基本质量分级见表 8-13。

岩体基本质量分级 表 8-13

级别	岩体基本质量定性特征	岩体基本质量指标 BQ
Ⅰ	坚硬岩,岩体完整	>550
Ⅱ	坚硬岩,岩体基本完整;较硬岩,岩体完整	550~451
Ⅲ	较硬岩,岩体基本完整;较硬岩或软硬岩互层,岩体较完整;较软岩,岩体完整	450~351
Ⅳ	坚硬岩,岩体破碎;较硬岩,岩体较破碎~破碎;较软岩或软硬岩互层,且以软岩为主,岩体较完整~较破碎;软岩,岩体完整~较完整	350~251
Ⅴ	较软岩,岩体破碎;软岩,岩体较破碎~破碎;部分极软岩及全部极破碎岩	≤250

岩体基本质量指标由下式计算:

$$BQ = 90 + 3R_C + 250 K_V \tag{8-22}$$

式中:R_C——岩石单轴饱和抗压强度(MPa);

K_V——岩体完整性指数。

2. 岩体质量分类

斜坡岩体质量分类 CSMR 主要由两部分因素构成:一部分是岩体基本质量 RMR,它由岩石强度、岩石质量指标 RQD、结构面间距、结构面特征和地下水等因素综合确定;另一部分是斜坡影响因素的修正,主要由坡高 H 系数 ξ,结构面方位修正系数 K_1、K_2、K_3,结构面条件系数 λ,工程斜坡开挖方法系数 K_4 构成。CSMR 按式(8-23)计算:

$$\text{CSMR} = \xi \times \text{RMR} - \lambda \times K_1 \times K_2 \times K_3 + K_4 \tag{8-23}$$

式中:K_1——反映结构面倾向与坡向间关系的系数;

K_2——反映与结构面倾角相关的系数;

K_3——反映斜坡倾角与结构面倾角间关系的系数。

(1)坡高 H 系数 ξ 按式(8-24)计算:

$$\xi = 0.57 + \frac{34.4}{H} \tag{8-24}$$

(2)岩体基本质量 RMR 的确定。

RMR 值由岩石强度(岩石单轴抗压强度或点荷载强度)、岩石质量指标 RQD、结构面间距、结构面特征、地下水状况按权重评分,再对各因素的评分求和而得到总评分。RMR 取值见表 8-14。

RMR 分类参数及评分标准表 表 8-14

参 数		评 分 标 准				
岩石强度(MPa)	点荷载强度	>10	4~10	2~4	1~2	<1,不宜采用
	单轴抗压强度	100~250	60~100	30~60	15~30	5~15

续上表

参　数		评 分 标 准				
评分		10~15	8	5	3	0~2
岩石质量指标 RQD(%)		90~100	75~90	50~75	25~50	<25
评分		20	17	13	8	3
结构面间距(cm)		100~200	50~100	30~50	5~30	<5
评分		15~20	13	10	8	5
结构面条件	粗糙度	很粗糙	粗糙	较粗糙	光滑	擦痕、镜面
	评分	6	4	2	1	0
	充填物(mm)	无	<5(硬)	>5(硬)	<5(软)	>5(软)
	评分	6	4	2	2	0
	张开度(mm)	闭合	<0.1	0.1~1	1~5	>5
	评分	6	5	4	1	0
	结构面长度(mm)	<1	1~3	3~10	10~20	>20
	评分	6	4	2	1	0
	岩石风化程度	未风化	微风化	中风化	强风化	全风化
	评分	6	5	3	1	0
地下水条件	状态	干燥	湿润	潮湿	滴水	流水
	透水率(Lu)	<0.1	0.1~1	1~10	10~100	>100
	评分	15	10	7	4	0

(3)结构面方位修正系数 K_1、K_2、K_3 的确定。

K_1、K_2、K_3 取值见表8-15。

结构面方位修正系数 K_1、K_2、K_3　　　表8-15

破坏机理	方位关系	非常有利	有利	一般	不利	非常不利
滑动、倾倒	$\|\alpha_S - \alpha_J\|\|\alpha_S - \alpha_J - 180°\|$	>30°	20°~30°	10°~20°	5°~10°	<5°
滑动、倾倒	K_1	0.15	0.4	0.7	0.85	1
滑动	$\|\beta_J\|$	<20°	20°~30°	30°~35°	35°~45°	>45°
滑动	K_2	0.15	0.4	0.7	0.85	1
倾倒	K_2	1	1	1	1	1
滑动	$\beta_J - \beta_S$	>10°	0°~10°	0°	0°~-10°	<-10°
倾倒	$\beta_J + \beta_S$	<110°	110°~120°	>120°	—	—
滑动、倾倒	K_3	0	5	25	50	60

注:α_S——坡向;α_J——结构面倾向;β_S——坡面倾角;β_J——结构面倾角。

(4)工程斜坡开挖方法系数 K_4 取值见表8-16。

工程斜坡开挖方法系数 K_4　　　表8-16

开挖方法	自然边坡	预裂爆破	光面爆破	常规爆破	无控制爆破
K_4	5	10	8	0	-8

(5)结构面条件系数 λ 取值见表 8-17。

结构面条件系数 λ　　　　　　　表 8-17

结构面条件	λ
断层、软弱夹层	1
层面、贯穿裂隙	0.8 ~ 0.9
节理	0.7

基于以上确定的岩体类别和岩体质量分类 CSMR，即可半定量地评价工程斜坡的稳定性，见表 8-18。

工程斜坡稳定性评价表　　　　　　　表 8-18

级别	Ⅰ	Ⅱ	Ⅲ	Ⅳ	Ⅴ
CSMR	81 ~ 100	61 ~ 80	41 ~ 60	21 ~ 40	0 ~ 20
岩体质量	很好	好	中等	差	很差
稳定性	很稳定	稳定	基本稳定	欠稳定	不稳定

三、坡体稳定性的定量分析

1. 坡体平衡核算

坡体平衡核算就是以斜坡破坏滑动的瞬间作为基准，即坡体稳定系数取 1 时反算滑面的抗剪参数，并将其反代入坡体当前的状态而核查当前坡体的安全系数，如图 8-27 所示。

根据滑面的性质，参数反算可分为综合 c 法、综合 φ 法及假定 $\varphi(c)$ 反算 $c(\varphi)$ 法三种类型。

(1) 综合 c 法：主要适用于黏土类坡体，滑面以黏粒土为主且富水或排水困难，此时由于水压力的存在，内摩擦角 φ 接近于零，即可将抗剪参数中的内摩擦角 φ 作用包含于黏聚力 c 中。

(2) 综合 φ 法：滑面以粗颗粒为主时，即可将抗剪参数中的黏聚力 c 作用包含于内摩擦角 φ 中。

(3) 假定 $\varphi(c)$ 反算 $c(\varphi)$ 法：依据滑面中的岩土体性质，依据经验假定 $\varphi(c)$ 反算 $c(\varphi)$ 法。

2. 坡体稳定性计算

(1) 土质、类土质和破碎岩质构成的边坡，可采用类均质体的简化 Bishop 法稳定性计算模式(图 8-28)，稳定系数 K_s 由式(8-25)、式(8-26)迭代计算：

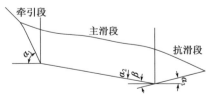
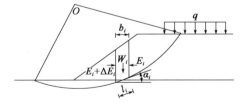

图 8-27　典型滑坡"三段式"参数反算示意图　　　图 8-28　简化 Bishop 法稳定性计算示意图

$$K_s = \frac{\sum[c_i l_i + (W_i + Q_i)\tan\varphi_i]/\gamma_s}{\sum(W_i + Q_i)\sin\alpha_i} \quad (8\text{-}25)$$

$$r_s = \cos\alpha_i + \frac{\sin\alpha_i \tan\varphi_i}{K_s} \quad (8\text{-}26)$$

如果外力为零,则公式可简化为:

$$K_s = \frac{\sum(c_i l_i + W_i \tan\varphi_i)/r_s}{\sum W_i \sin\alpha_i} \quad (8\text{-}27)$$

式中: K_s——边坡安全系数;

l_i——第 i 条块底边长度(m);

α_i——第 i 条块滑面倾角(°);

c_i——第 i 条块岩土体黏聚力(kPa);

φ_i——第 i 条块岩土体内摩擦角(°);

W_i——第 i 条块岩土体重力(kN);

Q_i——第 i 条块垂直向外力(kN);

r_s——系数。

(2)折线形滑动时,采用不平衡推力法(图8-29),稳定系数 K_s 由式(8-28)、式(8-29)迭代计算:

$$K_s = W_{Qi}\sin\alpha_i - \frac{1}{K_s}[c_i l_i + W_{Qi}\cos\alpha_i \tan\varphi_i] + E_{i-1}\psi_{i-1} \quad (8\text{-}28)$$

$$\psi_{i-1} = \cos(\alpha_{i-1} - \alpha_i) - \frac{\tan\varphi_i}{K_s}\sin(\alpha_{i-1} - \alpha_i) \quad (8\text{-}29)$$

式中: K_s——边坡安全系数;

E_{i-1}——第 $i-1$ 条块向第 i 条块传递的下滑力(kN);

l_i——第 i 条块滑面长度(m);

α_i——第 i 条块滑面倾角(°);

α_{i-1}——第 $i-1$ 条块滑面倾角(°);

c_i——第 i 条块岩土体黏聚力(kPa);

φ_i——第 i 条块岩土体内摩擦角(°);

W_{Qi}——第 i 条块岩土体重力与竖向外力之和(kN)。

(3)层面、似层面以直线形态滑动的坡体稳定性采用平面滑动法计算(图8-30),稳定系数 K_s 由式(8-30)计算:

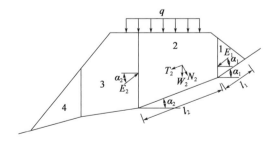

图8-29 边坡不平衡推力法稳定性计算示意图

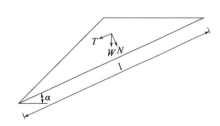

图8-30 平面滑动法稳定性计算示意图

$$K_\mathrm{s} = \frac{W\cos\alpha\tan\varphi + cl}{W\sin\alpha} \quad (8\text{-}30)$$

式中：K_s——稳定系数；
W——岩土体重力（kN）；
α——滑面倾角（°）；
c——岩土体黏聚力（kPa）；
φ——岩土体内摩擦角（°）；
l——滑面长度（m）。

(4) 土质、类土质斜坡可以采用齐姆巴列维公式依据折减法对坡角与坡高的相互关系进行确定。

$$H = \frac{2\gamma \dfrac{c}{K}\sin\alpha\cos\varphi'}{\sin^2\left(\dfrac{\alpha-\varphi'}{2}\right)} \quad (8\text{-}31)$$

$$\tan\varphi' = \frac{\tan\varphi}{K} \quad (8\text{-}32)$$

式中：α——坡角（°）；
c——岩土体黏聚力（kPa）；
φ——岩土体内摩擦角（°）；
γ——重度（kN/m³）；
K——折减系数，取 1.5～3。

需要说明的是，目前强度折减的有限元折减法已广泛应用于坡体稳定性计算中，但由于强度折减法计算中采用 c 值和 $\tan\varphi$ 的同步折减，在仍保留表征材料变形特性的泊松比 ν 不变的情况下，造成坡体内部塑性区失真而影响计算结果的准确性，这是需要注意的。

3. 坡脚应力与岩土强度对比

当高陡斜坡下部具有软弱带或破碎岩土体时，由于坡脚应力集中，坡脚一带的软弱带或破碎岩土体在压应力或剪应力集中作用下超出其抗剪或抗压强度时，坡体依附于软弱带或破碎岩土体，利用坡体中的不利结构面向临空面方向发生变形。

调查分析时应先查明高陡斜坡下部岩土体强度较差的部位的地质条件，可采用常规应力计算或采用有限元数值模拟，利用等值线图或应力云图与岩土体强度进行比较，判断坡体的稳定程度，并结合监测或有限元、离散元数值模拟预测坡体的发展趋势。需要说明的是，由于构成边坡的岩土体参数、结构面等往往难以准确取值或有效模拟，故坡体稳定性分析时宜综合其他形式的坡体稳定性分析结论，防止数值模拟结论偏差过大，造成评价分析结论与坡体实际稳定度出现较大偏差。

如某公路 K1+920～K2+450 段为宽缓背斜构造垭口，坡体主要由中风化产状反倾、天然抗压强度为 13.36MPa 的白垩系泥质砂岩构成，赤平投影见图 8-31。坡体结构面微张，贯通度约 1.5m。左右侧边坡采用 1∶1 坡率为主，边坡中部设置宽大平台，开挖后形成的左侧边坡最大高度为 95.7m，右侧边坡最大高度为 76.7m。提供的潜在滑面参数 $c=19$kPa，$\varphi=9°$，在此基础上的数值模拟结论为坡体稳定系数为 1.07 和 1.06。左侧坡体中的最大剪应力达 44.5MPa

(图 8-32),坡体下滑力为 3887.7kN/m;右侧坡体中的最大剪应力达 30.5MPa(图 8-32),坡体下滑力为 3232.8kN/m。采用抗滑桩与锚索和锚杆框架的工程大规模进行加固(图 8-33)。

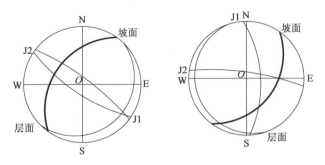

图 8-31　左、右侧边坡赤平投影图

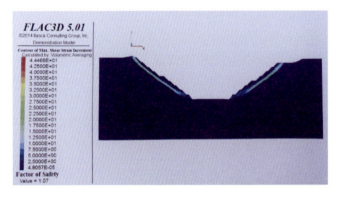

图 8-32　数值模拟的坡体最大剪应力图

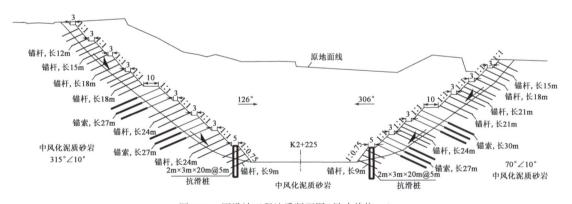

图 8-33　原设计工程地质断面图(尺寸单位:m)

咨询认为,对于此类层面反倾而岩体完整性相对较好的坡体,技术人员采用了欠合理的坡体参数,造成数值模拟的坡体剪应力明显偏大,出现了所谓的贯通性潜在滑面,致使坡体加固工程出现较大偏差。若能根据坡体实际地质条件,结合工程地质类比,参考相邻地质条件类似的高陡自然边坡稳定性,采用合理的岩土体结构面参数 $c=90\text{kPa},\varphi=35°$,则坡体中的剪应力小于粉砂岩强度,继而取消两侧边坡坡脚的 107 根"固脚"抗滑桩。此外,考虑到该段高边坡为城市快速通道,需加强边坡开挖后的坡面落石防护,故在采用高边坡"固脚强腰、分级加固"

的基础上,全坡面设置框架结合绿化进行防护,并针对性地优化原设计采用的大量锚固工程,如图8-34所示。经以上优化后,该高边坡可节约加固工程造价近3000万元。

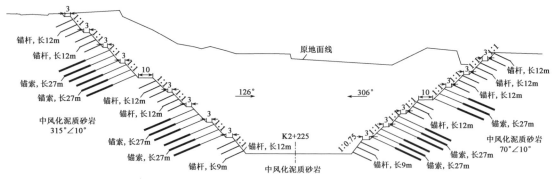

图8-34 咨询优化设计工程地质断面图(尺寸单位:m)

4. 结构物与岩土强度对比

(1)在坡体具有既有抗滑挡墙、抗滑桩和锚索等原有防护工程时,可按结构物的结构强度破损、变形情况反算坡体的稳定状态和下滑力。

如某高速公路K81+035段自然横坡较陡,下伏厚5~11.3m粉质黏土层,其下为强~中砂泥岩。路基填方时设置的路堤桩板墙桩长18~26m,其中地面以上长10.0~15.0m,桩后路堤填高8.0m。路堤填筑完成后桩体出现大面积外倾。

在后期工程加固时,技术人员在计算桩后土压力后认为需在倾斜桩体与桩后路堤共设置12排设计拉力为600kN的锚索工程进行加固,如图8-35所示。现场咨询时,笔者核算既有抗滑桩土压力约450kN/m,在考虑加固工程安全系数为1.3的情况下,坡体加固的锚固工程在单个桩体设置的锚索宜采用4排设计拉力为600kN的锚索工程进行加固即可,如图8-36所示。工程根据咨询建议实施后,路堤稳定性良好。

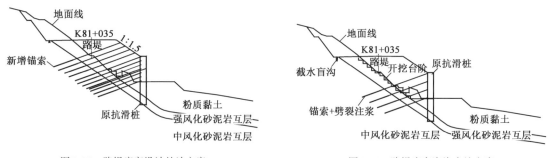

图8-35 路堤病害设计处治方案　　图8-36 路堤病害咨询实施方案

(2)在坡体开挖后的下滑力计算时,可根据所挖除坡体部位的抗剪能力(剩余下滑力)和静止土压力两者之间的大值核查开挖边坡的潜在下滑力。

如某高速公路位于厚40~60m的崩坡积体块碎石土中,线路通过时需开挖约15m高的边坡。由于勘察没有找到相应的多期崩坡积接触结构面,潜在滑面无法确定,故勘察单位决定以深45m左右的土岩界面作为最不利滑面进行开挖后的边坡稳定性核查和下滑力计算,所得到的下滑力达7000kN/m,造成工程无法施作。

咨询认为,该段坡体在自然状况下处于稳定状态,在开挖基准面与土岩界面距离达30m的情况下,坡体不存在沿土岩界面滑移的可能。故若贯彻"预加固"理念,通过开挖"三角体"的坡体平衡反算将来边坡开挖后的潜在下滑力(图8-37),即根据路基开挖"三角体"在原状土参数状态下的抗剪力和静止土压力两者之间大值,则得出控制性的土压力为1300kN/m。在考虑加固工程安全系数为1.3的情况下,开挖后边坡的潜在下滑力应为1690kN/m,并参考圆弧搜索法计算所得的潜在下滑力进行校核,在此基础上设置预加固锚索抗滑桩进行处治。该坡体依此方案进行施作后,多年来一直保持稳定。

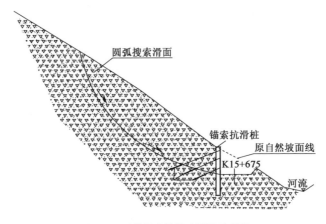

图8-37 开挖损失补偿法计算示意图

第九章 公路工程斜坡监测

公路工程斜坡监测对及时掌握边坡与坡体的病害位置、范围、变形速率、稳定状态,核查设计的有效性,验证工程防治效果,指导工程施工和保护公路安全运营具有重要的意义。尤其是对于高边坡或大型复杂滑坡具有相当重要的作用,对贯彻"信息化施工、动态化设计"的理念具有指导意义。公路工程斜坡监测正被越来越多的工程项目所采用,对提高工程的安全性和经济性具有重要意义。

公路工程斜坡监测依据适用阶段,可分为施工过程监测、防治工程效果监测及运营安全监测三类。其中施工过程监测主要用于指导工程施工和核查设计的合理性;防治工程效果监测主要用于验证防治工程的有效性,检验工程的可靠度;运营安全监测主要用于大型复杂滑坡或工程分期治理的工程斜坡,为进一步分析坡体病害特征和后期工程的实施与否提供支撑。

公路工程斜坡监测依据监测类型,可分为边坡和坡体监测,如图9-1所示。

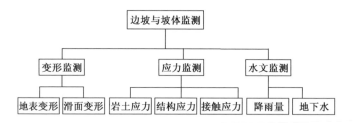

图9-1 边坡与坡体监测体系图

公路工程斜坡监测依据边坡与坡体的安全等级、性质、稳定状态、工程类型、结构物、阶段等综合确定。当病害性质复杂、规模大、安全等级高,影响区有桥梁、隧道、学校、村镇、高压电塔、管道等重要结构物时,应建立必要的工程监测。监测的方法依据病害特征、仪器功能、养护条件、工程造价等综合确定,主要分为人工监测和自动监测。

高速公路、一级公路,或影响特别严重的二级公路大型滑坡、地质条件复杂的高边坡,应设置深孔位移监测和地表位移监测;高速公路、一级公路的中型或小型滑坡或普通高边坡,以及二级公路的中型滑坡与高边坡,或影响严重的三、四级公路的大型滑坡、高边坡,应设置以地表位移监测为主、深孔位移监测为辅的监测系统;三、四级公路的中、小型滑坡或普通高边坡以地表位移监测为主;其余不同等级公路的普通边坡以巡查或简易观测为主。

一、边坡与坡体监测的特点

1. 变形监测

边坡与坡体变形监测主要包括地表位移监测和地下深孔位移监测。

地表位移监测主要方法有：

(1)地表巡查,即技术人员定期对工程斜坡进行巡视,对较大的变形位移进行直观的查看。

(2)在裂缝两侧设置固定桩点,或在地表裂缝和建筑物裂缝部位设置砂浆块体、玻璃片或采用贴纸条、画线等方式,利用直尺、游标卡尺、自动记录仪等定期地观测裂缝两侧桩点的位移变化或裂缝的宽度,从而判断边坡和坡体的位移变化。

(3)在边坡或坡体上设置监测点,利用全站仪、全球定位系统(GPS)、北斗等测量边坡或坡体的位移变化。通过布设于坡面的观测点建立地表位移监测控制网,从而有效观测坡体各部位的位移状况和各部位之间的位移关联度。

深孔位移监测是目前边坡与坡体监测中最为常用的监测手段之一,主要利用测斜仪进行测量。由于操作简单,测量精度高,可直接查明边坡与坡体的内部滑动面的准确位置、位移大小、滑动速率等,尤其当高边坡或大型复杂滑坡中存在多层、多级的滑动面时,可有效分析滑面变形情况,从而为针对性地设置工程措施提供重要依据。深孔位移监测主要采用钻孔设置,孔内回填中粗砂或进行水泥灌浆。采用中粗砂回填的优点是可利用监测孔兼顾地下水位监测,缺点是回填密实度较差时易造成前期测量数据的摆动,影响测量精度和效率。

深孔位移测量时测斜仪滑轮沿测斜管内十字对称分布的导槽上下滑行,使传感器导向轮卡在测斜管内壁导槽中,并由导线将传感器测得数据在测读仪上显示。测斜仪主要通过摆锤在重力作用下测量传感器与铅垂线之间的倾角,进而计算垂直位置各点的水平位移(图9-2)。

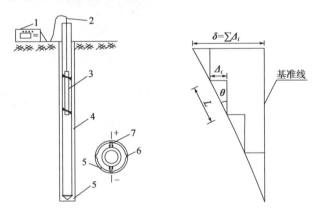

图9-2 测斜仪量测原理示意图
1-读数仪;2-传输电缆;3-测试探头;4-测量导管;5-孔内回填;6-导向槽;7-导向轮

边坡与坡体的深孔位移监测,对针对性地确定滑面的位置、确定多层滑面时的控制性滑面以及多级复杂滑坡针对性的防治具有指导性意义,可为合理的工程防治措施提供非常关键的基础资料。

如具有多层、多级性质的张家坪大型复杂滑坡,通过深孔位移监测发现滑坡深为9m的浅层滑面和深为25m的中层滑面处于蠕滑状态,而深为36m的深层滑面处于稳定状态。故滑坡防治方案以浅、中层滑体进行控制性的下滑力计算,对深层滑坡只是将抗滑桩和锚索工程伸入深层滑面以下对其稳定性进行提高,并通过对中级滑坡进行有效支挡和位移监测,核查后级滑坡设置的二期抗滑桩工程是否需要施作。

通过工后3个雨季的位移监测,发现中级滑坡工程处治效果良好,后级滑坡由于中级滑坡的有效支撑也一直保持稳定,故没有再施作设置于后级滑坡前缘的二期抗滑桩工程。通过位移监测优化的张家坪滑坡,有效指导了复杂滑坡的防治,大幅度优化了工程规模,节约工程造价达3000万元以上。

2. 应力监测

边坡与坡体的变形会直观地反映在岩土体和支挡结构的应力变化上,通过应力监测可以有效掌握岩土体与支挡结构的应力分布规律,从而核查防治工程的可靠性。应力监测主要包括岩土应力监测、结构应力监测和接触应力监测。

(1)岩土应力监测:目前在公路工程斜坡中主要采用土压力盒进行监测,这是公路边坡与坡体监测中最常用的方法,而采用应力解除法为主的岩体应力监测目前在公路工程斜坡中应用较少。

(2)结构应力监测通常指抗滑桩、挡墙、锚杆等支撑工程的内力、预应力监测(图9-3、图9-4),目前通常采用振弦式钢筋应力传感器进行监测,并通过换算得出结构内力,从而掌握工程结构的实际内力分布及变化。锚固工程抽取总数不少于边坡锚固工程总数量的5%且不少于3孔进行监测,监测仪器通常采用液压式、钢弦式和电阻应变式压力传感器。

图9-3 抗滑桩钢筋应力计的安装

图9-4 锚索测力计安装

(3)接触应力监测主要指监测抗滑桩、框架、挡墙等支挡工程后部土体传递给支挡结构的土压力大小。通常采用土压力盒监测,可有效校核岩土体的承载力能否满足设计要求。

通过应力监测,可有效核查工程的安全度和施工质量。如某火箭试验平台高边坡采用锚索为主的工程进行加固。工程实施后,通过应力监测发现锚索的锚固力约为设计拉力的75%,存在较大的预应力损失,故及时进行了锚索补偿张拉,使锚索工程满足设计要求,确保了高边坡的安全。

3. 水文监测

地下水是影响工程斜坡稳定性的主要因素之一,对边坡和坡体的含水率及地下水动态变化进行监测,尤其是对地下水丰富和水文地质条件复杂的边坡与坡体进行地下水的动态监测,是确保工程斜坡安全的重要内容。

地下水监测多利用勘察钻孔、结合深孔位移监测进行。它主要对工程斜坡地下水位、变化幅度,井、泉或冲沟中的水流量变化、水质变化以及孔隙水压力等进行监测,从而为确定工程斜坡的滑面、水压力作用分析等提供依据。

二、变形和地下水监测设置

变形监测和地下水监测的主要作用是确定边坡与坡体的变形范围,确定边坡与坡体变形的各区、各层、各级界面,确定边坡与坡体位移与降雨、开挖或填筑、震动等的关系,确定边坡与坡体变形或滑动的主滑方向、变形速率和剧滑时间。

地表位移监测点主要布设于坡体周界两侧、地形地貌变化较大处、地表结构物、防护工程部位或对边坡与坡体稳定性起关键作用的重要部位等,如图9-5、图9-7所示;深孔位移和地下水监测与勘察具有相同的特点,监测点主要布设于工程斜坡的最高断面或滑坡的主轴断面、地形地貌呈上下台阶状与左右陡坎状和防护工程部位等,如图9-6、图9-8所示。地表位移和深孔位移监测点可结合布设,相互验证。

对于边坡的地表位移、深孔位移和地下水监测,应结合工程施作情况分类及时设置。如在工程开挖前首先布设位于堑顶截水沟内侧的监测点位,随着边坡的开挖或填筑,及时布置工程平台的监测点位;对于滑坡的地表位移、深孔位移和地下水监测,在工程开挖前或填筑前在滑区及时进行布设。监测点位应做好明确的保护标示,防止工程损坏。

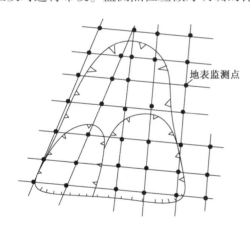

图9-5 地表位移监测网布置平面示意图

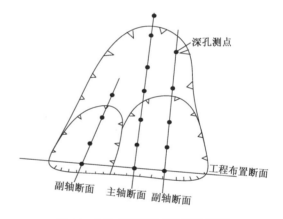

图9-6 深孔位移监测布置平面示意图

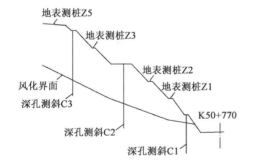

图9-7 高边坡深孔位移和地表位移监测布置断面示意图

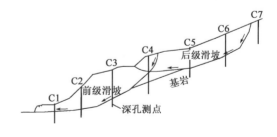

图9-8 滑坡深孔位移监测布置断面示意图

监测频率:工程施工期间监测频率相对较高,一般约10天监测一次,特殊情况下可根据工程和地质条件进行加密监测,甚至可能每天或每半天进行一次监测,尤其在降雨后需及时进行监测,并进行数据更新和曲线绘制。一旦发现曲线突变,应及时分析原因,必要时进行现场校核测量。

一般情况下,边坡与坡体的监测应在工程实施中贯穿始末。高边坡或滑坡的监测周期一般要求持续工后2个雨季以上,有特殊要求时可延长监测时间,从而有效指导工程施工或核查设计的合理性,验证工后边坡和坡体的稳定性及工程加固效果。如某高速公路K101滑坡设置了长达11年的监测,并及时发现了坡体在工后11年再次变形的迹象,为二期工程的及时设置提供了直观的依据。工后监测频率一般为30~90天一次,大雨或暴雨后需及时进行监测和进行数据更新。

三、常见测斜孔误差辨识

(1) 测斜管扭转。测斜管钻孔时钻孔发生倾斜,导致测斜孔与铅直方向存在夹角,使测管下孔时局部发生扭转,量测曲线发生异常,造成监测曲线在整个监测深度内出现异常摆动(图9-9)。

(2) 钻孔填砂不密实。监测曲线在测深范围内的多个部位出现的位移变化量非逐渐增大,读取数据异常。由于初期填砂在测管底部密实而中上部欠密实,监测数据异常,监测曲线异常摆动,如图9-10所示。

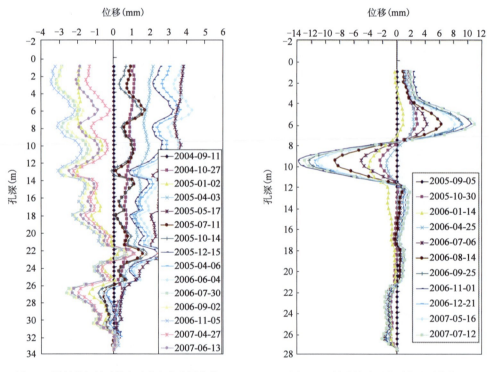

图9-9 测斜管扭转时偏离垂直方向监测曲线　　图9-10 钻孔填砂不实时的监测曲线

(3) 测斜管深度不足。深孔测斜监测必须保证以孔底的不动点为基准,钻孔深度在穿过滑面深度不足时或未到达相对稳定地层时,监测曲线在全孔深度范围内的各点都有明显的变形值,如图9-11所示。

(4)外管破损。测斜管测管破裂、断裂或遭受人为损坏时,测斜仪探头在破损部位的监测数据将由此发生突变,造成监测曲线异常,如图9-12所示。

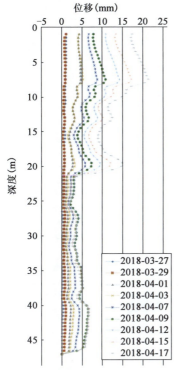

图9-11 测斜管理深不足时的监测曲线

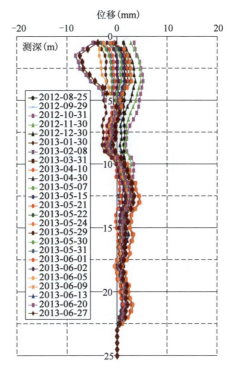

图9-12 测斜管破损时的监测曲线

第十章 公路工程斜坡病害防治工程与应用

公路工程斜坡病害防治工程,可分为坡面、崩塌、边坡和坡体病害防护工程,常见措施如图 10-1～图 10-4 所示。

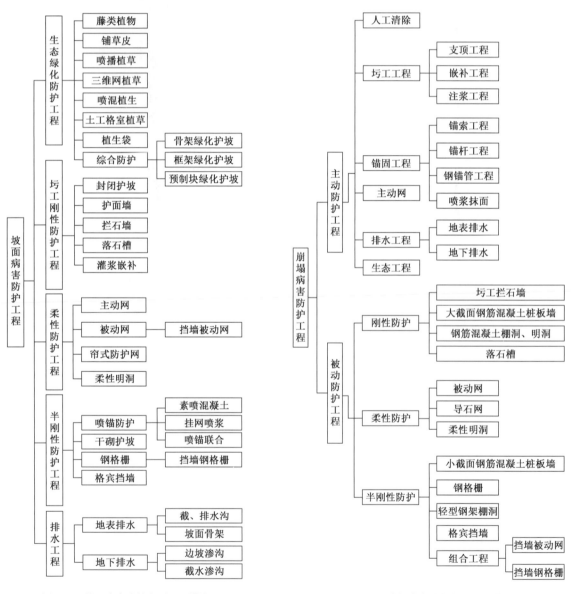

图 10-1 坡面病害防护主要工程措施　　图 10-2 崩塌病害防护主要工程措施

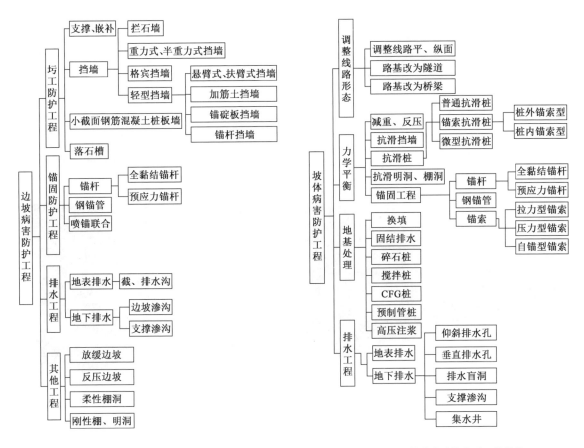

图 10-3 边坡病害防护主要工程措施　　图 10-4 坡体病害防护主要工程措施

第一节　生态绿化防护工程措施与应用

作为基础设施的公路工程,在建设期间通过挖方和填方形成了大量的路堑边坡和路堤边坡,如果这些边坡裸露,不但会带来一定的安全隐患,而且会破坏生态环境。基于此,公路工程必须强调工程建设与生态环境保护的协调发展,做到工程建设的"科学发展"和"可持续发展",实现建设"绿色通道"的目标,这样既有利于实现人与自然的和谐发展、实现节能减排、保护生态环境,也有利于提高工程品质。

坡面的生态绿化防护能将暴露于大气的坡面岩土体进行覆盖,起到降低雨滴击溅侵蚀、减小地表水冲刷、减小坡面温差、调节坡面岩土体湿度、固结坡面控制水土流失等多种效果。同时,坡面的绿化能起到保护环境、美化路容的效果。因此,对于我国大部分气候适宜的地区,绿化防护是最为常见的坡面防护工程措施。坡面绿化植物多选用与周围环境相协调的品种,选用适合当地绿化的施工工艺、材料,选用根系发达、茎矮多叶、对环境适应能力强的草种,并在草籽中混入约30%根系发达灌木的种子,丰富植物多样性,起到立体的坡面防护效果并提高植物的成活率。

一、藤类植物防护

对于完整度较好、抗风化、抗冲刷能力较强的坚硬岩(如花岗岩、玄武岩、石英岩)、较硬岩(如灰岩、硅质砂岩、片岩)、较软岩(粉砂岩、凝灰岩)，或挡墙、护面墙、护坡圬工防护工程等，直接在坡面进行绿化时植物成活率较低，或坡率过陡、不适宜采用其他绿化防护时，可采用爬藤类植物进行绿化防护。为了使藤类植物在短时间内起到对坡面的绿化效果，藤类植物的种植可采用"上垂下爬"的形式，即在坡脚种植槽内种植爬藤类植物，在上部平台的种植槽内种植垂藤类植物，如图 10-5 所示。藤类植物绿化也可在每级边坡上多点设置，以缩短藤类植物对坡面的全覆盖时间。

图 10-5　藤类植物坡面防护

二、铺草皮防护

铺草皮防护是指利用已经培育好的成品草皮，或"就地取材"对路基开挖前的原地表草皮，在进行切割、揭除后集中养生，在路基成形后将草皮回贴于需要防护的坡面的工程防护措施。铺草皮防护具有投资低、简便易行、见效快和养护成本低等特点，适用于坡率不大于 1∶1.25(含)的各类土质或类土质坡面防护，能快速覆盖施工后的坡面，对急需进行坡面防护工程的地层有着良好的应用效果。此外，铺草皮受施工季节和气候的影响较小，对植物难以成活的高海拔高寒地区的坡面防护和坡面排水口的保温防护，以及干旱地区的坡面防护等有着独特的优势。

铺草皮工程施工前需对坡面进行整平、洒水湿润，提高草皮在坡面上的成活率。草皮尽量修整为大小、厚度一致的形态，以控制草皮回贴时草块之间的坡度和整个坡面的平整度，草皮块与块间的缝隙用腐殖土填塞紧密，起到根部保湿和减小地表水渗入的作用。草皮铺设时应与坡面紧贴，草皮四周用小木桩或竹签等进行钉固，防止草皮下滑。

三、喷播植草防护

喷播植草是利用机械将草籽、灌木种子、肥料、营养土和水等按一定比例充分混合后的浆液均匀地喷射到坡面后，采用无纺布覆盖，洒水，使种子发芽、生长的坡面防护形式，如图 10-6 所示。在喷射前需对坡面喷施一定的水分，喷播后在坡面防护初期，为防止降雨冲蚀和基层保湿,喷播结束后需尽快采用无纺布覆盖。

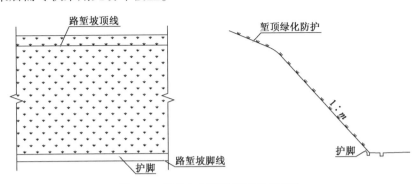

图 10-6 铺草皮或喷播植草防护示意图

喷播植草适用于坡率不大于 1:1.25(含)的各类土质或类土质的坡面防护;当坡面上具有框架、骨架等圬工工程将坡面分割为块状时,可应用于坡率不大于 1:1(含)的土质或类土质坡面防护。喷播植草具有工程施工速度快,效率高,植物生长均匀、致密,工程投资低,效率高的特点。

我国长江以南的大部分地区,喷播植草宜避开雨季进行,以更好地促使种子发芽,并在雨季来临时达到预期的植物覆盖率;我国北方地区由于秋播易受到气温的控制,植物安全过冬较差,宜尽量避开秋冬季进行喷播绿化施工。

四、三维网植草防护

三维网植草防护通过在坡面锚固高强塑料三维网后,采用喷播机械以一定的压力将混合好的客土喷射到坡面上,再在其上喷射根系发达植物的种子,通过后期植物发达的根系和三维网体的紧密结合起到坡面防护的目的。

在坡面防护中使用三维网能有效降低风、雨对坡面的侵蚀作用,早期有助于植被生长和植物根系在坡面的固定生长,利用后期植物根系与三维网交织增强了防护工程抵抗水土流失的能力。三维网植草防护适用于坡率不大于 1:1(含)的各类土质、类土质坡面防护;当坡面上具有框架或骨架等圬工工程将坡面分割为块状时,可应用于坡率不大于 1:0.75(含)的土质或类土质坡面防护。三维网植草防护具有工程造价较低、工程效果好、施工快捷方便的特点。目前公路工程上常用的三维网规格如表 10-1 所示,并以 EM_3 为主要使用对象。

三维植被网系列规格　　　　　表 10-1

规　格		项　　目			
		EM_2	EM_3	EM_4	EM_5
单位面积质量(g/m²)	≥	220	260	350	430
厚度(mm)	≥	10	12	14	16
纵向拉抻强度(kN/m)	≥	0.8	1.4	2.0	3.2
横向拉抻强度(kN/m)	≥	0.8	1.4	2.0	3.2

需要说明的是,工程实践中公路坡面采用三维网植草防护时,施工方往往采用厚度不足 1mm、强度极低的二维网进行坡面绿化。其实二维网与三维网是不同形式的土工织物和土工网,从抗拉强度、空间结构、质量等各方面指标看,二维网植草防护的效果要大大逊色于三维网

植草防护,为扭转这种局面,需要相关各方加强对工程施工质量的监督。

三维植被网植草前需对坡面进行平整,在坡脚及顶部分别开挖20cm(宽)×30cm(深)的槽,将三维网上、下边压入槽内并用木桩固定后回填覆盖。三维网由上至下铺开,与坡面紧密相贴,相邻两卷三维网之间的搭接宽度不小于10cm,并采用U形钉进行钉固,间距为2m,如图10-7所示。当坡面由骨架、框架等圬工工程分割时,需将三维网按骨架或框架的内空面积大小与形状分片裁剪,逐片置入骨架或框架内空处后用U形钢钉固定于坡面。三维网植草多采用液压喷播技术,播种期应避开寒冷低温与多雨高温季节。喷播初期为防止降雨冲蚀和基层保湿,应采用无纺布覆盖,当植物生长成形、根系穿过三维网时,即可撤除土工布。

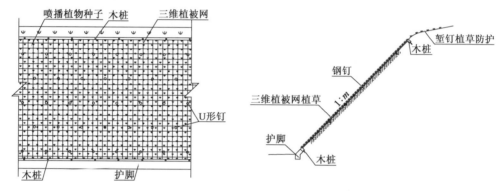

图10-7 三维网植草防护示意图

五、喷混植生防护

喷混植生防护就是在坡面锚固金属网后,运用喷播机械将含有种植土、植物种子、保水剂等的客土混合物喷射到坡面,形成厚10~20cm的土壤复合体,通过后期植物发达的根系和金属网体、钢筋网体的紧密结合而起到对坡面防护的目的。喷混植生坡面防护可适用于各种复杂的地形,但考虑到工程的经济性,一般用于坡率1:0.5~1:0.75的岩质坡面绿化防护。

岩质坡面绿化需具有植物赖以生长的基质,利用喷播机械将试验而成的土壤、肥料、保水剂、植物种子、水泥、水等混合后喷射到岩面上,从而实现岩质坡面的绿化。

喷混植生的施工工序(图10-8)为:坡面清理平整后,利用风钻或电钻在坡面上成孔后安装系统长锚杆和短锚杆,锚杆为正方形布置,主锚杆间距2.0m,辅锚杆间距1.0m,采用M30水泥砂浆灌注。辅锚杆每间隔一列设置0.4m的弯钩,以固定金属网。坡面自上而下拉紧挂铺金属网,并用细铁丝与锚杆绑扎牢固。金属网的横向搭接不小于5cm,纵向搭接不小于20cm,坡顶预留不小于50cm的锚固长度。网片固定后,将预先试验好的满足植物生长所需要的酸碱度、空隙率等要求的客土在坡面上均匀喷射8~12cm厚度。然后将含有植物种子、黏合剂、肥料、保水剂等的混合液均匀地喷射在客土上(图10-9)。草种喷播后尽快覆盖无纺布,从而在植物形成坡面防护能力前减轻降雨造成的冲蚀并减少坡面的水分蒸发。

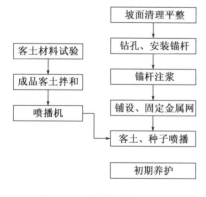

图10-8 喷混植生施工流程图

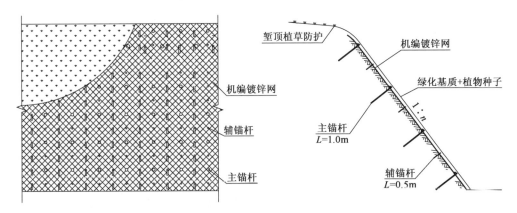

图 10-9 喷混植生防护示意图

在喷混植生施作完成的初期,植物的根系尚没有有效地对客土起到加固作用时,喷混植生坡面防护的整个体系主要靠系统锚杆和金属网维持稳定。因此,系统性锚杆和金属网在整个防护系统中起到了骨架作用、加筋作用及传递作用,这是喷混植生防护必不可少的工程结构。

喷混植生应用于公路坡面防护时,常存在以下三个直接影响喷混植生防护效果的问题:

一是有的技术人员要求将金属网、钢筋网固定于分割坡面的框架梁体上,致使网片与坡面之间形成悬空,后期的客土喷播无法紧贴坡面,使坡面绿化效果大为降低。

二是坡面开挖质量较差形成大量的凸凹,施工人员在坡面上锚固金属网、钢筋网时出现大量悬空,造成坡面绿化效果大为降低。

三是系统性锚杆锚固能力差,施工时往往采用人工插入法,造成锚杆无法有效固定金属网,喷播后出现坡面防护工程的溜滑损坏,严重影响了绿化效果。

以上三种工况是实践中最为常见的工程问题,有时甚至影响了喷混植生坡面防护工程的应用,值得技术人员警惕。

六、土工格室植草防护

土工格室植草是指利用具有较高强度、材质轻、耐磨损、耐老化等特点的高密度聚乙烯(HDPE)材料加工而成的三维状格室,展开后固定在坡面上,并在格室内填充种植土和植物种子对坡面进行绿化的防护形式。为提高坡面防护效果,可在钉锚于坡面的土工格室上利用三维网格体系对格室内的填土形成约束,减小地表水对坡面的冲蚀和地表溜滑,有助于植物根系在坡面的固定生长。由于土工格室植草有效发挥了土工格室的防冲固土和植物根系固土有机结合作用,大大提高了坡面的抗冲蚀能力,且工程可操作性强,养护成本低,在公路工程坡面的植物防护中得到了迅速推广。

土工格室一般可确保满足植物生长需要的回填种植土厚度 10~20cm,尤其是格室和回填土形成的系统具有良好的渗透性,使土工格室植草可有效应用于降雨较少的我国北方地区。土工格室植草防护适用于坡率不大于 1:1(含)的各类土质、类土质或岩质坡面防护;当坡面上具有框架、骨架等圬工工程将坡面分割为块状时,可应用于坡率不大于 1:0.75(含)的坡面防护。

土工格室植草前需对坡面进行平整,坡面坑凹处需进行找平。在坡面铺设时将土工格室自上而下拉开成网格状,并采用锚钉固定,锚钉间距为0.8~1.5m,呈梅花形交错布置,锚钉长度根据地质条件在0.5~1.5m之间选择。对土工格室内填筑均匀拌和的种植土,需采用喷播形式进行播种。播种完成后需及时洒水养护,并采用无纺土工布进行覆盖,以创造良好的植物生长环境。土工格室植草防护施工简单、方便,工程造价低,能及时对坡面形成有效的防护。

七、植生袋防护

植生袋防护是指将内置有植物种子、种植土等绿化基质的植生袋码放、固定于坡面,植物种子利用袋内绿化基质发芽、生长,从而实现植物对坡面的防护。植生袋防护适用于坡率缓于1:1.25(含)、坡高不大于10.0m的各类低缓坡面防护;坡面上具有框架、骨架等圬工工程将坡面分割为块状时,可应用于坡率为1:0.5~1:1的坡面防护。考虑到工程的经济性指标,植生袋防护一般应用于岩质坡面防护。

植生袋防护的优点是植物用于生长的绿化基质较厚,能为根系发达的草、灌生长提供较好的环境,工后稳定性好,很适合岩质坡面的绿化防护和寒旱气候区;缺点是如果没有将坡面分割为多个块状的圬工工程进行支撑,植生袋容易在重力作用下发生挤压变形。

植生袋防护工程的控制重点有以下三点:

一是原材料质量的控制。由于植生袋生产厂家较为混杂,有些植生袋自身质量较差,内置的植物种子、绿化基质等很难得到保障,造成工程施工后植物出苗率低,植生袋容易损坏。

二是正式工程开展前需在类似环境中进行试验,检验植生袋的相关绿化效果、施工工艺等关键环节,并及时解决试验过程出现的相关问题,为大规模的坡面绿化打下基础。

三是确保植生袋稳定。由于降雨易造成植生袋内的绿化基质含水率提高后自重增加,从而加大了上部植生袋对下部植生袋的压力,使下部植生袋发生挤压鼓胀变形,轻则造成坡面呈波浪形,影响绿化效果,重则可能造成植生袋失稳。

八、骨架结合绿化防护

骨架结合绿化防护是指工程防护与植物防护结合,通过在坡面上设置混凝土、浆砌片(块)石等圬工形成的框格,将坡面分割成为较小的单元,利用框格骨架将每个单元的坡面汇水进行截流疏排,从而减小地表水对坡面的冲刷力度,继而在框格内进行植物绿化的一种坡面防护形式。

当存在以下情况时,单纯的坡面绿化防护较难保证坡面得到有效防护,需设置骨架结合绿化的防护形式。

(1)坡面汇水面积较大,降雨时坡面径流对坡面出现冲刷,需对面积较大的坡面设置圬工工程,将其分割为多个相对独立的小块面积,并在圬工上采取设置肋条等束流措施对地表水进行引排。

(2)坡面有局部失稳的可能,需设置适当的圬工程进行支撑后方可对坡面进行绿化。

(3)坡面上设置锚索框架、锚杆框架、钢锚管框架等加固工程时,绿化工程可有效利用框架对坡面的分块作用进行绿化,并可适当提高防护坡面的坡率。

需要说明的是,坡面上设置的框架有坡面刻槽和不刻槽两种形式。坡面由土质或类土质构成时,为提高框架的稳定性和对坡面的分块效果,需在坡面上进行刻槽后进行框架的浆砌或浇筑;坡面由较硬的岩体构成时,为减小施工难度并考虑到工程的可操作性,结合坡面地质条件,一般情况下不对坡面进行刻槽,而直接在坡面设置框架。

1. 骨架绿化护坡的特点

骨架护坡主要应用于汇水面积较大、易于冲刷,坡率不大于1:1.25(含)的土质或类土质边坡,特殊情况下可应用于坡率为1:1的坡面防护。骨架护坡的主要形式有拱形骨架护坡(图10-10)、人字形骨架护坡(图10-11)、网格骨架护坡(图10-12)、菱形骨架护坡(图10-13)、鳞形骨架护坡等,结构具有统一的几何形状,造型可根据工程需要和当地人文要求进行设置,视觉效果较好。考虑到骨架的主要作用是对坡面浅层的土体进行支撑或进行坡面分割,骨架的宽度和间距应视坡面的地质条件、坡形坡率进行设置。

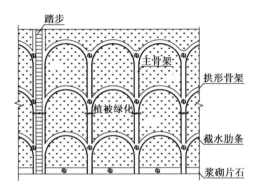

图 10-10 拱形骨架护坡示意图

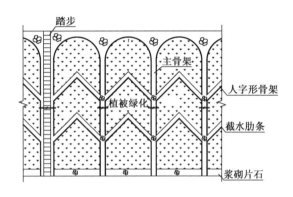

图 10-11 人字形骨架护坡示意图

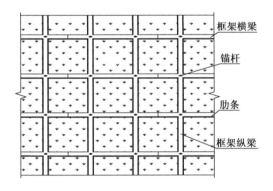

图 10-12 网格骨架梁绿化示意图

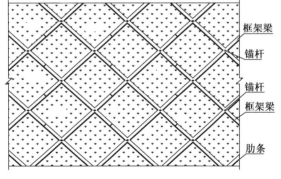

图 10-13 菱形框架绿化示意图

常用骨架宽度为0.4~0.5m,厚度为0.3~0.4m,竖向骨架两侧和拱圈或斜向骨架的下部均需设置厚约5cm的排水肋条。骨架嵌入坡体的深度依据相应坡面绿化形式和地质条件确定,一般情况下不小于0.15m。

2. 锚固工程的坡面框架护坡特点

作为锚索、锚杆、钢锚管框架等加固工程的坡面反力结构,框架同样具有对坡面进行分割成块的特点,这非常有利于坡面绿化工程的设置。与骨架护坡工程不考虑受力特点不同的是,由于受到坡体中锚固工程的锚固力约束,框架可以对坡面形成一定的镇压作用,有效提高了坡面的稳定性。

工程中常用的框架多为框架纵、横梁构成的矩形格构,有时为菱形或由纵梁与拱形骨架的组合体。梁体的截面多由框架对锚固工程产生反力时所要求的坡面承载力和梁体的剪力或弯矩控制,而非由结构的构造要求决定,一般情况下梁体截面多为 0.3m×0.3m~0.5m×0.5m。

3. 预制块护坡的特点

坡率较陡可能造成坡面绿化工程失稳时,或坡面由岩体构成造成直接在坡面绿化存在困难时,可采用一定规格的预制块在坡面进行码砌或浅层锚固后,在预制块中回填一定压实度的种植土层作为植物生长的土壤进行坡面防护。

由于预制块自身稳定性要求、预制块内部填土饱满度的要求和工程造价相对较高的因素,六棱砖绿化工程主要应用于坡率为 1:0.5~1:0.75 的坡面防护工程,短锚杆混凝土框格植草主要应用于坡率不大于 1:1(含)的坡面防护。为确保预制块回填土的饱满,需根据所要防护坡面的坡率,对预制块的内径和厚度进行严格要求。如应用于较陡坡率的六棱砖一般多采用内径不大于 20cm、厚度不小于 15cm 的规格(图 10-14);应用于较缓坡率的混凝土框格多采用内径不大于 60cm、厚度不小于 15cm 的规格(图 10-15)。

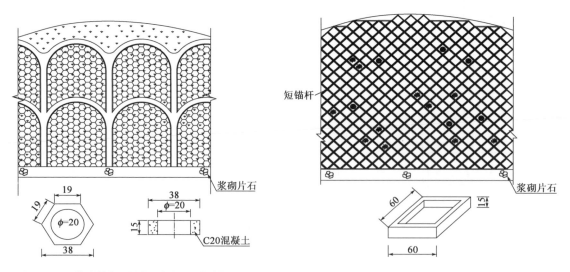

图 10-14 六棱砖结构及植草示意图(尺寸单位:cm)　　图 10-15 混凝土框格结构及植草示意图(尺寸单位:cm)

需要说明的是,由于预制块护坡工程施工质量要求较高,工艺较为烦琐,工程造价较高,目前工程中多采用其他坡面防护形式进行替换,造成其在坡面防护工程的规模日趋减小。

4. 工程中常见的主要问题

工程实践中常存在要求在风化程度较低、岩体强度较高的硬岩、较硬岩坡面防护中进行刻槽,以及坡面开挖平整度较差而片面追求框架的平整度造成大面积悬空框架的情况(图 10-16、图 10-17),这既造成锚固工程的受力受到严重影响,也造成框架工程实施难度的大幅度提高和绿化成活率的大幅度降低。

图 10-16　框梁大面积悬空　　　　　　　图 10-17　绿化铁丝网架空

基于此,工程实践中采用骨架或框架对坡面分割进行绿化防护时应注意以下几个直接影响坡面防护工程效果的问题:

(1)当坡体由基岩构成时,不应采用骨架护坡。由于岩质坡面往往坡率较陡,坡面的汇水面积较小,地表水对坡面的冲刷力度相对较小,且基岩抗冲刷能力较强,故不应采用骨架对坡面进行分割。

(2)当坡体由硬岩、较硬岩构成时,作为锚索、锚杆、钢锚管框架工程加固坡体的反力结构,坡面框架应紧贴坡面设置,坡面局部不平整时应采用圬工对框架梁下部分进行找平处理,而不应对坡面进行刻槽设置框架,也不应单纯地为增加框架的平整度而对框架进行悬空设置,否则极易造成工程施工难度的大幅度增加,甚至无法操作,也极易造成锚固工程反力结构的作用大幅度下降。当然,坡体由较软岩、软岩构成时,可适当在坡面上进行刻槽,放置锚固工程框架。

(3)在骨架或框架分割的坡面中采用三维网、喷混植生等具有网状基材的绿化工程时,需将基材网切割后固定于骨架或框架分块的坡面,严禁将基材网置于骨架或框架梁上部造成悬空。

(4)我国南方等降雨量丰沛的地区设置锚固工程加固坡面时,宜在框架、骨架上设置集水肋条,从而有效地将坡面汇水沿肋条顺利排出,否则暴雨时极易造成坡面汇水越过框架梁及骨架冲刷下级坡面。尤其是采用菱形锚固工程框架时,由于每个框格下部均存在汇水三角体,极易造成框格范围内的汇水在小三角体部位形成冲刷。因此,笔者不建议在降雨丰沛的地区设置菱形锚固工程框架梁作为锚固工程的反力结构。

第二节　柔性防护工程措施与应用

柔性防护系统(Safety Netting System,SNS),主要指 1956 年瑞士布鲁克公司在防治雪崩的柔性工程基础上,发展、完善后广泛应用于崩塌、落石、泥石流等病害防治的一项工程措施。1995 年我国引进该项技术后,迅速在全国推广,并取得了巨大的成绩。

柔性防护系统根据特征可分为三类:①对病害源进行直接覆盖的主动防护工程措施;②对病害源不直接进行主动防治,而是根据病害的发展趋势、规模等特征,在病害源至公路的某个合适位置设置拦挡工程对病害物质进行被动拦挡的工程措施;③将两者进行结合使用的帘式防护工程措施。

一、柔性防护工程的特点

（1）柔性防护工程的最大特点在于"柔"，因而既能够有效适应各种复杂地形，对各种不规则的公路工程斜坡坡面病害进行防护，也能够允许防护工程局部受力时出现一定程度的变形，从而使一定范围内的柔性网呈现整体受力承载，避免刚性结构局部受力集中易损坏的特点。

（2）柔性防护工程的产品为半成品，施工方便快捷，能有效解决圬工、生态等防护工程见效较慢的弊病，尤其是在工程抢险中更有着独特的应用价值。如"5·12"汶川地震后，大量柔性防护工程在危岩、落石区广泛应用，为公路的安全和保通提供了有效的保障。

（3）柔性防护工程尽可能地减小了人类对自然环境的改造，有利于保护坡面的原生植物生长，符合人与自然和谐发展的工程建设理念，系统设置后视觉干扰较小，并能为坡面的人工绿化提供有利条件。如2005年笔者在海南省花岗岩地区的公路边坡防护工程咨询中，考虑到岛上生态环境的保护，将原设计的挂网喷混凝土及时调整为主动网防护，取得了良好的效果，从而使该工艺迅速在海南省公路系统得以推广。

（4）柔性防护工程系统的开放性有利于公路工程斜坡地下水的顺利疏排，避免坡面工程封闭造成地下水位上升的弊端，并在一定程度上减小了坡面的水土流失。

（5）柔性防护结构目前已开发了多个系统，能适应不同防护等级的公路工程斜坡病害防护，使技术人员能根据病害特征、经济性要求等综合选择柔性防护结构的类型。

二、主动网防护工程

主动网防护工程的防护作用类似于喷锚防护体系，即利用系统锚杆将柔性网紧紧地压覆于病害源，从而减小危岩、落石等坡面病害的发生概率。其柔性特征能使系统的局部受力向四周传递，从而调动一定范围内系统的整体防护能力，大大降低单根锚杆的锚固力要求，使系统能承受较大的荷载。目前，主动网防护工程已大量应用于我国公路建设的坡面防护工程中，既可以对坡面落石起到良好的防护效果，也可以通过主动网的网状结构用以辅助坡面绿化防护工程，大大提高坡面的绿化防护效果，如图10-18、图10-19所示。

图10-18　隧道口坡面主动网防护

图10-19　坡面主动网防护

主动防护工程体系的理念主要在于对病害源进行原位工程补强,限制病害源发生位移变形。因此,主动防护工程体系对病害源的防护效果是建立在对病害源充分认知的基础上的,一旦出现判断失误,极易造成病害防治的不彻底而影响工程效果。

如某高速公路的 K98+670~K99+080 段花岗岩崩塌体,由于对崩塌源的规模、位置、性质等判断失误,造成在经历了 4 次以主动防护为主的工程处治后,但仍不能有效对崩塌进行有效治理。通车后发生的崩塌落石严重威胁高速公路的安全,最后不得不采用钢筋混凝土明洞为主的被动防护工程才得以有效治理。

主动网施作的主要工艺:安装前先对坡面的浮土及浮石进行清除,系统锚杆钻孔深度较锚杆实际长度大 10cm 以上,方便插入锚杆时所带入的孔壁渣体停放。采用 M30 以上强度等级的水泥浆或水泥砂浆注浆 7d 后进行纵、横向支撑绳的安装,并将绳卡与锚杆外露环套固定连接。格栅网的铺挂应从上向下进行,格栅网间重叠宽度不小于 5cm,两张格栅网间的缝合和格栅网与支撑绳间用 ϕ1.2mm 铁丝按 1m 间距进行扎结。格栅网铺设的同时,从上向下铺设钢绳网并采用 ϕ8mm 钢绳进行缝合,将钢绳网用缝合绳与四周支撑绳进行缝合预张拉,缝合绳两端各用 2 个绳卡与网绳进行固定连接。最后用 ϕ1.5mm 铁丝对钢绳网和格栅网间进行相互扎结,扎结点纵横间距 1m 左右,如图 10-20 所示。

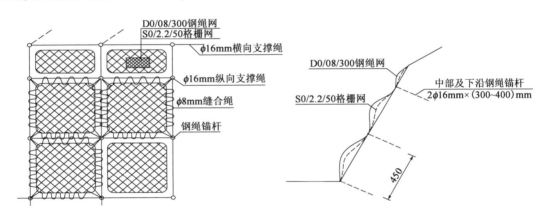

图 10-20　主动网防护体系构成图(尺寸单位:mm)

三、被动网防护工程

被动网防护工程的主要作用是拦截和堆存坡面上部的落石,利用系统的柔性与强度吸收和分散传递落石的冲击能量,以两根钢柱之间的跨度为单元连续布置,能有效解决病害源施工困难或病害源面积过大而难以有效全面防护的问题。被动网防护系统结构简单,现场安装方便快捷,能适用于多种复杂的地形。如汶川"5·12"地震和芦山"8·14"地震后的公路抢通工程中,通过在公路工程斜坡坡脚设置大量的被动网防护工程,有效减小了高大坡面危岩落石对公路的威胁,有效确保了灾后抢险车辆和人员的安全。

被动网防护系统中承担拦截功能的是具有抵抗大块落石冲击能力的环形网以及拦截小块落石的铁丝网格栅。落石下坠冲击防护网时,冲击力通过环形网变形产生的缓冲作用进行吸收、消散,并将剩余的冲击力通过相邻防护网、支撑绳向钢柱和拉锚绳传递,从而调动整个系统共同参与受力消能(图 10-21)。

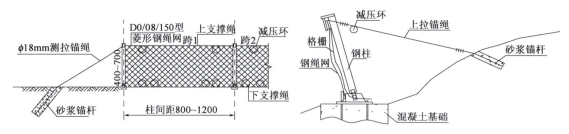

图 10-21　被动网防护体系构成图(尺寸单位:mm)

为确保被动网防护系统具有较好的整体拦石能力,防止在落石冲击时造成被动网发生整体位移而失效,工程中除在风化程度很低的硬岩或较硬岩中对被动网钢桩基础直接进行基坑开挖浇筑外,一般情况下被动网多以圬工拦石挡墙或桩式防撞工程为基础进行联合使用(图 10-22、图 10-23)。

图 10-22　被动网与拦石墙联合使用

图 10-23　被动网与桩式防撞工程联合使用

被动防护工程体系的防护理念主要在于危岩下落时,通过设置拦挡工程对崩塌、落石进行有效拦截或疏导,从而有效阻止危岩下落威胁公路安全。一般来说,被动防护工程体系主要建立在对危岩块体几何形状、运动特征等合理分析的基础上,一旦出现分析偏差,就极易造成下部被动防护工程的失效或损坏,"5·12"汶川地震灾后重建工程中的被动防护网工程的大量损坏失效就具有较为深刻的教训。

被动网安装的主要工艺:

(1)基座安装:进行现场测量定位后,对钢柱基坑进行开挖,预埋锚杆并灌注基础混凝土,继而将基座套入地脚螺栓并用螺母拧紧完成基座安装。

(2)钢柱和上拉锚绳安装:将上拉锚绳的挂环挂于钢柱顶端挂座,拉锚绳的另一端与对应的上拉锚杆环套连接并用绳卡暂时固定,然后将钢柱缓慢拉起,插入连接螺杆将钢柱固定在基座上,在调整好钢柱的方位后拉紧上拉锚绳并用绳卡固定。

(3)侧拉锚绳安装:在上拉锚绳安装好后,采用同样的方法对侧拉锚绳进行安装。

(4)上支撑绳安装:将第一根上支撑绳的挂环端暂时固定于每一段的起始钢柱底部,减压环调节就位,将支撑绳依次相间在钢柱基座挂座的外侧和内侧安装,减压环全部就位后拉紧支撑绳并用绳卡固定。其他上支撑绳和下支撑绳依此类推进行安装。

(5)钢绳网的安装:钢绳网起吊就位后暂时挂到上支撑绳上,采用钢绳网缝合。

(6)格栅安装:格栅铺挂在钢绳网的靠山侧,并应叠盖钢绳网上缘翻折到网的外侧15cm,用扎丝固定到网上。格栅底部应沿斜坡向上敷设0.5m左右,格栅间叠盖约10cm,最后扎丝将格栅固定到钢绳网。

四、帘式防护网工程

帘式防护网是一种结合主动网和被动网的柔性防护工程体系,由锚杆、纵横向拉绳及柔性防护网等共同组成,用于控制落石坠落时的运动形态和速率,引导落石滑落到坡脚或平台等预定区域。工程施作时,在系统的上部张口处设置缠绕环形网加强袋口结构,位于系统顶部的锚杆或钢柱将柔性防护网像"口袋"一样张开,从而有效确保上部落石进入"口袋",在钢丝绳及柔性防护网的有效消能作用下,降低落石下落速度,最终引导落石滑落到预定区域,见图10-24。

帘式防护网具有主动网对坡面病害源覆盖和被动网对落石的拦截特点,而且利用"口袋"将防护网上部的落石"引导"至安全区域,有效克服了主动防护网落石积累形成的"鼓肚"破损,避免了形成二次落石的威胁,也大大减轻了人工清理的劳动强度,延长了柔性防护工程的使用寿命,是一种有效的坡面防护工程,特别适用于山体高大、病害源分布面积较广的崩塌防护,见图10-25。需要注意的是,当坡体高大陡峭时,应每隔20~30m高差和在坡脚附近设置张拉锚杆,用以约束帘式网在崩塌落石冲击下的摆动幅度,防止帘式网在落石冲击下飘动幅度过大而威胁所保护的结构物或过往车辆的安全。

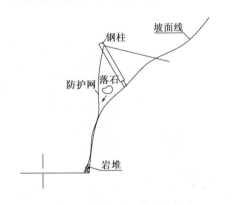

图10-24 帘式防护网体系示意图

图10-25 坡面帘式防护网

五、柔性明洞防护工程

当路基上部的病害源面积大,物质来源丰富,崩塌落石发生频率高,山体高陡造成坡面施工困难或工程经济性指标较差,或坡面落石路径、运动形态难以准确预测,造成设置主动网、被动网或帘式网防护工程有很大的不确定性时,在受崩塌影响范围内的路基位置设置遮挡结构物进行被动防护是必要之选。其主要包括应用于中、小型崩塌的钢筋混凝土刚性棚洞、明洞,以及主要应用于小型崩塌或落石的半刚性轻型钢架棚洞与钢结构+防护网为主的柔性明洞。

柔性明洞以型钢结构制作的钢拱架为结构主体,以铺设的柔性防护网为落石拦挡结构,有效利用了柔性防护网的高强度特性和吸能特性来抵抗落石的冲击,见图10-26。考虑到作为结构主体的钢拱架变形过大易引起柔性明洞的整体结构变形,从而可能大幅度降低柔性明洞的防护能力,故应尽量增加柔性防护网的能量吸收功能,从而减少钢拱架的变形。因此,为提高柔性明洞的防护能力和柔性明洞受冲击时的变形不影响公路使用功能要求,柔性明洞应有一定的预留安全空间,防止落石冲击造成柔性明洞变形发生"侵限"而影响行车安全,见图10-27。同时,考虑到柔性明洞的经济性要求,一般情况下柔性明洞防护的最大能级不宜大于250kJ,这样在落石直接击中钢拱架时柔性明洞能够承受相应的冲击荷载,而不致发生结构性的破坏。

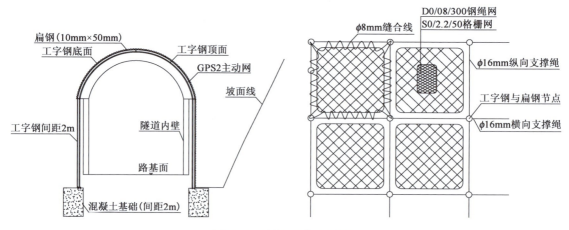

图10-26　柔性明洞体系构成图

图10-27　柔性明洞防护

柔性明洞的优点包括：

(1)柔性明洞配件多由工厂加工的成品金属配件组成,产品质量可靠。

(2)钢结构具有良好的弹塑性,能有效利用材料的"以柔克刚"特性,对坡面落石的冲击荷载适应性较强。

(3)柔性明洞结构对基础和地基要求较低,相较于传统的刚性棚洞而言,工程的土石方开挖和填方规模明显较小。

(4)柔性明洞现场组合安装方便,施工快捷,相较于传统的钢筋混凝土明洞(棚洞),具有结构轻巧、自重小、施工工期短、应急能力强的特点。

(5)柔性明洞具有良好的透视能力,能与周围的自然环境有效融合,结构形式对线路的采光度和通风影响很小,有效提高了行车的安全度。

(6)柔性明洞工程建设成本为传统刚性明洞(棚洞)的30%~50%,且钢结构和防护网易于拆卸、改造,工程养护成本大为降低。

基于以上特点,柔性明洞特别适合于高山峡谷区场地狭窄、地基承载力较低的小型崩塌落石防护。

如雅砻江上游某电站绕坝公路某段,坡面崩塌源位于公路上方约350m,自然岸坡30°~45°,病害源面积达到$4\times10^4 m^2$,原设计采用钢筋混凝土棚洞进行防护,直接工程造价约1800万元,且位于无人区的棚洞实现内部照明难度很大,加之该段线路曲线半径很小,行车安全隐患大。工程咨询时,笔者通过调查发现该绕坝公路等级为四级,路基上部的危岩相当破碎,落石直径基本上均小于1.0m,落石运动状态多以滚落为主。基于此,建议在有效利用绕坝公路上方约120m的废弃道路设置落石槽的基础上,在绕坝公路部位设置柔性明洞对落石进行防护。该方案直接工程造价约450万元,且柔性明洞的通透性良好,非常有利于驾驶员在该段小曲线线路处的安全行车。该工程实施后取得了良好的工程效果,公路运营以来有效拦挡了多次坡面落石,确保了线路的安全运营。

第三节　半刚性防护工程措施与应用

公路工程斜坡病害的半刚性防护工程可分为主动防护和被动防护两种。主动防护工程主要有喷锚防护和干砌片石、块石护坡两种形式;被动防护工程主要有钢格栅、格宾挡墙及轻型钢架棚洞三种形式。

一、喷锚防护

喷锚防护主要有素喷混凝土(素喷砂浆)、挂网喷混凝土(挂网喷浆)和喷锚联合防护三种形式。其中素喷混凝土、挂网喷混凝土主要应用于坡体含水率较小、岩体完整性较好,但易于风化,或硬岩与较硬岩破碎,产生危岩落石现象较为严重的地段。喷锚联合防护除应用于以上工程斜坡防护外,还应用于边坡和坡体的局部加固,曾广泛应用于公路工程斜坡的坡面防护,但由于对环境影响较大,且在地下水丰富和冬季气温较低的地区,由于喷锚防护的堵水作用和地下水的冻胀作用易造成喷锚防护工程破坏,其应用范围已大幅度缩减,目前主要应用于低等级公路和部分高等级公路的工程抢险、养护。

(1)素喷混凝土(素喷砂浆)指采用素混凝土对开挖形成的裸露坡面进行喷射封闭(图10-28),主要应用于坡率不大于1:0.5的临时工程斜坡的稳定性防护,或坡率不大于1:1的缓坡面防护。素喷砂浆的厚度一般为5cm,素喷混凝土的厚度一般为8~10cm。

(2)挂网喷混凝土(挂网喷浆)指在工程斜坡上设置间距为1~2m、长度为0.5~1.5m的系统性锚杆对铁丝网或钢筋网进行固定,然后对坡面进行混凝土喷射封闭(图10-29)。由于挂网喷混凝土防护工程有着较强的坡面防护能力,故主要应用于坡率不大于1:0.5的土质或类土质工程斜坡和坡率不大于1:0.3的岩质工程斜坡永久防护。喷射砂浆的厚度一般为5cm,喷射喷混凝土的厚度一般为8~12cm。

图 10-28　素喷混凝土防护工程

图 10-29　挂网喷浆防护工程

（3）喷锚联合防护指采用间距 2~4m、长度 0.5~1.5m 的系统性短锚杆，以及根据工程斜坡稳定性需求设置间距 2~4m、锚杆长度不小于 6.0m 的框架、锚墩、十字梁等工程，对边坡进行加固，并兼顾坡面防护的工程措施（图 10-30~图 10-32）。喷锚联合防护工程有着较强的边坡和坡面防护能力，故主要应用于坡率不大于 1:0.3 的边坡工程永久防护，喷射混凝土的厚度一般为 10~12cm，且结构网格主要采用钢筋网，而不宜采用铁丝网。

喷锚工程施工前应对坡面的浮石进行清除，在机械喷射前进行试喷，以调节浆体或混凝土的配合比，并在喷射浆材前预留好泄水孔，防止坡面封闭后造成积水损坏喷锚工程。喷射作业应自下而上分层喷射，初凝后进行洒水养护，严禁在冬季或降雨天气中进行喷射作业。坡面每 10~15m 设伸缩缝 1 条，伸缩缝内填塞沥青麻絮。

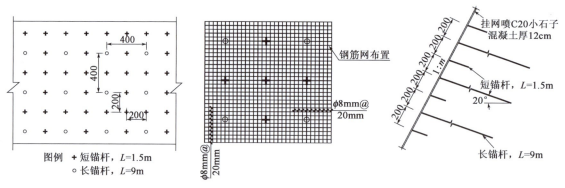
图 10-30　喷锚联合防护结构示意图（尺寸单位：cm）

图 10-31　锚墩型喷锚联合防护工程

图 10-32　框架型喷锚联合防护工程

二、干砌片石、块石护坡

干砌片石、块石护坡多用于河岸防护、填石路基,或坡体中有地下水渗出地段,主要起护岸防冲刷、提高路堤边坡稳定性和方便坡体地下水排泄的作用。此外,由于干砌片石、块石护坡结构存在大空隙,气温变化时片石、块石护坡层内将发生空气的自然对流,具有隔热保温的效果,因此,在冻土公路路基地区采用干砌护坡能有效避免和减弱气候对路基下部冻土的影响,有助于防治公路的冻胀、融沉等病害。

干砌护坡防护的工程斜坡坡度一般不大于 1:1.25,护坡一般采用单层等截面码筑,其厚度一般不小于 0.25m,护坡后部设置不小于 10cm 的反滤层或设置渗水土工布,防止地下水渗出时带走坡体中的细颗粒,见图 10-33。护坡的基础低于路基边沟或平台截水沟底部,当与排水沟相连时,应采用浆砌圬工,见图 10-34。

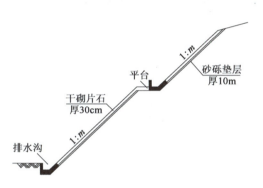

图 10-33 干砌护坡断面示意图

图 10-34 干砌片石护坡培土绿化

三、钢格栅

钢格栅防护工程在山区铁路、公路中应用历史较长,它多以废旧钢轨、角钢等为主骨架,以钢筋作为加密骨架,在其上铺设钢筋网制作而成。这种坡面落石防护结构的施工要求较低,对地形的适应能力强,广泛应用于铁路、公路等坡面落石的防护工程中,取得了良好的工程防护效果。

钢格栅防护与被动网防护相比,不需要在斜坡上进行机械成孔设置锚碇锚杆,可以直接在坡脚挖基设置,施工相对安全、方便,为钢格栅提供锚固力的底部小型基坑地质资料掌控、混凝土的浇筑等工程质量的控制比被动网更为有利,工程使用年限也相对更长。从"5·12"汶川地震灾后重建的使用情况来看,钢格栅防护工程使用效果明显较被动网有效、耐久。

钢格栅作为一种半刚性防护结构,既要确保发生频率相对较低,具有较大体积和能量的落石冲击时,通过结构的适当变形对冲击能量进行有效吸收实现对落石的拦截;又要确保发生频率较高,体积较小的零星掉块下落时,通过钢格栅的刚度直接进行拦截,实现钢格栅在一般落石冲击下的变形在允许范围之内,减小工程养护难度。因此,工程实践中常用的钢格栅高度一般不大于 4.0m。当然,为提高钢格栅拦截能力,可通过增加钢格栅主骨架的立柱数量和增加横向连接钢筋的密度,或设置双排或多排钢格栅等实现。

此外,为有效实现对弹跳高度较小而冲击能量较大的落石和弹跳高度较大而冲击能量较小的落石进行"对应拦挡",钢格栅往往多与圬工挡墙或桩式防撞工程进行联合使用(图 10-35、图 10-36),即利用下部的圬工挡墙或桩式防撞工程实现对冲击能量较大的落石的拦截,利用钢格栅实现对冲击能量较小的落石的防护。

图 10-35　钢格栅与挡墙联合使用　　　　　　图 10-36　钢格栅与防撞桩联合使用

四、格宾挡墙

格宾挡墙主要应用于路基岸坡冲刷、坡面落石以及地下水丰富造成坡面溜滑、坍塌等病害的工程防治。格宾石笼挡墙主要采用钢丝或钢筋制作石笼,在笼内装入不易风化的块石、卵石等制作而成。格宾挡墙的优点是具有一定的柔性,对石料的大小要求较少,受到撞击时允许格宾挡墙出现一定的变形,且具有良好的透水特征;缺点是作为骨架的钢丝或钢筋容易锈蚀,水中挟带有较大能量的滚石以及坡面落石能量较大时,易造成铁丝笼或钢筋笼破损,导致挡墙呈散体结构而失效。

格宾挡墙施工便捷,对地基承载力要求较低,能较快地对坡面病害形成防护能力,相较于对地基承载力要求较高、防护作用见效较慢的砌体结构或混凝土结构,在工程抢险时有着相对较大的优势。

如"5·12"汶川地震灾后重建时,利用震后出现的丰富落石,大量采用格宾挡墙对路基坡面落石和路基岸坡进行防护(图 10-37),取得了良好的工程效果。它既能在短时间内减小河流对岸坡的冲刷,起到快速稳定岸坡的作用(图 10-38);又能有效地对坡面落石进行拦截,大大减小了两侧山体落石对公路的危害。

图 10-37　格宾挡墙边坡防护工程　　　　　　图 10-38　格宾挡墙护岸防护工程

五、轻型钢架棚洞

轻型钢架棚洞主要指采用各种型钢制作防护框架,顶部设置厚层钢板,钢板之间设置质量轻、缓冲效果良好的厚50~80cm的EPS垫层形成的危岩落石防护结构体系,主要应用于路基内侧斜坡高陡、危岩落石发育且能量不大于350kJ的小型崩塌防护(图10-39、图10-40)。

图10-39　工字钢立柱轻型钢架棚洞　　　　　　图10-40　钢管立柱轻型钢架棚洞

如位于高山峡谷区的某公路线路曲线段,内侧山坡高大、直立,上部高差约500m的山坡经常有直径20~30cm的落石掉落,且公路路基外侧为松散的岷江高陡岸坡,原设计方案采用钢筋混凝土明洞对上部落石进行处治。现场咨询时,笔者依据该段所在的地形地貌、危岩落石特征,以及外侧松散的岸坡地质条件和线路的曲线段行车安全视距的要求,不建议采用对地基承载力要求较高、施工周期较长、行车保通困难的钢筋混凝土明洞处治方案,而建议采用符合现场落石特征、对地基承载力要求较低、能快速装配、通视能力较好的轻型钢架棚洞处治方案,取得了良好的工程效果和社会反响。

轻型钢架棚洞的优点包括:

(1)轻型钢架棚洞施工便捷,应急抢险快,可在现场快速施作和安装,质量可靠度好。

(2)轻型钢架棚洞对结构基础和地基要求较低,对环境的适应能力较好,能应用于地质条件较差的地段。

(3)轻型钢架棚洞具有良好的行车视距通透效果,基本上没有采光度和通风要求,有利于行车安全。

(4)轻型钢架棚洞的建设成本为传统刚性棚洞的30%~50%,易于拆卸、改造。

第四节　圬工刚性防护工程措施与应用

圬工刚性防护工程主要由浆砌片石或块石砌筑、由混凝土或钢筋混凝土浇筑而成,防护形式主要有护坡、护面墙、挡墙、拦石墙、落石槽、圬工嵌补、刚性棚洞与明洞、刚性桩等。

浆砌片石圬工是采用片石和砂浆砌筑而成的圬工结构,片石多呈不规则形状,但薄片不得使用,片石中部厚度一般不小于15cm;浆砌块石是采用块石和砂浆砌筑而成的圬工结构,块石形状多呈方长条状,四周界面比较平整,厚度一般不小于20cm,特殊情况下不小于15cm,长度不大于厚度的3倍。片石和块石多采用耐风化、无裂隙的硬岩、较硬岩制作,严禁采用泥岩、千枚岩等软岩或较软岩制作。对于河岸、排水等圬工防护工程,石料应具有高耐水性,软化系数不低于0.75。当然,石料吸水饱和时的抗压强度仍满足使用要求时不考虑此限制。

砂浆主要起对石料进行胶结形成整体结构的作用。砂浆有水泥砂浆、水泥石灰砂浆、石灰砂浆等类型。其中石灰胶结材料具有良好的和易性,不易分层离析,但石灰砂浆的硬化过程比较缓慢,故公路工程中应用较少,多以水泥砂浆作为胶结材料。

混凝土易于搅拌、流动性大、易于捣实、工程质量可控,尤其是高海拔地区若采用浆砌圬工,对人的劳动强度要求较高,故多采用混凝土为主的材料进行浇筑,且从目前我国公路防护工程的现状与动态来看,逐渐呈现圬工材料由浆砌片石、块石向混凝土过渡的趋势。公路刚性结构材料强度要求见表10-2。

公路刚性结构材料强度要求　　　　　表10-2

材料类型	最低强度等级		适用范围
	非冰冻区、轻冻区	中冻区、重冻区	
片石	MU30	MU40	护坡、护面墙、挡墙
水泥砂浆	M7.5	M10	护坡、护面墙、挡墙
	M10		喷浆防护
水泥混凝土	C15	C20	喷射混凝土、挡墙基础、抗滑桩锁口与护壁
	C20	C25	护坡、挡墙、土钉面板
	C30	C30	抗滑桩、锚索垫墩、框架、地梁

注:摘自《公路路基设计规范》(JTG D30—2015),略有修改。

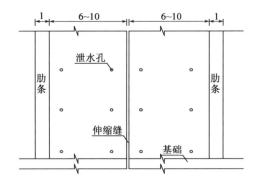

图10-41　肋式护坡立面示意图(尺寸单位:m)

一、护坡

护坡主要应用于易于风化、坡面多有落石掉块的岩质坡面和易于冲刷的土质、类土质坡面。单独应用于坡面防护时,被防护坡面的坡率一般不大于1:1,但与锚固工程等特殊结构组合时,可应用于多种坡率的坡面防护。

护坡结构多采用等截面形式,厚度一般不小于0.25m。为提高护坡结构的稳定性,当坡面坡度较陡时,可采用肋式护坡,肋条宽度多为1.0m左右,间距为6.0~10.0m,肋条可适当加厚和设置耳墙,见图10-41。

二、护面墙

护面墙主要应用于泥岩、页岩、千枚岩等软质岩体的防风化防护,破碎花岗岩、辉绿岩等硬岩或石灰岩、砾岩等较硬岩体的防危岩落石防护,以及坡面易受冲蚀或存在小型坍塌的边坡防护。

护面墙根据截面形式分为等截面和变截面两种,见图10-42。等截面护面墙的墙厚一般为0.5m,变截面护面墙的顶宽一般不宜小于0.4m,底宽(B) = 顶宽(b) + 墙高(H)/20,背坡坡率(n) = 胸坡(m) - (0.05~0.1)。等截面护面墙应用于坡率不大于1:0.5的边坡时,墙高不宜超过6m;应用于坡率不大于1:0.75的边坡时,墙高不宜超过10m。采用变截面护面墙时,墙高一般不宜超过10m,超过时宜采用分级设置。为提高护面墙的稳定性,当墙高超过8m时,需在墙背后部设置耳墙,耳墙宽0.5~1.0m。护面墙基础埋深应置于冻结线以下0.25m,且置于稳定地基上。

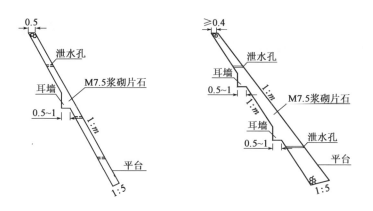

图10-42 护面墙结构断面示意图(尺寸单位:m)

护面墙根据结构形式分为封闭式护面墙和窗孔式护面墙(图10-43~图10-45)。封闭式护面墙一般应用于坡率不大于1:0.5的土质、类土质及破碎岩质边坡;窗孔式护面墙主要应用于坡率不大于1:0.75的土质、类土质或强风化岩质边坡,窗孔内可采用绿化或干砌片石防护,从而改善坡面圬工防护形象或加强坡面排水。

从工程实践来看,护面墙破坏的主要因素是护面墙厚度不足,浆砌结构中砂浆不饱满,片石、块石强度不足,墙体泄水孔失效,墙体与后部坡面脱空,墙顶排水沟破坏导致地表水渗入等。

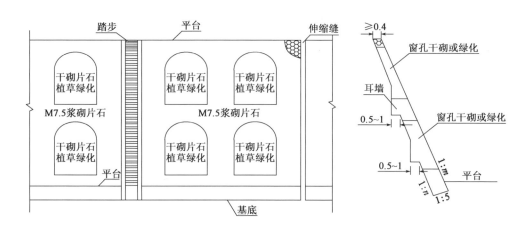

图10-43 窗孔式护面墙结构示意图(尺寸单位:m)

图 10-44 封闭式护面墙防护

图 10-45 窗孔式护面墙防护

三、挡墙

挡墙工程施作简单快捷，形式多样，广泛应用于公路工程斜坡病害防治。依据挡墙应用目的和受力特征，主要应用于路堑或路堤的收坡支挡、提高工程斜坡稳定性的工程支挡、沿河路基的防冲刷防护和既有公路改扩建时的路基加宽防护等。

挡墙的计算理论比较成熟，本书不再介绍，而只对工程实践中常见主要问题进行说明。

1. 挡墙墙后土压力计算范围的确定

路基加宽段挡墙的墙后土压力计算，应根据墙后既有路基的稳定性、潜在破坏面特征等综合确定，根据现场实际情况，符合条件时应采用有限范围内的土压力进行计算，不应均按半无限体进行计算，从而有效核减土压力，继而优化挡墙规模。既有公路加宽时，新建挡墙的土压力计算边界应局限于稳定的既有挡墙与新建挡墙之间的路堤填土，而不应按半无限体的土压力破裂面穿过既有稳定挡墙进行计算，见图 10-46。

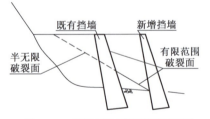
图 10-46 挡墙土压力计算模型示意图

如川藏公路在长约 16km 的沿河路堤加宽段进行挡墙设置时，笔者依据原路堤稳定性、地质条件等因素，将原设计的半无限体土压力计算模型调整为有限范围的土压力计算模型，共节约工程造价 7000 余万元，且工程应用效果良好。

近年来，随着泡沫轻质土技术的成熟推广，既有公路加宽采用泡沫轻质土的比例不断提高。其优点是：①泡沫轻质土可直立自稳，往往可在原公路地界内完成路基加宽，减少了新增占地；②泡沫轻质土施工速度快，可在短时间内完成公路加宽，大大减小了既有公路的保通压力；③泡沫轻质土造价低，对于路堤高度小于 8m 的加宽地段，具有明显的经济优势；④泡沫轻质土质量轻，对既有公路形成的附加应力很小，避免了采用挡墙加宽时的新旧路基差异沉降问题，尤其是在软弱地基段的公路加宽中具有明显的优势。泡沫轻质土与挡墙加宽路基对比如图 10-47 所示。

工程实践中常用挡墙类型及应用见表 10-3。

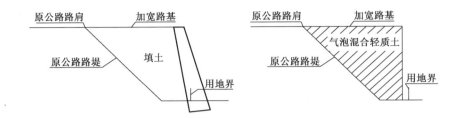

图 10-47 泡沫轻质土与挡墙加宽路基对比示意图

工程实践中常用挡墙类型及应用　　　　　　　　　　表 10-3

类　型	结构示意图	应　用
重力式		利用墙体自身重量平衡土压力或下滑力,胸坡相对较缓,主要应用于地形较为平缓的地段,形式简单,在路堑与路堤中均有广泛应用
半重力式		采用混凝土浇筑,墙趾较宽,在墙身和底板受拉侧配置一定的钢筋,有时根据需要可设置凸榫,以增加挡墙抗力和减小墙身圬工。胸坡多直立,多应用于填方路堤段
衡重式		利用衡重台上的填土和墙体自身重量平衡土压力或下滑力。胸坡较陡,主要用作地面坡度较大的路肩墙或填方规模较大的路堤墙,有时在衡重台处设置搭板来增加挡墙的抗力
悬臂式		采用混凝土浇筑,断面尺寸较小,配置钢筋较多,主要应用于墙高不大于5m、地基承载力较低的填方地段
扶壁式		采用混凝土浇筑,每隔墙高的1/3~1/2设置一道扶壁,断面尺寸较小,配置钢筋较多,主要应用于墙高不大于15m、地基承载力较低的填方地段

续上表

类型		结构示意图	应 用
锚固式	轻型	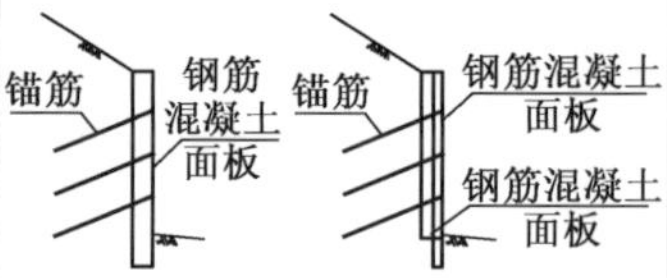	由钢筋混凝土面板或钢筋混凝土肋板与挡板作为反力结构,利用锚索、锚杆等的拉力平衡土压力。肋板式挡墙单级高度不宜超过8m,能较好地适应地形和提高结构抗震能力
	重型	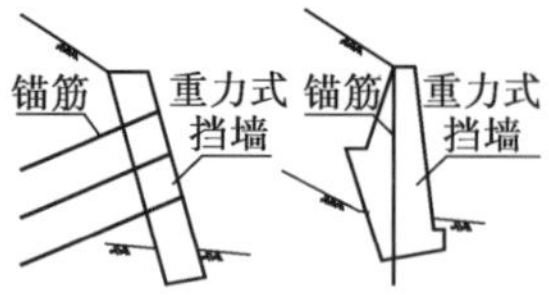	主要应用于新建挡墙的稳定性补偿,并配以必要的钢筋混凝土面板或肋板对既有挡墙进行加固
加筋式		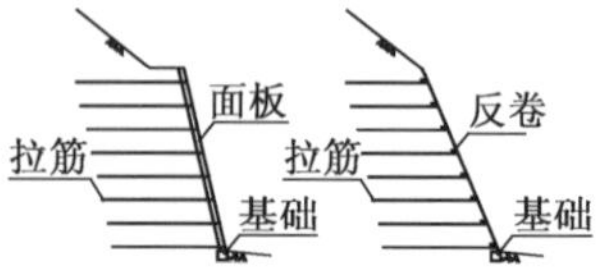	采用拉筋与面板、挡块或筋体反包构成,地基承载力要求低,占地少,造型多样美观,抗震性能好。主要应用于路基收坡、膨胀土等地段
桩板式		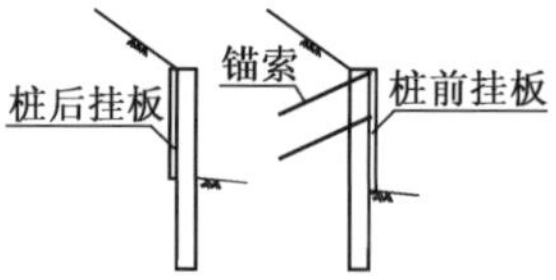	由普通抗滑桩或锚索抗滑桩与桩间挂板组成,挂板可分为前挂板、后挂板及桩间挂板三种,主要应用于路堤或路堑潜在下滑力大、结构基础埋置深度较大的地段
桩基托梁式		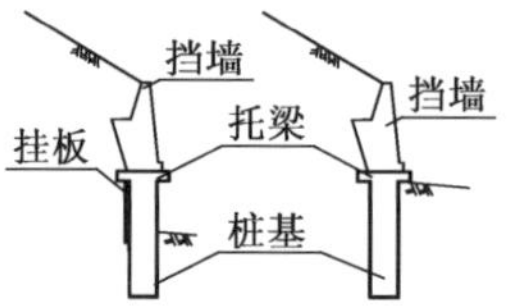	由桩基和衡重式挡墙构成,可分为高承台式和低承台式两种。主要应用于地基承载力偏低、桩基悬臂过大的工况。由挡墙与桩基分别支挡整体和局部的土压力或下滑力

2.挡墙墙背透水性材料的设置

挡墙墙背的透水性材料能有效地起到反滤和降低坡体地下水的作用,对挡墙的长期稳定有着极为重要的作用。否则在地下水的作用下易将墙后土体中的小颗粒带走而引起淘蚀、潜蚀等作用,造成路基沉陷,并可能使挡墙泄水孔堵塞造成地下水位升高,或造成地下水沿挡墙基底渗流,影响挡墙稳定。

如某公路路基段地下水相当丰富,路基采用泥岩及其风化物填筑而成。路肩墙修建时墙后反滤层缺失,路基在地下水作用下发生潜蚀等现象,导致路基沉陷并逐渐堵塞路肩墙泄水孔,继而造成墙后地下水位上升、静水压力增大,使墙体发生前倾、前移,墙基渗水严重,最终造成填方路堤发生滑坡,如图10-48所示。

a) 路堤滑坡全貌

b) 路肩墙墙背沉陷

c) 路基积水严重

d) 路基后部坡体渗水严重

图 10-48　墙背透水材料缺失造成路堤滑坡

3. 挡墙墙前土压力的确定

在挡墙支挡作用下，墙后土体产生主动土压力所需位移量很小，且土体越密实，产生主动土压力所需的位移量越小，使挡墙能更好地对后部土体产生支挡作用，这也是墙后回填材料压实度要求较高的原因之一。相反，使墙前土体产生被动土压力所需要的挡墙位移量是较大的。一般情况下，产生被动土压力所需要的墙体位移量约为产生主动土压力墙体位移量的 10 倍，显然这个位移量是挡墙工程中不能允许的。因此，挡墙前部的土体抗力宜取被动土压力 E_p 的 $1/4 \sim 1/2$，在需要严格控制挡墙位移的防护工程中，宜取小值，如半路半桥路的路中墙与桥梁间距很小时，就宜取小值，或取墙前土体的静止土压力 E_0 作为抗力。

4. 挡墙墙后土压力计算模型的选用

朗肯土压力计算模型对于黏性土和砂性土都可以应用，但计算模型假设挡墙的墙背直立、光滑，忽略了墙后土体与墙背的摩擦，故计算所得的土压力偏大，即朗肯土压力计算公式偏于保守。

库仑土压力计算模型主要适用于砂性土，它考虑了墙后土体与墙背的摩擦、墙背倾斜等情况。但其假设墙后破裂面为平面，这对于具有一定黏聚力的墙后土体来说是欠合理的，所计算的主动土压力误差约为 5%。对于被动土压力造成的破裂面，其破裂面曲率较大，计算结论误差也偏大，故不建议采用库仑土压力计算模型计算被动土压力。

四、拦石墙

拦石墙是用于防护危岩落石的传统工程之一，如图10-49所示。其优点是可以就地取材，施工工艺简单；缺点是由于所需挡墙刚性较大，墙体圬工截面较大，且为了提高挡墙拦石能力，拦石墙常需设置在落石掉块下部比较平缓的地带，对其应用范围造成了一定的影响。

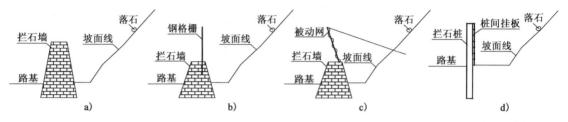

图10-49 拦石墙防护类型示意图

当落石掉块的动能较小时，一般不会在墙背设置缓冲层，但落石掉块动能较大时，需在墙背设置缓冲层。为了减少落石掉块在墙体迎石坡面的反弹高度，墙背设置缓冲层的一侧坡度应尽量陡一些，一般陡于1:0.75，坡面采用片石等铺砌防护。当落石掉块速度较大时，拦石墙迎石侧墙背的缓冲层采用混凝土板设置成为垂直坡度，则拦截效果更好。有时拦石墙与钢格栅、被动网等联合使用，以有效降低较小落石溅落时飞越拦石墙的概率。

拦石墙的截面尺寸依据作用于墙体的静力荷载和冲击荷载、墙体圬工强度和墙体的稳定性决定，落石规模较大时，也可设置拦石桩进行拦截。墙背的静力荷载主要考虑墙后净空被落石掉块完全填满状态进行计算决定。冲击荷载和墙背的缓冲层厚度通过落石掉块的冲击能量分析计算求得，资料欠缺时可进行工程地质类比或参考《铁路工程技术手册——路基》中提供的相关经验参数确定。拦石墙墙背缓冲层的最小厚度见表10-4。

拦石墙墙背缓冲层的最小厚度　　　　　表10-4

落石掉块体积(m³)	0.25	0.5	0.75	1.0
缓冲层最小厚度(m)	1.5	1.75~2	2~2.25	2.25~2.5

五、灌浆与嵌补支顶

坡体节理裂隙发育形成的危岩，可采用低压或无压灌浆对节理裂隙进行充填并对岩体进行胶结，有效减小坡体内部的风化速度，防止降水、细颗粒进入而影响坡体的稳定性。需要注意的是，灌浆时严禁采用压力注浆或浆液浓度过低，防止压力过大或大量水的灌入造成危岩稳定度降低。如某山区公路高边坡危岩落石抢险工程中，由于施工方灌浆时压力过大且浆液配比的水灰比过小，短期向坡体中灌入了大量的浆液，岩体在浆液的劈裂作用、水压力作用下突然发生坍塌变形，最终导致抢险工程的失败。

坡体由于软硬岩风化不均等作用产生凹腔形成落石源时，应及时对凹腔采取圬工嵌补或支顶。当上部岩土体完整性较好时，可采用"点"式支顶，见图10-50、图10-51；当上部岩土体完整性较差时，可采用"面"式嵌补，见图10-52、图10-53。支顶或嵌补的关键是凹腔下部的支撑点必须是稳固的，否则嵌补工程也将成为新的"危岩落石源"。

图 10-50　锚索钢筋混凝土桩基危岩支顶

图 10-51　框架式危岩支顶

图 10-52　混凝土支撑墩危岩支顶

图 10-53　锚杆挡墙危岩嵌补支顶

六、落石槽

落石槽主要应用于落石掉块的山坡坡脚有适当宽度的平缓地带。当路堤的高程与山坡坡脚的平缓地带存在较大高差时,可利用路堤的高度设置落石槽(图 10-54),并应在路堤的迎石面设置干砌片石层、碎砾石层、土层等缓冲层。当路基与崩落物源之间的山坡上有适合的缓坡平台时,可利用缓坡平台结合排水沟设置落石槽。当落石掉块的能量较大时,宜在落石槽外侧设置拦石墙来增强拦石能力;对于路堑边坡,当路基与挖方路堑边坡之间存在一定的距离时,可加大路基边沟的宽度和深度来设置落石槽(图 10-55)。

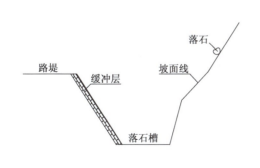
图 10-54　路堤式落石槽设置示意图

图 10-55　坡脚排水沟式落石槽

七、刚性棚洞和明洞

刚性棚洞和明洞根据防护对象和结构特性,可分为应用于防治崩塌落石的刚性棚洞、明洞以及应用于滑坡或高边坡防治的抗滑刚性棚洞、明洞。

1. 防治崩塌落石的刚性棚洞和明洞

当线路上部山体高陡、物质来源丰富、崩塌发生频率高且崩塌能量较大,采取其他工程措施治理困难时,可在受崩塌影响范围的线路位置设置刚性棚洞(图10-56)或刚性明洞(图10-57),对崩塌进行被动防护。刚性棚洞和刚性明洞防护能量的大小主要取决于洞顶上部的缓冲层设置形式和厚度。如每填高1.0m的碎石土,其防冲能量可提高约1000kJ,缓冲层填料有条件时优先选用碎卵石层。缓冲层设置时不宜采用过高的压实度,否则缓冲层耗能较差,在落石冲击作用下可能发生冲切剪胀破坏,影响下部棚洞或明洞的结构安全。也就是说,缓冲层在崩塌冲击作用下有一定的冲切剪缩效应时耗能效果更好。一般情况下,缓冲层的压实度取0.7~0.8为宜,并建议在缓冲层中设置土工格栅,从而有效提高缓冲层的抗冲击能力。

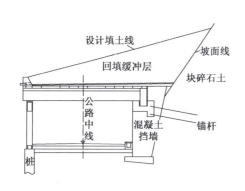

图10-56 框架式刚性棚洞示意图

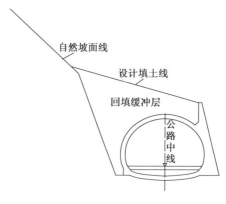

图10-57 刚性明洞示意图

当棚洞和明洞结构受承载力的限制不能设置过厚缓冲层,或崩塌落石能量过大时,宜在缓冲层中增设厚50~80cm的EPS缓冲层,可有效提高防冲能量1500kJ以上,大大提高了棚洞和明洞的抗冲击能力。

总体来说,钢筋混凝土刚性棚洞对地基要求相对较低且多采用框架式设计。当受地形地貌等地质条件限制,设置外侧棚洞基础有困难时,可采用钢筋混凝土悬臂式棚洞(图10-58);当棚洞需支挡内侧坡体的土压力时,可在内侧边墙设置抗滑挡墙,必要时可设置锚杆予以补强(图10-59);当洞顶上部填土压力较大时,需设置大截面立柱,或采用挡墙对框架立柱进行替换。对于路幅宽度较大的高速公路,则需在路基中央分隔带设置"连续墙"(图10-60),从而有效提高棚洞结构的整体刚度。棚洞顶板可采用现浇或预制顶梁,其施工的便捷性和施工周期明显

图10-58 钢筋混凝土悬臂式棚洞

优于明洞,特别适合在工期要求较紧或抢险的地段设置。

图 10-59 单跨钢筋混凝土刚性棚洞

图 10-60 双跨钢筋混凝土刚性棚洞

钢筋混凝土明洞整体受力较好,能在洞顶设置更大厚度的缓冲层,以抵抗更大的崩塌落石冲击(图 10-61)。由于明洞洞内行车视线较差,故有特殊需要时,在满足明洞结构受力的前提下,可在外边墙设置拱形窗(图 10-62),改善洞内光线,从而提高行车舒适度。此外,明洞外边墙受力比较集中,仰拱对地基的承载力和沉降要求相对较高,工程造价也较对较高。

图 10-61 普通钢筋混凝土刚性明洞

图 10-62 设置拱形窗的钢筋混凝土刚性明洞

2. 滑坡或高边坡防治的刚性棚洞和明洞

当高边坡整体稳定性差且存在多级边坡失稳的情况,采用全坡面工程防治难度较大或经济性较差时,可采用以保路为主的抗滑明洞或抗滑棚洞进行被动防治;当滑坡规模较大或路基两侧均有滑坡发生时,可采用抗滑明洞或抗滑棚洞进行支挡,必要时可在洞顶增加反压体,提高滑坡的防治效果。

抗滑明洞主要利用明洞结构和抗滑桩等工程的联合协调受力,确保明洞与抗滑桩之间、多排抗滑桩之间力的有效传递,使抗滑桩或抗滑桩排与明洞作为一个整体对高边坡的潜在下滑力或滑坡进行支挡;抗滑棚洞主要利用内侧抗滑桩或抗滑挡墙,单独对高边坡的潜在下滑力或滑坡进行支挡,棚洞由于结构相对"单薄",故多不参与工程支挡。对位于明洞或棚洞顶部以上的高边坡病害,往往需在洞顶设置缓冲层,防止上部边坡发生破坏时损坏明洞或棚洞结构。此外,为有效防止明洞或棚洞由于坡体挤压产生过大变形而造成损坏,一般情况下洞体内侧抗滑桩或挡墙多设置为锚索抗滑桩或锚索与锚杆挡墙。

如某高速公路的 K101 滑坡下滑力巨大,采用设置 3 排抗滑桩与明洞相结合 + 填土反压,对滑坡起到了良好的治理作用,见图 10-63。再如某二级公路 K97 高边坡高约 100.0m,存在高边坡整体失稳和多级边坡局部失稳的病害。若采用减载结合全坡面的工程锚固进行处治,则边坡高度将达到 145.0m 以上,且锚固工程量巨大。现场咨询时,笔者建议在路基范围内设置以保路为主的抗滑棚洞进行治理,即棚洞内侧设置锚索抗滑桩,确保高边坡整体稳定性,棚洞顶上覆缓冲层,确保洞顶上部边坡失稳后越过线路,见图 10-64。该方案造价约为原主动防护工程的 60%。

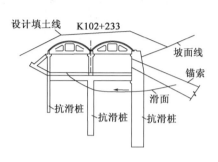

图 10-63 抗滑明洞治理滑坡示意图

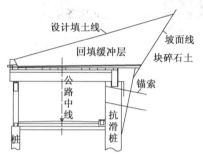

图 10-64 抗滑棚洞治理高边坡示意图

第五节 抗滑桩受力特点及设计关键要点

一、抗滑桩的发展及受力特点

20 世纪 60 年代,抗滑桩由铁科院西北分院和铁道部第二勘测设计院联合研制。由于抗滑桩能提供更大的抗力,施工扰动较小,桩位布置灵活,桩孔可作为滑坡的勘察验证孔等诸多优点,得以迅速在全国推广,扭转了以往只能采用大规模的抗滑挡墙支挡滑坡的被动局面,使大中型滑坡成功治理的比重显著提升。

自抗滑桩问世以来,相关单位相继开发了排架式抗滑桩、椅式抗滑桩、抗滑键等多种衍生结构形式,并在工程实践中取得了一定的应用,但由于施工难度和受限于桩排受力协调的计算模型等问题,这些抗滑桩在工程中应用较少。

20 世纪 80 年代末,随着锚索等锚固工艺在我国的逐渐应用和推广,以及我国公路、铁路等工程建设规模的不断扩大,需治理的坡体病害规模越来越大,单独采用普通抗滑桩已难以满足工程需要。基于此,铁科院西北分院通过在普通抗滑桩悬臂段增设锚索形成"多支点",改善了抗滑桩的结构受力,提高了抗滑桩的抗滑能力,使工程规模较普通抗滑桩减小近 1/3。锚索抗滑桩自问世以来,由于其较好的结构受力、主动的工程防护特性和相对较低的工程规模,迅速在全国得以推广应用,取得了良好的工程治理效果。

图 10-65 为同等条件下的普通抗滑桩和锚索抗滑桩内力算例,其中锚索抗滑桩中的锚索拉力按滑坡下滑力的 20% 进行设置。从桩身的剪力对比来看,普通抗滑桩最大剪力为 7790kN,锚索抗滑桩最大剪力为 6100kN,是普通抗滑桩的 78.3%。从桩身的弯矩对比来看,普通抗滑桩最大弯矩为 22970kN·m,锚索抗滑桩最大弯矩为 18500kN·m,是普通抗滑桩的 80.5%。由此可见,锚索抗滑桩可有效降低抗滑桩的工程规模,且桩体长度越大,降低比重越大。

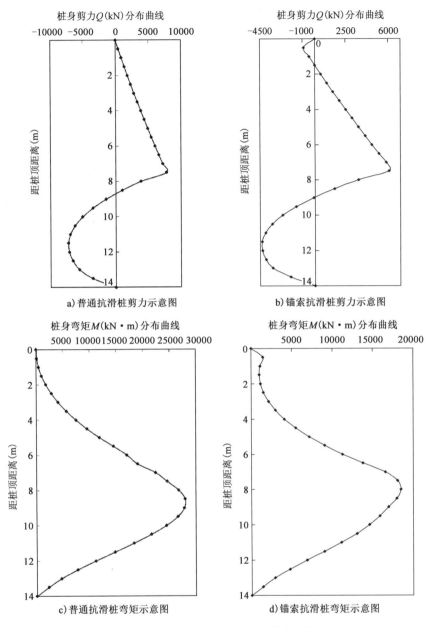

图 10-65　普通抗滑桩与锚索抗滑桩内力比较图

21 世纪以来,随着我国人力成本的大幅攀升和机械设备技术的提升,我国基建工程的飞速发展迫切需要能有效降低人工成本和快速施作的抗滑桩工艺,主要有以下几种形式:

(1)水磨钻机械成孔矩形抗滑桩工艺(图 10-66)。该工艺在工程中已应用多年,但其施工效率偏低,不适用于大规模的抗滑桩工程施作,且多应用于软岩和较软岩地层,故应用范围有限。

(2)旋挖钻机械成孔抗滑桩工艺和冲孔钻机械成孔抗滑桩工艺。该工艺施工安全度高,施作速度快,适用于抗滑桩数量众多、便于机械大批量施作的工程现场以及高海拔地区人力劳动强度过大的地区。在工程实践中应用比重呈逐年上升的趋势。但旋挖钻和冲孔钻的抗滑桩工艺受机械成孔形式限制,主要应用于圆形抗滑桩的施作(图10-67)。但机械成孔圆形抗滑桩结构抗弯能力明显偏弱,在支挡相同下滑力的条件下,圆形抗滑桩抗弯能力较矩形抗滑桩偏低35%以上。

图10-66　水磨钻成孔矩形抗滑桩　　　　图10-67　旋挖钻成孔圆形抗滑桩

(3)组合机械成孔的矩形抗滑桩工艺。该工艺避免了机械成孔圆形桩抗弯能力偏弱的缺点,施工安全度高,施作速度快,特别适用于抗滑桩数量众多、便于机械大批量施作的工程现场以及高海拔地区人力劳动强度过大的地区。以桩长20m为例,可在2d内完成1根抗滑桩的成孔浇筑,大大提高了施工效率。在四川省仁沐新高速公路大规模的抗滑桩工程建设中,成功施作了千余根抗滑桩,取得了良好的社会效益和经济效益。

机械成孔矩形抗滑桩工艺简述(图10-68):

(1)采用与设计矩形截面相一致的钢套筒或钢筋混凝土抗滑桩进行定位锁口,然后利用旋挖钻机在的四角和中部钻进形成引孔。

(2)采用与桩截面相一致的矩形冲击钻头对抗滑桩孔进行冲孔修整,旋挖钻与矩形冲击钻通过多次配合即可形成设计桩孔。

(3)抗滑桩孔机械成孔后,及时将在预制厂绑扎好的抗滑桩四面钢筋网利用吊机吊入孔口,随着钢筋笼的不断下入,采用间距为5m左右的固定筋快速分段将四面钢筋网固定为抗滑桩钢筋笼。

(4)再次将钢筋笼起吊,按设计要求施作抗滑桩结构箍筋,在形成合格的抗滑桩钢筋笼后放入桩孔。

(5)钢筋笼就位后,立即采用免振捣的水下混凝土灌注法进行浇筑,形成抗滑桩。

机械成孔矩形抗滑桩工艺限制因素:

(1)机械成孔矩形抗滑桩主要应用于岩土体抗压强度不大于18MPa,能利用旋挖钻机进行引孔施作的地层中,不宜应用于受塌孔和缩孔限制的松散～稍密的堆积体地层和含水率较大的软塑～可塑状地层。

(2)由于受到大型起吊设备的限制,一般要求单孔抗滑桩钢筋笼的重量不大于150kN。

(3)场地平整度需较好,方便大型旋挖钻机和起吊设备现场施作。

(4)抗滑桩数量众多,便于大批量施作,从而有效降低设备进出场地的费用。

a) 旋挖钻引孔钻进

b) 矩形冲击钻修整成孔

c) 机械最终成孔效果

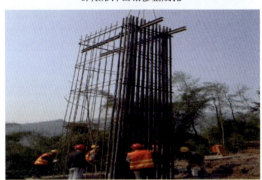
d) 钢筋笼的孔口绑扎和吊装

图 10-68　机械成孔矩形抗滑桩

此外,工程实践中为快速提供平衡滑坡下滑力的工程结构,笔者采用了专利技术——多管联合注浆式抗滑桩(图 10-69)。它利用多个微型桩形成的圆形、矩形、连续墙等形式的大截面抗滑桩来实现对坡体病害的治理,提高了单孔微型桩的抗弯、抗剪能力和结构刚度,并可在桩顶设置连系梁后施加锚索,从而实现大截面注浆式锚索抗滑桩的应用(图 10-70)。桩体结构计算模型中将注浆管作为抗滑桩主筋,将注浆复合地基作为桩体低强度等级混凝土来对注浆式抗滑桩的结构内力进行分析计算。

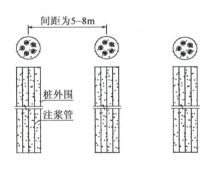

图 10-69　注浆式抗滑桩示意图

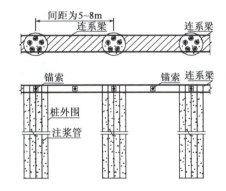

图 10-70　注浆式锚索抗滑桩示意图

二、抗滑桩的类型

工程上应用的抗滑桩类型如图 10-71、图 10-72 所示。

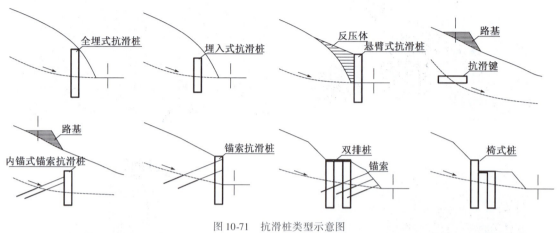

图 10-71 抗滑桩类型示意图

a) 悬臂式普通抗滑桩

b) 全埋式抗滑桩

c) 锚索抗滑桩

d) 多点式锚索抗滑桩

图 10-72 抗滑桩类型

全埋式抗滑桩环保性较好,但需注意桩前边坡的稳定性;埋入式抗滑桩可有效减小桩体长度和桩体内力,但需注意防止滑坡越顶的问题;悬臂式抗滑桩受力明确,但环保性较差;抗滑键分竖向或水平向抗滑键两类,可有效减小抗滑工程规模,主要应用于岩质滑坡治理,在堆积体、土质或类土质滑坡和富水性滑坡中应用时需慎重,防止滑坡出现越顶;锚索抗滑桩能有效减小桩体内力,改善桩体受力,有条件时应积极采用;内锚式锚索抗滑桩主要应用于埋入式抗滑桩;双排桩和排架桩主要应用于滑坡下滑力较大、需多排桩体联合受力的滑坡处治。

三、抗滑桩设置要点

(1)抗滑桩的布设。一般情况下,抗滑桩布设时长轴方向与滑坡的主滑方向平行,以获得更大的结构抗弯和抗剪能力。

(2)抗滑桩间距。抗滑桩的间距主要由滑坡的下滑力、单桩抗滑能力、滑体与桩体的土拱效应和岩土体性质等共同决定,一般情况下桩间距在 5~10m 之间灵活选择。对于完整性较好的滑体,桩间距可适当加大,以减小施工难度;对完整性较差的滑体,桩间距可取小值。

(3)抗滑桩截面尺寸。为获得更大的结构抗弯能力,一般情况下要求抗滑桩的长边要适当加大。但长边过大时,易出现桩体抗扭能力不足的问题。故在考虑桩周岩土体限制作用的情况下,抗滑桩的长宽比宜比 1.5:1 略大为宜,且对于人工挖孔抗滑桩,边长不宜小于 1.25m,以利于人工开挖。

(4)抗滑桩的悬臂段。抗滑桩的悬臂长度主要根据滑体的厚度、滑坡越顶"检算"、桩体截面和抗滑桩上的预应力锚索、行车舒适度和工程经济性指标等因素综合确定。一般情况下,桩体悬臂长度不宜大于 10.0m。

对于路堤抗滑桩,当桩体悬臂长度超过 12.0m 仍不能满足工程要求时,往往需在桩顶设置衡重式抗滑挡墙与下部桩体共同形成桩基托梁挡墙进行工程支挡,见图 10-73。其受力模式为抗滑桩支挡全部的潜在下滑力,上部挡墙只支挡墙后的土压力。当深挖路堑具有"收坡"的特殊要求时,可结合多点式锚索工程形成较大的"多支点"悬臂(图 10-74),这时抗滑桩表现出"梁式锚索抗滑桩"的特点;且为了环保要求,一般情况下可将桩间挂板设置为笔者专利技术"百叶窗"形式,以方便植被绿化。

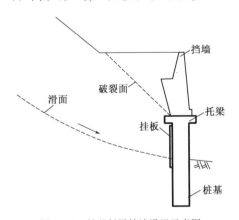

图 10-73 桩基托梁挡墙设置示意图

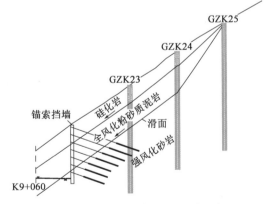

图 10-74 多点式锚索桩收坡固脚示意图

如某斜坡地表为岩体强度较高的厚约 6m 的硅化岩,下伏全风化粉砂质泥岩。在路堑边坡采用 1:1 的综合坡率时,边坡高度可达 94m,并需设置大量的边坡加固工程。现场咨询时,笔者建议采用悬臂长 19m 的多点式锚索抗滑桩进行收坡加固,桩间设置"百叶窗"式挂板用于绿化。该方案被采纳后,取得了良好的工程效果。

(5)抗滑桩锚固段。桩体锚固段主要依据抗滑桩的支挡要求、滑床的岩土体性质和桩身锚索工程等因素共同决定。一般情况下,普通抗滑桩的锚固段为全桩长的1/2左右,锚索抗滑桩多为全桩长的1/3左右。

需要说明的是,位于路基面附近的抗滑桩锚固段取滑面和路基面高程两者之间的最低值起算(图10-75);对于陡坡地段,为确保抗滑桩锚固段"半无限体"的有效性,一般情况下要求将滑面以下水平距离5~10m范围内滑床的岩土体抗力不予计入桩体的锚固长度段(图10-76)。桩体的锚固段不足时,可通过设置桩体锚索、加大抗滑桩长度或宽度等提高抗滑桩的锚固力。

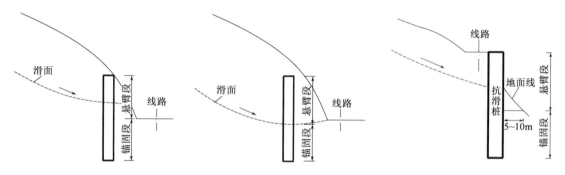

图10-75　路基面附近抗滑桩锚固段的确定　　　图10-76　陡坡段抗滑桩锚固段的确定

(6)多排桩的布设。对于前、后排桩间距离较大的抗滑桩排,要求各级抗滑桩应满足分级支挡的要求,即后排桩应对其后部的滑坡下滑力进行完全支挡,且不得考虑桩前抗力。前排桩对前、后两排桩之间的滑体下滑力进行支挡。严禁存在后排抗滑桩不能完全支挡下滑力而将其人为向前一级滑体传递的情况发生。这是因为后排桩前部产生被动土压力的抗力时所需位移量很大,一般情况下,其桩体的转动量与桩转动轴的比值可达到1%~5%,而这是抗滑桩设计所不能容许的。

对于前、后排桩间距离较小的抗滑桩排,即前、后排桩间距离为2~5倍的桩截面时,前后排桩之间存在一定的受力协调,为更有效地提高前、后排桩的"整体性",采用大截面梁体对前、后桩体进行连接,形成排架桩或椅式桩共同支挡滑坡推力。大量试验和工程实践证明,前、后排桩所支挡的滑坡下滑力的比值宜为3.5:6.5左右,即一般情况下,要求后排抗滑桩的结构较前排抗滑桩大,以提供更好的抗滑和抗弯能力。

(7)抗滑桩与桩身锚索的协调设置。由于锚索抗滑桩属于主动受力体系,可有效减小坡体的卸荷变形,快速提供工程支挡,改善抗滑桩结构受力并减小桩前承载力,故合理地设置抗滑桩体上的锚索工程具有良好的工程应用效果。根据大量工程实践、试验和计算,锚索承担整个滑坡下滑力的20%左右,抗滑桩承担整个滑坡下滑力的80%左右时,锚索和抗滑桩作为一个整体,受力效果相对较好。因此,工程实践中有的抗滑桩上只布置一孔锚索是不合理的,应尽量予以避免。

(8)抗滑桩与边坡锚固工程的协调设置。对于采用"桩、锚"联合加固的滑坡或边坡,为了更有效地协调不同工程结构之间的受力,一般情况下普通抗滑桩宜尽量与被动受力的全黏结工程搭配使用(图10-77),锚索抗滑桩宜尽量与主动受力的预应力锚索工程搭配使用

(图 10-78),从而防止边坡锚固工程与抗滑桩受力、变形的不协调而造成其中一种工程存在安全隐患。

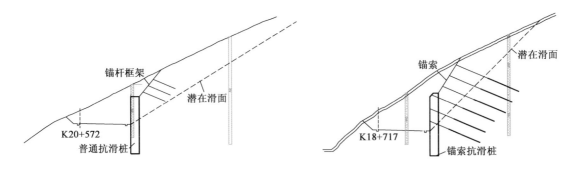

图 10-77 被动加固体系协调示意图　　　　图 10-78 主动加固体系协调示意图

(9)桩间挂板的设置。由于抗滑桩的阻滑作用,土质或类土质滑体在抗滑桩后部的一定范围内产生土拱效应,确保了"点"式布置的抗滑桩对"线"状分布下滑力的有效支挡。

桩间土拱效应的形成有以下三个条件:一是土体之间有产生不均匀位移的趋势;二是土拱中的土体抗剪强度大于其剪应力;三是完整性较好的岩体不会形成桩间土拱效应,但对于破碎岩体可假定为类土质进行土拱效应分析。

由于桩间土拱效应的存在,对抗滑桩与桩之间的滑体进行支挡时,一般只需计算土拱范围内的有限土压力,而不应按半无限体模式进行土压力计算分析和对应支挡工程的设置,故可有效提高桩间防护工程结构的经济性。一般情况下,桩间 C30 钢筋混凝土挂板的厚度取为 25～35cm 是比较合理的。

抗滑桩的挂板形式根据工程特征,一般情况下在路堤段宜采用桩后挂板,从而方便桩后填土的连续碾压;路堑段宜采用桩前挂板,从而避免桩后挂板时造成后部坡体开挖形成较大临空面。无论是桩前挂板还是桩后挂板,采用抗滑桩预留筋与挂板相连可有效提高挂板的稳定性,不宜采用在桩身上钻孔设置锚杆的桩前挂板形式,以避免桩身钻孔造成桩体主筋受损,并防止挂板锚杆锚固力偏弱造成挂板脱落。对于有特殊要求的抗滑桩,悬臂段设置为 T 形,利用 T 形"凸齿"保持挂板稳定,见图 10-79。

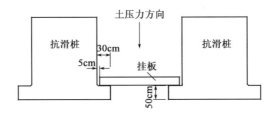

图 10-79　T 形抗滑桩桩间挂板示意图

(10)抗滑桩底部距合理的桩体锚固段深度相差不大且桩体开挖困难时,可采用竖向锚杆压力注浆代替部分抗滑桩锚固段(图 10-80),这在以二郎山龙胆溪滑坡为代表的多个破碎岩质滑坡治理中有成功应用。其计算模型假定单根或束状布置的锚杆为抗滑桩受力筋,锚杆与上部桩身纵向钢筋的接头率在 $35d$（d 为锚杆直径或抗滑桩受力主筋直径）范围内不应超过 50%，且锚杆进入抗滑桩身的长度不宜小于 3.0m。

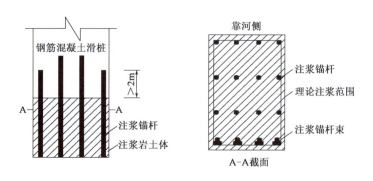

图 10-80 桩底锚杆布置示意图

（11）抗滑桩的埋深设置。滑体较厚的滑坡在不存在"越顶"的前提下，可通过设置埋入式抗滑桩有效减小桩体悬臂长度和改善桩体受力，从而有效减小工程规模。尤其对于一些下滑力较大、滑面埋深较大的滑坡，若在埋入式抗滑桩内设置多点锚索形成内锚式锚索抗滑桩，可进一步优化抗滑桩的规模。

位于滑面上下各约 5m 范围内的埋入式抗滑桩属于抗滑键范畴，主要应用于深层岩质滑坡加固，不宜应用于富水堆积体滑坡，以防出现滑坡"越顶"事故。如海石湾黄土滑坡地下水丰富，工程处治时虽然设置了大量的抗滑键，但后期滑坡在地下水作用下发生了严重的"越顶"事故，造成了处治工程的报废。

（12）抗滑桩的防"越顶"设置。抗滑桩在滑坡支挡中，尤其是在具有多层滑面的滑坡防治中，应严格防止上层滑面遗漏或滑坡在受到抗滑桩支挡后向上寻找新的剪出口而造成"越顶"事故（图 10-81）。

图 10-81 堆积体滑坡"越顶"事故

抗滑桩的防"越顶"设置，除对桩顶上部的多层滑面进行分层治理外，还应对桩后滑坡进行严格的防"越顶"核算。一般要求自桩顶向滑面以 5° 为单位假定多条潜在剪切滑面，依次求出这些假定剪切滑面的抗滑力（图 10-82）。若滑坡沿假定的剪切滑面至桩顶的剩余下滑力为正值，则表示滑坡存在"越顶"的情况，需加大抗滑桩长或进行桩后反压处理。

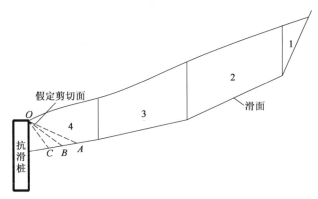

图 10-82　抗滑桩"越顶"检算示意图

(13)抗滑桩与监测的衔接。滑坡存在多层滑面时,应积极采用深孔位移监测对各层滑面的位移或位移趋势进行监测、分析,确定控制性滑面位置,针对性地为加固工程的设置奠定基础,从而有效控制抗滑桩等加固工程的规模。

四、抗滑桩计算要点

工程实践中,常发生因技术人员对抗滑桩计算关键点认识不清,造成抗滑桩设计出现较大偏差的情况。现将抗滑桩计算要点归纳总结如下:

1. 作用于抗滑桩桩身的下滑力应力分布图

作用于抗滑桩桩背处的滑坡下滑力 E 与水平方向的分力 E_a 关系为:

$$E_a = E\cos\alpha \tag{10-1}$$

式中:α——桩背处滑面与水平方向的夹角(°)。

E_a 作用于桩背的应力分布图分以下三种情况(图 10-83):

(1)滑体由完整性较好的岩体组成,滑体上部与下部的滑动速度近于一致,桩背应力假定为矩形分布。

(2)滑体由松散堆积体或含水率较高的硬塑~流塑状土质或类土质组成时,滑体底部的滑速往往明显大于上部滑体的滑速,桩背应力可假定为三角形分布。

(3)滑体为密实、胶结较好的堆积体或土体,桩背应力可假定为梯形分布。

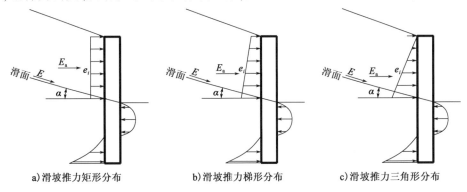

a)滑坡推力矩形分布　　b)滑坡推力梯形分布　　c)滑坡推力三角形分布

图 10-83　抗滑桩应力分布示意图

同样,抗滑桩的桩前抗力作用于桩身的应力分布形态和下滑力的应力分布形态是相类似的。

埋入式抗滑桩由于桩体埋入地面以下一定深度,在岩土体的弹塑性作用下,一部分滑坡下滑力通过桩顶上部的岩土体向下传递,即抗滑桩并不承担全部滑坡下滑力,抗滑桩桩背的应力分布应依据抗滑桩影响范围内的滑坡下滑力进行分析,见图10-84。即刚度较大的埋入式抗滑桩在下滑力支挡过程中出现应力集中现象,埋入式抗滑桩所支挡的滑坡下滑力应采用必要的调节系数进行校核。根据大量的工程样本统计、数值模拟和笔者负责的多处埋入式抗滑桩设计的成功案例,桩身范围内埋入式抗滑桩所承担的下滑力见下式:

$$E_l = \left(1 - \frac{l}{L} \cdot K_y\right) E_L \qquad (10\text{-}2)$$

式中:E_l——埋入式抗滑桩所承担的下滑力(kN/m);

E_L——桩位处滑坡的全部下滑力(kN/m);

l——埋入式抗滑桩桩顶距地面的厚度(m);

L——设桩处滑面至地面的厚度(m);

K_y——调节系数,取0.82。

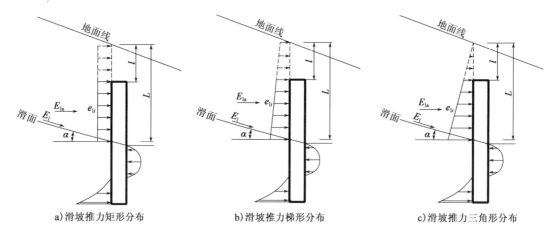

图10-84 埋入式抗滑桩应力分布示意图

埋入式抗滑桩的桩前抗力作用于桩身的应力分布形态和下滑力的应力分布形态是类似的,但由于桩前岩土体抗力为被动受力,且依据抗滑桩安全度需要,桩前抗滑力的调节系数$K_y = 1.0$。

2. 抗滑桩桩前抗力的应用

桩前滑体处于抗滑段、没有出现整体位移时,可适当考虑桩前抗力。桩前抗力可根据桩前滑坡的剩余下滑力(负值)与桩前土压力综合考虑,并取两者的最小值予以应用。

桩前土体产生被动土压力时需要较大的位移,这对于抗滑桩,尤其是锚索抗滑桩工程显然是不能允许的。因此,抗滑桩前部的土压力宜为被动土压力E_p的1/4~1/2,或为静止土压力E_0。需要说明的是,当抗滑桩前岩土体不稳定或桩前还有1排抗滑桩需承担前、后排桩之间滑体的下滑力时,桩前抗力不予考虑。

3. 抗滑桩类型确定

根据桩体侧向受荷后的变形特征,抗滑桩可分为刚性桩和弹性桩。刚性桩为桩体侧向受荷后,桩体位置发生整体平移而桩的轴线仍保持原状;弹性桩为桩体侧向受荷后,桩体位置发生偏移且桩的轴线发生挠曲。在抗滑桩计算内力前,需先期判断抗滑桩是刚性桩还是弹性桩,从而为决定采用何种桩体计算模型奠定基础。

当桩体锚固段位于岩体中时,按"K"法计算,$\beta h \leq 1$ 时为刚性桩,$\beta h > 1$ 时为弹性桩(h 为抗滑桩锚固段深度,单位为 m)。

$$\beta = \left(\frac{KB_p}{4EI}\right)^{\frac{1}{4}} \tag{10-3}$$

当桩体锚固段位于土体中时,按"m"法计算,$\alpha h \leq 2.5$ 时为刚性桩,$\alpha h > 2.5$ 时为弹性桩(h 为抗滑桩锚固段深度,单位为 m)。

$$\alpha = \left(\frac{mB_p}{EI}\right)^{\frac{1}{5}} \tag{10-4}$$

式中:α、β——桩体变形系数;

K——岩体侧向地基系数(kN/m^3),不随深度变化;

m——土体侧向地基系数(kN/m^4),随深度变化;

B_p——桩的计算宽度(m),矩形桩,$B_p = b + 1$;圆形桩,$B_p = 0.9(d + 1)$(b、d 分别为矩形桩实际宽度和圆形桩实际直径);

E——抗滑桩弹性模量(kPa);

I——抗滑桩截面惯性矩(m^4)。

4. 抗滑桩桩前地基承载力核算

抗滑桩作为大直径桩体,桩底承载力和桩周摩阻力基本上可满足桩体竖向稳定性要求,故一般情况下不进行此内容的计算分析。但抗滑桩作为抵抗侧向力的支挡工程,桩侧承载力的核算是确保抗滑桩稳定的关键步骤。故为确保抗滑桩的侧向稳定,要求抗滑桩锚固段的桩前压应力需小于桩前岩土体的容许承载力。容许承载力计算如下:

1)岩质坡体

矩形抗滑桩桩前容许承载力:

$$[\sigma] \leq K_h \eta R \tag{10-5}$$

圆形抗滑桩桩前容许承载力:

$$[\sigma] \leq \frac{1}{1.27} K_h R \tag{10-6}$$

式中:K_h——水平向换算系数,根据岩体构造选取 0.5~1;

η——折减系数,根据岩体节理、风化、软化程度选取 0.3~0.45;

R——岩体的单轴极限抗压强度(kPa)。

2)土质或类土质坡体

当地面坡度 $\theta \leq 10°$ 时:

$$[\sigma] = \frac{4}{\cos\varphi}(\gamma_1 \cdot h_1 + \gamma_2 \cdot y)\tan\varphi + c \tag{10-7}$$

当地面坡度 $\theta \geq 10°$ 且小于锚固段土体的综合内摩擦角,即 $\theta \leq \varphi$ 时:

$$[\sigma] = 4(\gamma_1 \cdot h_1 + \gamma_2 \cdot y)\frac{\cos^2\theta \cdot \sqrt{\cos^2\theta - \cos^2\varphi_0}}{\cos^2\varphi_0} \tag{10-8}$$

式中：γ_1——滑体土体重度(kN/m^3)；

γ_2——锚固段土体重度(kN/m^3)；

φ——锚固段土体内摩擦角(°)；

c——锚固段土体黏聚力(kPa)；

h_1——滑面至地面距离(m)；

y——滑面至计算点距离(m)；

φ_0——锚固段土体综合内摩擦角(°)。

5."半坡桩"计算模型

桩体的倾斜是工程实践中的主要病害形式，"半坡桩"病害尤为明显（图10-85、图10-86）。这是由于抗滑桩锚固力是依据"半无限体"模型确定的，当锚固段前部的"三角体"厚度过小时，很难对抗滑桩起到"半无限体"的锚固效果，故锚固段"半无限体"的水平距离应依据桩前岩土体的性质、完整性等综合确定。一般情况下，对抗滑桩锚固段的桩前"三角体"在水平距离5~10m范围内厚度的岩土体不计入锚固段。尤其是受水影响的岸坡、陡坡地段等，更应注意"半坡桩"的锚固段取值问题。

图10-85　水库岸坡半坡桩失稳

图10-86　富水坡体半坡桩失稳

五、不同形状抗滑桩抗弯能力分析

设计抗滑桩时，一方面要使抗滑桩具有足够的强度，保证抗滑桩能够安全工作；另一方面又要使抗滑桩的材料充分发挥作用，尽可能提高抗滑桩的抗弯强度，以便节省材料。在抗滑桩的材料、承受的荷载和抗滑桩的支挡条件都已确定的情况下，选择抗滑桩截面的合理形状，能有效地提高抗滑桩的抗弯强度。

由抗滑桩的弯曲正应力强度条件可知，在弯矩一定的条件下，抗滑桩的工作应力与抗弯截面模量成反比。因此，抗滑桩的合理截面形式应是在截面面积相同的条件下，具有较大抗弯截面模量的截面形式。

一般来说，抗弯截面模量与截面高度h的平方成正比。所以，合理的截面形式应使抗弯截面模量尽可能增大，使截面面积尽可能分布在距中性轴较远处。同时，从抗滑桩横截面上的正应力分布规律来看，抗滑桩横截面上距中性轴最远处，各点正应力分别为最大拉应力或最大压应力。由此可见，为了充分发挥材料的抗弯潜力，应使截面上最大拉应力和最大压应力同时达到材料相应的许用应力。

下面以比较值的大小来衡量工程中几种常见抗滑桩截面的合理程度。

设抗滑桩的矩形截面、正方形截面和圆形截面的面积相同,都为 A,矩形截面的宽为 b、长为 h;正方形截面的边长为 a;圆形截面的直径为 d。三种形状截面的面积和抗弯截面系数分别为:

矩形截面:

$$A = bh$$

$$w_{z矩} = \frac{1}{6}bh^2 \tag{10-9}$$

正方形截面:

$$A = a^2$$

$$w_{z正} = \frac{1}{6}a^3 \tag{10-10}$$

圆形截面:

$$A = \frac{\pi}{4}d^2$$

$$w_{z圆} = \frac{\pi}{32}d^3 \tag{10-11}$$

1. 矩形截面和正方形截面比较

$$\frac{w_{z矩}}{w_{z正}} = \frac{h}{a} \tag{10-12}$$

由于矩形的 $b<h$,所以 $h>a$,说明矩形截面比相同面积的正方形截面抗弯更合理。

2. 正方形截和圆形截面比较

$$\frac{w_{z正}}{w_{z圆}} = 1.33\frac{a}{d} \tag{10-13}$$

由于 $\pi d^2/4 = a^2$,所以 $a = 0.886d$,说明正方形截面比相同面积的圆形截面抗弯更合理。

3. 矩形截和圆形截面比较

$$\frac{w_{z矩}}{w_{z圆}} = 1.33\frac{h}{d} \tag{10-14}$$

这说明矩形截面比相同面积的圆形截面抗弯更合理。

从上述分析比较可知,从抗弯构件的受力效果来说,矩形优于正方形,正方形优于圆形。以常用的面积为 2m×3m 的矩形截面抗滑桩为例,在相同截面积的情况下,矩形抗弯强度/圆形抗弯强度为 1.46,矩形抗弯强度/正方形抗弯强度为 1.23,正方形抗弯强度/圆形抗弯强度为 1.2。

当然,不能片面地追求更高的抗弯截面系数而过多减小桩体的宽度,否则桩体形成长细比过大的结构时容易失稳。即在一般情况下,b/h 宜取 1.5~1.8 为佳。

第六节 锚固工程受力特点及设计关键要点

锚固工程是公路工程斜坡病害防治中不可替代的有效手段。随着我国经济的高速发展,轻型锚固工程在地下空间、坝基工程、边坡工程等岩土工程中的运用越来越广泛,且占比越来越高,成为地质工程中一种不可替代的有效措施。但锚固工程设计与施工中的每个环节都相当重要,一个环节的失误可能造成整个工程的失败。近年来锚固工程事故频发,在一定程度上限制了锚固工程的有效应用,这值得我们深思。

锚固工程根据受力特点,可分为普通型(无预应力型)和预应力型。普通型根据所用筋体材料的不同,主要分为全黏结锚杆、钢锚管、微型桩三种形式,预应力型主要分为预应力锚索和预应力精轧螺纹钢两种主要形式,并可进一步细分为拉力型、压力型、荷载分散型(拉力分散型、压力分散型、拉压分散型)、自锚型等系列。锚固工程的筋体主要采用钢绞线、精轧螺纹钢、普通螺纹钢筋、钢管、工字钢等材料。地表反力结构主要采用抗滑桩、框架、地梁、锚墩、十字梁、挡墙和面板等结构形式。

一、锚固工程的应用

锚固工程的布设形式灵活,可在平行于地面与垂直于地面之间依据工程需要采用不同角度灵活布设,形成水平布设的加筋体工程、与工程斜坡斜交的锚固工程以及垂直于地面的微型桩工程,见图10-87。

(1)平衡滑坡推力:利用滑床下部稳定地层提供的锚固力,通过锚固体与反力结构平衡滑坡下滑力。

(2)控制危岩变形和破坏:利用稳定地层提供的锚固力,通过锚固体与反力结构控制危岩变形和破坏。

(3)工程斜坡加固:利用潜在滑面以下稳定地层的锚固力,通过锚固体与反力结构平衡坡体的潜在下推力控制坡体开挖后的卸荷松弛规模。

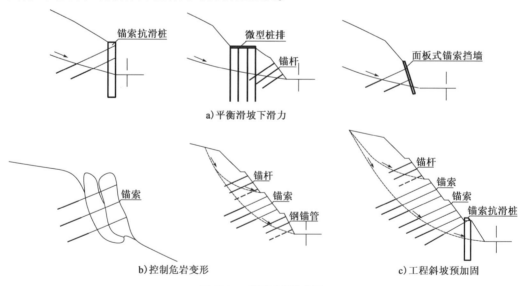

图10-87 锚固工程的应用

二、常用锚固工程的结构特点

锚索抗滑桩在治理大~中型滑坡及地形地貌适应的高边坡方面应用较为广泛;预应力锚

固框架以坡面岩土体性质较差,较难提供有效地基承载力的工程斜坡加固为主导;预应力锚固地梁、锚墩、十字梁在坡面岩土体性质或坡面完整性较好,能提供较高承载力的工程斜坡加固中有着更多的应用;预应力锚固挡墙主要用于既有挡墙加固,坡面岩土体性质差、地基承载力低的工程斜坡加固等,主要有面板式和肋板式两类。同样,对应的普通锚杆、钢锚管工程有框架、地梁、锚墩、挡墙和微型桩排工程。只是预应力锚固工程为主动受力工程,非预应力锚固工程为被动受力工程,属于全黏结锚固工程。

从锚固工程之间应力的相互协调来说,面板和框架整体性较好,能有效利用面板或框架纵横梁拱效应形成的"墙式"受力模式对坡面进行防护,锚固体之间的应力协调最好且对坡面防护最有效;肋板和地梁工程由于缺少衔接的横梁,锚固体之间的应力只局限于肋板或纵向地梁的几孔锚固体之间,对横向锚固力的应力协调很弱,相邻地梁之间虽然仍能产生拱效应对坡面进行防护,但防护力度明显弱于框架;作为单孔锚固体的锚墩、十字梁工程,锚固体之间应力协调最弱,对坡面的防护效果也最弱,但工程布设灵活。基于此,坡面地质条件越差就越需应用整体性较好的坡面反力结构,从而提高反力结构与坡面的接触面积和各个锚固体之间的受力协调。锚固工程类型如图10-88所示。

a) 预应力锚索框架

b) 预应力锚索地梁

c) 预应力锚索垫墩

d) 预应力锚索十字梁

图 10-88

e) 面板式预应力锚索挡墙

f) 肋板式预应力锚索挡墙

g) 预应力精轧螺纹钢框架

h) 锚杆框架

i) 钢锚管框架

j) 微型桩排

图 10-88 锚固工程类型

需要说明的是,部分技术人员或管理人员担心土质或类土质坡体中的预应力锚固工程锚固段会产生蠕变而限制锚索的使用,或严格要求预应力锚固工程的锚固段必须进入基岩,这些都是欠合理的。这是因为：

(1)作为预应力锚固工程锚固段的岩土体极限摩阻力为设计摩阻力的 2.0~2.2 倍,且在坡面反力结构作用下锚固段置于坡面以下一定深度,使锚固段受力基本处于三向应力状态,这就避免了锚固段土体在工程使用年限内出现过大蠕变而影响锚固工程质量。当然,如果坡体的潜在滑面与下伏基岩面之间的距离很小,为获得更高的锚固力安全储备,是容许将预应力锚固工程的锚固段置于岩体中的。

(2)锚固工程的锚固段理论上可布设于潜在滑面以下的任何地层中,不局限于岩质地层还是土质地层,只要岩土体在合理的注浆工艺条件下能提供足够的锚固力就是可行的。当然,如果位于土质地层中的锚固段与下伏基岩之间的距离很小,能够以很小的代价使锚固段进入基岩,此时可适当考虑将锚固段下移至基岩体内,以获取更大安全储备的锚固力。

主要锚固工程结构示意如图10-89所示。

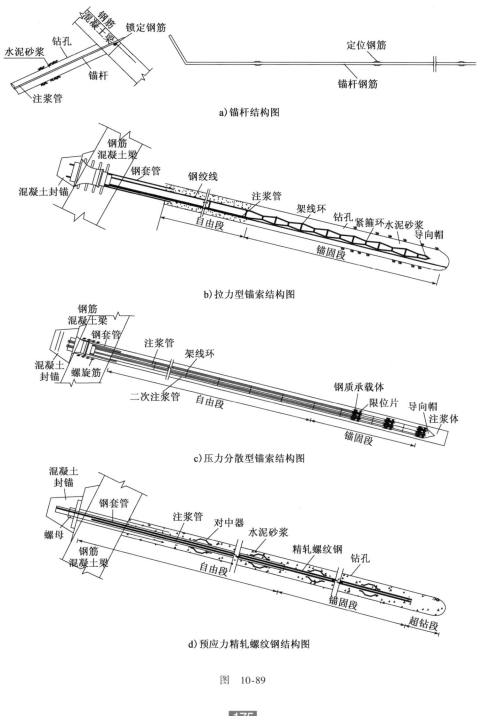

a) 锚杆结构图

b) 拉力型锚索结构图

c) 压力分散型锚索结构图

d) 预应力精轧螺纹钢结构图

图 10-89

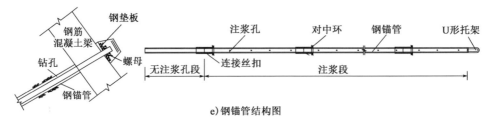

e) 钢锚管结构图

图 10-89　主要锚固工程结构示意图

三、锚固工程的锚固机制和受力特点

1. 锚固工程的锚固机制

全黏结无预应力型与预应力型锚固工程的锚固机制有本质的区别,见图 10-90。全黏结无预应力型锚固工程主要是利用主筋材料及注浆体的抗剪来提高坡体的稳定性,其中注浆体的抗剪能力作为安全储备在稳定性计算时不予计入。预应力型锚固工程在坡体完整性较好时,主要是利用预应力平行于滑面的分力以及垂直滑面的分力形成正压力增大滑面的摩擦力来共同平衡滑坡的下滑力;预应力型锚固工程在坡体完整性较差时,主要是利用坡面反力结构形成的"网兜"在预应力作用下平衡滑坡的下滑力。

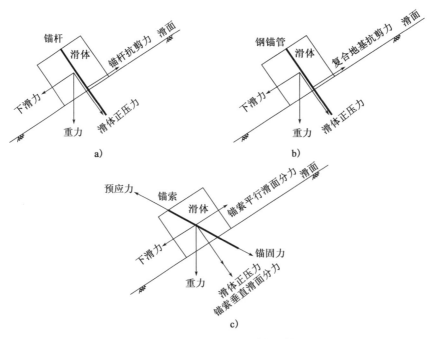

图 10-90　边坡锚固工程受力机制

工程实践中有些技术人员认为预应力锚索不抗剪而对锚索工程的应用有所抵触。其实从锚固工程的锚固机制可以看出,锚索对工程斜坡的锚固是通过预应力来实现的,且锚索结构分为自由段和锚固段,使工程斜坡在发生一定范围内的变形时,锚索可通过自由段的伸缩来调节与岩土体的受力协调,这种"以柔克刚"的工程结构很好地与周边"刚性"岩土体相协调,避免锚索发生抗剪现象。而全黏结锚杆、钢锚管结构,由于筋体全长范围内均与浆体和周边岩土体紧密胶结在一起形成"刚性"结构,即使工程斜坡发生微小的位移,由于筋体不能自由伸缩,全黏结筋体被动通过抗剪力来平衡工程斜坡的下滑力。

2. 预应力锚固工程受力特点

预应力锚固工程在实践中最为常用的是普通拉力型锚索,它是利用岩土体对注浆体的摩擦力以及注浆体对钢绞线的握裹力来提供与预应力相平衡的锚固力。此时,锚固段注浆体处于受拉状态,自由段注浆体处于受压状态,且自由段与锚固段相接部位附近应力高度集中(图10-91)。为有效改善锚固段的受力状态,压力型锚索应运而生。压力型锚索注浆体全长处于受压状态,大大改善了注浆体的力学性能。在此基础上,预应力锚索工程又衍生出锚固段受力更为合理的分散型锚索结构,如压力分散型、拉力分散型、拉压分散型等锚索结构,极大地改善了锚索锚固段的受力状态(图10-92)。分散型锚索一般适用于岩土体抗剪强度较低的地层,特别是压力分散型锚索因其良好的受力性能,能比拉力型锚索提供更大的锚固力,理论上具有广泛的应用前景。

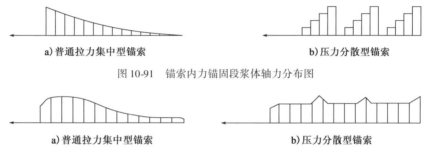

图10-91 锚索内力锚固段浆体轴力分布图

a)普通拉力集中型锚索　　b)压力分散型锚索

图10-92 锚索浆体-岩体界面上的剪力分布图

压力分散型锚索通过外锚头施加预应力后,锚索拉力分别传递至内锚头分散的各个承载体上,通过承压板将压力传递到附近的注浆体上,使注浆体受压后产生微压缩膨胀和压缩变形,继而将应力传递至孔壁附近的岩土体,使岩土体最终承受剪力。分散型锚索在锚固段分段受力后,大大减小了锚固段单位长度上的应力集中,调动了整个锚固段的受力效能。在公路工程斜坡防护工程中,对于 $\phi 130mm$ 或 $\phi 150mm$ 钻孔,每个锚固段受力发挥高效能的范围在5m左右,因此,分散型锚索锚固段的每段长度一般不宜超过5m。但压力分散型锚索的预应力理论上可随锚固段的锚固单元增加而无限增加。

需要说明的是,压力分散型锚索虽然受力机制理论上较普通拉力型锚索大为改善,但由于以下三个主要原因,公路工程中较少采用压力分散型锚索。

(1)承载板后部挤压套施工质量欠佳,往往使挤压套无法锁定钢绞线,造成锚索张拉时钢绞线被抽出。

(2)锚索在钻孔中下锚的过程中,承载板的阻隔作用极易使钻孔中的岩土体被推至每个承载板后部,造成该部位注浆效果较差或很差,在锚索张拉时造成承载板与后部的浆体脱离,对锚索的锚固力和防腐具有很大的影响,甚至由于承载板堵孔严重,锚索无法下孔,这为工程质量留下了很大的安全隐患。

(3)分散型锚索的自由段长度各异,锚索张拉时需依据不同长度的钢绞线进行补偿张拉,但实践中由于长短各异的自由段常造成辨识混乱,导致锚索张拉后钢绞线受力严重失调,直接影响了锚索的工程质量。

压力分散型锚索工程质量事故见图 10-93。

a) 挤压套质量造成坡体失稳

b) 锚索长度不足造成坡体失稳

图 10-93　压力分散型锚索工程质量事故

四、锚固工程设计中的关键点

1. 坡面反力结构几何尺寸

锚杆等全黏结锚固工程对坡面反力结构的力学性能要求较小，坡面反力结构主要起对多个锚固体联结后形成整体的作用，或对坡面起到分割便于坡面工程防护布设的作用。反力结构中配置的钢筋基本为结构配筋，满足结构的最小配筋率即可。反力结构的截面尺寸满足钢筋混凝土施工时的振捣等施工要求即可。

预应力锚固工程坡面反力结构的主要作用是为锚固体的预应力提供良好的基础作用，反力结构应满足以下两个方面的要求：

(1) 坡面反力结构的弯矩和剪力受下伏坡面岩土体性质和结构自身两方面影响，因此，反力结构计算时应采用弹性地基梁模式进行分析计算。

(2) 坡面的岩土体强度需满足锚固工程在预应力作用下的承载力要求，防止出现基底承载力不足导致锚固工程的破坏或预应力损失。

在工程实践中，有些技术人员缺乏地质与结构两方面的知识，造成锚索框架等反力结构设计不合理，以及由此产生的预应力锚固工程破坏事故层出不穷，如图 10-94 所示。

a) 地基承载力不足造成锚索地梁下陷

b) 锚索框架截面偏小造成结构破坏

图 10-94　预应力锚固工程坡面反力结构工程质量事故

2. 预应力锚固工程的间距

预应力锚固工程的间距主要以各单孔锚固力所要求提供的抗拔力为控制标准,一般多为 2.5~4.5m,且不宜小于 1.5m,防止间距过密造成群锚效应而导致锚固工程失效。确需设置小于 1.5m 的间距时,可通过设置不同角度、不同长度的锚固体进行调整。

3. 预应力锚固工程的长度

对于自由段的长度,一般要求进入滑面以下的长度不小于 2.0m,防止滑面起伏造成锚固段置于滑体中,且为有效提供预应力的施加,要求自由段长度不小于 5.0m。

锚固工程的锚固长度是由注浆体与钻孔岩土体的黏结长度、注浆体与筋体之间的黏结长度两部分共同确定的,并取最不利因素作为锚固工程的锚固长度。

对于锚固段长度,一般要求不小于 3.0m,也不宜大于 10.0m。这是因为大量试验和工程实践表明,由于预应力锚固工程的锚固段在受力时呈渐进性破坏,锚固力并不随锚固段长度的增大而呈线形增加。对于公路工程斜坡防护中常用的 $\phi 130mm$ 或 $\phi 150mm$ 钻孔,当锚固段超过 10m 后,锚固力就基本上不再增加。只有当集中受力部分的锚固段破坏后,预应力才向下一节段锚固段传递,形成"竹节式"受力传递模式。故锚固力的再提高,需通过扩大钻孔孔径或采用二次高压注浆等方法来实现。

4. 锚固工程的坡面反力结构设置(图 10-95~图 10-98)

结合岩土体性质采用弹性地基梁模式计算的锚固工程坡面反力结构,纵梁的悬臂在取两锚索之间距离的 1/2 左右时,反力结构的弯矩与剪力相对有利于结构受力。因此,在工程实践中常取 1/3~2/3 的比例制作标准图件是基本可行的。但在工程实践中,有些技术人员在锚固工程的坡面反力结构设置时明显不合理,造成坡面反力结构的安全性存在较大隐患。

如锚固工程框架结构中将最下端的一排锚固工程布设于坡脚,造成以下两个严重问题:

(1) 框架结构受力不合理。框架最下部的锚固工程节点部位缺少纵梁的延伸,造成最下排锚固体部位的框架剪力集中而可能形成剪切破坏;或框架最上部的锚固工程节点部位纵梁延伸过长,造成纵梁弯矩过大而可能造成梁体破坏。

(2) 在碎落台和边坡平台部位坡脚布设的最下一排锚固工程对滑面或潜在滑面的加固效果非常有限,造成工程斜坡存在整体与局部安全问题。

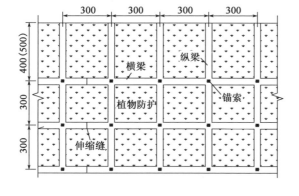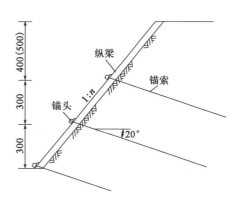

图 10-95 不合理的锚固工程坡面布设示意图(尺寸单位:cm)

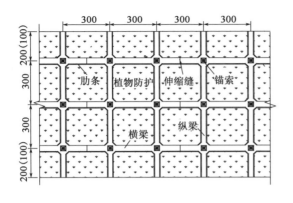 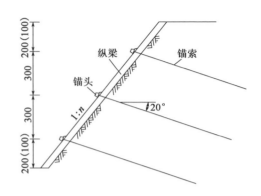

图 10-96 建议采用的锚固工程坡面布设示意图(尺寸单位:cm)

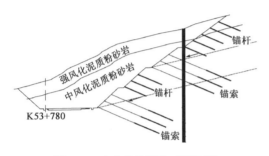 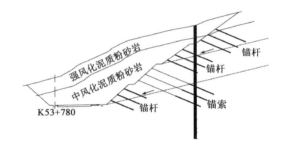

图 10-97 欠合理的锚固工程断面图　　　　图 10-98 合理的锚固工程断面图

5. 锚固工程注浆

锚固工程的锚固力主要取决于注浆体与钻孔孔壁岩土体之间的黏结力,其主要受控于注浆材料、注浆压力和浆体与岩土体之间的黏结强度。

(1)对于注浆材料,工程采用强度等级不低于 M30 的砂浆体或纯水泥浆体都可满足锚固工程要求,但需加强现场浆体配比的质量控制(图 10-99)。

(2)锚固工程必须确保孔底返浆或压力注浆,严禁孔口灌浆。在灌注满足合理配比的浆体时,由于浆体的黏度较大,孔底返浆可有效确保锚固工程的锚固力要求,即使坡体地下水丰富,采用孔底返浆如同水下灌注混凝土一样,可使钻孔中的地下水被孔底返浆的浆体逼出孔外,从而确保锚固工程的锚固力。对于一些特殊"软弱地层"的锚固力,在采用孔底返浆的基础上进行二次高压注浆,实现锚固力的有效提高。

从很多失败的锚固工程中发现,由于技术文件中缺乏严禁上拔的注浆工艺要求,或采用质量很差的聚氯乙烯(PVC)管注浆,或采用孔口灌浆,造成锚固体注浆压力达不到要求或注浆不饱满,这是造成锚固工程质量事故的最常见因素,见图 10-100。

(3)注浆体与岩土体之间的黏结强度τ值与岩土的物理力学性质密切相关,这需要技术人员的长期经验积累和工程实施前采用拉拔试验进行指导确定。但从目前工程实践来看,这两方面工作都不甚理想,这也是造成锚固工程事故发生的一个主要因素。

对于锚固工程中最为常用的二次注浆,根据笔者多年试验和工程实践的专利技术,一般在一次注浆完成后的 2h 左右,利用一次注浆体的封孔作用可有效实施二次高压注浆,不宜在一次注浆与二次高压注浆之间间隔过长时间,以提高现场的工程施作效率。二次注浆提高锚固力是通过以下两种途径实现的：一是通过二次注浆的劈裂作用扩大注浆体的影响半径，形成更大的锚固力；二是通过二次注浆形成的高压提高锚固段浆体对孔壁的正压力，从而提高锚固工程的锚固力。

图 10-99　孔口注浆和浆体配比不合理

图 10-100　注浆不饱满造成锚索套管出水

6. 锚固工程防腐

锚固工程的防腐直接关系到锚固体的有效使用年限，其主要分为体外防腐和体内防腐。

1）锚固工程的防腐技术要求

体外防腐——锚头防腐：一般采用钢筋混凝土或钢罩封闭锚头，混凝土的保护层厚度不应小于 5cm，必要时可设置套管加强防腐；体内防腐：自由段防腐国内多采用均匀涂抹黄油或喷刷防锈漆并外套 PVC 管，国外多采用灌注液体油进行防腐。需要注意的是，锚索编束时应确保自由段下端部 PVC 管的密封，防止注浆时浆液进入自由段的 PVC 管造成自由段失效。锚固段采用压力注浆后利用包裹浆体防腐，必要时可在锚固段缠绕细铁丝网提高防腐效果。

2）锚固工程实践中存在的主要问题

一是锚固工程架线环采用落后的现场制作工艺，造成架线环无法有效确保预应力锚固体在永久工程时浆体保护层厚度大于 2cm 的防腐要求，临时工程的浆体保护层厚度大于 1cm 的防腐要求，以及非预应力锚固体的浆体保护层厚度大于 0.8cm 的防腐要求，从而给锚固工程的防腐带来了很大的安全隐患，尤其是地下水发育或存在腐蚀性时，将严重影响锚固体的使用寿命。因此，锚固工程应尽量使用厂家成品架线环，严格控制锚固体筋体材料的浆体握裹厚度，如图 10-101、图 10-102 所示。

二是对于国内最为常用的普通拉力型锚索，有些技术人员采用无黏结钢绞线编束来提高锚索的防腐效果，但往往造成锚索的锚固段在无黏结钢绞线剥掉聚乙烯（PE）套后，现场无法有效清理钢绞线的油层而影响钢绞线的握裹力，以及孔口张拉部位油脂清理不干净造成夹片夹持困难，易出现滑丝现象，这严重影响了锚固工程质量。因此，没有特殊要求时不建议采用无黏结钢绞线制作普通拉力型锚索。

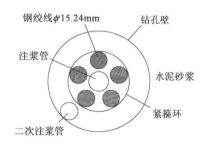

图 10-101　锚固工程架线环及紧箍环示意图

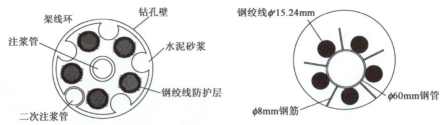

图 10-102　不合规架线环造成筋体保护层厚度不足

三是锚索自由段现场施作防腐欠佳,外套 PVC 套管采用易于损坏的波纹管,严重影响锚索工程质量。

为了解决防腐这一难题,国内如 OVM、法尔胜等公司开发了环氧涂层型钢绞线(图 10-103)、环氧涂层型钢筋,略有不足的是其成本约为普通筋体的 2.5 倍,限制了其工程应用。笔者曾于 2008 年在富水、具有腐蚀性的广东省西部沿海高速公路 K21 滑坡治理中使用了环氧涂层型钢绞线,取得了良好的工程效果。

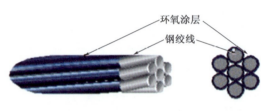

图 10-103　环氧涂层型钢绞线

7. 锚固工程设计拉力的确定

1)锚固工程设计拉力的确定方法

锚固工程的设计拉力由锚固体筋体材料应力要求和安全系数分别确定(表 10-5、表 10-6),并应同时满足这两个参数。

锚固体筋体材料控制应力　　　　表 10-5

锚固体类型	预应力锚固体		无预应力锚固体
	钢绞线	精轧螺纹钢	HRB400 钢筋
永久工程	≤$0.5f_{pk}$	≤$0.7f_{pk}$	≤$0.69f_{pk}/\gamma_0$
临时工程	≤$0.65f_{pk}$	≤$0.8f_{pk}$	≤$0.92f_{pk}/\gamma_0$

注:f_{pk}——筋体材料抗拉强度标准值;γ_0——边坡工程重要系数(一级边坡取 1.1,二、三级边坡取 1.0)。

锚固体安全系数　　　　表 10-6

公路等级	安全系数	
	临时工程	永久工程
高速、一级	1.8~2.0	2.0~2.2
二级及二级以下	1.5~1.8	1.7~2.0

注:二级及二级以下公路有重要对象保护时,按高速公路、一级公路取值;边坡由土质或类土质构成或地下水丰富时,取高值。

需要说明的是,对于现场拉拔试验所测得的钻孔岩土体与注浆体之间的黏结强度τ值,施加预应力时锚固段砂浆体受拉力作用推挤前部自由段砂浆体,从而也调动了自由段浆体的抗拔力,造成现场试验所测得的黏结强度τ值较实际情况偏大,即所测得的锚固体安全系数偏高,这是需要注意的。因此,对于重要工程的锚固体拉拔试验,宜采用自由段不注浆进行试验为佳。

2)锚固工程设计拉力工程实践中的主要问题

有些技术人员参照桥梁结构的锚固工程进行岩土工程的锚固体设置,这是不合理的。因为岩土体中往往存在地下水或其他腐蚀性成分,与桥梁结构中干燥密封的锚固工程设置环境相差太大,两者不能等同对比。尤其是预应力锚固体在高应力作用下,微小的缺陷在遇到合适的腐蚀环境时,其腐蚀速度比天然应力状态下高几十倍,应力越大,腐蚀速度越快。这时筋体表现为脆断而不会出现颈缩现象,造成锚固体存在很大的不确定性。因此,对于环境较差的岩土体锚固工程,张拉力应参照规范要求予以控制。

反之,有些技术人员设置过低的预应力锚固工程设计拉力,造成了严重的工程浪费。如笔者见到有些技术人员将抗拉强度标准值为1860MPa的钢绞线单根设计拉力确定为60kN左右,使筋体安全系数达到了4.3以上,这是明显不合理的。

8. 预应力锚固工程的张拉力确定

1)路堑边坡的预应力锚固工程张拉力确定

为有效减小工程边坡开挖后出现过大的卸荷,锚固体需采用较大的超张拉力进行工程补偿。一般情况下,土质或类土质边坡的张拉力为设计拉力的1.2倍以上,岩质边坡的张拉力为设计拉力的1.1倍以上。

2)滑坡的预应力锚固工程张拉力确定

滑坡在计算分析时按最不利工况进行控制,而这种最不利工况在工程使用年限内出现的概率一般相对较低,故为防止预应力锚固体长期在高应力状况下工作,一般要求张拉采用欠张拉工艺,即张拉力一般取设计拉力的0.8~0.9,允许滑坡在最不利工况下发生一定的变形协调。

9. 填方路堤锚固工程的设置(图10-104、图10-105)

填方路堤的沉降过大易使锚固工程产生附加荷载而可能引起破坏。针对于此,工程中一般要求填方过程中的锚固体预应力分期施加,从而有效协调锚固体在填方加载过程中引起的附加应力增加过大而可能出现的破损情况。即要求填方路堤在填筑过程中在确保临时稳定的前提下,对先期施作的锚固体施加40%~60%的设计拉力。锚固体可在工程填筑完毕后,最终张拉至设计拉力。但需注意的是,锚索的张拉不应超过3次,防止锚头夹片滑丝造成预应力损失。当然,对于填筑多年、路堤沉降到位的填方不存在此类限制。

10. 不同边坡坡率的预应力坡面反力结构设计

不同坡率的公路工程斜坡,预应力锚固工程的坡面反力结构由于边坡坡率的不同,必然造成锚头处的锚固体倾角在不同坡率的边坡之间形成不同的夹角。故需设置不同倾角的垫墩,确保与锚固体的垂直,防止预应力筋体在与坡面存在夹角的情况下形成顺坡面预应力分力。此外,不同坡率的反力结构纵梁长度不同,即使在相同预应力的情况下,也势必在不同坡率的梁体上形成大小不同的剪力和弯矩,一旦不同坡率的边坡采用相同的反力结构,势必会造成预应力锚固工程质量的不可控。10m高边坡不同坡率情况下的锚索纵梁结构如图10-106所示。

图10-104　路堤滑坡锚索加固　　　　　图10-105　加筋土高填方坡脚锚索加固

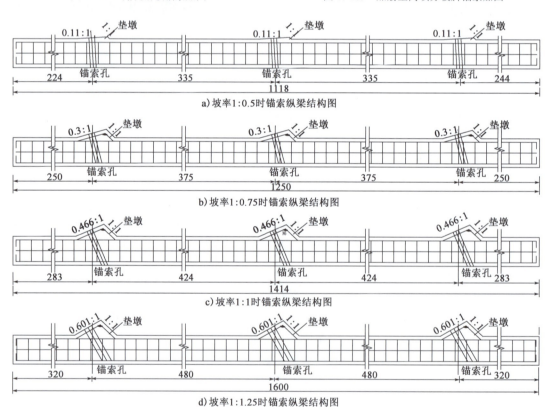

图10-106　10m高边坡不同坡率情况下的锚索纵梁结构图(尺寸单位:cm)

关于锚固工程反力结构纵梁底部的基础设置问题,由于锚固体的锚固力和反力结构与坡面间的摩擦力可确保坡面反力结构的稳定,故一般情况下不需要在纵梁底部设置支撑墩。如锚固工程下部存在冲刷问题需进行防护,则应结合护脚工程、截水沟的沟壁设置对锚固工程的反力结构进行保护,而不应单独设置基础结构,见图10-107、图10-108。

图 10-107　框架底部应结合边沟设置防冲刷工程　　　　图 10-108　无支撑墩锚索框架加固既有挡墙

此外,当边坡坡率缓于1:1.5(含)时,反力结构的设计需采用特殊设计,如在梁体下部设置"牛腿"(图10-109),防止坡率过缓造成锚索张拉过程中产生较大的平行于坡面的分力,导致反力结构向上滑移而出现严重的预应力损失。

如某高速公路顺层边坡,由于在坡率1:2的坡面上设置了没有防滑结构的地梁和锚墩,导致反力结构在锚索张拉后发生了大面积的上爬(图10-110)。经监测发现,80%以上的锚索预应力不及原设计拉力的50%,最终导致坡体出现较大的变形。

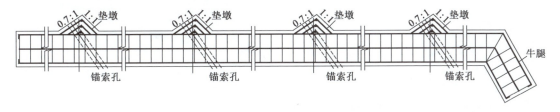

图 10-109　设置"牛腿"的锚索地梁结构图

图 10-110　坡率过缓造成锚索地梁、锚墩上爬

11. 微型桩设置

微型桩主要指直径小于30cm,以钢筋束、钢筋笼、工字钢、钢管等为筋体,钻孔灌注水泥浆或水泥砂浆,辅以桩头设置面板或框架进行连接的支挡工程。

竖向设置的微型桩工程不同于斜向锚固工程,它除考虑桩体的抗剪力外,还需考虑桩体的抗弯能力。由于竖向微型桩长细比较大，工程注浆时在工程实践中往往难以使周边岩土体达到理想的复合地基效果，竖向微型桩的桩体过长时容易出现桩体抗弯能力不足形成的挠曲破坏，故竖向微型桩的长度一般不宜超过20m，且宜采用多排布设，并通过桩头设置的面板或框架提高微型桩纵横向之间的整体受力效果。

微型桩多应用于应急抢险、临时工程或岩质工程斜坡加固，而不宜作为永久工程应用于松散堆积体和富水堆积体，以及较陡斜坡上的"半坡桩"设置，防止微型桩锚固力不足或长细比过大造成工程失败。

如某高速公路长腰坝段以特大桥的形式通过（图10-111），工程施工期间对内侧不断变形的自然斜坡采用工字钢为主的微型桩进行了全坡面加固。但在加固工程完工后，发现内侧自然斜坡仍处于不断的发展变形中，造成位于自然斜坡中下部的左幅桥梁无法施工，且不断发展的斜坡变形直接威胁前部已完工的右幅桥梁安全。经现场调查发现，该自然斜坡由可塑~软塑状粉质黏土构成，并多有滑塌与溜滑现象，上部村道民居多有开裂，地表多有泉水出露，松散、富水的堆积体造成已施工的微型桩几近失效（图10-112）。最后不得不在坡脚设置桩基托梁挡墙+排水+反压的工程进行处治，才确保了左幅桥梁的正常施工与右幅桥梁的安全。

图10-111 长腰坝斜坡病害体全貌

图10-112 失效的微型桩加固工程

12. 坡面反力结构刻槽

锚固工程的坡面反力结构结合地质条件合理在坡面刻槽设置是可行的，它可以提高结构的稳定性并通过对坡面的分块提高坡面的防冲刷能力。对于土质或类土质、极软岩坡面，一般要求反力结构体露出坡面约5cm，其余部位均在刻槽后嵌入坡面以下；软岩~较软岩坡面一般要求反力结构体嵌入坡面以下的深度为15~20cm；硬岩~较硬岩抗冲刷能力较强，且施工过程中的刻槽难度大，因此，一般要求反力结构嵌入坡面以下的深度为0~5cm。

在工程实践中，有些技术人员为追求所谓的"美观"，不区别坡面岩土体性质而统一要求"深刻槽"，这极易造成施工难度的大幅增加和无谓的人力浪费；或要求现场边坡开挖形成完全的"平面"，一旦发生局部滑塌或较大规模的超挖后，便要求采用大规模的混凝土浇筑找平（图10-113），以达到所谓的反力结构"平面"形态，这都是欠合理的。而宜根据现场地质条件，尽量将反力结构与坡面接触，适当嵌补超挖部分，在追求美观的同时，更应注意工程质量。当然，也要反对随意的野蛮开挖和反力结构的悬空（图10-114）。

图10-113　大规模"找平"不利于锚索受力

图10-114　框架大规模"悬空"不利于工程锚固

五、锚固工程施工中的关键点

1. 不同类型的锚索编束

拉力型锚索的钢绞线编束时,在自由段涂抹黄油等防腐涂料后套入PVC管,并采用间距为3.0m左右的架线环保证锚索在钻孔中居中和顺直,确保自由段钢绞线的顺利张拉。锚固段采用间距为1.5m左右的架线环和紧箍环编束后形成"葫芦状",确保锚固段在钻孔中的居中防腐和锚索与浆体之间的锚固能力。

压力型锚索全长均为自由伸缩的无黏结钢绞线,锚索通过钢绞线末端的承载板挤压注浆体形成锚固力。因此,钢绞线编束时只需在全长范围采用间距为3.0m左右的架线环保证锚索在钻孔中居中和顺直即可,这与拉力型锚索的编束有着本质区别,现场施作时应严防不合理的编束影响压力型锚索的正常使用。

如某高速公路采用压力分散型锚索加固工程斜坡,但现场编束时将钢绞线PE管剥离后进行了清洗处理,并采用架线环和紧箍环编束形成"葫芦状",这明显违背了压力分散型锚索的受力机制。

2. 锚具和张拉设备的配套

我国锚具生产厂家众多,但锚具和配套的张拉设备在不同厂家之间存在一定的标准差异。因此,工程施作时应确保锚具和张拉设备的配套,防止标准不同而影响工程质量。

如某高速公路锚索在张拉过程中预应力损失竟平均高达32%,虽经多次补偿张拉仍未有效解决问题。后经观察发现,造成这种损失的主要原因是张拉设备采用OVM型,而锚具采用QM型,由于张拉设备的限位板与锚具夹片之间的间隙过大,在张拉千斤顶卸力时夹片行程过大而不能及时卡住钢绞线,导致锚索回缩量偏大,从而造成了过大的预应力损失。

3. 锚具质量

预应力锚固工程张拉力大,锚具受力非常集中,若施工时采用不合格的锚具,极易造成锚固工程失败。

如某高速公路在K87顺层边坡治理中,施工方将OVM成套锚具替换成自制的厚4cm的钢垫板和非正规厂家生产的夹片,造成锚索预应力施加后钢垫板变形过大和夹片滑丝严重

(图10-115),最终导致顺层边坡发生大规模滑坡(图10-116),损失上千万元,教训是十分惨痛的。

图10-115 不合格锚具造成锚索失效　　　　图10-116 锚索失效造成滑坡发生

4. 预应力锚固体的张拉方法

预应力的施加采用多次张拉和持荷超张拉补偿的方法。多根筋体编束的锚固工程正式张拉前,应首先按设计拉力的10%进行预张拉,确保编束时长度各异的筋体长度一致,防止正式张拉时各筋体伸长量不同而造成预应力各异。预应力锚固体的正式张拉应按设计拉力的10%、25%、50%、75%、110%~120%顺次进行,每级荷载持荷5min以上,超张拉持荷10min后按设计锁定,从而避免过快张拉造成筋体应力集中而出现张拉到位的假象。

对于普通拉力型锚索,由于每根钢绞线的自由段长度一致,因此,可对所有钢绞线同时进行张拉。但对于分散型锚索,由于每个单元体的自由段长度不同,锚索张拉时应首先对长度较大的单元体进行补偿张拉,待补偿张拉到位后,方可进行同时张拉。需要说明的是,对于分散型锚索,应在锚索下孔前对不同长度的单元体采用不同颜色进行标注区别,防止张拉时发生辨识混乱,造成后续张拉工作无法进行。

此外,锚索张拉时一定要使用与锚具配套的限位板,确保张拉时夹片的"自由"。如在某工地锚索张拉时,笔者发现施工人员竟将千斤顶直接顶在夹片上张拉,直接导致预应力无法施加,且造成夹片滑丝。

5. 锚固工程反力结构质量

锚固工程的坡面反力结构由于截面相对较小,施工场地狭窄且施工难度较大,工程施工时极易出现结构配筋欠缺、混凝土质量欠佳或振捣不力,极大地影响了锚固工程质量(图10-117、图10-118),这是工程施工中最常见的问题之一。

6. 锚固工程施工倾角

锚固工程的倾角直接影响锚固段是否有效进入滑面或潜在滑面以下,一旦锚固工程倾角发生大的偏差,极易造成锚固工程"坐船"。工程实践中,为了钻孔出渣方便,施工人员会擅自改动设计倾角,导致锚固工程的锚固段无法进入预定地层而造成工程失效(图10-119、图10-120)。根据笔者经验,通过严格控制搭载钻机的脚手架高度与锚固工程坡面钻孔之间距离,就能批量控制锚固工程的倾角,从而提高现场工程质量监督的可行性,而不宜逐孔采用量角设备进行验证。

图 10-117　锚索框架呈散体状

图 10-118　框架呈蜂窝麻面状

图 10-119　锚索倾角上翘造成工程失效

图 10-120　钻孔水平造成锚固段悬浮于滑面以上

7. 预应力锚固体的张拉顺序

由于现场张拉设备数量所限,施工方不可能对所有锚固体同时进行张拉。因此,预应力施加的最佳顺序为从坡面反力结构的中部开始,逐步向上下两侧过渡循环张拉,这样对反力结构的受力和减小锚固体的预应力损失方面均有很大的益处。

对于工后锚固体预应力损失过大的工程,可采用补偿张拉加以调整。补偿张拉一般在前次张拉后的 20～30d 后进行,可有效减小预应力损失 30%～60%。但切记补偿张拉不应超过 3 次,防止过多的张拉造成锚索夹片滑丝。

8. 锚固工程监测

锚固工程施工队伍水平参差不齐对锚固工程质量有较大影响。如规范规定锚固体的预应力损失应控制在 10% 以内,但工程实践监测显示,大量的锚固工程预应力损失可达 30%～40%,锚固长度不足、注浆不饱满等质量问题层出不穷。因此,将锚固工程作为隐蔽工程进行必要的工程监测与检测是非常必要的(图 10-121、图 10-122)。对于重要工程,一般均需选取一定数量的锚固体进行监测,且监测周期一般不少于 2 个雨季。

六、锚固工程基本试验

锚固工程在施工前应进行基本试验,采用破坏性的拉拔试验来验证设计黏结强度 τ 值的可靠性,即应依据工程地质类比选取与工程区相似的地层进行锚固工程基本试验。一般情况下,锚固体的基本试验取锚固工程总数的3%且不少于3根。

图 10-121　锚杆无损检测

图 10-122　锚索应力监测

1. 基本试验的加载方法

张拉试验的每级加载采用循环荷载,即开始对预应力锚固体施加一个初始荷载,并记录预应力锚固体位移的初始读数,再加载到第一级荷载并记录预应力锚固体的位移值,然后卸载到初始荷载并再次记录预应力锚固体的位移值,接着依次按照一定的加荷等级采用加载-卸载-加载的循环方式进行施作,每加一级荷载均要稳定 5~10min,并测读预应力锚固体位移量不少于 3 次。

2. 破坏条件

为测试锚固体的锚固力极限荷载,试验中出现下列情况之一时可视为锚固体破坏,终止试验:

(1)锚头位移不收敛,锚固体从岩土体中拔出。
(2)锚头总位移量超过设计允许值。
(3)试验中后一级荷载产生的锚头位移增量超过上一级荷载位移增量的 2 倍。

3. 锚固体与岩土体黏结强度 τ 的验算

试验的目的是求得锚固段锚固体与岩土体之间的黏结强度数值,故为测得真实的锚固段岩土体的黏结强度,拉拔试验的自由段应尽量采用不注浆工艺,防止由于自由段注浆体的反向抗压造成计算结论的误差。计算时取试验破坏荷载的95%作为极限荷载,并按下式计算:

$$\tau = \frac{R_u}{\pi \cdot D \cdot L_0}$$
$$R_u = 95\% P$$

(11-15)

式中:P——锚索体试验破坏荷载(kN),由拉拔试验获得;

R_u——锚索体极限荷载(kN),取破坏荷载的95%;

D——锚索体(孔)的直径(m);

L_0——锚固段长度(m);

τ——锚固体与岩土体之间的黏结强度(kPa)。

图 10-123 为笔者指导的某工点锚索拉拔试验的荷载-位移(Q-S)曲线、荷载-弹性位移(Q-S_e)曲

线和荷载-塑性位移(Q-S_p)曲线。图 10-124 为锚索拉拔试验现场照片。

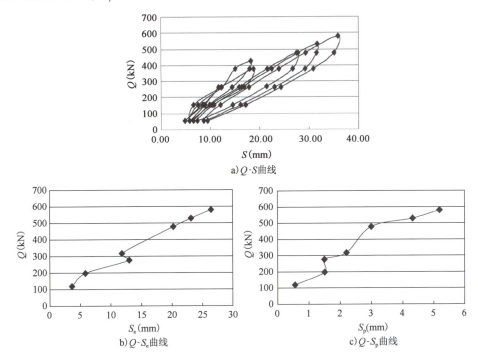

图 10-123 某工点锚索拉拔试验结果曲线

图 10-124 锚索拉拔试验现场照片

七、锚固工程验收试验

工程斜坡锚固工程施作后,应及时进行锚固工程的验收试验,验证工程施工质量的可靠性。即在工程部位随机抽取锚固点,选取数量为锚固工程总数的 5% 且不少于 3 根。验收工程的拉力一般不大于设计拉力的 1.5 倍。若试验不合格,则应抽取锚固工程总数的 30% 的锚固点进行检测。再不合格者判定锚固工程质量欠缺,在对锚固工程进行总体评价后进行工程补救。

第七节　截排水工程措施与应用

水是公路工程斜坡中最为活跃的因子之一,对公路工程斜坡的稳定性具有至关重要的影响,一个具有良好排水工程的工程斜坡,往往可以事半功倍地提高其自身稳定性和大幅度节省工程造价。反之,如果轻视或忽略工程排水而过于倚重工程支挡,则可能由于水的作用而造成工程斜坡失稳。

如向家坡滑坡,由于前四次工程治理没有对后部山体的地下供水进行有效截排,坡体在设置了4排抗滑桩和多排锚索工程后仍然发生了失稳变形。第五次工程治理时,技术人员在滑坡后部设置截水盲洞降低了坡体地下水位,有效提高了滑坡的自身稳定性,继而只设置了1排抗滑桩就确保了滑坡的稳定。

再如张家坪滑坡,在不考虑工程排水时,滑坡下滑力达到了5325kN/m,导致需设置多排抗滑桩进行支挡方能确保滑坡稳定,工程规模浩大。技术人员设置截水盲洞有效截排后部山体的地下供水后,将滑面的内摩擦角提高1.5°,相应的滑坡下滑力大幅度减小为3036kN/m,采用了1排抗滑桩和3排锚索框架就实现了对滑坡的有效治理。工程实施以来,滑坡稳定性良好。

根据排水工程的特点,公路工程斜坡排水可分为地表排水工程和地下排水工程两类。

一、地表排水工程

地表排水工程根据工程位置,可分为坡顶、坡脚及坡面排水工程三类。排水结构物材料强度要求见表10-7。

排水结构物材料强度要求　　表10-7

材 料 类 型	最低强度要求		适 用 范 围
	非冻区、轻冻区	中冻区、重冻区	
片石	MU30	MU30	沟底和沟壁铺砌
水泥砂浆	M7.5	M10	浆砌、抹面、勾缝
水泥混凝土	C20	C25	混凝土构件
	C15	C15	混凝土基础

注:本表选自《公路路基设计规范》(JTG D30—2015),略有修改。

坡顶排水工程主要为堑顶或滑坡后缘截水沟;坡脚排水工程主要为平台截水沟和路基边沟排水工程;坡面排水工程主要为骨架护坡和急流槽等坡面引排工程,以及滑坡体上的树状排水沟等引排水工程。排水工程的截面参数应通过水力、水文计算确定,并与当地生产、生活用水系统有效协调。

1. 坡顶截排水工程

坡顶截排水工程主要应用于拦截流向工程斜坡的自然地表汇水。当坡后具有地表汇水条件、降雨量较大或降雨强度较高的地区一般均需设置,甚至进行多条设置。降雨量较小、边坡较矮或没有地表汇水条件的地段可以根据现场实际情况不予设置截排水沟。如对于边坡高度小于10m或坡顶外侧为反坡,以及我国西北地区降雨很少的部分地段,可以不设置坡顶截排水工程。

截水沟距坡顶或滑坡后缘的距离一般不宜小于5m，但有时为了有效减小征地面积，可根据地质条件、圬工材料等在2～5m之间灵活选择。截水沟应尽量与地面水流方向垂直，以提高截水效能和缩短工程长度，并要求截水沟必须低于来水侧的地面，确保坡后地表汇水能顺利进入截水沟。当截水沟位于松散的地层时，一般要求在截水沟底部铺设5～10cm厚的砂层来调整可能的差异沉降，防止沟底变形造成截水沟开裂。当坡顶存在水田、鱼塘等蓄水构筑物时，需在截水沟下部的渗水影响带内设置截水盲沟，有效截断地下水向工程斜坡方向的渗流。

2. 坡脚排水工程

坡脚排水工程主要截、疏、排地表汇水，确保其顺利排出工程斜坡影响区，也防止路外地表汇水流向工程斜坡。当坡脚存在水田、鱼塘等蓄水构筑物或软土层时，需在截水沟下部的渗水影响带内设置截水盲沟，防止路外地下水渗入影响路基安全。截水沟距坡脚的距离有条件时尽量设置为1m，以减少占地，必要时可适当加大至2m。

边坡平台截水沟主要用于拦截上级边坡的坡面汇水，防止多级边坡坡面汇水形成过强径流冲刷下部边坡。一般情况下，在我国华南、华东等降雨量大的地区需进行逐级设置，在我国华北、东北等降雨量较小的地区可以隔级设置，而西北等干旱地区甚至不需要设置。

3. 坡面排水工程

坡面汇水面积较大可能形成较强冲刷时，需在坡面设置骨架护坡等圬工工程对坡面进行分割，并利用骨架的截水肋条和引水肋条将每个分块内的坡面汇水进行引排（图10-125），有效消减坡面汇水冲刷强度。此类工程主要应用于易于冲刷的土质或类土质工程斜坡，抗冲刷能力较强的岩质工程斜坡一般情况下不需要设置。

坡顶与后部截水沟之间存在凹陷的负地形易于形成地表径流时，或在我国华南等地区暴雨强度较高造成平台截水沟无法有效快速截排边坡区汇水时，需在坡面上设置急流槽对地表汇水进行快速引排，见图10-126。由于急流槽坡降比大、水流急、冲刷力度大，一旦破损将会对坡面形成剧烈冲刷，因此，急流槽应设置在稳定边坡的坡面上，结构必须稳固耐久，端部及槽身应每隔2～5m设置防滑台来增大急流槽的稳定度，且为有效减缓水流速度，急流槽可结合检查踏步设置为台阶形。

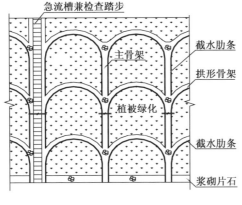

图10-125 骨架护坡引排水示意图

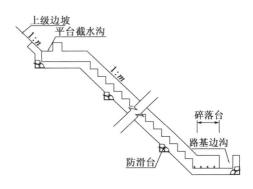

图10-126 急流槽结构示意图

坡面骨架护坡工程一定要确保顶部圬工与坡面顺接,防止过度凸出形成"人造边沟",造成地表汇水由此大量渗入而影响边坡稳定性(图10-127),这在易于渗水的路堤边坡防护工程中尤其要予以重视。

如某高速公路通车运营后,路堤填方边坡出现了多段路面开裂、路基下沉或滑移病害(图10-128)。在现场调查时发现,由于路堤骨架护坡顶部形成"人造边沟",降雨时大量路面汇水由此渗流入路堤造成病害。

图10-127　坡面圬工形成的集水沟病害　　　　图10-128　集水沟汇水下渗造成路基变形

滑坡区的坡面排水工程一般宜顺应滑坡地表汇水形成的冲沟设置,坡面径流较大时需设置纵、横向布设的树枝状或网状排水系统,方便尽快将地表汇水排出滑区。对于欠稳定的滑坡工程,一般要求滑坡体的坡面排水工程最后设置,防止滑体变形造成圬工工程开裂。

4. 地表排水工程形式

地表排水工程依据其使用特点主要有梯形、矩形及浅碟形三种形式,如图10-129所示。梯形截水沟排水能力大,主要应用于坡顶以外截水沟和挖方边坡平台的"上端式"截水沟设置;矩形截水沟占地少,施作便捷,主要应用于坡脚边沟和路堤平台"下挖式"截水沟的设置;浅碟形边沟占地较大,便于绿化,主要应用于地表平缓的路基边沟设置,且往往需在其下部设置盲沟以增强排水能力。

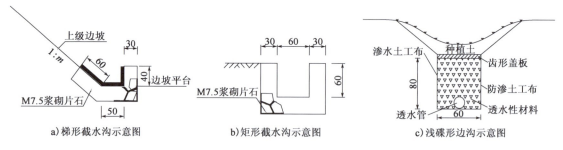

图10-129　地表排水工程形式(尺寸单位:cm)

滑坡地段、边坡卸荷严重地段或填方、弃方不均匀沉降严重地段,为提高排水工程的抗裂能力,排水工程可采用钢筋混凝土圬工进行浇筑,或采用抗裂性能更好、施工方便快捷的不同型号的钢波纹管进行"对半分开"设置,如图10-130、图10-131所示。

图 10-130 钢筋混凝土 U 形排水沟

图 10-131 钢波纹管排水管

二、地下排水工程

地下水的来源主要有降雨和地表汇水入渗、后山地下水或断层水补给、生产生活用水泄漏、水库浸淹、填方堵水等多种类型，是坡体病害的主要原因之一，如图 10-132 所示。地下水排水工程设置是建立在对地下水的水源、位置、补给形式、水量等进行评估的基础上的，主要工程措施有仰斜排水孔、盲沟、渗沟、盲洞、集水井和抽排等多种形式。

a) 富水坡体蠕变造成大桥变形

b) 坡后断层补给造成滑坡挤压抗滑明洞

c) 填方堵水造成某机场高填方滑坡

d) 生产用水造成煤田工业广场滑坡多次滑动

图 10-132 地下水造成滑坡病害类型

1. 仰斜排水孔

仰斜排水孔主要设置于工程斜坡前缘地下水出露点，可有效地对一定深度范围内的地下水进行疏排,有时与其他排水工程联合设置可应用于其他部位,如图10-133所示。仰斜排水孔设置灵活、工艺简单,特别适合于应急抢险工程或在永久工程中设置。

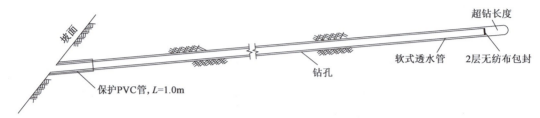

图10-133　仰斜排水孔设置示意图

1)仰斜排水孔的材料类型

20世纪90年代以前,仰斜排水孔材料多采用打孔波纹管或打孔PVC管缠绕渗水土工布制作,但其排水效果较差,易于堵塞,使用5年左右后就可能失效。目前公路工程中的仰斜排水孔多由具有全断面渗水特性的软式透水管制作[图10-134a)],使用年限可达10年以上,是目前国内应用最为广泛的仰斜排水孔材料(图10-135)。软式透水管下孔时需配合长钢筋等材料送至孔底,下孔稍嫌复杂,且在工程应用中,为防止人为抽取透水管中的弹簧材料,需在孔口套用长1m左右的PVC管加以保护。

近10年来,随着材料的更新,国内逐渐出现了易于施工的全断面排水硬式透水管[图10-134b)],目前已在国内多个省份成功应用,取得了良好的排水效果(图10-136),具有较好的推广前景。

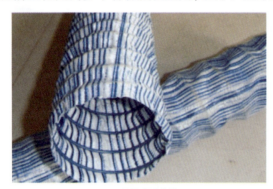

a)软式透水管

b)硬式透水管

图10-134　透水管类型

图10-135　软式透水管排水效果图

图10-136　硬式透水管排水效果图

2) 仰斜排水孔的设置

仰斜排水孔孔径多为 8～11cm，布设间距一般为 5～10m。为顺利疏排地下水和减少淤塞，一般要求排水孔上仰 5°～10°。仰斜排水孔的深度可根据地下水位确定，并要求穿过滑面或隔水层 2m 以上。

在工程实践中，仰斜排水孔的设置常见以下三个问题：

（1）路堑边坡工程中常见对多级边坡，甚至每级边坡均设置仰斜排水孔，这多是欠合理的。因为路堑边坡的开挖必然会造成坡体地下水位的下降，往往造成原来的高位出水点将不再出水，而多从坡脚附近的新临空面部位渗出。故仰斜排水孔宜根据边坡开挖后的地下水位线进行合理设置。

（2）仰斜排水孔设置长度不足。工程实践中多见孔位密布，但长度不足 8m 的仰斜排水孔很难对一定深度范围内的地下水进行有效疏排，也就很难提高坡体自身稳定性，故仰斜排水孔的设置长度一般不宜小于 15m。

（3）有些技术人员认为透水管尤其是软式透水管不抗压，故对将其作为排水材料具有一定的抵触，而倾向于打孔 PVC 材料，这是欠合理的。仰斜排水孔多为小型圆形截面，一般情况下均具有良好的自稳性能，即使钻孔偶尔存在塌孔，但由于软式透水管中弹簧的存在以及硬式透水管自身强度较大，是可以有效保护透水管正常使用的，且透水管在我国已大规模应用近 30 年，成绩斐然，应予以广泛应用。

2. 盲沟

盲沟主要应用于地下水位较浅的工程，有截水盲沟和渗水盲沟两种形式。

截水盲沟主要针对工程斜坡外侧存在浅层地下水需要截排的情况，其结构形式为迎水侧设置透水反滤层，背水侧和底部设置隔水层，见图 10-137。如富水的低填浅挖路基段在路基两侧边沟下部设置截水盲沟，可有效截断路外浅层地下水进入路基，从而有效减少低填浅挖路基的透水性材料换填；堑顶外侧存在水田、鱼塘等渗水源时，可在堑顶截水沟下部设置截水盲沟，从而有效截断渗水向工程斜坡渗流。

渗水盲沟主要针对工程斜坡体存在浅层地下水需要疏排的情况，其结构形式为沟壁两侧和底部均设置透水反滤层，见图 10-138。如路堤填方前在原自然冲沟部位设置渗水盲沟，可有效防止填方体下部积水；工程斜坡坡脚地下水位较高软化坡脚时设置渗水盲沟，可有效减弱地下水的影响。

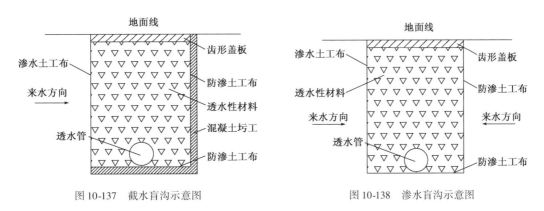

图 10-137 截水盲沟示意图　　　　　　图 10-138 渗水盲沟示意图

盲沟宽度多为0.8~1.5m,考虑到盲沟的施工难度随着深度的增加而大幅度增加,因此,盲沟的深度多为2.0~8.0m。工程施作时多采用对撑工艺,以确保盲沟施工开挖期间的安全。

3. 边坡渗沟

边坡渗沟主要应用于疏排大气影响带范围内的浅层岩土体上层滞水,或减小浅层岩土体的过高含水率,从而有效提高边坡的自身稳定性。加之边坡渗沟埋置于坡面以下,将边坡的浅表层分割为多个块体进行支撑,故具有较好的环境保护和浅层边坡防护效果(图10-139、图10-140)。边坡渗沟特别适用于边坡坡率不大于1∶1的边坡溜塌、滑塌等土质或类土质、强风化岩质边坡的防护。

图10-139　正在施作的边坡渗沟

图10-140　边坡渗沟排水效果图

边坡渗沟通常以5~8m的间距平行于坡向设置,渗沟底部位于坡面以下相对干燥的稳定地层中,但渗沟高度一般情况下不大于3m。边坡渗沟结构断面常采用矩形开挖,宽度一般为1.0~2.0m。为提高边坡渗沟的稳定性,渗沟底部需设置成台阶状,并采用浆砌片石、块石或混凝土圬工进行砌筑或浇筑。边坡渗沟两侧沟壁和沟底台阶后壁设置透水反滤层,反滤层可采用砂砾石或采用无砂混凝土制作。渗沟内部填充小颗粒透水材料,渗沟顶部采用浆砌片石等圬工进行封闭,并往往可与坡面骨架护坡等工程衔接起到坡面防护作用,见图10-141。边坡渗沟有时也可与坡脚矮挡墙联合使用,以适当提高边坡渗沟的稳定性。

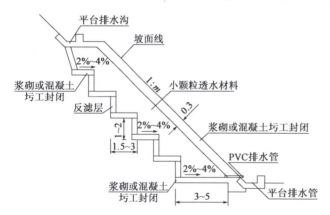
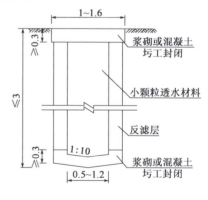

图10-141　边坡渗沟结构示意图(尺寸单位:m)

4. 支撑渗沟

支撑渗沟主要应用于地下水丰富,下滑力相对较小的浅层滑坡或条件适合的部分中层滑坡工程治理,并常与抗滑挡墙联合设置于滑坡前缘部位,如图 10-142、图 10-143 所示。支撑渗沟的主要作用如下:

(1)通过破坏滑面后设置的圬工工程,有效提高滑面的抗剪强度。

(2)通过支撑渗沟的地下水有效疏排,降低坡体地下水位,提高滑坡的自身稳定性。

(3)通过支撑渗沟身的重力作用和渗沟前部的抗滑挡墙,提高滑坡的抗滑力。

(4)支撑渗沟将滑坡分割为多个块体进行支撑,具有较好的环境保护效果。

图 10-142 支撑渗沟用于高边坡治理

图 10-143 支撑渗沟用于滑坡治理

支撑渗沟通常以 6~12m 的间距平行于滑坡主滑方向布设,渗透系数较小时间距取小值,反之取大值。支撑渗沟的深度视滑体厚度而定,但一般情况下不大于 8m,否则会造成支撑渗沟施工困难。支撑渗沟的底部位于滑床以下 0.5~1.0m,并设置 3% 的外倾坡。结构断面常采用矩形开挖,宽度一般为 2~4m,沟壁两侧及渗沟后部滑面以上的部位和台阶后壁设置透水反滤层,渗沟内填筑透水性较好的硬岩、较硬岩等大颗粒集料,顶面设置浆砌片石封面,如图 10-144 所示。

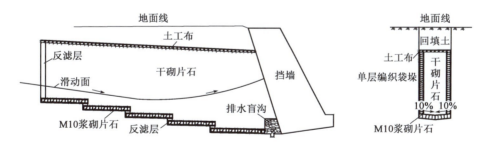
图 10-144 支撑渗沟结构示意图

5. 截水盲洞

截水盲洞(图 10-145、图 10-146)主要应用于地下水丰富、埋藏深度较大,需在滑面以下的适当部位设置截水工程的病害治理。截水盲洞主要分截水段和引水段两部分。截水段位于滑坡后部、滑面以下,用以截排坡后地下来水。引水段主要是将截水段所截排的地下水引排出滑体。

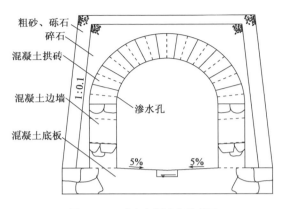
图10-145 截水盲洞结构示意图

图10-146 截水盲洞排水效果图

截水盲洞通常垂直于滑坡主滑方向设置,洞顶一般位于滑面以下 5~10m 的稳定地层中。当滑体厚度较大时,可通过在截水盲洞中设置的仰斜排水孔对地下水进行截排;当滑体厚度相对较小时,可直接在地面上设置垂直透水管,与截水盲洞相连形成地下水联合截排工程。

截水盲洞截面的高度和宽度一般为 2.5~3.0m,以确保盲洞的顺利开挖或在洞中设置钻机进行仰斜排水孔施工。但对一些具有特殊要求需采用机械开挖的截水盲洞,其截面高度和宽度多为 4m 左右,其特点是施工速度较快,但由于截面较大,较人工开挖的小截面截水盲洞造价明显偏高。

截水盲洞内壁常采用带孔钢筋混凝土护壁衬砌,壁后设置反滤层。当截水盲洞长度较大时,每 100m 需设置一个检查井。

6. 集水井

集水井同截水盲洞一样,主要应用于地下水丰富、埋藏深度较大或具有多层地下水位的坡体病害治理。集水井通常布设于滑坡周界外围的稳定地层中,确保集水井的稳定安全和有效截排坡后来水。若需在滑坡体上设置集水井,则应尽量设置在滑坡后部,且其底部应位于滑面以下 1.0m 以上,并需待滑坡支挡工程完工、滑坡稳定后方可进行集水井施工,防止滑坡变形造成集水井破损。集水井结构示意如图10-147所示。

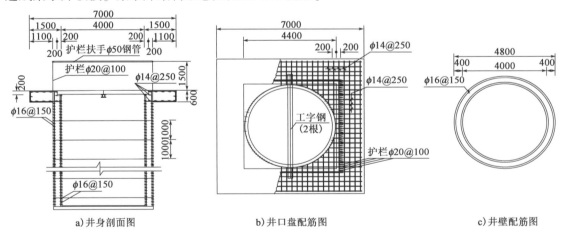
图10-147 集水井结构示意图(尺寸单位:mm)

集水井以"点"状布设,通过在井壁上设置的放射状仰斜排水孔将地下水引入集水井,达到截排地下水的目的。仰斜排水孔可根据地下水的位置多层设置,集水井之间通过设置在井底的连接孔串联后,通过最后一个集水井将收集的地下水排出滑区。集水井的间距一般为40~50m布设一孔,孔径以满足仰斜排水孔钻机在井中的施作原则,工程中多采用3.5~4.0m直径的集水井。

7. 抽排地下水

在一些滑坡周边多有民居且生活用水较为困难时,可将滑坡体中丰富的地下水作为居民的生活用水抽排出滑体。该类排水方式需在地下水位处设置蓄水池,以井水的形式储存地下水,定期将地下水抽排出滑体,作为居民的日常生活用水。

如北京戒台寺滑坡在抗滑桩施工时发现大量地下水,最大出水量达 $60m^3/d$,故在地下水丰富的 4 号、6 号、14 号及 25 号抗滑桩深约 50m 的桩底和桩侧设置了蓄水池(图 10-148、图 10-149),桩中预留抽水管用于定期抽排地下水。这不仅解决了滑坡的深层排水问题,也有效解决了附近居民的生活用水困难。

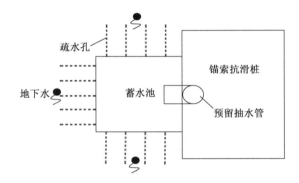

图 10-148 蓄水池位于抗滑桩侧面

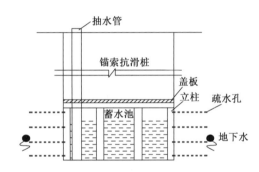

图 10-149 蓄水池位于抗滑桩底部

第十一章　公路工程斜坡病害防治原则与方案

顾宝和大师说过:"岩土工程面对的是千变万化的地质条件和多种多样的岩土特性,需因时制宜,因地制宜,视工程要求不同而酌情处置,处理办法又常常因人而异,各具特点和个性,不同的人可以开出不同的处方,因而富含更多的艺术元素。有些处置得非常巧妙,有创意性,有可欣赏性,给人以美感,呈现出独特的艺术魅力"。这也正是公路工程斜坡病害防治方案所具有的特点。

公路工程斜坡病害防治方案,应是顺应自然规律的合理选择结果,正如"文章本天成,妙手偶得之"。凡是违背自然规律的,要么工程防治失败,要么工程造价过高,更谈不上给人以"美感",正所谓"应之以治则吉,应之以乱则凶"。

公路工程斜坡病害防治方案的确定,处于公路工程斜坡病害防治的全过程核心,是公路工程斜坡病害防治的关键。方案合理、对症下药,则病害防治事半功倍;反之,方案失之毫厘,则病害防治谬之千里。要确定安全、经济、环保的公路工程斜坡病害防治方案,即"领导放心、业主满意、同行服气、造价节省、施工便捷"的工程方案,岩土工程师必须具有扎实的理论基础,又要具有丰富的工程实践经验;必须具有良好的工程地质知识,又要具有良好的工程结构知识;必须具有丰富的病害防治设计阅历,又要具有丰富的现场工程经验。否则,某一方面知识的缺乏,都可能造成病害防治方案的欠合理,甚至是不合理。

公路工程斜坡病害防治可分为坡面病害防治、边坡病害防治和坡体病害防治,它们之间是相互关联、相互影响的。一个良好的坡面病害防治,不但可以营造良好的行车舒适感,提高绿色公路品质,也可为边坡和坡体病害防治提供一定的辅助;边坡病害的防治,往往兼顾坡面病害防治或坡体病害防治;坡体病害防治有效可靠,是坡面病害防治和边坡病害防治有效的必要条件,否则一旦坡体出现变形失稳,则依附于其的坡面和边坡病害防治也就无从谈起。

第一节　公路坡面病害防治原则与方案

坡面病害防治的主要作用是确保坡面的稳定性,兼顾抑制诱发边坡或坡体病害的作用,并采取以水保、环保为主要功能的工程措施。坡面病害防治工程的设置应结合所依附的工程斜坡功能、岩土体性质、地质构造、水文地质、气候条件,以及建筑材料、周边环境等因素综合确定。

(1)高速公路、一级公路、国省干道或环保要求较高的旅游公路,原则上坡面病害防治工程优先采用针对性的绿化防护,其次考虑设置圬工工程或和有利于营造行车舒适感的柔性防护工程。等级较低的县、乡、村公路,可灵活根据地质环境、工程经济性、建筑材料和工程的可实施性等因素选用坡面病害防治工程的形式,有条件时尽量选用绿化防护工程和柔性防护工程。

（2）坡面绿化防护方案需注意以下关键点：

①依据坡面所在的岩土体性质合理选用坡面绿化基材。如硬岩、较硬岩形成的较完整岩质坡面基本不具备植被生长条件，而土质、类土质、极软岩、破碎岩坡面的植物生长条件较好，可针对性地根据植物的生长条件合理选用肥料、黏结剂、保水剂、客土厚度等土质改良基材。

②依据坡面的坡形坡率和工程的经济性指标，合理选用绿化形式。如土质、类土质、极软岩、破碎岩的坡面：当坡率缓于1:1.25（含）时，宜优先采用喷播植草进行防护；若区内降雨量较大，则宜结合骨架护坡对坡面进行防护，防止坡面汇水面积过大形成径流冲刷坡面；当坡率为1:1时，宜优先采用三维网植草绿化防护工程；对于硬岩、较硬岩形成的较完整岩质坡面，可采用喷混植生、六棱砖植草等进行绿化，必要时可结合主动网进行防护；坡面有锚固工程等分割或支撑坡面的结构物时，坡面绿化措施可提高一个坡度等级应用。

③依据坡面所在的地理环境合理选用绿化植物品种。不同的植物具有不同的适宜生长环境，绿化植物的选取必须符合当地的气候环境和土壤特性。

④坡面绿化时宜在草籽中加入30%左右根系发达灌木的种子，从而形成立体式坡面绿化防护，提高防护工程效果。对于条件限制采用护坡、挂网喷混凝土等圬工工程的坡面，宜在坡脚和平台上设置爬藤植物对圬工坡面进行绿化。

（3）富水或季节性冻土地段，除工程抢险外，宜慎用挂网喷混凝土工程。土质、类土质坡面设置拱形骨架、人字形骨架、网格骨架等圬工工程时宜在坡面进行适当刻槽，以提高骨架对坡面的分割和支撑效果。但对于耐冲刷的岩质坡面，不建议采用骨架护坡。

（4）坡面病害防治工程的有效性是建立在边坡或坡体稳定基础上的，否则"皮之不存，毛将焉附"。

（5）无论是绿化防护工程还是圬工防护工程，工程措施均应紧贴坡面施作，防止地表水从两者夹缝中渗入造成防护工程的损坏。通过多年的实践调查发现，公路坡面病害防护工程由于脱离坡面、悬空造成防护失败的现象是比较严重的。

（6）坡面病害防治工程的设置应特别注意当地人文环境，力争与当地民俗、文化相和谐。如有些地区群众对拱形骨架比较忌讳，防治工程设置时应尽量避免；有些地区群众偏好坡面图腾，则应尽量在当地民众的指导下设置符合当地文化的图腾。

（7）路堤填方坡面附近由于难以保证较好的压实度，松散的坡面对降雨敏感，在暴雨时极易出现坡面冲刷等病害。路堑边坡开挖的过程中势必会造成浅表层岩土体的损伤，增加对水的敏感性，并可能成为边坡或坡体病害的诱因，故应加强人工坡面的及时防护。

如某高速公路昔格达半成岩边坡高约43.1m，采用与原自然斜坡坡面近于一致的1:1.5坡率开挖后设置坡面网格骨架绿化防护。边坡开挖基本到位的半年时间里，由于坡面绿化防护长期没有实施和平台截水沟质量的失控，雨季时大量地表水沿平台截水沟灌入边坡或大量坡面汇水沿半成岩裂隙渗入坡体，造成坡体整体发生了规模约$10 \times 10^4 m^3$的滑坡病害（图11-1、图11-2）。

（8）正在通车运营的公路，坡面病害防治应依据具体病害特征、通车条件和施工环境，合理设置防治工程。

如某条正在运营的高速公路，2014年雨季造成几十处路堑边坡坡面发生病害，技术人员拟采用刷方、护坡、挂网喷混凝土、挡墙等多种形式的防治工程进行处治，这造成现场的可操作性差而可能无法有效组织施作。现场咨询时,笔者建议工程措施应简单易行,防护形式切忌多样,在对公路正常运营干扰小的原则下,依据坡面水毁性质,对病害采用以截排水为主,辅以工艺简单易行的护坡嵌补、封闭,并栽植爬藤植物的工程防治措施进行了处治,工程实施后取得了良好的效果。

图11-1 昔格达坡体整体失稳发生滑坡

图11-2 边坡平台截水沟破损而渗水严重

第二节 公路边坡病害防治原则与方案

一、公路边坡病害防治原则

(1)贯彻"预防为主、防治结合、治早治小"的理念和原则。通过积极的工前预防减少边坡"患病"概率,对"患病"边坡进行积极的"治疗",防止工程处治不及时造成"小病拖成大病"。

(2)贯彻以岩土体性质和坡体结构为基础,合理选择坡形、坡率和工程防护措施的原则。边坡坡率过陡,往往会造成边坡沿最大剪应力面破坏;边坡中存在外倾的结构面时,往往造成边坡沿结构面出现滑移;二元结构边坡的覆盖层易沿土岩界面发生边坡病害;边坡开挖过陡会造成坡脚压应力、剪应力和坡顶拉应力过度集中时,尤其是当上级边坡坡脚的压应力和剪应力与下级边坡坡顶的拉应力重叠时,极易造成边坡变形破坏。因此,依据岩土体性质、坡体结构,合理设置坡形、坡率和防护工程是防治边坡病害的基础。

(3)贯彻"治坡先治水"的原则。通过设置有效的地表水和地下水截、疏、排工程,提高边坡的自身稳定性。

(4)贯彻严控工程质量,确保防护工程合理有效的原则。开挖或填筑边坡的及时防护,可有效减小边坡开挖卸荷松弛规模和稳定性降低的程度。

(5)贯彻人类工程与自然环境相和谐的原则,提高公路工程品质。

二、公路边坡病害防治方案

高度小于20m的边坡病害防治,最重要的是设置合理的边坡坡率和边坡平台,提高边坡的自身稳定性。对于特殊条件限制而无法采用稳定坡形坡率的工程边坡,应采取工程措施予以辅助。

第十一章 公路工程斜坡病害防治原则与方案

1. 合理设置边坡坡形坡率

依据岩土体性质的坡形坡率合理设置是预防边坡病害的关键之一，是边坡病害防治的重要切入点。边坡高度小于20m的土质或类土质填方路堤稳定边坡坡率见表11-1，边坡高度小于20m的岩质填石路堤稳定边坡坡率见表11-2。边坡高度小于20m的土质或类土质挖方路堑推荐边坡坡率见表11-3，边坡高度小于30m的岩质挖方路堑推荐边坡坡率见表11-4。

土质或类土质填方路堤稳定边坡坡率　　　　　　　　　　　表11-1

填料类别	边坡坡率	
	上部高度($H \leq 8m$)	下部高度($H \leq 12m$)
细粒土	1:1.5	1:1.75
粗粒土	1:1.5	1:1.75
巨粒土	1:1.3	1:1.5

岩质填石路堤稳定边坡坡率　　　　　　　　　　　表11-2

填料类别	边坡坡率	
	上部高度($H \leq 8m$)	下上部高度($H \leq 12m$)
硬质岩石	1:1.1	1:1.3
中硬岩	1:1.3	1:1.5
软质岩	1:1.5	1:1.75

土质或类土质挖方路堑推荐边坡坡率　　　　　　　　　　　表11-3

土质或类土质类别		边坡坡率
黏土、粉质黏土、塑性指数大于3的粉土		1:1
中密以上的中砂、粗砂、砾砂		1:1.5
卵石土、碎石土、圆砾土、角砾土	胶结和密实	1:0.75
	中密	1:1

注：黄土、红黏土、高液限土、膨胀土等特殊土质边坡不计入本表。

岩质挖方路堑推荐边坡坡率　　　　　　　　　　　表11-4

岩体类型	风化程度	边坡坡率	
		$H < 15m$	$15m \leq H \leq 30m$
Ⅰ	未风化、微风化	1:0.1~1:0.3	1:0.1~1:0.3
	中风化	1:0.1~1:0.3	1:0.3~1:0.5
Ⅱ	未风化、微风化	1:0.1~1:0.3	1:0.3~1:0.5
	中风化	1:0.3~1:0.5	1:0.5~1:0.75
Ⅲ	未风化、微风化	1:0.3~1:0.5	—
	中风化	1:0.5~1:0.75	—
Ⅳ	中风化	1:0.5~1:1	—
	强风化	1:0.75~1:1	—

2. 合理确定边坡平台

依据岩土体性质的平台合理设置是预防边坡病害的重要因素,是有效消减边坡应力集中与重叠的必要工程措施,也是今后公路运营过程中边坡养护的工作平台。挖方边坡的平台宽度一般不宜小于 2.0m,若条件限制需减小平台宽度时,宜采取必要的工程措施予以补偿;填方边坡由于边坡坡率较缓,应力集中程度较低,故边坡平台宽度一般取不小于 1.0m 即可。

两个特殊应用的边坡平台设置:一是用于确保坡体整体稳定性的反压工程平台,平台宽度应确保填土的有效土压力,即一般要求反压体顶部平台的宽度不宜小 5.0m;二是一些高度超过 60m 的深挖路堑边坡,为有效消减边坡应力集中,在地形地貌允许的条件下,可在边坡中部附近的合适部位设置宽度不小于 5.0m 且不大于 15.0m 的宽大平台。

3. 合理设置边坡病害防治工程

由于地形地貌、结构物等限制,或边坡岩土体性质软弱、坡体含水率偏高,边坡无法采用稳定的坡形坡率和合理的平台设置时,需设置必要的病害防治工程。

边坡病害防治工程多以锚杆、钢锚管、护面墙、矮挡墙等工程为主。坡体地下水丰富时,需设置边坡渗沟、支撑渗沟、格宾挡墙等疏排地下水和兼有支撑抗滑作用的工程。高边坡、滑坡等坡体病害防治时,边坡防治往往兼有"固脚、锁头"和确保局部稳定性的作用。

4. 合理利用边坡既有工程进行病害防治

正在运营的公路边坡出现病害时,应结合病害特征首先选用排水、利用既有工程补强的处治方案,尽量避免采用刷方、占用路面施工等不利于公路正常运营的工程处治方案。

如正在运营的某高速公路 K98+125～K98+256 段为半路半桥,其中右幅路基采用高约 11m 的路中挡墙支挡,挡墙抗滑能力不足和右侧边沟渗水造成挡墙整体外移和开裂,严重威胁左幅大桥的安全。病害处治时技术人员拟采用封闭道路后在路基范围内注浆加固,路中墙外侧墙基部位设置抗滑桩进行支挡的综合处治方案。

现场咨询时,笔者依据病害特征和高速公路运营的实际情况,建议采取在边沟下部设置截水盲沟,墙后设置长 15m 的仰斜排水孔等措施有效截排地表水和地下渗水;在路基段车辆正常通行的情况下,利用右幅大桥下部作为施工平台,在开裂路中墙的胸坡上设置厚 30cm 的钢筋混凝土面板,继而采用 9～12m 长的锚杆工程对既有挡墙进行加固,有效限制挡墙位移对桥梁形成的巨大影响(图 11-3、图 11-4)。该处治方案造价是设计方案的 30%,且施工方便快捷,对行车干扰和社会影响小,工程使用多年来,一直保持稳定。

5. 依据公路性质合理确定边坡病害防治方案

应依据公路性质、环境等因素综合确定公路边坡病害防治方案。

如九寨沟风景区旅游公路 K9+135.91～K9+254.71 段左侧路堤加宽时,原设计方案采用浆砌片石衡重式路肩挡墙进行支挡加宽处治。咨询时笔者认为九寨沟作为世界自然遗产,衡重式挡墙的挖基和占地规模不利于自然环境的保护。此外,九寨沟风景区旅游公路交通流量相当大,采用衡重式挡墙为主的防治方案,墙基的开挖会造成严重的交通堵塞,且工程施工周期偏长,非常不利于景区的正常管理和运营。基于此,建议采用施工速度快、自稳性良好的泡沫轻质土进行路堤加宽(图 11-5),将原方案的施工周期压缩为 10d,且泡沫轻质土外形美观,有利于环境保护。

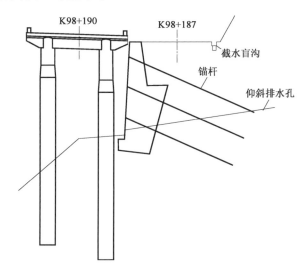

图11-3 面板式锚杆加固既有挡墙示意图

图11-4 竣工后的加固挡墙外观

同样,位于九寨沟风景区的K9+400~K9+460段右侧路堑加宽时,原设计方案采用放缓边坡+浆砌片石路堑挡墙进行支挡加宽。咨询时笔者认为设计方案边坡挖方高度大,非常不利于核心景区的环境保护。基于此,建议采用边坡挖方规模很小的轻型肋板式锚杆挡墙进行路堑开挖加宽(图11-6),大幅降低了边坡高度,且肋条之间设置易于绿化的"百叶窗"挂板。工程施作后,受到相关主管部门的一致好评。

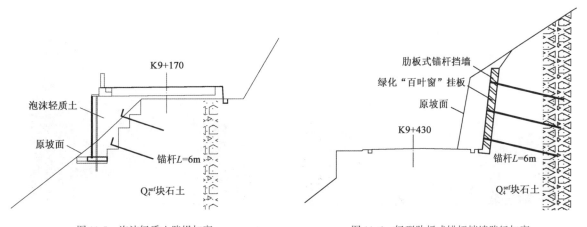

图11-5 泡沫轻质土路堤加宽　　　　图11-6 轻型肋板式锚杆挡墙路堑加宽

第三节　公路崩塌防治原则与方案

一、公路崩塌防治原则

(1)以翔实的工程地质资料为基础,依据崩塌所在坡体的岩土体性质、坡体结构、影响因素,分析崩塌机理,结合公路等级,合理制定崩塌防治措施。

(2)崩塌体的稳定性分析采用定性分析判断和定量计算相结合的模式,根据现场实际情况对两者的结论进行相互校核,综合评定崩塌体的稳定性。

(3)积极有效地对影响危岩体稳定性的地下水或地表水进行截、排,提高危岩体的自身稳定性,降低崩塌发生的概率。

(4)加强崩塌防治的全过程监测。通过前期系统监测起到防灾、减灾的效果;通过工程实施阶段的系统监测有效指导工程施工;通过工后系统监测有效检验崩塌体防治的工程效果。

(5)在确保工程安全的前提下,兼顾工程的经济性、现场的可操作性和后期的有效养护性。

(6)尽量避开降雨时和春融期施工。降雨和春融时水的作用极易诱发崩塌,因此,崩塌防治工程应尽量避开不利时期施作,防止在水的作用下崩塌突然发生而危及工程人员的安全。

二、公路崩塌防治方案

崩塌的防治方案依据崩塌性质和保护对象,主要采用绕避、主动防护和被动防护三种。

1. 绕避方案

线路所经地段山体高大陡峭、崩塌分布范围广泛且规模巨大时,公路选线应采用积极主动的绕避方案(图11-7)。线路的绕避方案可采用将线路外移到对岸进行布线,或将线路内移采用隧道的形式通过。若采用明线通过,宜尽量将线路布设于崩塌落石的停积区(图11-8),条件允许时尽量采用路堤的形式通过,必要时结合拦石墙、被动网、落石槽等工程措施弥补停积区偏小的不足。

图11-7　高山峡谷段合理布线绕避崩塌　　　　图11-8　线路布设于停积区躲避崩塌

如川藏高速公路雅康段和汶马段,线路多布设于大渡河和岷江流域的峡谷深切、岸坡陡峻、构造极为复杂的崩塌高发地带。设计阶段依据严格的地质选线理念,对绝大部分的崩塌,通过合理的线路平面、纵面优化和合理设置隧道等进行了积极主动的绕避,极大地降低了高速公路施工阶段和运营阶段的安全风险。

2. 主动防护方案

(1)崩塌危岩体稳定性较差、裸露面积不大、母岩破碎程度较轻、危岩块体数量较少时,一般情况下采取全部清除的工程措施。对于岩块体积较小的危岩体可采用简单的人工撬动方式进行清除;当危岩体坚硬、块体较大时可采用爆破清除,但爆破须采用严格的小爆破工程技术,严禁野蛮爆破,以免过强的爆破振动引起母岩的节理裂隙扩大,或造成岩体中产生新的节理裂隙。

(2)崩塌体由完整性较好的岩体构成,且凹腔下部存在较好的基岩时,可在崩塌体下部的凹腔部位设置窗孔状、柱状圬工工程进行支顶(图11-9),用以减小上部崩塌体的倾覆力矩。

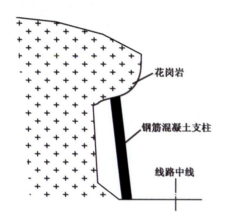 

图11-9 完整性较好危岩体的柱状支顶

(3)崩塌体由完整性较差的岩体构成,且凹腔下部基底稳定性较好时,可在凹腔部位设置连续封闭的圬工工程进行支顶(图11-10),在减小上部崩塌体的倾覆力矩的同时,可有效减缓空腔部位软弱岩体的风化速度。

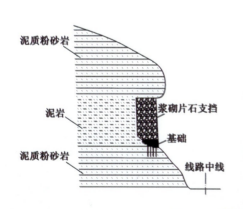 

图11-10 完整性较差危岩体的墙式支顶

(4)危岩体由破碎易风化的软岩或较软岩构成时,可采用挂网喷混凝土、护面墙等进行防治;危岩体为岩体强度较大的岩堆、风化球或人工开挖形成的坡面危岩时,可优先采取设置主动网、导石网等措施进行防治,如图11-11所示。崩塌所在的坡体存在稳定性问题时,可设置结构锚固工程进行处治,如图11-12所示。

图11-11　主动网+锚杆防护崩塌

图11-12　工程锚固主动加固崩塌体

（5）滑移式、倾倒式崩塌可根据危岩体的性质，采用锚索、锚杆等锚固工程以及微型桩、喷锚防护等支挡工程结合截排水措施等进行处治。

3. 被动防护方案

线路与坡体之间存在较大的平台时，可在线路落石侧设置落石平台、落石槽、拦石墙、被动网、钢格栅等被动防护，必要时可采用综合处治的方法（图11-13）。

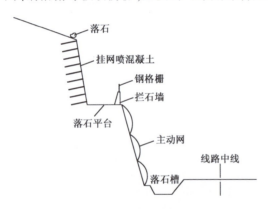
图11-13　崩塌危岩的综合防治

对于崩塌分布范围和规模较大且地形陡峻的地段，若无法采用线路绕避方案，或原位主动加固防护难度大，甚至是不可操作的，应首先考虑在路基影响范围段设置刚性棚洞或刚性明洞（图11-14、图11-15），并依据崩塌的冲击能量合理设置洞顶的缓冲层；对于崩塌分布范围较广，但落石能量较小的地段，可采用轻型钢架棚洞、柔性明洞等进行防护。崩塌病害发生位置往往与公路有一定的高差，因此，应在保护公路的原则下，合理设置崩塌防护工程，切忌纸上谈兵，造成工程无法现场实施或工程经济性指标失控。

图11-14　刚性棚洞防治崩塌

图11-15　刚性明洞防治崩塌

如某国道燕子崖隧道洞口上部高约450m范围内存在大量崩塌危岩，山体近直立（图11-16）。技术人员采用对崩塌源进行锚杆主动加固的处治方案，工程施工难度相当大，崩塌源处治的工程造价约220万元，而脚手架临时工程造价达450万元，且工程质量无法保障。若以保护公路为原则，在公路路基落石部位设置造价约200万元、长约30m防落石明洞，则可彻底解决该段崩塌问题。

图11-16　燕子崖崩塌体全景

需要说明的是，考虑到崩塌危岩下落时运动轨迹的不确定性，棚洞或明洞设置时应确保有足够的安全长度。

如国道G213线在汶川地震灾后重建时设置了大量的刚性棚洞或刚性明洞，对保护国道的畅通起到了至关重要的作用。但其中三处棚洞和明洞设置长度偏短，造成崩塌体直接冲击公路的事故。

第四节　公路高边坡病害防治原则与方案

高边坡是指高度大于20m的土质或类土质、高度大于30m的岩质人工边坡，由于其与普通边坡在处治原则与处治方案上存在较大差异，故单独成节。

一、高边坡病害防治原则

1. 预加固和工程补偿的原则

高边坡病害防治应积极贯彻预加固和工程补偿原则，尽可能地限制由于开挖临空面的形成导致的坡体卸荷松弛，或加载后重力场变化引起的坡体稳定性降低。也就是说，高边坡的开挖或加载，应积极设置合理的防护工程，尽快补偿由于开挖或加载造成的坡体稳定性损失。

2. 优先治水的原则

高边坡的开挖或加载必然会在短期内"快速"改变坡体的应力场和渗流场，造成挖方坡体地下水位下降和水力梯度加大，使开挖临空面成为新的地下水排泄面和地表水排泄通道，造成填方路堤坡体地表水和地下水排泄通道的改变，出现地表水的蓄积和地下水位的升高。因此，积极采取高边坡的截、疏、排水工程措施，是有效防治高边坡病害的优先选项。

3. 固脚强腰、分级治理的原则

高边坡的高度较大，坡体和边坡均存在潜在失稳的可能，故高边坡的防治应依据高边坡的应力分布和坡体结构等特征，重点加强坡脚应力集中部位的工程加固，起到对整个高边坡"固脚"的作用，并对高边坡的"半坡"潜在失稳部位进行工程约束，起到高边坡的"强腰"作用。

4. 动态设计、信息化施工的原则

高边坡设计是依据前期现场调查和地质勘察,结合拟采用的工程改造进行的预测性设计。但由于地质条件的复杂性,存在设计阶段与现场实际地质资料不符的可能,即高边坡设计具有预测性、风险性的属性。这就需要积极贯彻动态设计、信息化施工的原则,适时进行现场校核,及时调整高边坡防治措施。

5. 全过程监测的原则

高边坡开挖或填筑规模大、暴露面广、施工工序复杂,不可预测的因素较多。因此,高边坡在施工和工后1~2个雨季期间宜进行必要的监测,为有效指导工程施工和进行工后评价提供必要的资料。

6. 完善技术文件、加强工程质量控制的原则

高边坡病害防治除严格控制工程质量外,还应有满足现场施工要求的技术文件。

如某高速公路顺层高边坡采用全坡面锚索框架进行加固,但由于设计文件中缺乏相应的锚索"孔底返浆"工艺图件和工程数量,施工人员直接采用孔口灌浆,且浆液配比明显欠佳,造成锚索锚固力基本没有保障,加之锚索框架施工质量太差,导致高边坡在全坡面锚索工程完工后发生了大规模的整体滑移。

7. 定期养护的原则

高边坡病害的防治规模往往较大,工程类型较多,相互关联度较高。因此,高边坡应加强工后的定期养护,对工程的使用状况进行定期评估,对不满足边坡安全要求和使用效果欠佳的工程措施,通过养护进行及时修缮,确保高边坡的长治久安。

二、高边坡病害防治方案

1. 以翔实的地质勘察资料为基础,合理确定病害防治方案

翔实的地质勘察资料是合理进行高边坡病害防治的基础,是防治方案合理确定的最核心、最关键控制因素。只有经过严谨的现场调查和合理的地质勘察,才能确定符合现场实际情况和坡体地质环境的高边坡病害防治方案。切忌现场调查"走马观花",地质勘察"流于形式",否则可能造成高边坡病害防治方案出现偏差。

某高速公路K47+890~K48+525段高边坡高约60m,开挖至二级边坡时上部坡体发生了整体下错变形,造成逐级开挖施作的锚索工程出现不同程度的破坏。病害现场调查时,由于地质调查不深入、不细致,认为坡体病害是由于开挖卸荷、应力释放所致,拟在全坡面加密锚索工程对病害进行处治。后续现场调查时笔者发现,高边坡开挖前在堑顶自然斜坡设置了大量的垫墩锚索预加固工程,并采用开挖一级、防护一级的工程施作模式,卸荷、应力释放不应造成上部全风化花岗岩出现整体下错病害(图11-17)。坡体的病害实质是花岗岩大规模入侵和多条断层发育,造成坡体在富水作用下依附于陡倾贯通性结构面与坡脚断层破碎带形成的底错带发生错动(图11-18)。

基于此,病害处治方案应重点加强接触带地下水的疏排和软弱底错带的加固,而不应对软弱底错带上部花岗岩采用"坐船"式加固。由此,建议采用在软弱底错带部位设置仰斜排水

孔+大直径微型桩排+面板式锚索为主的工程处治方案,弱化上部花岗岩错落体的工程加固。工程实施后取得了良好的效果。

图 11-17　边坡沿接触带发生剪出变形

图 11-18　接触带处地下水成股状流出

再如某高速公路互通 EK0+200~EK0+460 段高边坡,坡体地下水丰富,设计采用 1:1.25~1:2.0 的缓坡率开挖+锚索框架+抗滑桩为主的防治方案(图 11-19)。但在工程实施后,松散、富水的堆积体和过缓的坡率造成锚索张拉后框架上爬,导致锚索预应力损失严重,直接造成高边坡开挖后上部堆积体沿土岩界面发生了越过抗滑桩顶的大规模滑坡,见图 11-20、图 11-21。

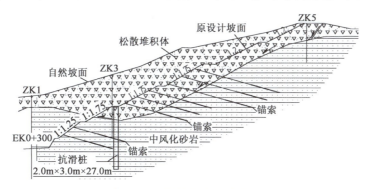
图 11-19　原设计工程地质断面图

图 11-20　滑坡从二级边坡中部剪出破坏梁场

图 11-21　滑坡从桩间和桩顶滑出

在后期的现场咨询调查和补充勘察时发现,土岩界面在路基附近呈上翘曲线状,设计阶段若能合理利用路基附近上翘的土岩界面形成的抗滑段,采用中风化砂岩陡坡率开挖+土岩界面处设置抗滑挡墙+仰斜排水孔的组合防治方案,就可有效避免工程事故的发生,且工程规模大幅度下降,见图11-22。

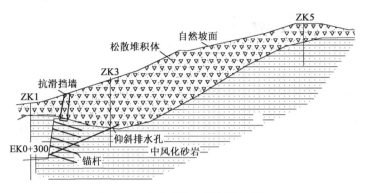

图11-22 咨询建议工程地质断面图

2.收坡防护,减少环境破坏的高边坡病害防治方案

高边坡工程应综合坡体的地质环境,优先考虑采用较陡坡率+强加固的工程设计方案,从而大幅度减小边坡开挖和工程防治规模,有效保护环境。

如某高速公路ZK18+805~ZK18+945段,技术人员采用近乎平行于自然斜坡的设计坡率,形成了高约60m的高边坡,并拟采用三级锚索框架+两级锚杆框架工程进行加固,工程规模大、环境破坏严重。咨询时笔者建议采用面板式锚杆挡墙进行陡坡率收坡加固(图11-23),并依据墙前挖除坡体的土压力或抗剪力,在赋予安全系数后设置相应的锚固工程。方案优化后的边坡高度为7m,大大提高了工程品质。

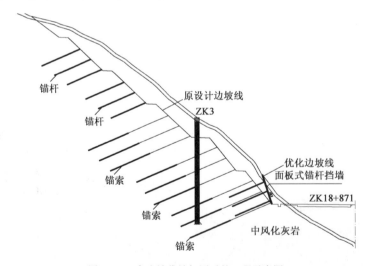

图11-23 高边坡收坡加固后的工程示意图

再如某自然斜坡地表为强度较高的厚层硅化砂岩,下伏全风化粉砂质泥岩。若采用综合坡率1:1设置,则边坡高达94m,并需设置大量的边坡加固工程。咨询时笔者建议采用悬臂段长19m的多点式锚索桩进行收坡加固(图11-24),桩间设置"百叶窗"式挂板用于绿化。该方案被采纳后,取得了良好的工程效果。

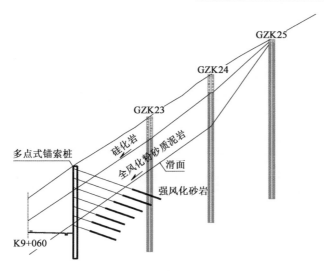

图 11-24 多点式锚索桩收坡加固示意图

反之,高边坡病害防治方案若过于强调缓坡率设置,忽视大面积人工"创伤"增加高边坡发生病害的概率和弱化工程加固与排水措施,不但可能造成大规模病害的发生,也可能形成不良的社会影响。

如某高速公路互通 CK0+640~CK0+715 段高边坡主要由含煤粉砂岩构成,断层发育且地下水丰富(图 11-25、图 11-26)。原设计边坡高约 42m,采用锚杆框架防护。工程开挖时由于防护力度偏弱造成边坡发生滑塌,技术人员采用与自然坡面近于平行的缓坡率刷方+锚杆防护为主的处治方案,形成了高约 120m 的高边坡。半年后,四级平台以上出现了约 $10 \times 10^4 m^3$ 的中型滑坡,四~十二级边坡变形严重,一~三级边坡渗水、垮塌现象严重。高边坡多重病害叠加,造成了相当被动的局面,如图 11-27 所示。

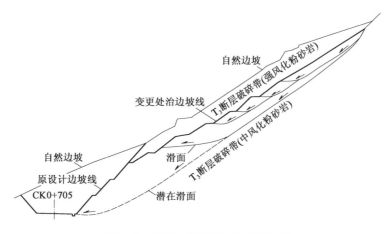

图 11-25 高边坡代表性工程地质断面图

该高边坡病害若在初次变形时依据坡体地质条件积极采用收坡、强加固和有效截排水的工程处治方案,避免在富水、断层发育的煤系地层设置过缓坡率,就不会出现后续 120m 高边坡失稳的被动情况。

图 11-26 高边坡断层发育

图 11-27 高边坡病害全貌

再如某高速公路 K51+255~K51+402 段最大边坡高度 40m,坡体主要由残坡积体和全风化细粒花岗岩层构成。由于断层斜向通过,坡体地下水较丰富。原设计采用 1:1 坡率开挖后设置坡面骨架护坡进行防治。边坡开挖至路基高程时发生了依附于断层的滑坡病害,迫使坡后高压电塔改移;设计变更在采用 1:1.25~1:1.5 坡率刷坡后,高边坡再次发生依附于断层的滑坡病害,迫使坡后高压电塔再次改移;设计第三次变更时采用 1:1.5~1:1.75 坡率刷坡,但不久高边坡再次发生滑坡病害(图 11-28),造成不良的社会影响。历次边坡治理工程地质断面如图 11-29 所示。

图 11-28 第三次滑坡的现场照片

现场咨询时发现该高边坡在地下水与断层的影响下,花岗岩残坡积体和全风化层的休止角明显较小。因此,只要刷方坡率大于坡体的休止角,高边坡就会不断发生滑坡现象。基于此,建议采用高边坡的工程锚固补强和地下水的截疏排工程相结合的处治方案。工程实施后根据监测反馈,高边坡稳定性良好。

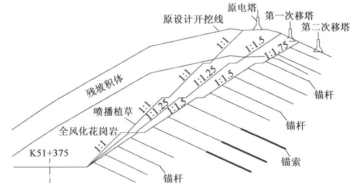
图 11-29 历次边坡治理工程地质断面图

3. 高边坡病害防治方案应积极贯彻预加固和及时工程补偿原则

为有效减小高边坡开挖后的卸荷松弛,控制坡体物理力学参数的工程扰动降低幅度,需积极采取高边坡的预加固和工程补偿措施。

如某顺层边坡通过在坡脚预设的锚索抗滑桩,确保边坡开挖至桩顶高程时,在对桩后边坡及时采用锚索加固的基础上,预先施工坡脚抗滑桩工程,待桩体达到设计要求后,方对桩前坡体进行开挖,并及时施作抗滑桩身锚索(图11-30)。有效的抗滑桩预加固工程,不但确保了顺层边坡的稳定,也有效减小了工程加固规模。

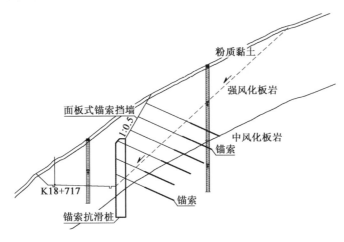

图11-30　高边坡预加固工程示意图

再如某公路 K50+696~K50+985 段高边坡最大高度为103m,坡体由花岗岩全~强风化层构成,坡体外倾25°~34°,贯通长10~35m 的结构面。技术人员采用1:0.75~1:1 坡率、宽2.0m 平台,在二、三级边坡设置锚索框架加固,其余各级边坡设置骨架护坡进行防治(图11-31)。

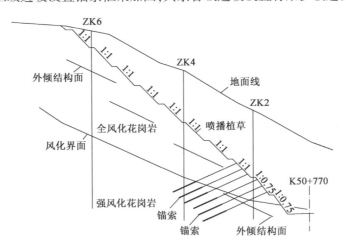

图11-31　多级边坡沿贯通外倾结构面滑塌

该高边坡在开挖过程中加固力度偏弱,且设置于二、三级边坡的锚索工程没有及时进行张拉锁定,造成高边坡基本开挖到位放置3个月后,多级边坡沿外倾贯通性较好的花岗岩结构面发生了较大规模滑塌(图11-32),高边坡存在由各级边坡变形向坡体整体失稳转化的趋势。

最终不得不在应急抢险后,依据高边坡的"整体兼顾局部"的原则,设置大规模的锚索和锚杆框架工程进行了加固(图11-33)。

图11-32 原设计高边坡加固工程地质断面图

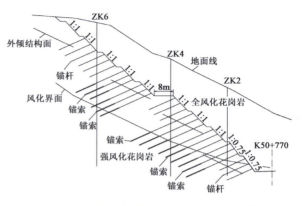

图11-33 变更后的高边坡加固工程地质断面图

4. 加强截、疏、排水工程设置的高边坡病害防治方案

水是影响高边坡稳定性的最活跃的因素之一。对于地下水丰富的高边坡,应优先考虑地下水的截、疏、排,提高坡体的自身稳定性,否则过于强调工程支挡而忽略工程排水,易造成高边坡病害的"屡治屡败"。

某高速公路K108高边坡断层发育,地下水相当丰富,构成坡体的炭质灰岩软化十分强烈。高边坡开挖形成的临空面成为地下水排泄的新通道。工程处治时由于忽略地下水的截、疏、排,造成高边坡在多次设置抗滑桩、刷方、锚固后仍不能稳定。后期依据坡体的水文地质情况设置截水盲洞,在坡脚设置仰斜排水孔对地下水进行有效截排,工程治理取得了成功(图11-34)。

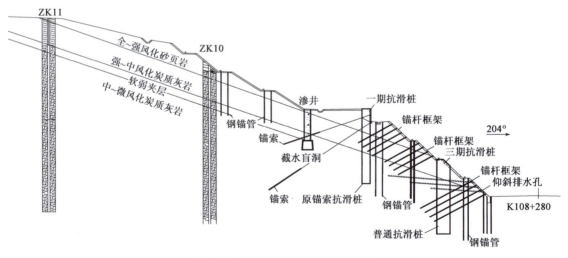

图11-34 高边坡排水、加固工程断面图

5. 合理设置宽大平台的高边坡病害防治方案

地形地貌相对平缓、高度超过50m的高边坡,为防止边坡坡脚应力过于集中造成高边坡失稳,宜结合坡体结构设置宽大平台,将高大边坡分隔为多个高度较小的边坡进行加固。这样

不但可有效增大高边坡的安全度,也可有效减小高边坡的加固规模。

如某高速公路 ZK46+210~ZK46+402 段高边坡所在地段地形平缓,原设计平台宽度为 2.0m,高边坡采用两级锚索和三级锚杆框架进行处治(图 11-35)。咨询时笔者依据地形地貌,建议将三级平台设置为 10m 的宽大平台(图 11-36),将原设计 60m 高的高边坡分割为两个 30m 的次高边坡进行处治,大幅度优化了高边坡锚固工程,工程实施后取得了良好的效果。

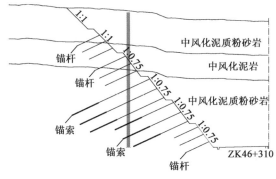
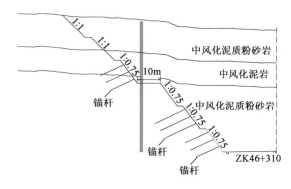

图 11-35 原设计高边坡加固工程地质断面图　　图 11-36 设置宽大平台后的高边坡加固工程地质断面图

6. 固脚强腰、分级加固的高边坡病害防治方案

具有多层外倾潜在滑面的高边坡,防治工程布置时应尽量将加固力度较大的工程布置于高边坡下部,这样有利于减小高边坡的防治工程规模。在确保高边坡整体稳定的基础上,各级边坡采取工程规模相对较小、防治局部稳定性为主,并适当兼顾高边坡整体稳定性的防治工程措施。

如某高速公路 K1+814~K2+105 段顺层高边坡主要由强风化炭质页岩构成,边坡最大高度达 70m,设计时采用"固脚强腰、分级加固,兼顾整体与局部"的理念对边坡进行了有效加固。即通过一级边坡钢锚管+二级边坡锚索+一级平台锚索抗滑桩对高边坡的整体稳定性进行加固;二~四级边坡锚索工程对一级平台以上的顺层边坡进行加固;四~五级边坡锚索工程对三级平台以上的顺层边坡进行加固;五~六级边坡锚固工程对四级平台以上的顺层边坡进行加固;六~七级边坡的锚杆工程对五级平台以上的顺层边坡进行加固;七级边坡的锚杆工程对六级平台以上的顺层边坡进行加固(图 11-37)。该方案不但有效确保了高边坡的整体与局部稳定,也有效减小了工程处治规模。

7. 根据使用对象,合理确定高边坡病害防治方案

高边坡由于边坡高度较大,影响因素较普通边坡更多、更复杂,往往需结合征地、控制性结构物、工程效果、保护对象、人文环境、工期等合理确定病害防治方案。

如某高速公路 K178+950~K179+040 段边坡,原设计采用 1:1.25 坡率开挖后设置绿化工程进行防护。但工程施工期间发现工程边坡所依附的自然斜坡为当地藏族群众的"神山",故决定采用悬臂长为 21m 的多点式锚索抗滑桩进行收坡加固,避免工程红线侵占"神山"边界(图 11-38)。

工程施工后期,由于工期压力巨大,且依据桩体开挖的地质编录发现,坡体主要由较破碎、反倾的变质砂岩构成,而非原勘察的堆积层坡体,故决定将抗滑桩长 14m 的锚固段减小为

7m,在桩体悬臂增设 3 孔锚索,即桩体共采用 8 孔锚索形成"梁式桩"对坡体进行加固(图 11-39)。从而在确保边坡安全的基础上,有效确保工程的按时完成。

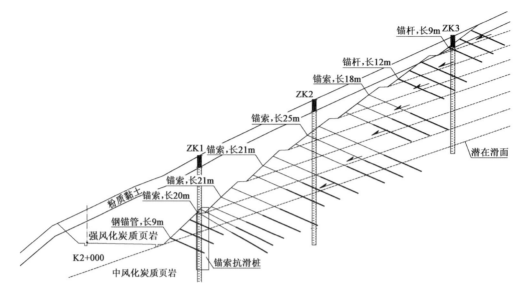

图 11-37　高边坡的固脚强腰、分层加固示意图

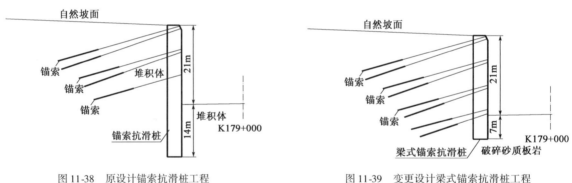

图 11-38　原设计锚索抗滑桩工程　　　　　　图 11-39　变更设计梁式锚索抗滑桩工程

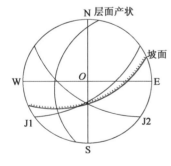

图 11-40　高边坡赤平投影图

8. 定性分析是方案确定的基础,定量分析是方案量化的手段

高边坡的稳定性受多种因素影响,病害防治方案应依据地质条件,对坡体开挖后的潜在滑面、变形规模和模式等边界条件,以及加固形式、位置等进行定性确定,继而通过理论计算合理确定工程加固力度。

如某高速公路管理中心高边坡最大坡高为 137.2m,自然坡度为 20°~40°,岩体产状 100°∠45°,反倾,坡体上部为呈碎块状的强风化砂岩和厚度较大的全风化砂岩,下伏中~微风化硅化砂岩,坡体主要发育两组产状 J1:330°∠65° 和 J2:55°∠62°,延伸长 3~8m,呈微张~闭合的结构面,赤平投影见图 11-40。技术人员对高边坡采取设置较缓坡率+宽大平台+锚杆、锚索加固+坡面绿化为主的工程措施进行加固防护(图11-41)。

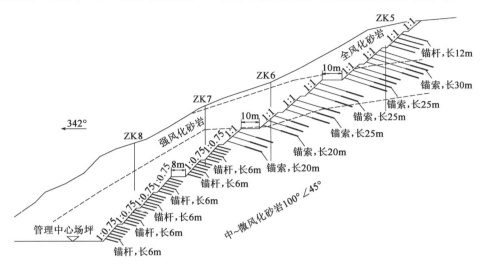

图 11-41　高边坡病害防治原设计方案工程地质断面图

笔者依据地质条件对坡体稳定性的控制因素分析如下：

1）有利的部分

(1)坡体中下部由中～微风化硅化砂岩构成,岩体强度高,在依据地形地貌设置合理边坡坡率的条件下,不具备应力集中造成岩体强度不足而导致高边坡整体失稳的可能。

(2)坡体岩体产状反倾,且主要构成坡体的中～微风化硅化砂岩外倾不利结构面陡于开挖临空面,或与坡向大角度相交,不具备追踪多组结构面形成坡体整体滑动的条件。

(3)坡体所在地层的地应力很小,区内地震烈度不高,地下水位埋深大,对高边坡稳定性影响较小。

2）不利的部分

(1)高边坡高度大,开挖后存在一定程度的卸荷松弛的问题,需依据"固脚强腰"进行必要的防护。

(2)中～微风化硅化砂岩存在具有一定贯通度和夹有泥膜的结构面,在与开挖临空面组合后,高边坡存在局部稳定性不足的问题。

(3)坡体上部碎块状强风化砂岩和全风化层厚度较大,在外倾风化界面和开挖临空面组合的条件下,存在局部稳定性不足的情况,需设置工程措施进行防护。

(4)中～微风化硅化砂岩强度高,工程开挖时的爆破作用不可避免地在坡面附近形成次生危岩,需结合坡面防护进行必要的处治。

3）建议对设计方案中的工程布置进行必要的调整

(1)七级边坡的锚索工程与四级边坡的锚杆工程互调,九级与十级边坡的锚索工程调整为锚杆工程。

(2)将锚索间距由原设计的2.5m统一调整为3m,每孔锚索由7根钢绞线编索调整为4根编索。

(3)将原设计一～六级边坡的每级6排、长度统一为6m的锚杆工程,针对性地调整为每级 3 排、长度为 9~12m 的锚杆工程。

经以上工程措施调整后（图 11-42），有效提高了工程措施与地质条件的针对性和高边坡的整体稳定性，并兼顾了边坡的局部稳定性，且防护工程规模较原设计方案有明显的减小，即优化后的高边坡防治方案较原设计方案具有更好的安全性和经济性。

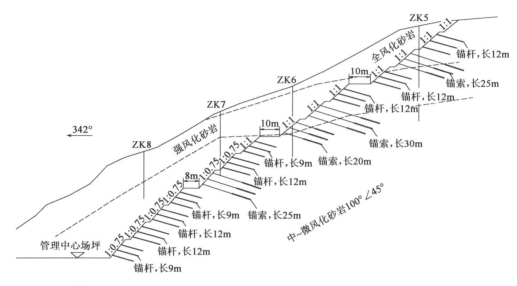

图 11-42 高边坡防护优化方案工程地质断面图

再如某高速公路选线于顺层泥质灰岩段，由于没有依据工程地质类比有效核查区内广泛分布的顺层自然边坡滑移特征和区内既有公路顺层边坡的病害特征，高边坡开挖发生的松弛、变形范围明显大于设计范围，造成工程加固后的多处顺层边坡发生滑坡，破坏了已实施的抗滑桩、锚索等工程，如图 11-43、图 11-44 所示。

图 11-43 抗滑桩支挡力度不足造成顺层滑坡　　　图 11-44 抗滑桩结构剪切破坏

9. 根据现场环境确定可实施性的病害防治方案

施工是对设计文件的"蓝图"进行现场落实的关键步骤，因此设计应考虑到工程的可实施性，切忌"纸上谈兵"，造成现场无法实施或实施难度太大。

如某高速公路滥坝坪段线路以"两隧夹一桥"的形式通过宽约 20m 的冲沟，距隧道高 300~400m 的高陡自然斜坡部位，依附于区域性三合断裂的崩塌危岩发育，工程施工期间多次发生崩塌落石侵入正在施工的桥梁与隧道口(图11-45),技术人员拟采用挂网喷混凝土防护为主的方案对病害进行处治。但巨大的高差和危岩掉块,不仅造成工程防护超出了设备的正常使用范围,也严重威胁着现场施工人员的安全;且即使花费巨资转运设备,在高海拔、高落差的恶劣工作环境下,挂网喷混凝土对区域性的大断裂带防护有限。因此,防治方案是欠合理的。

工程咨询时,笔者认为宜积极贯彻以保路为准绳、方便现场施作的原则,在线路落石侧加强被动防撞的圬工工程设置,在线路部位采用柔性明洞"包裹"桥梁的形式进行被动防治(图11-46)。这样大大提高了现场施作的可操作性,也有利于后期的工程养护。

图11-45　滥坝坪崩塌全景图

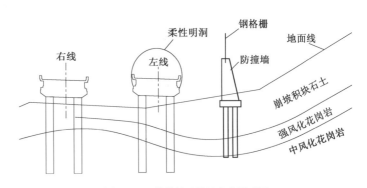

图11-46　崩塌被动防治方案示意图

10.依据工程特性合理确定病害防治方案

对于高大边坡,有时若采用主动的全坡面加固防护,不但工程规模浩大,甚至存在较大的安全隐患。这时应积极考虑在线路部位设置以保路为主的刚性棚洞或刚性明洞进行被动防治。

如某高速公路隧道进口端仰坡高约86m,由松散堆积体构成(图11-47),2016年雨季期间高边坡发生大面积滑塌,严重威胁下部隧道安全。此外,线路右侧边坡后部的自然沟内雨季时暴发了大规模泥石流,泥石流冲进隧道20余米,造成高速公路断道(图11-48)。针对该段病害,技术人员拟采取仰坡全坡面锚固和对泥石流设置多道拦挡坝进行治理的工程措施,工程造价过亿元,且工程安全不确定因素较多。

现场咨询时,笔者依据病害特征,建议在隧道洞口加长约50m的明洞,洞顶设置渡槽将泥石流引排于线路右侧河道的被动防护工程,从而有效解决了隧道仰坡和泥石流病害,且工程造价约3500万元,工程的安全性和经济性明显较原方案合理、可行。

再如某三级公路路基高程以上约8m的土岩界面以上堆积体常年发生蠕变,雨季时经常断道。工程治理时通过在坡脚设置抗滑明洞(图11-49),有效避免了高大边坡病害原位治理时安全隐患大、工程造价高的不利局面。工程实施后,有效确保了线路的畅通。

图 11-47　隧道洞口松散堆积体仰坡

图 11-48　隧道右侧泥石流冲击痕迹

图 11-49　抗滑明洞防治高大边坡病害

对于下伏厚层软弱地基的高填路堤,由于工后沉降时间长,工程施工风险大,故宜尽量采用搅拌桩、素混凝土桩、CFG 桩(水泥粉煤灰碎石桩)、管桩等半刚性或刚性桩形成的复合地基对软弱地基进行处治(图 11-50),确保路堤具有较高的安全度和可控的工程工期。不宜采用塑料排水板或碎石桩等依赖排水固结提高软弱地基强度的处治工艺。若确需采用,则应在确保合理占地的情况下,加强反压护道的设置,如图 11-51 所示。

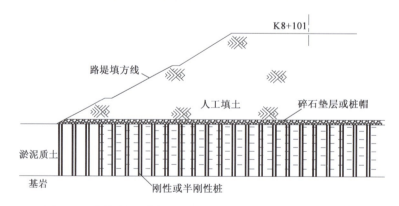
图 11-50　高填路堤下伏软弱地基的刚性或半刚性桩处治方案示意图

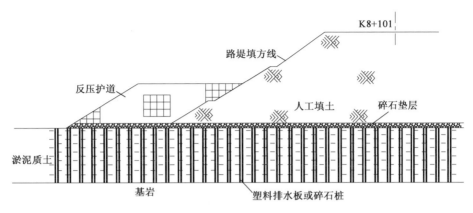

图 11-51　高填路堤下伏软弱地基塑料排水板或碎石桩处治方案示意图

第五节　公路滑坡防治原则与方案

一、滑坡防治原则

1. 正确识别滑坡的原则

老滑坡往往具有独特的地貌特征,如双沟同源、圈椅状地貌、挤压河道等,现场调查时应加强此类地形地貌的性质甄别,辅以勘察验证和走访,防止漏判、错判。

如某老滑坡地形上呈明显的圈椅状,坡体上的居民搬离后多有残垣断壁。但在高速公路选线时出现漏判,将大桥设置于滑坡前缘,并在滑坡区设置弃土场,造成弃方加载后滑坡出现大规模变形,严重威胁下部大桥的安全。反之,某高速公路 K69 段边坡由于降雨出现局部滑坍,但技术人员将其判定为滑坡,设置了大量的抗滑桩工程进行加固,造成了大量的人力、物力浪费。

2. 正确认识滑坡的原则

滑坡防治方案是建立在正确认识老滑坡或工程滑坡性质、特征和机理分析基础上的,否则可能会造成工程防治规模过大或工程防治失败。

如某高速公路隧道滑坡体积约 $1100 \times 10^4 m^3$,滑坡共分为左、右两个区和前、中、后三级,设计拟采用隧道下穿滑坡的形式进行绕避。但由于中、后级滑体"假基岩"的误判,最终误将隧道设置于中级滑坡的后缘与后级滑坡的前缘滑面位置处,导致隧道变形严重,最终不得不花费 1.57 亿元进行滑坡处治。

再如某高速公路 K4~K48 段布线于自然坡度 5°~10°、富水的红黏土地带,由于对工程扰动后的潜在工程滑坡认识不足,路基开挖或填筑后出现了 133 处工程滑坡,治理费用达 2 亿多元。

3. 以防为主,以治为辅,综合治理的原则

滑坡防治应贯彻"治早治小"和预加固的原则,有效减小滑坡物理力学参数在工程扰动下的下降幅度。对于性质复杂的滑坡,优先考虑设置截、排水工程,提高滑坡自身稳定性,继而辅

以支挡工程进行治理。

如张家坪滑坡治理时,通过设置于滑坡后部的截水盲洞对滑体地下水进行了有效截排,继而将滑面的内摩擦角提高了1.5°,将排水工程设置前的5325kN/m的下滑力大幅度降低为排水工程设置后的3036kN/m,大大节省了工程造价,工程完工以来滑坡稳定性良好。

4. 抓住重点,分期治理的原则

对于大型复杂滑坡或性质认识上存在争议的滑坡,可通过全面规划、抓住重点,对威胁公路或没有争议的部分优先进行治理,继而通过监测和勘察等手段,对剩余部分滑体进行二期治理。

如某高速公路天河隧道在工程施工期间发生变形,技术人员认为系隧道开挖造成玄武岩坡体发生滑坡所致,拟对隧道设置环向长锚杆注浆和在隧道靠山侧设置 $2.2m \times 3.4m \times 60m$、间距为5.0m的抗滑桩进行支挡。咨询期间,笔者认为玄武岩擦痕为构造作用的错动带擦痕,而非滑坡擦痕,隧道变形系围岩沿错动带在松弛作用发生的局部变形,不建议采用大规模的抗滑桩工程进行治理。最终在先期设置隧道围岩环向长锚杆注浆加固后,通过监测发现隧道变形得以快速收敛,并最终稳定,故没有实施抗滑桩工程,节省工程造价近千万元。

5. 动态设计,信息化施工的原则

由于地质体的复杂性和外部因素的多样性,在一些复杂滑坡的治理中,设计与施工应加强信息共享,及时依据施工过程中所揭示的地质资料,不断调整、完善防治方案。

如川藏高速公路等地质条件异常复杂的地区,有些线路所在地为无人区,环境异常恶劣,造成工程勘察无法到位,这就要求在施工期的便道开挖后及时进行设计校核,确保防治措施的合理性和针对性。

6. 临时工程与永久工程相结合的原则

滑坡应急工程中往往需要设置临时工程用以确保滑坡的临时稳定,从而为永久工程的实施赢得时间。滑坡应急方案应在确保抢险工程安全的基础上,尽量兼顾作为永久工程的应用,从而有效减小滑坡防治工程规模和出现临时工程的后期报废。

如某高速公路 K1+800~K2+150 段"半坡桩"在坡体开挖后发生大范围倾斜,桩顶最大位移达100cm,且坡体变形处于不断加速发展的过程中。为有效防止滑坡规模和抗滑桩报废工程的不断扩大,现场采用永临结合的方案进行处治:对流入滑区的地表水进行引排,桩间设置仰斜排水孔进行地下水疏排;K1+800~K1+920 段抗滑桩变形过大报废段,桩前平台以下利用隧道弃渣反压,且反压工程结合后期拟在坡脚设置的永久抗滑桩实施,有效减小了反压工程的后期转运规模;抗滑桩位移较小的 K1+920~K2+150 段,采用永临结合的方法在桩间设置"腰梁",利用锚索工程进行加固。工程实施后取得了良好的效果。

7. 满足特定要求的原则

滑坡防治工程往往规模较大,对自然、人文环境和工期都有较大影响,因此,滑坡防治方案应满足特定的要求。

如藏族聚居区某公路灾后重建,为有效保护环境和适应当地文化需要,抗滑桩的桩间挂板采用易于绿化的"百叶窗"形式,方形桩体上彩绘藏族文化图腾,圆桩装饰为大型转经筒等。

二、滑坡防治方案

滑坡防治的整个过程中,合理的方案是贯穿始终的灵魂,是地质工程理念下滑坡防治的关键。滑坡防治方案的合理确定,是在依据具体的滑坡地质条件,结合滑坡防治原则,灵活运用工程措施的基础上进行的。正确认识滑坡是合理确定防治方案的基础,保护对象的重要度是合理确定防治方案的依据,了解各种工程措施的适用范围是合理确定防治方案的前提。一个合理有效的滑坡防治方案能起到"对症下药、药到病除"的效果,否则可能会造成大量的人力、物力浪费。

1. 滑坡绕避

对于安全风险大、治理费用昂贵的大型滑坡,或存在工程开挖、加载诱发大型工程滑坡或滑坡群的地段,应以地质选线为基准积极进行绕避。

1) 滑坡的平面绕避

平面绕避是在对滑坡或潜在滑坡稳定性和影响区进行合理评价的基础上,改移线路远离滑坡或滑坡影响区。尤其是对于长大顺层斜坡区、密集大型堆积体分布区等不良地质体地段,应尽量采用线路绕避,防止工程开挖或加载造成工程滑坡群的出现,如图 11-52 所示。

如某高速公路将长 20km 的线路布置于背斜一翼的顺层地段,路堑开挖后引发了 23 处顺层滑坡,后期治理费用达 2 亿元;某高速公路将长约 38km 的线路布置于崩坡积体发育的沟谷一侧,路堑开挖后引发了 25 处堆积层滑坡,后期治理费用达 3 亿元。

2) 滑坡的纵向绕避

纵向绕避是依据滑坡特征,调整线路纵坡,使线路在滑坡或潜在滑坡的后缘以挖方减载、在滑坡或潜在滑坡的前缘以填方反压的形式通过,或采用隧道的形式下穿滑床通过滑坡区(图 11-53)。

图 11-52 顺河桥绕避工程滑坡

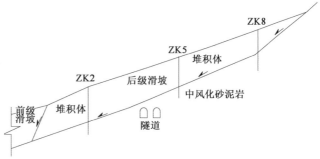

图 11-53 隧道下穿绕避老滑坡

如某高速公路在长约 2km 的范围内,原设计采用坡高 8～15m 的路堑通过残坡积体,工程开挖造成多处工程滑坡发生,若进行原位支挡加固治理,工程规模浩大。现场咨询时,笔者结合该段线路 0.8% 的纵坡以及影响区内没有桥隧等控制性结构物的有利条件,将附近线路的纵坡调整为 2%,从而大规模减小了边坡的挖方高度,对已发生工程滑坡的地段实现了有效反压,取得了良好的工程经济效益。

需要说明的是,线路绕避滑坡是建立在工程方案安全、经济比选基础上的,是建立在对滑坡正确认识,对改线与原位治理对线路标准的影响、滑坡原位治理与改线造价对比等进行综合比选基础上的。

如川藏公路国道 G317 罗扎滑坡规模达上千万立方米,若采用原位滑坡治理,工程造价达 1.5 亿元,故通过比选后决定采用造价为 1 亿元的平面改移线路方案进行绕避。即采用桥梁两跨鲜水河对滑坡进行了有效绕避,绕避方案的实施彻底解决了滑坡对公路的影响。

再如某高速公路西山村段位于自然坡度 25°～40°的高山峡谷区,2017 年 8 月 8 日,在距线路高 700～900m 的部位发生了体积约 $100 \times 10^4 m^3$ 的粉土高位滑坡(图 11-54)。滑坡初期以 100～200cm/d 的速率向下滑移并不断解体(图 11-55),技术人员进行数值模拟后认为滑坡存在高速滑动的特征,模拟的最大滑速达 45m/s,最大冲击力达 $2 \times 10^6 kN/m^2$,在山体下部的线路处可形成 30m 厚的滑坡堆积体,堵塞河道形成堰塞湖并威胁对岸村镇(图 11-56)。故决定采用长大隧道下穿相邻体积为 $1700 \times 10^4 m^3$、平均厚为 50m 的桃树坪老滑坡,从平面和纵面上对高位滑坡进行绕避(图 11-57),新增工程费用近 4 亿元,工程报废 0.17 亿元。

图 11-54　高位滑坡与全貌

图 11-55　粉土构成的滑体充分解体

通过详细的现场调查,笔者发现技术人员数值模拟时岩土体力学参数和地形地貌测量的误差造成模拟结论出现较大偏差。如滑坡滑动初期以 100～200cm/d 的速率向下滑移,滑面强度的峰残值转化速率与势能和动能的转化缓慢,滑坡在滑动的过程中完全解体的异常松散状消耗了大量滑坡能量。根据监测,滑坡处于不断的减速过程中,滑坡在滑动一段距离后由于能量的耗散而可能停止滑动。因此,该高位滑坡不存在高速滑动的可能。此外,由于区内的干热河谷性气候,年降雨量和暴雨强度较小,由滑坡形成的潜在泥石流规模也相对较小。基于此,该滑坡不存在发生高速滑坡和爆发中～大型泥石流的可能,故不建议采用长大隧道改线,而宜在线路处设置较大规模的抗滑明洞和渡槽进行被动防护。该方案工程造价约 0.9 亿元,避免了改线造成区内稀缺的服务区被取消的弊端,且工期可控,是一个相对较优的工程处治方案。

根据监测反映,滑坡在滑速不断减小的情况下滑移近 300m 后停止滑移,至 2019 年 3 月,滑坡一直保持稳定(图 11-58、图 11-59),故当初采用长大隧道绕避所谓高速滑坡的方案是欠合理的。

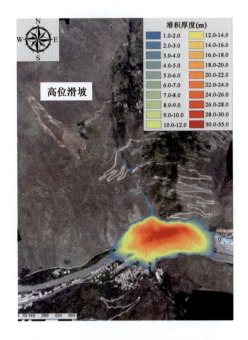

图 11-56 数值模拟滑坡堆积范围和厚度

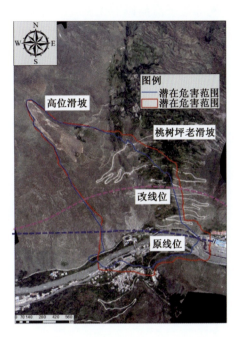

图 11-57 线路改移方案示意图

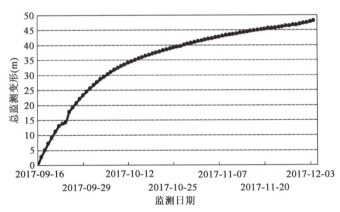

图 11-58 滑坡前期监测曲线图

图 11-59 滑坡一个雨季后变形停止

2. 截排水工程

地表水和地下水截排对滑坡的稳定性具有至关重要的作用,广泛应用于滑坡的工程抢险和永久工程治理。截排水工程依据具体滑坡的水文地质条件在滑坡防治中优先考虑。

某高速公路 K21 处高约 54m 的高边坡由于台风降雨造成坡体地下水位迅速升高,多级边坡地下水呈渗流状,锚杆和锚索工程出现"崩锚"、梁体断裂,坡面裂缝贯通,坡体出现整体失稳的征兆。工程抢险时通过设置大量仰斜排水孔快速降低了坡体地下水位(图 11-60),为后期永久工程的处治提供了宝贵的时间。

某高速公路 K11+506~K11+635 段路堤位于地下水丰富的老滑坡前部,通过在路堤迎水侧设置底部位于滑面以下0.5m、深约8m的截水盲沟(图11-61),有效截断了滑坡后部的地下水,从而优化了路堤外侧抗滑桩工程,取得了良好的工程效果。

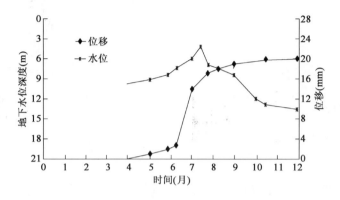

图11-60　地下水位与位移-时间变化曲线

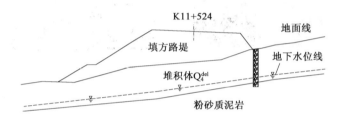

图11-61　截断滑坡地下水的深层截水盲沟

某高速公路K35+168~K35+276段边坡开挖后发生工程滑坡,坡体地下水丰富,在采用预应力锚索框架加固时,为防止地表含水率过高和地基承载力偏低造成锚索预应力损失,通过设置边坡渗沟(图11-62),不但提高了边坡的稳定性,也为锚索框架工程提供了良好的地基承载力,工程实施后取得了良好的效果。

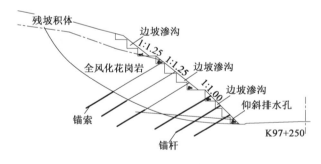

图11-62　边坡渗沟与锚固工程衔接示意图

某高速公路K19处边坡由于坡体地下水丰富导致锚固工程失效引起坡体滑坡,工程处治时采用支撑渗沟+小挡墙对滑体进行了治理(图11-63),取消了抗滑桩工程措施,治理工程取得了良好的效果。

某高速公路具有多层地下水位,台风作用造成地下水位升高而诱发大规模滑坡。工程治理时采用在滑坡周界设置集水井对后部山体的地下水进行截排(图11-64),继而在滑坡下滑力计算时将滑面的内摩擦角提高1°,使滑坡的下滑力由1754kN/m减小为1150kN/m,最终采用1排抗滑桩对滑坡进行了有效治理。工后集水井排水效果良好,见图11-65。

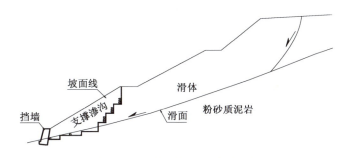

图11-63 支撑渗沟治理滑坡示意图

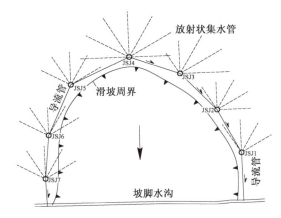

图11-64 集水井平面设置示意图

图11-65 集水井排水效果图

对于一些位于古河床或其他透水性良好地层之上的老滑坡,可在有效透水试验的基础上,采用间距较小的机械成孔竖向渗井,将滑坡地下水通过下部透水层进行疏排,达到有效降低滑体地下水位的效果。

如成昆铁路甘洛一号滑坡体积达 $500 \times 10^4 m^3$,滑体地下水相当丰富。工程治理时结合滑坡下部的老河床透水试验,采用竖向渗井有效降低了滑坡地下水位,提高了滑坡的自身稳定性。工程采用排水工程处治以来,滑坡一直保持稳定。

某黄土滑坡由于灌溉造成地下水位上升,导致滑坡变形直接威胁下部铁路与村镇安全,工程处治时在滑坡后部的滑面以下设置截水盲洞(图11-66),有效降低了滑坡的地下水位,从而大幅度减小了支挡工程规模。

3. 减载反压工程

减载反压是滑坡支挡工程中见效最快的措施,有条件时应积极采用。减载本质上减小了滑坡的下滑力,在滑坡抗滑力不变的情况下,有效提高了滑坡的稳定性;反压本质上是增加了滑坡的抗滑力,在滑坡下滑力不变的情况下,有效提高了滑坡的稳定性。因此,公路路基应尽量在滑坡后部挖方或在滑坡前部反压。

根据工程经验,减载或反压的体积为滑坡体积的1/10~1/7时就可起到良好的效果。反压体的顶部宽度一般不宜小于 5.0m,且反压体的压实度不宜小于 0.85,以确保反压体能尽快提供有效的土压力或抗剪力。此外,公路路堤的反压高度一般取被反压体的 1/3,不宜过高反压(图 11-67)。

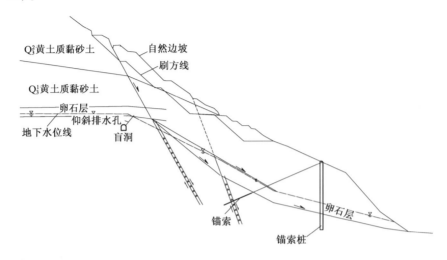

图 11-66 黄土滑坡截水盲洞设置示意图

滑坡体上存在桥梁、隧道等对变形敏感的结构物时,反压工程应遵循下列原则:

(1)当滑坡的稳定系数 $K \geqslant 1.1$ 时,滑坡处于基本稳定~稳定状态,滑坡此时不存在任何滑动迹象,故对滑坡进行反压可有效提高滑坡的稳定系数。

如某高速公路滥渣河滑坡体积达 $500 \times 10^4 \mathrm{m}^3$,线路以桥梁的形式在基本稳定的老滑坡的中部通过。工程施工时考虑到滑坡的稳定系数不满足规范要求,且区内存在大量的隧道弃渣,故在滑坡前部结合改河工程对滑坡进行了反压,有效提高了滑坡的稳定系数。工程完工以来,高速公路大桥安全性良好。

(2)当滑坡的稳定系数 $K < 1.1$ 时,滑坡处于欠稳定的蠕变、挤压,甚至微滑状态,这时对滑坡进行反压虽然可有效提高滑坡的稳定系数,但由于滑坡处于不断的变形发展过程中,滑坡在反压体压密的过程中,会对刚度相对较大的隧道、桥梁结构物产生应力集中而可能导致其变形、损坏。因此,桥梁、隧道经过处于发展变形过程中的滑坡时,反压工程应积极配合其他工程措施对滑坡进行处治,不能单一采用反压工程。

如某高速公路堆积体滑坡处于蠕滑变形的欠稳定状态。滑坡前缘桥基的施工扰动造成 3 处大桥桥墩变形。工程抢险时虽采取了积极的工程反压措施,有效减小了滑坡的变形速率,但由于桥墩刚度较滑体大,且反压体密实度较差,最终造成变形的桥墩发生断裂,不得不结合反压工程在桥梁后部设置抗滑桩对滑坡体进行支挡,才确保了滑坡的有效治理与后期施作桥梁的安全。

滑坡的减载是建立在挖方不会牵引后部坡体变形基础上的,因此,减载边界线与后部坡体之间应至少有 5~10m 的安全距离(图 11-68),否则应设置工程进行补偿。同样,反压是建立在加载体不会推挤前部坡体变形基础上的,并应预先做好地表水和地下水的截排工程。

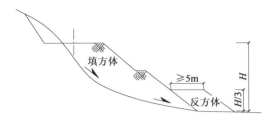 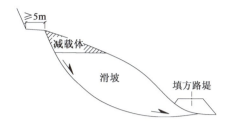

图 11-67　滑坡反压工程示意图　　　　图 11-68　滑坡减载工程示意图

如某高速公路 K47+235～K47+405 段以半路半桥的形式通过老滑坡前缘,左幅大桥桥桩开挖的过程中多个桩孔发生挤压变形,地下水渗漏严重(图 11-69、图 11-70)。故技术人员采用"桥改路"反压工程有效地对滑坡的深层滑面进行处治。但在右幅路基内侧坡体的不合理减载(图 11-71),不但造成浅层滑坡的抗滑力减弱,甚至造成后级滑坡的牵引失稳,其教训是深刻的。

图 11-69　0 号桥桩 8～9m 发生剪胀、渗水　　　图 11-70　1 号桥桩挤压变形

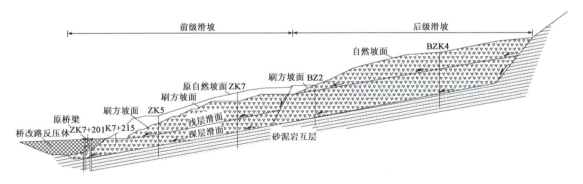

图 11-71　滑坡的有效反压和不合理的减载工程地质断面图

再如某省道以路堤的形式通过自然坡度 20°～25°、地表厚 4～14m 的坡残积体,外侧采用高约 7.0m 的路肩墙对路堤进行支挡。雨季期间暴雨作用造成路肩挡墙外鼓、路面开裂严重,处治方案拟采用局部改线 170m,新建高约 27.5m、共约 $7.5 \times 10^4 m^3$ 的路堤填方反压处治方案(图 11-72)。

工程咨询时考虑到该段线路的病害主要由暴雨形成的地下水位升高所致,而改线反压方案没有对诱发路基病害的地表水和地下水进行处治,新建的"高填、陡坡"路堤自身存在很大的安全隐患,因此建议采用"治坡先治水"的理念,在原路内侧堆积体厚约4.0m的位置设置截水盲沟,有效截断后部大范围汇水形成的地下水,减小其对路基的不良作用。此外,原路挡墙虽有鼓胀,但完整性仍然相对较好,故建议在原挡墙胸坡处设置厚约30cm的钢筋混凝土面板,采用两排锚索对原路堤进行加固,有效平衡坡体的潜在下滑力(图11-73)。该方案施工速度快,工程措施针对性强,且工程不存在新增占地和大规模的土石方调配,具有良好的可实施性,采纳实施后取得了良好的工程效果。

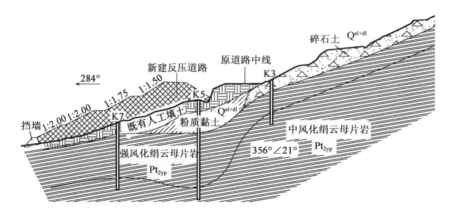

图11-72　欠合理的改线路堤反压方案

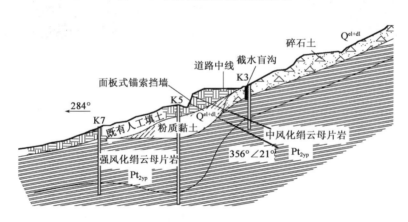

图11-73　原位截水+锚固治理方案

需要说明的是,滑坡不同于普通边坡病害,没有破坏滑面的简单放缓边坡是不能有效提高滑坡稳定性的。举个形象的例子,滑坡犹如一群人坐溜冰车沿冰面下滑,阻止其滑动需要较大的力量;而放缓边坡后的滑坡,犹如一个人坐溜冰车也仍然存在沿冰面下滑的情况,当然,阻止其滑动需要较小的力量。

如某路堑边坡开挖形成顺层工程滑坡,原设计边坡坡率为1:1,采用锚杆框架加固。工程完工后坡体发生顺层滑坡,技术人员采用1:1.25刷坡后仍然采用锚杆框架加固。但几个月后,坡体再次沿层面发生滑动且滑坡范围不断扩大(图11-74),最后不得不采用抗滑桩为主的工程进行治理。

4. 支挡工程

1）依据支挡工程与滑区结构物之间的关系确定防治方案

隧道、桥梁穿越滑区时的抗滑桩支挡工程，应确保桩与结构物之间具有充足的安全距离，防止距离偏小造成抗滑桩受力变形时挤压结构物。工程实践中一般取抗滑桩与桥隧之间的净间距为 5～10m，锚索抗滑桩或岩体性质较好时取小值，普通抗滑桩或岩土体性质较差时取大值。

如某高速公路天河隧道出口段，由于左、右线抗滑桩与隧道之间的净间距只有 1.0～3.0m，后期滑坡与抗滑桩变形协调时造成隧道初砌开裂严重（图 11-75）。

图 11-74　顺坡刷方后的滑坡再次失稳

图 11-75　隧道与抗滑桩间距偏小造成隧道开裂

如果没有特殊要求，线路通过滑区时应以保护线路为主要目的，而不宜对整个滑坡进行治理，从而提高工程的经济性指标。如桥梁或路基通过滑坡区时，可只采取工程措施将滑坡与桥梁或路基隔离（图 11-76、图 11-77），而不宜对全部滑坡进行治理，从而有效减小工程规模。

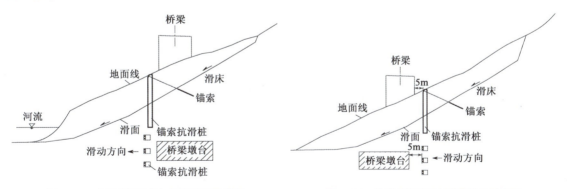

图 11-76　牵引式滑坡桩与桥墩设置示意图　　　图 11-77　推移式滑坡桩与桥墩设置示意图

隧道下穿绕避滑坡时，隧道顶部距滑面应依据滑坡的特征、滑床的地质条件设置一定的安全距离（图 11-78、图 11-79），防止上部滑坡滑动时带动下部一定范围内的滑床变形而影响隧道安全。目前工程上采用的安全垂直距离一般不小于10m。当然，滑坡规模越大、滑床性质越差、地下水越丰富，则安全距离越大，反之亦然。

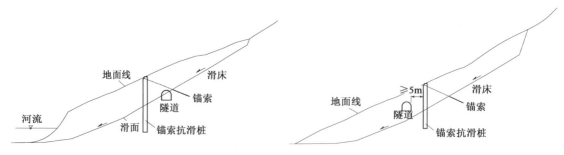

图 11-78　牵引式滑坡桩与隧道设置示意图　　　　图 11-79　推移式滑坡桩与隧道设置示意图

需要说明的是,设置埋入式抗滑桩保护隧道时(图 11-80、图 11-81),桩顶距地表的距离以确保隧道上部滑体不会对隧道造成影响为基准,桩底高程以被保护隧道的仰拱底部基准面和滑面埋深综合确定,防止抗滑桩锚固力不足造成工程治理失败。

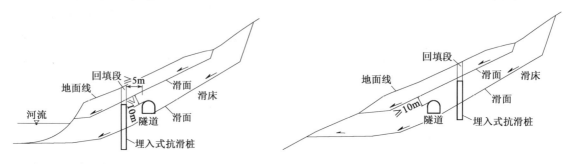

图 11-80　牵引式滑坡埋入式抗滑桩设置示意图　　　　图 11-81　推移式滑坡埋入式抗滑桩设置示意图

如某高速公路由于隧道开挖引起堆积体滑坡变形,工程处治时抗滑桩埋置过浅,造成工程完工后抗滑桩和隧道仍然持续变形。原方案工程地质断面如图 11-82 所示。工程咨询期间,笔者建议在隧道上部进行必要的刷方,有效减小滑坡对抗滑桩与隧道的推力,且为防止刷方引起后部山体变形,采用锚杆框架对刷方边坡进行了必要的加固。隧道左洞采用长 6m 的锚杆进行环向注浆加固,提高隧道的抗变形能力。在原抗滑桩的桩顶设置 2 孔大吨位锚索,对抗滑桩的锚固能力进行有效补偿,隧道前部进行反压。咨询方案工程地质断面如图 11-83 所示。工程实施后取得了良好的效果。

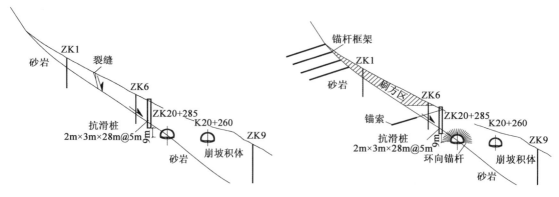

图 11-82　原方案工程地质断面图　　　　图 11-83　咨询方案工程地质断面图

2) 保护线路、兼顾民生的滑坡防治方案

线路通过影响当地城镇、民居安全的滑坡前部时，应结合有利的地形地貌等地质条件，积极采用支挡方案对滑坡进行处治。对于线路采用桥梁形式通过的，应积极采用"桥改路"的滑坡防治方案，从而在保护线路安全的同时，有效保护当地人民生命财产安全。

如某高速公路沙子互通段原设计主要采用桥梁的形式布置，工程施工时发现互通部位发育 9 处滑坡严重威胁互通的安全，且滑坡常年对下部沙子镇形成巨大的安全威胁。若线路仍采用桥梁的形式布置，虽可通过工程支挡确保线路的安全，但不能解除滑坡对沙子镇的威胁。基于此，结合区内存在的较大规模弃方，决定采用"桥改路"反压为主的方案进行滑坡处治和线路布设，即在主线和匝道部位结合反压工程设置抗滑桩、桩基托梁挡墙和锚索工程对滑坡和反压体进行支挡（图 11-84）。"桥改路"方案大幅度降低了工程造价，大量消化了弃方，解除了滑坡对下部沙子镇的威胁，取得了良好的社会效益和经济效益。

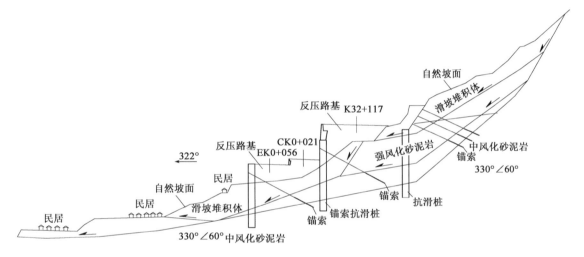

图 11-84　支挡 + 反压的滑坡群治理代表性工程地质断面图

再如某公路 K1368 + 900 堆积体滑坡在降雨的作用下发生滑移，造成国道和滑体上民居发生变形。应当地政府要求，滑坡防治方案在保路的同时，应同时解除滑坡对民居的威胁。基于此，针对性地依据滑坡特征、民居分布和公路位置，分别在滑坡前部、中部和后部路肩的既有挡墙处设置轻型钢筋混凝土面板式锚索挡墙、锚杆挡墙和钢锚管挡墙，对滑坡的整体和局部稳定性进行了针对性的加固，并依据地表出水点设置仰斜排水孔进行地下水的疏排，在路基内侧设置截水盲沟和边沟进行滑坡处治（图 11-85）。该方案实施后确保了公路和民居的安全，取得了良好的社会效益。

3) 线路位于滑坡主滑段时的支挡方案确定

当线路位于滑坡主滑段时，应采用"上扛下抬"式的治理方案，即采用规模相对较大的支挡工程设置于线路内侧，对上部滑体的下滑力进行有效支挡；在线路外侧设置规模相对较小的支挡工程，对线路范围内的滑坡下滑力或土压力进行支挡。

如某公路 K10 + 378 ~ K10 + 460 段滑坡主轴长 260m，滑坡体积为 $33 \times 10^4 m^3$，线路从滑坡中部的主滑段通过，滑坡常年处于蠕动变形状态，公路改建时由于线形需要向山侧改移 7m。为确保公路安全，在路基内侧设置锚索抗滑桩对路基上部的滑坡下滑力进行了有效支挡，路基外侧设置轻型锚索挡墙对路基范围的下滑力进行平衡(图 11-86)。工程实施后取得了良好的效果。

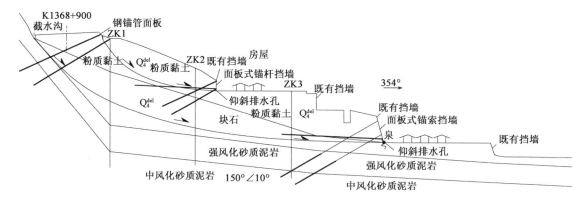

图 11-85 针对保路+保民居的滑坡处治方案

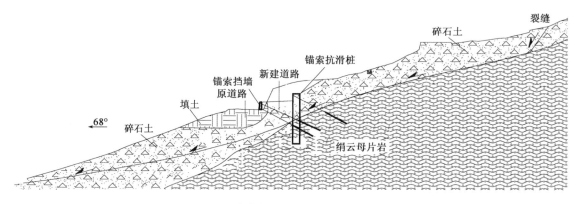

图 11-86 线路位于主滑段的工程支挡示意图

4)线路位于滑坡后缘时的支挡方案确定

路基位于不良地质体后部或滑坡后缘时,应尽量避免采用填方通过。确由线路高程控制时应尽量采用桥梁的形式通过,从而减小工程对不良地质体或滑坡的扰动。

如某高速公路 K163+050~K163+400 段,原设计采用边坡最大高度为 28.3m 的路堤通过宽缓沟谷,路堤下伏厚约 30m 的崩坡积碎块石土和冲洪积粉质黏土,填方量约 $20 \times 10^4 m^3$。技术人员采用圆弧搜索法对路堤加载后的高填方稳定性进行了计算,并在坡脚前缘平台设置 2.2m×3.2m×26m@5m 的抗滑桩进行预加固(图 11-87)。抗滑桩工程完工后,在路堤填筑至路面高程附近时,路堤出现了整体滑移,路基下沉达 8m,抗滑桩外移 13m 以上,形成了体积达 $145 \times 10^4 m^3$ 的大型工程滑坡,工程报废近 2000 万元,见图 11-88、图 11-89。

滑坡发生后通过现场咨询,发现原设计高路堤方案存在如下主要问题,从而导致滑坡的发生:

(1)路堤下伏的深厚堆积体含水率较高,路堤的大规模加载是造成工程滑坡的主要因素。

(2)地表水和地下水截排水工程缺失,填方工程实施后坡体地下水位上升,降低了坡体的稳定性。

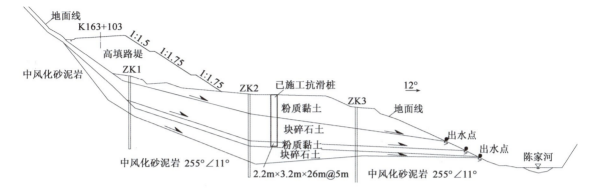

图 11-87　原设计高填方路堤工程地质断面图

图 11-88　填方前缘抗滑桩平移

图 11-89　堆积体后部高填路堤（减载后）

（3）崩坡积碎块石土和冲洪积粉质黏土接触面之间、堆积体与下伏砂泥岩接触面之间含水率大,构成了工程滑坡的多层折线形滑面。

（4）填方坡脚前部的抗滑桩悬浮于堆积体中,造成抗滑桩工程"坐船"而失效。

工程抢险时技术人员清除人工填方加载体后,滑坡得以快速稳定。永久处治方案确定时,考虑到滑坡前缘的陈家河水量大,改河反压方案不可行。故工程以"保路"为主理念,在采用"路改桥"的基础上,在拟设置桥梁的每根桥墩前部布设 3 孔共 18 根抗滑桩对桥梁进行保护（图 11-90）,而没有对整个滑坡进行治理,这大大降低了工程造价。

5）水平地基承载力控制的防治方案确定

岩土工程应重视支挡结构物与岩土体的协调受力,防止只重视结构设计而忽略结构与地质体的相互作用。近年来,由于锚固力不足引起的抗滑桩失效事故越来越多,尤其是富水、煤系地层、半坡桩等工程安全事故高发。

如某高速公路 K27 处抗滑桩设置于地基承载力相当低的富水、松散碎石土堆积体中,造成预加固抗滑桩的桩前承载力严重不足,抗滑桩完工后随着桩前边坡的开挖,半坡桩发生了大面积的变形或倾倒（图 11-91、图 11-92）,教训是非常深刻的。

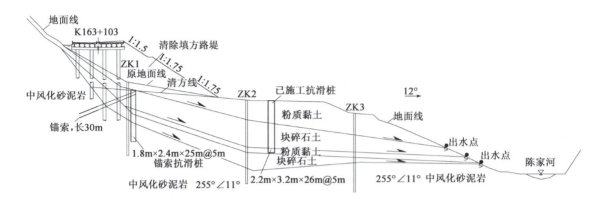

图 11-90 变更工程地质断面图

图 11-91 堆积体水平地基承载力不足造成桩体倾斜

图 11-92 半坡桩锚固段不足造成桩体破坏

反之,某高速公路富泉互通老滑坡下伏富水昔格达半成岩(N_{2x}),滑坡体积约 $65 \times 10^4 m^3$,下滑力 2630.5 kN/m,造成抗滑桩工程布设受到很大限制。基于此,为有效减小滑坡的下滑力,在滑坡后缘刷方 $12 \times 10^4 m^3$,滑坡下滑力减小为 626.9kN/m,并考虑到富水昔格达地层水平地基承载力较低,根据计算在滑坡前部设置 3m×2m×(18~26m)@4.5m 的"宽扁式"抗滑桩结构对滑坡进行支挡。为防止滑坡后部清方发生牵引式滑坡,利用该部位锚固能力较强的灰岩地层设置 1.5m×2.0m×16m@6m 的矩形抗滑桩进行预加固工程抢险时,技术人员清除人工填方加载体后,滑坡得以快速稳定。抗滑桩设置见图 11-93。

6)合理利用材料性质的防治方案

路堤加载引发路堤变形或工程滑坡时,可积极利用泡沫轻质土等轻型材料进行填方替换,有效消除采用普通填料造成下滑力较大而需设置大量工程进行补强的弊端。

如某公路原设计采用桩基托梁挡墙进行路堤支挡,其中挡墙高 9.0m,下部采用两排长 25m、直径为 1.4m 的桩基(图 11-94)。工程完工后由于填方加载和桩基的抗滑能力不足,桩基托梁挡墙出现变形。方案变更时技术人员拟采用在路基内侧设置长 16m、直径为 1.4m 的锚拉桩对既有桩基托梁挡墙进行加固。

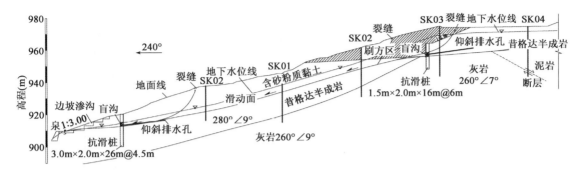

图 11-93　不同水平地基承载力段的抗滑桩设置示意图

咨询时笔者认为该段路堤下伏可塑状碎石土,路堤填方加载后由于原桩基托梁挡墙抗滑力不足造成工程变形。而拟设置的锚拉桩基本上均位于可塑状碎石土中,所提供的抗滑能力明显不足,工程处治方案存在很大的安全隐患,工程造价偏高,且由于施工周期偏长而社会影响差,因此不建议采用。建议结合坡体变形特征,挖除原路的碎石土填方材料,采用泡沫轻质土进行替换,该方案工程造价低且施工速度快,是相对较优的病害处治方案(图 11-95)。

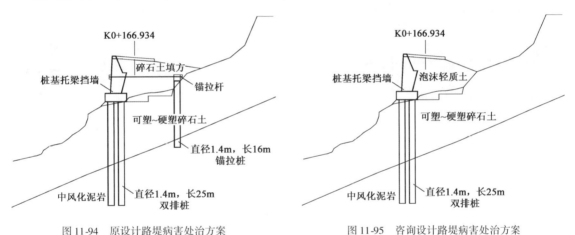

图 11-94　原设计路堤病害处治方案　　　　　图 11-95　咨询设计路堤病害处治方案

7)方便现场施作的工程防治方案

滑坡防治方案应在确保安全、经济和环保的前提下,充分考虑现场的有效实施性。

如某公路 LK16+755~LK17+065 段顺层段,技术人员拟进行顺层清方后在半坡设置 2.4m×3.6m×20m 的锚索抗滑桩进行加固(图 11-96)。工程咨询时,笔者认为该半坡桩方案工程规模大、施工困难,不宜采用。建议在坡脚设置支挡工程对顺层边坡进行预加固(图 11-97),这不但有效避免了半坡桩锚固力欠佳的问题,也大大方便了现场施作,减小了工程规模。为有效提高工程环保绿化品质,坡脚桩的桩间挂板采用易于绿化的"百叶窗"形式设置。咨询方案的工程经济性、可实施性明显优于原方案。

8)减少运营线路干扰,合理利用既有工程的防治方案

运营阶段的公路滑坡防治方案,应尽量减小工程施工对运营线路的影响,合理利用既有工程措施进行滑坡防治,如图 11-98、图 11-99 所示。

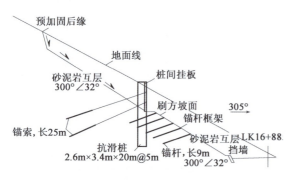

图 11-96　原设计半坡桩方案工程地质断面图

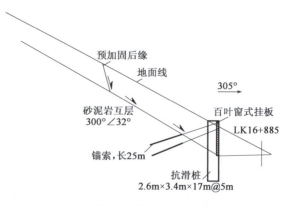

图 11-97　优化后坡脚桩方案工程地质断面图

图 11-98　锚索框架加固既有挡墙

图 11-99　锚索地梁加固既有挡墙

如某运营公路由于滑坡造成路堑挡墙开裂,原设计拟采用适当向外调移线路,在挡墙前部设置抗滑桩的加固方案。现场咨询时考虑到改线工程社会影响大,工程规模大,且抗滑桩桩孔的开挖非常不利于挡墙和滑坡的稳定,工程风险偏大,故建议采用轻型支挡结构进行滑坡病害处治。即在原挡墙胸坡设置锚索框架对滑坡和挡墙结构进行加固,坡脚设置仰斜排水孔对地下水进行有效疏排,控制滑坡变形速率。该方案工程施工速度快,对线路运营影响和施工安全风险小,工程造价为原处治方案的 25%。该方案实施后,取得了良好的社会影响和工程效果。

9) 保路为主的滑坡防治方案

公路工程的滑坡防治方案,无特殊要求时应以保护线路安全为主要目的,即滑坡防治方案的确定以确保滑坡不会对所要保护的公路造成影响为首要任务,不一定对滑坡整体进行全面处治,从而有效提高滑坡防治方案的经济性指标。

如某公路 K2987+900 处堆积体滑坡在地下水作用下发生变形破坏。工程治理方案以保路为原则,在路基内侧边沟下部设置深度约 4m 的截水盲沟和在路基外侧的既有挡墙下部设置仰斜排水孔,有效降低滑坡地下水位,提高滑坡的整体自身稳定性;在路基外侧既有挡墙的墙脚设置微型桩,确保挡墙基底稳定;在既有挡墙上设置厚约 30cm 的面板式锚索挡墙,确保路基稳定(图 11-100)。该方案以保路为主,治理费用为处治整个滑坡造价的 1/3,工程经济性明显。

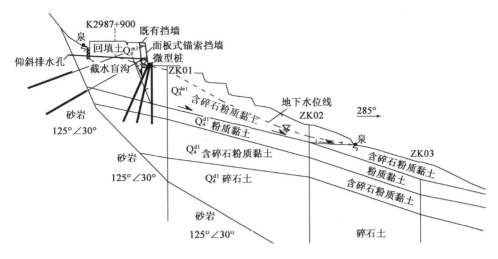

图 11-100 针对保路的滑坡处治方案

10) 依据工程地质条件,合理确定滑坡防治方案

滑坡防治方案的确定,必须依据完善的地质资料,充分掌握滑坡的性质、变形规律,这是滑坡防治最重要、最关键的部分,否则,可能造成滑坡防治方案的欠合理,甚至是不安全的。

如某高速公路葫芦坪老滑坡主轴长 141m,滑体平均厚约 20m,体积约 $33.5 \times 10^4 m^3$,线路以特大桥的形式从滑坡前缘通过,区内地震烈度Ⅶ度($0.15g$)。工程施工时,桥梁施工平台开挖和河岸冲刷造成滑坡整体复活,根据桩基检测发现,29 号和 30 号桥墩在地面下 5.1m、8.0m 和 11.0m 的位置发生断裂。滑坡发生后,应急工程在滑坡前缘岸坡位置设置了混凝土挡墙 + 反压处治,工程实施后滑坡的整体变形快速收敛。滑坡永久工程处治方案确定时,由于技术人员计算所得的滑坡下滑力达 1936kN/m,故采用上、下两排 $\phi2.2m$、间距为 3.5m 的圆形抗滑桩对滑坡进行治理(图 11-101),工程造价达 5057 万元。

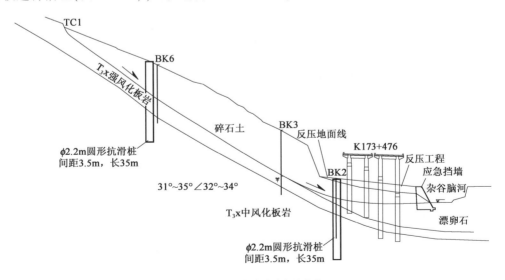

图 11-101 滑坡处治实施方案

现场咨询过程中,笔者发现该滑坡永久处治方案存在以下几个问题,造成了滑坡治理方案的欠安全、不经济:

(1)滑坡滑移造成前缘29号和30号桥墩在地面下5.1m、8.0m和11.0m的位置发生断裂,说明该堆积体滑坡存在多层滑面。设计方案只依据最深层滑面设置抗滑桩支挡工程,造成滑坡存在从前排桩越顶的可能。

(2)设计用于计算的主滑面综合内摩擦角φ较滑面倾角小5°~10°,造成滑坡的下滑力计算明显偏大,也就是说设计采用的控制性下滑力达1936kN/m是不合理的。

而依据应急挡墙+反压所形成的合计600kN/m的抗滑力与取得的应急效果,反推滑坡在天然工况下安全系数取1.3,暴雨工况下安全系数取1.2,地震工况下安全系数取1.1,桥梁后部6m处抗滑桩所承担的控制性滑坡下滑力应为625kN/m,约为设计下滑力的32.3%。

(3)永久处治方案采用上、下两排相同长度和截面的抗滑桩对滑坡进行治理是欠合理的。因为从滑坡主轴断面来看,上排桩所支挡的滑坡体积约为下排桩的1/3,造成上排抗滑桩受力明显偏小而下排抗滑桩受力明显偏大。

(4)上、下两排桩均存在滑面以下锚固段过长的情况,如上排抗滑桩锚固段约为悬臂段的2.2倍,下排抗滑桩锚固段约为悬臂段的3.1倍,造成了大量的工程浪费。

(5)下排抗滑桩距桥桩距离只有2m左右,安全距离明显偏小,在滑坡挤压下排普通抗滑桩时会出现桩体挤压前部桥桩的可能。

综上,该滑坡防治方案中的滑面参数、下滑力计算和抗滑桩设置等方面均欠合理,造成工程造价偏高,且工程安全性偏低。

基于此,该滑坡防治方案若能在距桥桩约6m的部位设置1排锚索抗滑桩,调整应急挡墙后部反压坡度,兼顾滑坡越顶问题,优化桩长与桩间距,就可有效实现对滑坡的治理(图11-102),其工程造价约为1750万元,是工程实施方案造价的34.6%,且工程安全性更有保障。

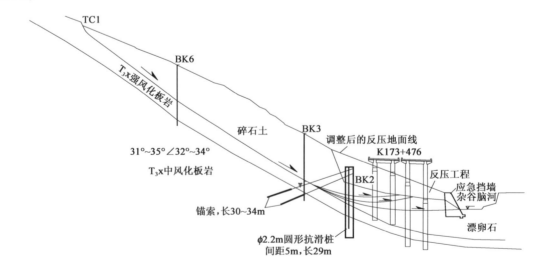

图11-102 滑坡处治咨询优化方案

11)满足特定要求的滑坡防治方案

对自然、人文环境有较大影响的滑坡防治,其方案应满足相应的特定要求,尽量减小对环境的影响或与环境相协调。

如藏族聚居区某滑坡治理时,为有效保护环境和适应当地文化需要,抗滑桩采用圆桩时装饰为大型转经筒(图11-103),有效提高了工程品质。

图11-103　适应藏族文化的彩绘圆形抗滑桩

第十二章　公路工程斜坡病害抢险

　　随着我国建设工程、养护工程规模的大幅度增加以及全球气候变化、地震等因素的影响，公路工程斜坡突发地质灾害的概率和频率大幅度增加，严重威胁公路的正常运营、建设安全，形成了很大的社会压力，影响正常的国民生产、生活秩序。

　　多年来，我国针对性地依据发生地质灾害的致灾因素、地质条件、人文环境、社会影响等因素，有效指导和实施了大量公路工程斜坡病害抢险，取得了巨大的社会效益和经济效益。但同时也存在部分抢险工程由于抢险方案脱离现场实际情况，导致工程抢险的失误，甚至是失败，形成了不良的社会影响和巨大的社会财富浪费。因此，积极有效的工程斜坡抢险显得越来越重要、越来越急迫。

第一节　公路工程斜坡病害抢险原则

　　1."快、准、狠"的原则

　　快，即抢险速度要快，防止病害不能有效得到控制出现恶化；准，即抢险工程要抓住病害的关键点，确定针对性的工程抢险方案，切忌"大水漫灌式"的工程抢险；狠，即抢险工程要适当保守，这是由于抢险工程往往缺乏严谨的地质勘察和细致的分析计算，而主要通过现场地质调绘和经验进行病害的抢险，不排除病害认知上存在偏差的可能。

　　2.优先采用卸载、反压和截排水的原则

　　卸载、反压和截排水是病害抢险时首要考虑的工程措施。

　　（1）卸载能有效减小坡体的潜在下滑力，快速提高坡体的稳定性，起到良好的工程抢险效果。

　　如某滑坡位于黄土塬边的自然斜坡上，滑坡的快速变形直接威胁下部公路的安全。抢险时在滑坡后部快速减载滑体总体积的1/7左右后，滑坡的变形得到了有效控制。

　　（2）反压能有效增加坡体的抗滑力，快速提高坡体的稳定性，起到良好的工程抢险效果。

　　如某高速公路工程开挖造成顺层滑坡将隧道挤压成"扁"状，相关单位快速采取隧道回填和滑坡前缘反压措施后，坡体变形大幅度收敛，起到了良好的工程抢险效果。

　　（3）截排水工程能快速截断坡外地表水和地下水进入坡体，或快速疏排坡体地下水达到有效减小水压力的效果，是抢险工程中常用的工程措施之一。

　　如某高速公路向家坡滑坡抢险时通过在桩间挂板间设置的仰斜排水孔，对坡体的地下水进行快速疏排，短时间内大幅度降低了坡体的地下水位，从而使滑坡变形得到了有效控制。

3. 积极主动的加固原则

在卸载、反压无法实施或水不是坡体发生病害的主因时,应积极考虑施工速度快、机动性强、对地形适应性好的锚索主动加固工程。通过锚索预应力对病害坡体实施主动约束,限制坡体的进一步发展变形。

如某高速公路通车数年后,K36+500处的陡峭坡体突然出现变形。相关单位快速调用多台钻机后在坡面上开展多个工作面进行锚索施作,并在浆液中掺入减水剂和速凝剂,防止大量注浆造成岩土体含水率快速增长并促进注浆体快速凝固,同时在现场进行锚索十字梁的预制。注浆7d后,吊装和人工搬运锚索十字梁安装,继而采用40%的设计拉力对锚索进行初次张拉,从而快速实现了坡体的初步加固。14d后对锚索实施了75%设计拉力的第二次预应力施加,28d后实现设计拉力的100%第三次预应力施加。锚索施工采用"轮转法"实现,即打孔、注浆、多次张拉的流水作业,快速实现了对坡体病害的控制。

4. 有效的被动防护原则

在卸载、反压、水或主动加固没有条件实施时,可对病害坡体实施被动工程进行防治。即通过微型桩、锚杆等被动受力工程实现对病害坡体的抢险。总体来说,虽然被动防护工程的被动受力特性不及主动加固工程有效,但被动防护工程不需要预应力张拉工序,而是利用钢筋、钢管等筋体材料的抗剪强度实现对病害坡体的直接支挡,故施工简单快捷。

如某高速公路K28顺层坡体由于开挖出现快速变形的滑坡迹象,工程抢险时快速调配多台潜孔钻机设置多排、桩头钢筋混凝土框架连接的微型桩,快速实现了对滑坡变形的控制。

需要说明的是,抢险工程中的病害坡体变形速率相对较快,故一般情况下不宜采用大直径抗滑工程进行抢险,防止大直径桩施工速度和桩体强度上升较慢而出现抗滑桩体在起到支挡效果前发生桩体剪断现象。

5. 永临结合的原则

抢险工程的首要任务是将病害坡体的安全系数快速提高至1.05以上,为永久防治工程的勘察、设计和施工赢得宝贵时间。但在工程抢险时,宜尽量将抢险工程作为将来永久工程的一部分,避免工程浪费。

如某高速公路K21火山碎屑岩高边坡由于台风降雨出现较大规模变形,在微型桩进行工程抢险时,将其作为永久工程的一部分进行设置,取得了良好的经济效益和社会效益。

6. 就地取材的原则

抢险工程存在非常关键的时效性,这就对抢险工程材料的快速准备提出了较高的要求。因此,抢险工程材料一定要坚持就地取材的原则。

柬埔寨R55号公路K140盘山路段发生水毁滑坡,笔者抢险时,在滑坡后部的上盘公路外侧路肩处设置了多排现场既有的$\phi42mm$脚手架钢管微型桩,取代需在金边远距离调运的微型桩工字钢材料,桩头采用钢筋混凝土面板连接,以提高微型桩群整体性;在滑坡后部上盘公路的内侧破损截水边沟铺设现场既有防渗土工布,防止汇水进入滑坡。工程实施后,滑坡变形逐渐减小并最终稳定,抢险取得了良好的效果。

7. 加强病害坡体的监测和观测的原则

对"快速"变形的病害坡体,通过监测和观测可有效指导和验证抢险工程方案的有效性,也为抢险工程的安全实施提供有效保障。

如某高速公路 K88 隧道出口滑坡,通过监测和巡查及时发出的预警,快速撤离了现场施工人员,5h 后坡体发生了大规模的滑移式崩塌,避免了抢险工程事故的发生。

8. 定期现场核对的原则

由于抢险工程存在一定的"粗犷性",工程实施时应随着对病害体认识的加深,实时核查抢险工程的准确性,及时调整抢险工程不足的部分,从而达到更好的工程抢险效果。

如某高速公路坡体病害抢险时,通过深孔位移监测数据发现,工程抢险过程中坡体位移一直没有收敛。在现场核对和分析监测数据的基础上,发现抢险工程处治深度不足造成抢险工程"坐船",故积极调整了加固工程深度,并在已施作的支挡工程上设置预应力锚索,从而确保了抢险工程的有效性。

9. 不宜贸然定论的原则

抢险工程由于在地质资料认识深度上、细度上存在一定的不确定性,因此,工程抢险阶段不宜对病害发生的原因进行明确而贸然的定论,以免造成后续工作上的被动或形成不良的社会影响。

如某高速公路隧道出洞施工时,洞口以上坡体发生了大规模的变形和坡面崩塌。工程抢险时,技术人员认为病害发生的主要原因是隧道施工的不合理开挖,并责成施工单位承担工程事故责任。但在后续调查时发现,该段隧道洞口位于老滑坡体中,地质资料的误差造成原设计工程措施针对性较差而导致老滑坡的复活。后虽及时通过工程抢险进行了有效处治,但由于前期对坡体变形原因的贸然定论,对工程施工单位造成了很大的社会压力和不良的社会影响。

第二节 公路工程斜坡病害抢险案例分析

1. 工程斜坡病害概况

某高速公路 K1989+367~K1989+600 段自然斜坡陡峻,坡度为 45°~55°,局部陡崖。高速公路运营多年后,2018 年 2 月 28 日该段 1 号大桥桥台伸缩缝出现上拱,相邻 5、6、7 号桥墩出现环状裂缝。同时造成桥台后部路基和 2 号大桥约 223m 范围内的线路出现多条拉张裂缝,桥梁右侧山体临空面出现多条剪出口,后部坡体多有张拉裂缝发育,且变形持续发展,导致高速公路紧急关闭,造成了重大的社会影响。病害坡体全貌见图 12-1。

2. 初步的应急抢险方案

坡体变形发生后,相关单位根据现场调查,认定线路斜下部埋深约 460m 的煤田采空是造成本次坡体和高速公路变形的主因,拟向当地煤田主管部门发文,并同时制订了相应的应急抢险方案。

图 12-1　病害坡体全貌

在大桥右侧坡体陡崖下部原施工便道处呈梅花形布置 2 排 ϕ2.0m、纵横排桩间距均为 4.0m、长 30m 的旋挖桩,桩间设置 2 排纵横排间距为 1.5m、长 25m 的注浆钢管桩,如图 12-2 所示。

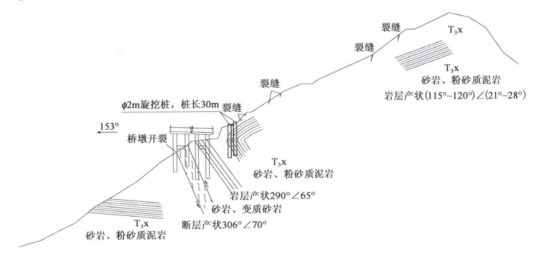

图 12-2　应急抢险工程初步确定的工程地质断面图

3. 初步应急抢险方案得失分析

应急抢险方案制订并实施约 40d 后,现场抢险基本完成了第一排长 30m 的旋挖桩工程,相关单位召开了应急工程现场核查的评审会,对前期抢险工程的效果和下一步处治方案进行商讨。

笔者根据现场调查发现,该段坡体变形由于缺乏相应的监测数据和翔实的地质资料,并不能完全确定为煤田采空影响所致,且区内自然坡体高陡,在大桥附近存在良好的临空面,坡体有依附于倾向临空面、倾角 21°~28° 的顺层砂泥岩发生自然滑坡的可能,尤其是区内坡体和高速公路变形范围只有 233m,与深厚的煤田采空区变形特征存在一定的差异。因此,不应贸然完全定论为煤田采空导致山体及高速公路病害的发生,以免发生误判造成后续工作的被动。

此外,即使坡体与高速公路病害系煤田采空所致,考虑到责任重大,应通过更详细的地质勘察,更大范围的山体和高速公路监测进行综合确定。加之煤田采空区埋深大、变形相对持续缓慢的特点,无法通过在高速公路部位设置抢险工程进行有效控制,故不属于本次抢险的范畴,可在下阶段进行补充调查后再评判高速公路病害与煤田开采的关系。本次抢险工程的重点是高速公路右侧坡体的顺层滑移病害。

通过现场踏勘,发现坡体无地下水活动的迹象,加之山体高陡,故抢险没有实施卸载、反压和排水的条件。但现场采用旋挖桩为主的支挡抢险方案存在如下不利因素:

(1)现场的高陡地形不利于多台大型设备开展抢险,现场只能在原高速公路修建时的便道处调运两台大型旋挖钻机进行施作,施工整体进度偏慢。

(2)现场施作旋挖桩的过程中,根据监测发现坡体每天存在 2~3mm 的持续变形。按照每孔旋挖桩的施工周期,桩体自开钻至桩体强度基本达到抗滑要求约需 30d。而在这 30d 内,坡体的累计变形可达 60~90mm,这就存在由于山体的持续变形造成浇筑的旋挖桩在发挥强度前发生剪断失效的可能。

(3)从现场桥墩和坡体变形裂缝以及地质构造配套分析,笔者初步推测在施作旋挖桩的部位,地表以下 10~30m 的范围内可能存在依附于顺倾层面的多个潜在滑面,这是造成本次坡体变形的主要原因,是本次抢险工程的主要控制对象。换句话说,原抢险方案确定的 30m 长旋挖桩由于长度偏短而存在"坐船"或由于滑面以下锚固段偏短的可能,且圆形旋挖桩支挡工程力度偏弱,不能有效平衡坡体变形。

基于此,笔者在现场建议尽快对抢险方案进行调整。

4.咨询建议的应急抢险方案

(1)积极调入多台潜孔钻机在桥梁附近和右侧山体等多个部位开展抢险工作面,通过快速施作大批量预应力锚索工程实现对变形坡体的主动加固,快速控制坡体恶化的速率,继而减轻对桥梁的危害,而不宜将施工速度、桩体强度等见效相对较慢且属于被动受力的大直径旋挖桩作为抢险的主要工程措施。咨询建议的应急抢险工程地质断面如图12-3所示。

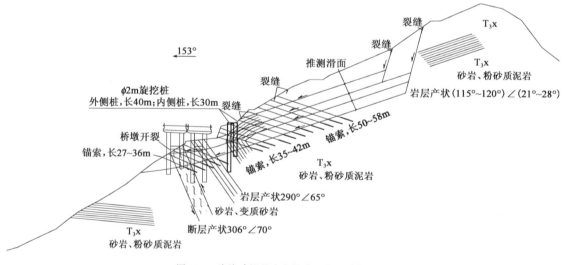

图 12-3 咨询建议的应急抢险工程地质断面图

此外,在被保护的桥梁附近设置"抬轿式"锚索工程适应了桥梁附近滑面埋藏较浅的特征,在实施锚索工程时可有效减小锚索长度,从而加快抢险施工进度。

锚索施作采用"轮转法"进行,即钻孔、编束、下孔、注浆、循环张拉采用流水线作业,并同时在封闭的高速公路上进行十字梁的现场预制,快速应用于锚索循环张拉需要,实现对坡体变形的快速抑制。

(2)由于已经完工的第一批长30m旋挖桩存在"坐船"或滑面以下锚固段偏短的可能,建议将即将施作的第二批旋挖桩长度由30m加长至40m以上,从而有效实现对多层滑面的"串联"支挡。

(3)由于圆形旋挖桩抗滑能力偏小,尤其是第一批旋挖桩长度偏短,建议在旋挖桩顶设置多孔锚索后形成锚索抗滑桩,从而有效弱化第一批旋挖桩偏短形成的不利因素,并达到主动加固变形坡体的效果。

5.工程抢险方案的实施

根据后期补充的多个深孔位移监测孔监测数据可以看出,变形坡体在12～35m处存在多层滑面,将监测滑面勾绘后发现在桥梁右侧便道的旋挖桩部位滑面为9～27m,与笔者现场推测的滑面是基本吻合的,这证实了现场及时调整第二批旋挖桩长度和在第一批完工桩体施作锚索工程的必要性。

由于多种原因,在第二批长度为40m的旋挖桩工程抢险完工后,坡体锚索工程迟迟没有施作,监测反映坡体的位移曲线仍在持续增长(图12-4、图12-5),这说明了单纯采用抗力较小的旋挖桩是不能有效支挡坡体变形的,应尽快实施大范围的锚索主动加固工程。6月,随着降雨的影响,坡体变形呈现加速发展的趋势。在此形势下,6月下旬左右现场开始大面积施作锚索工程。至7月20日左右,随着大规模锚索工程的张拉实施,监测反映坡体位移逐渐收敛,工程抢险取得了初步成功,如图12-6所示。

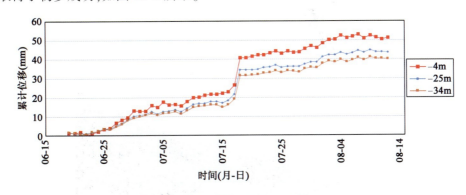

图12-4 代表性深孔位移监测曲线图(一)

需要说明的是,现场实施的锚索工程并没有采用"抬轿式"布设,而偏重于桥梁右侧山体上的大面积锚索布置(图12-7),这就造成在桥梁附近的坡体存在一定的安全隐患,也造成锚索工程过于远离被保护的桥梁,锚索过长,不利于工程的经济性。基于此,下阶段应在核查区内坡体和高速公路变形是否确实属于煤田采空影响的基础上,尽快实施永久处治工程。

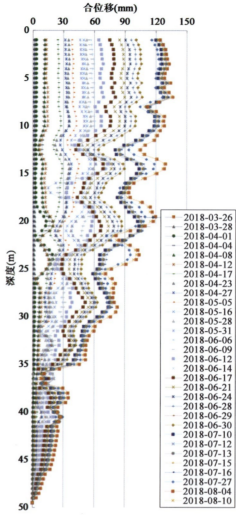

图 12-5　代表性深孔位移监测曲线图(二)

图 12-6　抢险工程完工后图

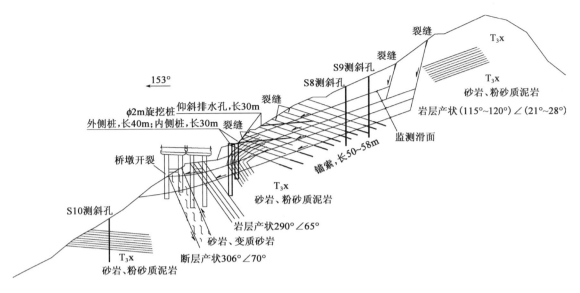

图 12-7 应急抢险工程最终实施的工程地质断面图

第十三章 公路工程斜坡病害防治实例

第一节 隧道区滑坡防治方案研究

1. 引言

随着近年来我国交通建设的快速发展,铁路、公路向山区发展的过程中,很多隧道修建于依山傍水的斜坡体,而孕育于不稳定斜坡体中的滑坡对隧道的安全形成了直接的威胁,由滑坡引发的隧道病害在隧道施工及运营过程中时有发生,并随着我国隧道数量的不断增加而呈现出日趋严重的态势。从相关文献看,个别线路中的变形隧道占全线隧道总数的70%~80%,这不仅严重影响了隧道的安全运营,而且耗费了大量的人力、物力和财力。

关于隧道区滑坡防治方案,目前主要针对隧道和滑坡两方面分别进行研究的较多,将两者结合起来进行研究的则相对较少。对两者进行结合研究则主要集中在隧道区滑坡发生机理、地质力学模型方面。如依据坡体病害地段地质结构模式,对隧道变形类型、滑坡与隧道的相互作用机理方面进行研究,对蠕动性滑坡隧道的变形规律及灾害预测进行研究,利用模型试验对隧道区滑坡整治中的抗滑桩设计方法进行研究。

工程实践中,由于隧道与滑坡分属两个不同的专业,技术人员在制订隧道区滑坡防治方案时,往往单方面从隧道专业方面或单方面从滑坡防治方面对隧道区滑坡病害进行治理,而不能有效地依据隧道病害特征,结合隧道与滑坡的相互位置关系及滑坡的性质对病害进行有效治理,常常造成隧道病害治理的不彻底或滑坡治理工程的不合理,形成了较大的工程浪费或为运营阶段的隧道安全留下了较大的隐患。基于此,对隧道区滑坡防治方案的系统化研究是一项紧迫而十分必要的工作。

2. 滑坡区隧道病害特征

隧道作为路线重要的结构物穿越滑坡体时,随着隧道的走向与滑坡滑动方向的不同,隧道既有类似于桥梁以"点"状与滑坡接触的形式,也有类似于路基以"线"状与滑坡接触的形式。但隧道对滑坡变形的"容错"能力虽然较桥梁对滑坡变形的"容错"能力强,但逊于路基对滑坡变形的"容错"能力。因此,隧道区滑坡防治方案的选择既具有类似桥梁穿越滑坡的特点,又具有路基穿越滑坡的特点。

隧道与滑坡的相互位置不同,由滑坡引发的隧道病害则表现出不同的病害特征;反之通过有效正确地判断隧道的病害特征,能准确地判断隧道在滑坡中的相对位置,这对隧道区滑坡防治方案的合理确定具有重要的意义。

(1)隧道位于滑面以下滑坡影响带范围内的滑床,而隧道走向与滑坡滑动方向平交时,隧道在滑坡下滑力的影响下,拱顶易出现挤压裂缝和错台;而当隧道走向与滑坡滑动方向正交时,隧道拱顶易在下滑力作用下产生纵向拉张裂缝。隧道位于岩土体物理力学性质较差的滑床影响带内时,在工程开挖过程中易发生拱顶塌方事故。

(2)隧道走向与滑坡滑动方向平行以平交的方式穿越滑坡时,隧道以"点"状的形式与滑带(面)接触,隧道类似于抗滑桩承受滑坡的下滑力。隧道受到剪切力的作用而出现环向挤压,衬砌出现剪切作用形成的"X"形结构面或压张裂缝,洞身在隧道与滑带(面)接触的位置发生明显的错台和较大的水平位移,甚至发生大量地下水的渗流现象。

隧道走向与滑坡滑动方向正交穿越滑坡的滑带(面)时,隧道以"线"状与滑带(面)接触,隧道类似于贯穿滑带(面)的抗滑键承受滑坡的下滑力而呈现偏压状态。当滑带(面)位于隧道边墙时,隧道在剪切作用下,拱顶及边墙出现长大贯通的纵向错位裂缝,内边墙倾斜及隧道倾斜;当滑面作用于拱部时,隧道变形以拱部为主,出现压碎、掉块及拱脚错位等变形特征。

(3)隧道穿越滑体时,往往类似于工程"坐船"。当隧道全部位于滑体内时,由于滑坡主轴附近下滑力较滑坡两侧大,隧道出现弯曲变形,同时隧道会与滑坡一起发生整体位移;当隧道两端位于滑体外时,隧道具有剪支梁的受力特征,在剪应力大的两端易出现环向裂缝,而中部在下滑力的作用下出现纵向弯曲和位移。滑带(面)距隧道底部较近时,隧道底部出现鼓胀、上拱迹象。

(4)隧道呈薄壳状构造而如同拱桥一样均匀受压,如果隧道衬砌后部回填不密实而产生空洞,即使空洞很小,也会造成性质较差的围岩(如土体或极软岩)的下沉变形而对衬砌形成局部受压或受拉,尤其是隧道开挖松弛和空洞极易使地下水向隧道富集,继而软化围岩,造成衬砌受力加大,从而破坏拱形衬砌的整体受力,造成衬砌破裂。

3. 隧道区滑坡防治方案研究

1)隧道穿越滑床的防治方案

一般来说,当隧道在平面上无法避免穿越滑坡时,应尽可能在纵断面上使隧道位于稳定的滑床体内,即隧道应位于滑带(面)的影响范围外,这就是说隧道顶面距滑带(面)应有一定的安全距离,从而保证隧道上部的滑坡变形时不会影响隧道的正常使用。隧道与滑带(面)的安全距离的大小与上部滑坡的特征、滑床岩土体的性质、地下水等密切相关,但一般情况下不宜小于10.0m。当这个安全距离小于隧道与滑带(面)之间的容许安全距离时,极易使隧道在滑坡的作用下发生病害。

(1)隧道顶部距滑坡的滑带(面)距离为5.0~10.0m时,一般情况下宜采用提高隧道围岩级别和加强隧道衬砌结构强度的工程治理方案。即通过对隧道围岩压力注浆及锚杆加固提高隧道与滑带(面)之间的岩土体强度,提高其抗变形能力,并辅以较大强度的隧道衬砌结构,则往往可对隧道病害进行有效治理。该防治方案由于避免了对隧道上部滑坡的工程治理,故可有效降低工程治理费用。

如宝中线的堡子梁隧道拱顶距古滑坡滑面距离约为7.0m,隧道围岩为自由膨胀率达46%~66%的绿色泥岩,岩层破碎,地下水丰富。隧道施工过程中由于滑坡变形扰动及软岩变形而出现了频繁塌方、拱顶纵向开裂、错台明显。后完善滑坡排水系统,增设隧道底部仰拱,加大衬砌断面及增设钢支撑,并设置长为6.0m的自钻式锚杆对隧道围岩进行压力注浆,治理效果较好。

(2)隧道顶部距滑坡的滑带(面)距离小于5.0m时,即隧道拱顶距滑面的距离偏小或紧邻滑带（面）时，单纯提高隧道自身的抗变形能力及隧道围岩级别，往往由于无法有效平衡滑坡的下滑力而难以对隧道病害进行有效治理。此类滑坡区的隧道病害的治理原则往往以治理滑坡为主，提高隧道自身的抗变形能力及隧道围岩级别为辅。也就是说通过对滑坡的有效治理提高滑坡的稳定性，减小滑坡下滑力对隧道的直接作用，并通过隧道围岩压力注浆和适当加强衬砌隧道结构强度而提高自身的抗变形能力。

如新明月峡隧道通过金家河区域性逆断层破碎带，拱顶距上部老滑坡的滑面 1.0~5.0m，隧道开挖时造成古滑坡复活，隧道塌方严重。经综合考虑采用有效的地表排水工程，设置了主动受力的预应力锚索工程对滑坡进行加固，有效提高了滑坡的稳定性，减小了滑坡下滑力的影响范围，并在隧道内进行压力注浆提高围岩级别，加强隧道衬砌（图13-1）。该治理工程实施后取得了良好的效果，多年来隧道运营良好。

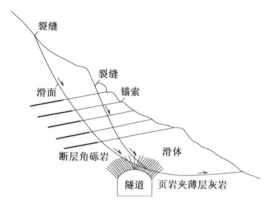

图 13-1　新明月峡隧道滑坡治理断面图

2）隧道正交穿越滑坡的防治方案

（1）隧道以正交的方式穿越推移式滑坡时，一般情况下应在隧道靠山侧设置抗滑桩或锚索工程，用以截断滑坡下滑力对隧道的作用力。当采用普通抗滑桩截断隧道后部滑坡对隧道的作用力时，由于普通抗滑桩为被动受力结构，故为防止桩体在后部滑坡推力作用下发生位移挤压隧道，并尽可能地减小抗滑桩与隧道之间的滑体对隧道的作用力，工程实践中根据隧道围岩级别，一般情况下取抗滑桩距隧道边墙的净间距约为 10.0m，且不考虑抗滑桩前的岩土体抗力；当采用锚索抗滑桩用以截断后部滑坡对隧道的作用力时，由于锚索桩加固滑坡为主动受力结构，理论上隧道与桩之间的间距可以不受限制，但考虑工程可能出现的不可预测的安全因素，工程实践中一般取隧道边墙与锚索桩的净间距不小于 5.0m。

如某铁路线平中 2 号隧道位于滑坡的滑带位置，隧道开挖时造成拱圈左侧 1/3~2/3 处裂缝全部贯通，并有大量地下水渗出。工程治理方案采取在隧道靠山侧设置锚索桩及坡面预应力锚索框架工程（图 13-2），主动受力的工程结构有效地截断了隧道后部滑坡下滑力对隧道的作用力，确保了隧道的安全。

当隧道穿越的滑坡滑带（面）较陡或隧道滑坡后壁较近时，由于滑坡下滑力较大，若单纯采用加固工程对滑坡进行治理，工程规模往往较大。因此，条件适合时，工程中治理方案宜首先考虑对隧道上部的滑体进行刷方减重的可能性，有条件时可直接利用刷方在滑坡前缘进行反压。这样，通过"刷方反压"可大大减小滑坡的自身能量，有效提高滑坡的自身稳定性，减小加固工程规模，且对减小隧道偏压有一定的效果。

如成昆线毛头马 1 号隧道滑坡，滑坡后壁高大，且隧道位于较陡的滑坡主滑段。为有效提高滑坡自身的稳定性和减小靠山侧抗滑桩的设置长度，制订方案时根据滑坡特征，在滑坡后部刷方减重，并直接利用刷方体在滑坡前部对滑坡体进行反压。在此基础上，在隧道靠山侧采用设置抗滑桩和预应力锚索框架对隧道后部的剩余滑体进行加固的工程治理方案（图13-3）。该治理方案大大减少了工程造价，也有效地缓解了隧道的偏压状态，取得了良好的工程效果。

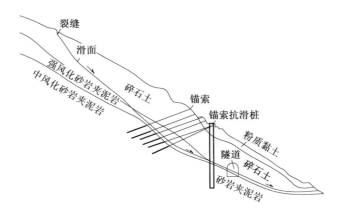

图 13-2 平中 2 号隧道滑坡治理断面图

(2)隧道位于牵引式滑体中时,为截断隧道前部滑体的变形"牵引"隧道,可在隧道外侧布设抗滑桩截断隧道前部滑体对隧道的可能"牵引",或对隧道前部滑体采用锚索工程进行主动加固。当采用抗滑桩对滑坡进行治理时,桩与隧道的间距理论上没有限制,以方便抗滑桩施工及不破坏隧道结构为限。

隧道位于滑坡的主滑段,隧道周围的岩土体存在自行滑动的可能性时,应在隧道的两侧均布设支挡工程,形成"上挡下抗"式工程防护,即上排抗滑桩截断隧道后部滑坡的下滑力,下排抗滑桩阻止隧道周围岩土体的自行滑动,从而有效截断隧道两侧滑坡变形对隧道的影响。

如某铁路古田隧道滑坡,坡脚处为河流急弯部位,遭受强烈冲刷作用。隧道位于滑坡的主滑段,存在隧道后部滑坡的潜在下滑力及隧道前部滑体的牵引变形影响,根据隧道与滑坡的相互位置关系及滑坡的特征,工程治理方案确定在隧道的下侧设置普通抗滑桩用以截断隧道前部滑体对隧道的潜在牵引作用;在隧道后侧设置能快速限制滑坡变形、主动受力的锚索抗滑桩进行加固,从而保证隧道的安全,如图 13-4 所示。

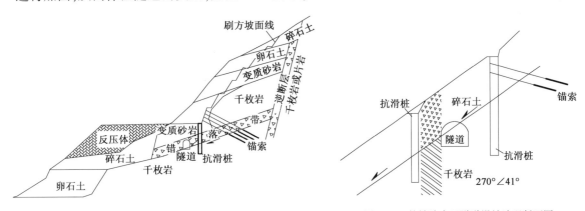

图 13-3 毛头马 1 号隧道滑坡治理断面图　　图 13-4 某铁路古田隧道滑坡治理断面图

(3)在隧道区进行滑坡治理时,若滑坡的滑面较深,设置与地面平齐的普通抗滑桩或锚索抗滑桩则往往桩体过长,造成桩体内力及圬工量偏大。故对此类滑坡的抗滑桩建议采用埋入式抗滑桩,即将桩体整体埋入地面以下一定深度,桩顶高程以不出现滑坡"越顶"为限。

如桑树坪7号隧道滑坡滑体厚度较大,隧道位于滑坡的主滑段。若采用常规治理方案将抗滑桩在滑体内通长布置,则会大幅度提高治理工程的规模及造价。故制订方案时,根据计算分析,在隧道的前部及后部分别设置了埋入式抗滑桩进行治理(图13-5),其工程规模较与地面平齐设置的普通抗滑桩相比节省了约50%。

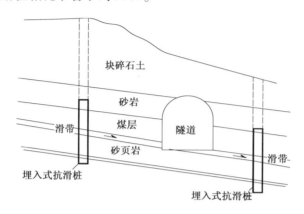

图13-5 桑树坪7号隧道治理断面图

一些大型滑坡由于锚索施工限制,往往只能设置埋入式普通抗滑桩,在一定情况下仍然存在工程规模较大的问题。故为了进一步有效提高桩体的抗滑能力及优化桩体结构设计,减小抗滑桩工程规模,中铁西北科学研究院于2006年经过工艺改进,成功地在埋入式抗滑桩内部设置锚索而形成内置式锚索抗滑桩(图13-6),并在北京戒台寺采空区滑坡的治理工程中得到了成功应用。这一新型抗滑桩结构的成功应用,大大丰富了滑坡防治中对具有深层滑面滑坡的治理措施,也为隧道区深层滑坡的防治提供了新的思路。

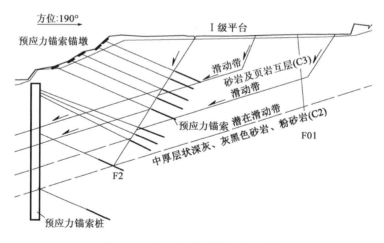

图13-6 内置式锚索抗滑桩加固示意图

此外,考虑到隧道距滑面较近,故将隧道作为滑坡防治工程设置的平台,较以地面作为防治工程的平台有着更好的工程效果。它可有效减小工程规模,提高治理工程的有效性。故将隧道作为抗滑工程的一部分,结合抗滑工程对滑坡进行整治往往可得到事半功倍的效果。如在隧道内壁设计锚索(图13-7),可大大减小锚索的长度;在隧道底部设置锚索抗滑桩对滑坡体进行加固,可大大减小抗滑桩工程的开挖量,并较内置式锚索抗滑桩有更大的施工平台,从而方便施工。

在隧道底部设置抗滑桩时,建议宜尽量设置锚索抗滑桩,这样可通过锚索桩的主动受力特性,有效减小桩体位移,从而也就减小了桩体位移变形对隧道产生的不良影响。

3) 隧道平交穿越滑坡的防治方案

隧道走向与滑坡滑动方向平交时,隧道承受滑坡的环向挤压,隧道的开挖可能会破坏滑体的原有平衡,造成隧道口开挖时发生滑坍,隧道进洞

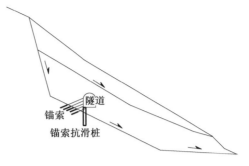

图 13-7　隧道内部设置工程加固示意图

困难,甚至由于隧道施工造成滑坡复活。因此,为减小隧道开挖对滑坡稳定性的影响,应尽量减小洞口隧道仰坡的开挖高度,力争实行"零开挖"进洞。滑坡治理方案常采用支挡工程来减小或截断滑坡下滑力对隧道的挤压,并辅以提高隧道自身抗变形能力的隧道围岩注浆和加强隧道衬砌。

如某高速公路祁家山隧道出口段,工程开工之初,隧道开挖造成滑坡出现较大的变形,并造成隧道进洞困难。由此,技术人员在隧道左、右线两侧设置了桩间距 6.0m 的预应力锚索抗滑桩,而紧邻隧道两桩由于隧道净空的要求,桩间距设为 17.0m,利用锚索抗滑桩的主动受力效果截断后部滑坡的下滑力。考虑到滑体破碎,为提高隧道围岩级别及增加注浆形成复合地基的抗剪力,在隧道洞口后部滑坡采用高压注浆,对松散破碎的岩体进行胶结,大大提高了滑体的整体性,如图 13-8、图 13-9 所示。该隧道区滑坡经治理后,隧道施工顺利,滑坡的稳定性多年来一直良好。

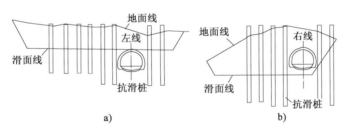

图 13-8　隧道洞口抗滑桩布置立面图

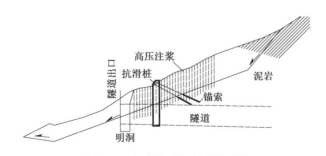

图 13-9　隧道洞口滑坡治理断面图

4) 不良地质体区的隧道变形防治方案

当隧道穿越堆积层、破碎岩或软岩体以及隧道埋深较浅或位于卸荷松弛严重的沟谷地带

时,隧道的开挖扰动往往导致上覆于隧道的岩土体发生协调变形。而这些岩土体变形有些是与滑坡无关的,这时若能及时有效地加强隧道初期支护,通过注浆提高隧道围岩级别,往往就能抑制隧道变形和对病害进行成功治理。切忌将该类坡体病害笼统地归结为滑坡引发的病害,从而造成病害治理方案的不合理和不经济。

再如某高速公路的鹧鸪山隧道左洞出口位于稳定性较好的堆积层中,洞顶距地表2.0～6.0m,开挖造成上覆堆积层在隧道周边5.0～15.0m的范围内出现了较大的变形。工程治理方案确定过程中,技术人员把堆积层受到开挖扰动的协调变形当成了潜在滑坡的发生,从而在隧道上、下侧各布置了1排抗滑桩,并设置了大量注浆式微型钢管桩(图13-10),工程造价约870万元。

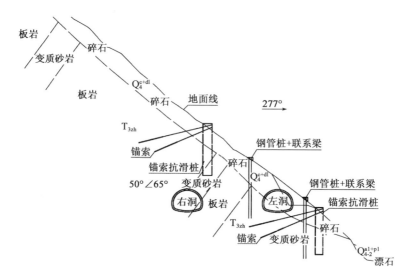

图13-10 鹧鸪山隧道出口病害原方案处理断面图

该方案在审查过程中,笔者认为虽然隧道开挖时对上覆堆积层稳定性有一定的影响,但由于隧道变形主要为"浅埋偏压"所致,只要控制隧道开挖造成的卸荷松弛变形范围,病害就可得到有效处治。故提出加强隧道开挖时的初期支护工程力度,对左洞及其上下坡面一定范围内的自然坡体在隧道开挖前采用注浆加固,且将隧道开挖轮廓线以外的注浆钢管留入孔中,提高土岩交界面的抗滑能力(图13-11)。该治理方案实施后取得了良好的效果,且工程造价为355万元,为原设计方案的40%左右,具有明显的经济优势。

5)抗滑明洞(棚洞)的滑坡防治方案

作为隧道的一种特殊结构形式,明洞(棚洞)在滑坡和高边坡治理工程中也有相当广泛的应用,即将明洞(棚洞)与抗滑桩、锚固工程等加固工程相结合,并对坡体的地表水和地下水进行有效的截排,则可对滑坡和高边坡病害进行有效治理。

如某高速公路K101大型堆积层滑坡,线路从滑坡前缘挖方通过而诱发老滑坡复活。防治方案制订时依据线路与滑坡的相互位置关系、滑坡性质及坡体的地下水状况,采取抗滑明洞+地下水疏排+反压为主的工程措施对滑坡进行了有效治理(图13-12)。

再如某二级公路K45+760～K45+909段堆积层高边坡,在开挖过程中发生大面积滑塌。若进行边坡治理,则边坡刷方平整后的高度将达到150.0m,并需施作大量坡体锚固工程,增加

弃方约 $10 \times 10^4 m^3$，工程造价约 2520 万元。由此，笔者制订了设置抗滑棚洞进行适当反压的坡体病害治理方案，工程总造价约 900 万元，工程实施后取得了良好的效果。

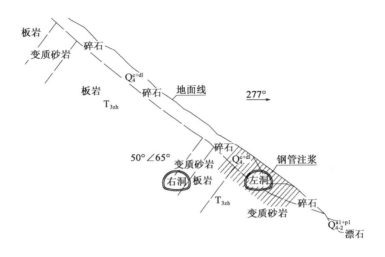

图 13-11　鹧鸪山隧道出口病害优化处理断图面

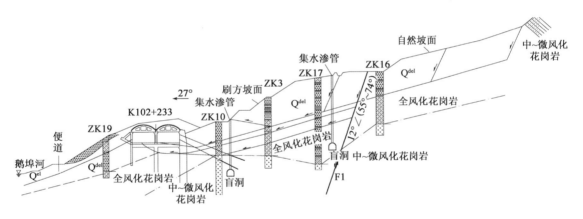

图 13-12　某高速公路 K101 滑坡治理断面图

4. 结语

（1）滑坡区隧道病害依据隧道与滑坡的不同位置、滑坡性质而表现出不同的特征。

（2）隧道区滑坡防治方案应依据隧道与滑坡的相互位置关系、滑坡性质及相应的病害特征确定。

（3）切忌将浅埋偏压、软岩蠕动变形等因素引起的隧道病害笼统地归结为滑坡因素，防止造成不必要的工程浪费。

（4）对于一些大型滑坡及高边坡病害，宜结合地质条件考虑设置抗滑明洞（棚洞）进行治理，从而有效保护环境并防止崩塌落石对线路的影响。

第二节　川藏高速公路路基设计主要技术探讨

1. 引言

为实现藏族聚居区经济社会跨越式发展,加强藏汉文化交流,维护藏族聚居区稳定和长治久安,提升国防安全保障水平,川藏高速公路雅(安)康(定)段、汶(川)马(尔康)段的建设具有十分重要的政治、经济、文化、社会和军事战略意义。这两条高速公路地形陡峻高差大,走廊带狭窄,大江大河发育,断裂活动频繁,气候恶劣,处于生态脆弱地带,具有强烈的板块活动、高发的地质灾害、脆弱的生态环境和极其困难的建设条件。在此基础上的高速公路路基设计,有着与其他高速公路设计不同的技术特点。如何能做到安全、抗灾、经济、环保并具有较好的工程建设可操作性,是藏族聚居区高速公路设计的难点和重点之一。

雅康高速公路总长 134.1km,汶马高速公路总长 172.3km,均采用四车道标准建设,桥隧比达 80% 以上,每公里工程投资达 2 亿元以上,是当时全国施工难度最大、同等建设标准中造价最高的高速公路。

2. 地质环境

雅康高速公路和汶马高速公路地处四川盆地到青藏高原的过渡地带,由东向西海拔迅速抬升,线路高程从约 580m 抬升至 3000m 左右,先后跨越构造剥蚀低山丘陵及河流侵蚀堆积地貌、构造剥蚀中高山地貌及河流侵蚀堆积及构造剥蚀高中山峡谷地貌,且以剥蚀、侵蚀构造高山峡谷地貌为主。工作区构造运动剧烈,岩层强烈褶皱,地貌跨度及地形起伏大,山高谷深,地形陡峻。地貌受构造控制明显,山脉、水系与构造线几近一致,多呈北西向展布。区内海拔一般为 1200~4000m,山势陡峭,峰峦叠嶂,沟壑纵横,地形坡度一般都在 25°~45°,局部有悬崖峭壁,两岸谷坡滑坡、泥石流、崩塌等山地灾害频繁。

区内各个地质时代的地层出露较齐全,沿线第四系松散堆积层、沉积岩、岩浆岩和变质岩均有出露。基岩种类繁多,岩性复杂。其中汶马高速公路分布最广的基岩为泥盆系、志留系、石炭系、二叠系、三叠系的千枚岩、板岩或泥质灰岩和变质石英砂岩;雅康高速公路分布最广的基岩为三叠系、二叠系、泥盆系、奥陶系、震旦系和晋宁—澄江期的花岗岩、闪长岩、砂岩、泥灰岩和页岩。第四系堆积层主要以分布于沿线沟谷河岸两侧及山体斜坡下部的崩坡积层(Q_4^{col+dl})、分布于河床和两侧阶地的冲洪积层(Q_4^{al+pl})以及泥石流堆积层(Q_4^{sef})、冰水堆积层(Q_4^{fgl})、滑坡堆积层(Q_4^{del})为主。

线路经过地区岩体破碎,构造期次多,构造活动复杂。大地构造上处于扬子地台西缘次一级构造单元龙门山、大巴山台缘断褶带之西南端,西邻康滇地轴,东接四川台坳,西北侧相邻松潘—甘孜地槽褶皱系。构造部位处于龙门山断裂带和鲜水河断裂带及安宁河断裂带构成的"Y"字形构造带,这三个断裂带具备全新世活动性,为我国著名的强烈地震带。高速公路多位于基本地震烈度为Ⅶ、Ⅷ、Ⅸ度的地区,其中Ⅶ度区占线路总长的 57%,Ⅷ区占线路总长的 37%,Ⅸ度区占线路总长的 6%。

汶马高速公路及雅康高速公路二郎山以西段气候属大陆性高原季风气候,垂直性差异明显,年平均气温 6.3~7.0℃,年降水量 753~905mm,多集中在 5—10 月,占年降雨量的 90%。

年均日照 1500~2000h,年均无霜期 120~279d,年平均蒸发量在 1527mm 左右。年均 15m/s 以上大风 40 次,主导风向为西北风。雅康高速公路二郎山以东段气候属亚热带季风气候,年平均气温 15.1℃,年降水量 2000mm 左右,平均日照 964h,是全国日照较少的区域之一。年平均蒸发量为 922.6mm,年降水量是蒸发量的 2.2 倍,年平均风速仅为 0.1m/s。

工程区内水系发育,江河溪流纵横交错,岷江、大渡河汇百川至东南奔腾出山。高速公路经过属于岷江水系的来苏河、杂谷脑河、青衣江、荥经河、天全河,以及属于大渡河水系的梭磨河、抚边河、折多河,河水主要由降雨、地下水和高山冰雪融水补给。这些河流往往河道狭窄,多呈"V"字形,水流湍急,河道蜿蜒曲折,落差大,雨季流量为旱季的 10 倍以上,洪水汇集迅速,利于造峰,洪水过程呈陡涨陡落的尖峰形,水力资源十分丰富,区内电站分布密度大,对路线制约大。

工程区内地下水丰富,其中分布最广的是松散堆积层孔隙水和基岩裂隙水。松散堆积层孔隙水主要分布于河谷阶地上,含水层具有二元结构。基岩裂隙水全线基岩地段均有赋存,泉水分布较多。与高速公路基本并行的川藏北线 G317 国道和川藏南线 G318 国道基本上在大渡河、岷江及其支流形成的阶地上展布,地质灾害频繁,行车条件较差。

3. 一般路基设计主要技术要点

(1)区内地质灾害多、规模大,线路走廊带狭窄,要提高高速公路的抗灾能力,仅依靠交通部门达到高速公路的全天候通行是无法实现的。因此,藏族聚居区高速公路的建设借鉴"5·12"汶川地震及"4·20"芦山地震后,相关国省干道灾后重建采取的与国土、水利等其他相关部门协作,"治山、治水、修路"的合作理念。

(2)受地形地貌控制,藏族聚居区高速公路路基主要采用占河或挖山两种方法修筑,考虑到区内地质条件复杂,车流量较小,设计时在困难路段适度减小路基宽度,加大分幅错台路基的设置,从而减小内侧边坡开挖高度和外侧路堤高度,减小对环境的破坏并降低工程造价。

(3)加强路基与各专业之间的协调,合理确定线路通过形式。加强"桥改路"的研究,尤其是对设置了规模较大路中墙进行防护的"半路半桥"路段,结合地质条件将路中墙外移,设置路肩墙或桩基托梁挡墙,取消桥梁工程,有效体现路基较高的抗灾能力、保通能力,并可有效降低、消化土石方,如图 13-13 所示。

(4)雅康高速公路和汶马高速公路多在沿岷江和大渡河及其支流上游的峡谷段布线,河流落差大,水电站密度大且泄洪频率高,水流湍急,具有特强的侵蚀搬运能力,沿河布线的 G317 国道和 G318 国道受河流冲刷、挟带物的撞击,路基损坏相当严重。因此,高速公路路基在水利部门的行洪论证基础上,尽量减少对河道的占用。河岸挡墙的基础设置严格依据河流局部冲刷进行埋深,必要时采用桩基托梁挡墙。河岸挡墙材料结合区内海拔高而人力施工困难的因素,均采用抗撞能力更强的片石混凝土或混凝土进行浇筑,而不采用传统的浆砌片石圬工挡墙。

(5)路基设计中积极采用泡沫轻质土、锚杆或锚索挡墙、扶壁式或悬臂式挡墙等新型或轻型支挡结构,有效降低了地震对路基的影响,提高了路基抗灾能力,并降低了工程造价。

如雅康高速公路的 K119+668~K119+808 段路堤,原设计采用桩长 23m 的桩板墙进行支挡防护,工程造价 660 万元,且部分桩体低于河道高程,施工难度较大。设计审查期间,笔者认为由于路基外侧地形有利,且自然坡体稳定性较好,建议采用泡沫轻质土对路堤进行加宽处理(图13-14),工程造价300万元,极大地提高了工程的经济性指标,也避免了在地下水位以下进行工程开挖的不利情况,工程的可操作性大大提高。

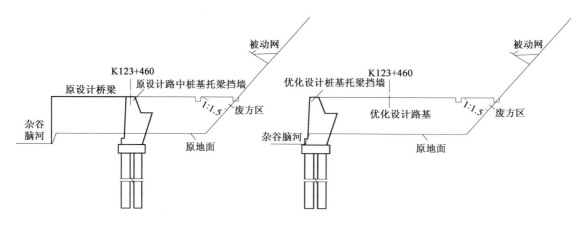

图13-13 "桥改路"优化设计示意图

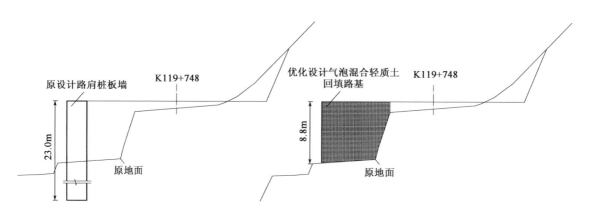

图13-14 新型结构替换桩板墙示意图

(6)区内地形陡峻,以崩坡积体为主的松散堆积体发育,工程开挖后若不能对坡体进行及时有效的工程补偿,则极易诱发堆积体变形,甚至诱发滑坡。因此,工程开挖前对松散堆积体进行预加固(图13-15),恢复或适当提高坡体平衡状态,对确保坡体开挖后的稳定性至关重要。

(7)陡坡路堤段设置桩板墙等支挡工程时,在桩前预留不小于5.0m的水平安全距离,扣除该水平距离范围内的桩前岩土体抗力,以防抗滑桩的锚固段不足而造成桩体倾斜(图13-16)。桩板墙锚固深度欠缺,不能有效保证抗滑桩的稳定时,应依据上述原则对抗滑桩的锚固段进行加长。

(8)由于二郎山的"川西雨屏"作用,雅康高速公路的二郎山东坡年降雨量达2000mm,而二郎山西坡与汶马高速公路年降雨量为600~753mm。因此,路基排水依据气象水文、"微地貌"等进行针对性的区段设计,从而达到合理、有效、经济的工程排水效果。

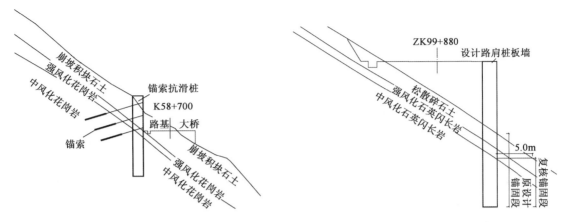

图 13-15　欠稳定坡体工程预加固　　　图 13-16　陡坡路堤支挡工程隐患

尤其需要注意的是,对于高海拔地区的地下水疏排工程,应根据气象条件做好保温防冻措施,防止冬季出水口冻结使地下水无法有效疏排,造成坡体的潜在病害。如甘肃省兰州市的金沟滑坡,冬季地下水排出口冻结使得地下水无法有效疏排,造成坡体的地下水位快速上升,最终体积约 $2000 \times 10^4 \mathrm{m}^3$ 的巨型滑坡发生失稳。

(9)区内土地资源稀缺,可耕种土地少,交通不发达,藏族群众出行不便。因此,当线路外侧存在有利地形时,尽量设置路堤反压平台或路堤支挡工程,减少路肩支挡工程设置,从而有效减小工程支挡规模,消化弃方;也可以利用设置的宽平台形成可以耕种的土地(图 13-17),大大降低工程造价及方便当地藏族群众生活。

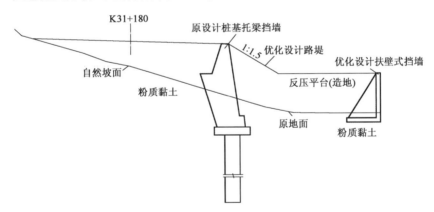

图 13-17　轻型扶壁式路堤墙替换路肩桩基托梁挡墙

(10)路堑边坡除在地下水含量丰富的粉质黏土层或碎块石土堆积层中结合边坡渗沟或支撑渗沟设置矮挡墙进行防护外,其余地段均不在坡脚设置矮挡墙圬工工程,以免与藏族聚居区秀美的自然风景形成冲突。

(11)藏族聚居区自然地形陡峭,在路堑边坡的坡顶进行弧化处理,很容易对区内的生态造成更大破坏,尤其是在恶劣的气候条件下很难恢复坡面的自然植被。因此,不同于内地高速公路的堑顶弧化方式,设计时除风吹雪地段,均没有采用堑顶的弧化处理。

(12)工程措施依据地质条件贯彻针对性设计、精细创作的设计理念,减少"通用图"的套用,提高工程的安全性和经济性。如填方路堤挡墙后部的土压力计算时,若墙体后部自然坡体稳定,则土压力的计算限制在填方体的有限范围内计算,而不应涉及稳定的自然坡体对土压力进行计算,防止人为造成土压力过大而使挡墙等圬工工程的截面加大,有效节省了投资。

(13)路基防护尽量设置抗震性能较好的锚索、锚杆等柔性工程和锚固深度较大的抗滑桩工程,减少挡墙、护面墙等基础埋藏较浅、抗震性能较差的刚性防护工程。

4. 高填、深挖路基设计主要技术要点

(1)这两条高速公路虽然路基所占的比重较小,但由于区内山大沟深,形成了众多的高填、深挖路基。根据统计,雅康高速公路有高填路基 31 处,最大边坡填高 110.0m,深挖路基 48 处,最大边坡高度约 65.0m,高填、深挖路基的平均分布频率为 2.3 处/km。汶马高速公路有高填路基 36 处,最大边坡填高 35.0m,深挖路基 30 处,最大边坡高度约 45.0m,高填、深挖路基的平均分布频率为 2.1 处/km。

区内的气象条件差异大、地震烈度高,对高填、深挖路基的设计形成了较大的制约。如雅康高速公路在二郎山以东年降雨量超过 2000mm,地下水丰富,暴雨工况常为控制性工况;而汶川、泸定、康定等地区基本地震烈度为Ⅷ度、Ⅸ度区,地震工况多为控制性工况。故设计的重点是针对性地依据控制性工况对高填、深挖的路基稳定性进行分析。

(2)区内大多数地段的地形坡度陡峭,一般情况下不建议线路采用高填路堤形式通过,而宜采用桥梁的形式通过。但考虑到线路的抗灾能力和区内严重的弃方压力,在地形相对宽缓有利于填方工程时,应在有效疏排原自然沟地下水的前提下设置较强的支挡工程或反压平台,确保路堤的稳定。对于高原草甸等地下水较多地段,填筑前设置纵横向渗水盲沟,并在路堤靠山侧边沟下部设置截水盲沟,有效解决地下水对路堤的稳定性影响,如图 13-18 所示。

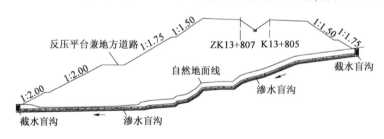

图 13-18　截水盲沟及渗水盲沟布置示意图

(3)区内自然边坡多由破碎岩体或堆积体构成,坡体开挖后易形成危岩、落石源。加之自然边坡较为陡峭,部分地段地下水较丰富,因此,挖方边坡的设计应依据地质条件和人为工程因素,如岩体结构、堆积层胶结密实程度、开挖后坡体应力场和渗流场的改变等,结合工程地质类比进行设计,尽量避免出现"剥山皮"式刷方,防止对山体形成过大的人工开挖创伤,造成工程防护规模的增大和人为危岩、落石源的形成,也防止坡体地下水疏排欠佳和边坡开挖后的工程补偿力度偏弱造成坡体失稳。

汶马高速公路 K201 处边坡为由破碎的中风化板岩构成的逆向坡,若采用原设计的缓坡开挖+锚杆框架防护,对环境破坏严重,由开挖面形成的危岩、落石源面积大,工程规模大,施工困难。在采用优化设计的面板式锚杆挡墙收坡后,边坡的高度由原设计的 32.3m 降低为 10.0m,在边坡的坡脚地下水出露点设置仰斜排水孔对地下水进行有效疏排,提高坡体的自身

稳定性(图 13-19)。经过以上设计优化,工程的安全性、环保性和经济性得到极大的改善。

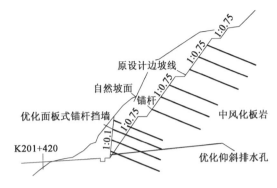

图 13-19 岩质边坡设计优化

雅康高速公路 K99 处边坡,坡体由中密~密实的 Q2 冰水堆积层构成,附近的自然边坡被大渡河冲刷后形成近直立、高约 40.0m 的稳定性较好的边坡。设计方案优化时依据工程地质类比,对原设计边坡进行陡坡率开挖设置,边坡的高度由原设计的 60.0m 降低为 25.0m,在边坡的坡脚地下水出露点设置仰斜排水孔对地下水进行有效疏排,提高坡体的自身稳定性,如图 13-20 所示。经过以上设计优化后,设计的合理性得到了有效改善。

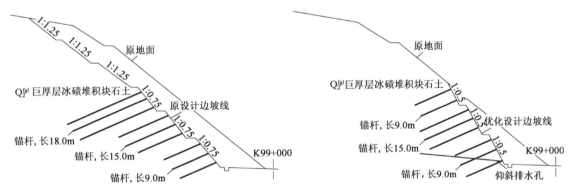

图 13-20 冰水堆积层边坡设计优化

5. 特殊路基设计主要技术要点

(1)区内大部分路段属大陆性高原季风气候,年平均温度 6.3~7.0℃,年均无霜期 120~200d,年均 17m/s 以上大风 40 次,秋绵雨、冰雹、雪灾等灾害性天气频繁发生,冻融、风吹雪、涎流冰、暗冰等路基病害每年均有发生,成为危害高速公路行车安全的主要病害。

①区内的季节性冻土最大冻深为 0.3~0.8m,主要呈岛状分布于海拔 2500m 以上的高山路段,参考并行的 G317 川藏北线和 G318 川藏南线的处治经验,低填浅挖路基段的季节性冻土路基,在考虑路基外侧设置深度超过最大冻深 0.5m 的截排水盲沟条件下,采用 0.7 倍的最大冻深和不小于路床厚度的处治深度,并在透水性材料换填以前,在其下部设置隔水土工布对毛细水进行隔断治理。

②风吹雪地段路堑边坡多采用流线型或缓坡率,设置积雪平台、拦冰墙、敞口式路基边沟进行防护。地下水丰富边坡地段,采用边坡渗沟、格宾挡墙等工程进行防护,消除坡体冻融滑

坍病害。

（2）路线基本沿大渡河和岷江河谷布设，沿岸阶地部分地段具有较厚的砂层，厚 2.0~3.0m，下为砂卵石土层。由于区内地震烈度高且地下水位高，存在砂土液化的潜在危害。因此，路基设计时加强砂土液化判别，并采用换填或设置轻型支挡结构进行处治。

（3）区内大部分地段山体高陡，相对高差几百米，甚至上千米，岩石风化强烈，结构面发育，崩塌、危岩、岩堆分布广泛，对沿河傍山布设的高速公路形成了重大安全隐患。

数量众多、分布广泛的危岩、落石常侵占毁坏结构物、砸车伤人，大型崩塌则具有偶发性和毁灭性特点。根据调查，这两条高速公路的路基边坡均不同程度地受到崩塌、危岩的影响，其中对高速公路有直接安全隐患的段落在雅康高速公路共有 47 处，汶马高速公路共有 22 处。基于此，设计在对当地藏族群众进行调查的基础上，根据地形地貌等地质条件，采用清除、嵌补、钢格栅、钢筋混凝土棚洞、柔性明洞等进行了针对性的防护，必要时采用隧道进行了绕避。

需要说明的是，从"5·12"的汶川地震后国省干道灾后重建的反馈情况看，由于区内风化深度大、边坡高差大，目前国内常用的主动网和被动网防护工程在区内损坏相当严重，绝大部分路段在短短两年内主动网和被动网已基本损坏。因此，本次藏族聚居区高速公路设计中，尽量减少了对其的应用，而采取耐久性较好的其他工程措施对危岩、落石进行防护。

汶马高速公路 K121+220~K121+550 段山体高陡（图13-21），相对高差几百米，坡体主要由反倾的中风化板岩构成，危岩、落石发育，原设计采用大量的主动网对危岩、落石进行防护。考虑到自然边坡高度大，虽设置了大量的主动网，但安全隐患仍然相当大，且工程的经济性指标也很差。加之路基外侧杂谷脑河水流湍急，河流冲刷严重。因此，建议优化设计，采用在路基处设置被动防护的刚性棚洞，有效解决了以上病害。

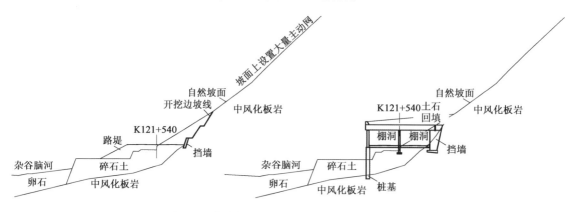

图 13-21 高陡自然边坡段的危岩、落石防护设计优化

（4）区内崩坡积体、滑坡堆积体相当发育，地下水丰富，河流冲刷严重，造成区内以堆积体为主的滑坡或潜在滑坡相当发育，尤其是由于基覆界面深厚，地形陡峭，区内大型和特大型堆积体滑坡分布广泛、密度大，对高速公路形成了很大的安全隐患。根据调查，雅康高速公路有 25 处滑坡或不稳定斜坡体，汶马高速公路有 47 处滑坡或不稳定斜坡体，且体积往往相当巨大。如列俚寨滑坡体积达到 $3900×10^4 m^3$，铁邑滑坡体积为 $600×10^4 m^3$ 等，设计主要采取设置抗滑桩、排水等工程措施对滑坡进行治理，但需加强地质类比，提高设计的合理性。

①考虑到区内基本地震烈度高，滑坡的稳定性多受到地震工况的控制。而"5·12"汶川

地震和"4·20"芦山地震则直接对相应区域内的汶马高速公路和雅康高速公路的滑坡稳定性分析提供了良好的类比和评估作用,为设计的优化提供了良好的借鉴作用。

如汶马高速公路 K54+487~K54+817 段的克枯滑坡体积为 $748\times10^4\mathrm{m}^3$,"5·12"地震时滑区地震烈度为Ⅸ度,地震只造成坡面出现零星裂缝,滑坡整体基本稳定,滑坡在Ⅸ度地震时的稳定系数为1.15,换算为区内Ⅷ度的地震基本设防烈度时安全系数为1.34,这远大于规范中地震工况安全系数最大为1.1的要求。故设计时不应设置大规模的支挡工程,但考虑特大桥的重要性,对滑坡前缘的岷江河岸进行防护及对滑区范围内的桥墩进行适当防护,防止河流冲刷造成坡体局部滑坍而影响高速公路的安全(图13-22)。

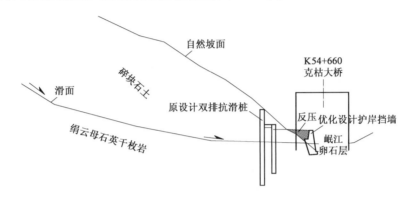

图 13-22 "5·12"地震烈度对滑坡治理方案的校核优化

②雅康高速公路与川藏南线国道 G318 线、汶马高速公路与川藏北线国道 G317 线基本并行,因此,加强既有国道路基的养护使用情况及相关病害调查,对藏族聚居区高速公路路基病害的预判、类比以及工程治理方案的确定等都具有良好的指导作用。

如汶马高速公路的 K65+720~K65+870 段滑坡前缘为国道 G317 线,高速公路从 G317 国道外侧以桥梁的形式通过,设计在 G317 国道边坡坡脚设置了大规模的锚索抗滑桩对滑坡进行加固。设计审查时,笔者认为国道 G317 线"5·12"汶川地震灾后重建工程刚刚完工 2 年,该滑坡的稳定性满足二级公路的安全系数要求,与高速公路的安全系数要求相差较小。因此,滑坡的治理不应设置过大的支挡工程,而应优化锚索抗滑桩的相关参数,对滑坡的安全系数进行适当提高,达到高速公路的安全性要求即可。既有公路使用情况对滑坡治理方案的类比优化如图 13-23 所示。

(5)区内发育的第四系崩坡积体、滑坡堆积体、泥石流堆积体以及冰川堆积体等松散固体物质非常丰富,数百米到数千米高差的"V"形沟谷和充足的冰山融雪及丰富的地表水和地下水,造成区内具有群发性特点的泥石流灾害分布广泛且爆发频繁,常常淤埋、冲毁下部的民居、道路、电站,堵塞河道形成堰塞湖,并有明显的链式灾害效应。

根据调查,雅康高速公路共有 12 处泥石流,汶马高速公路共有 20 处泥石流,存在直接安全隐患。这些泥石流相当一部分属于中~特大规模,而这些规模较大的泥石流单独依靠交通部门是无法彻底治理的,需联合国土部门和水利部门进行"治山、治水"为主的联合整治。高速公路对泥石流则多采用桥梁跨越、排导槽、渡槽等进行防护,并设置相应的长期监测工程,从而达到"修路"的目的。

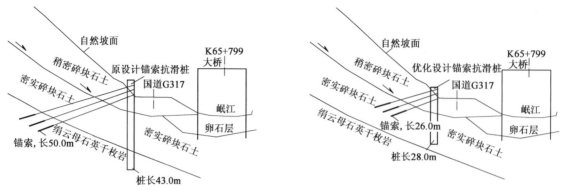

图 13-23 既有公路使用情况对滑坡治理方案的类比优化

如雅康高速公路彭家河坝泥石流,流域面积 $1.5 km^2$,平均沟床纵坡 $30°\sim 45°$,沟中水流主要为雨季降水及高山冰雪融水,由山体的崩坡积体形成的物源为 $50\times 10^4 m^3$。该泥石流每年均要爆发,一次冲出量约 $1\times 10^4 m^3$,属于高频稀性泥石流沟,线路从泥石流堆积扇前缘通过。

考虑该泥石流单独依靠交通部门进行彻底治理的难度大,设计时在建议国土、水利部门对泥石流进行彻底治理的基础上,采取在高速公路部位设置明洞+抗滑桩+排导槽为主的被动防护工程措施对泥石流进行疏排(图13-24),而没有对两侧泥石流影响范围内的民居进行防护。

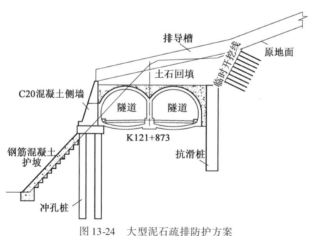

图 13-24 大型泥石疏排防护方案

6. 土石方工程设计主要技术要点

雅康高速公路弃方 $1105\times 10^4 m^3$,汶马高速公路弃方 $1304\times 10^4 m^3$,弃方压力相当大。但高速公路位于高山峡谷区,生态脆弱,环境敏感点多,地质灾害频发,可供弃渣的场地相当有限。因此,在贯彻"社会效益、经济效益、环保效益"并确保安全的前提下,因地制宜地对弃渣进行了有效利用和弃置。

1)弃渣的有效利用

(1)区内弃渣多为石方或碎石土,是较好的建筑材料。因此,弃渣首先用于路堤填方,强度较高的硬质岩经过加工后用于路基防护工程和路基的底基层、基层。

（2）结合场镇规划、民居点的建设和耕地的再造，在地质条件较好的地段利用弃渣进行场地整平，从而有效改善区内村镇的建设环境，增加当地藏族群众的耕地面积，促进当地的经济发展。

（3）区内风景区多，高速公路建成后将成为优秀的旅游线路。因此，在沿线地质环境较好的地段利用弃渣设置观景台、停车区，可有效减少游客在高速公路上违规停车带来的危险，使游客在安全区域内悠然地体验"人在画中游"的美丽风景。

（4）区内断裂活动频繁，在条件容许的情况下，线路以路基形式通过，较以桥梁形式通过有着更好的抗灾能力。因此，加强"桥改路"工程研究，在有效提高高速公路抗灾能力的基础上，可有效消化大量弃方。

2）废弃弃渣场地的设置

对于无法有效利用的弃渣需进行废弃，弃土场应结合地形地貌、河流、国道、电站、改路等因素，避开泥石流冲沟区，在充分考虑水土保持的基础进行合理设置。

（1）区内弃土场设置时往往对G317国道和G318国道造成较大的影响。由此，弃土场的设置贯彻"先拦后弃"的原则，弃渣时防止弃渣形成的落石直接威胁下部国道的安全，并对影响路段按照"原路赔付"的标准进行工后还建。

（2）位于电站库区的弃土场重点加强与水电部门的沟通，签订利用电站库区进行弃方的相关协议，在满足电站安全和水土保持的前提下，确保弃土场能有效地在工程开工后投入使用。

如雅康高速公路的烹坝弃土场弃方 $168 \times 10^4 \mathrm{m}^3$，位于泸定电站库区内，距电站大坝较近，弃土场后部紧邻G318国道的桥梁与路肩挡墙，对库区和G318国道有较大影响。设计时与电站签订了弃土协议，并有效地进行了沟通，确保了电站安全和工后G318国道的赔建。

（3）区内许多弃土场前部紧邻大渡河或岷江，结合区内隧道弃渣量比例较大的实际情况，弃渣时优先将硬质岩弃渣置于弃土场底部，以达到良好的疏排水效果。邻河侧边坡设置厚度较大的人工码砌硬质岩大块石或铅丝石笼进行护坡，坡脚设置格宾挡墙护脚，形成良好的防冲刷措施。

（4）在没有泥石流危害的自然沟谷地段进行弃土场设置时，充分考虑排水工程和防护工程，防止发生人造滑坡、泥石流等次生灾害。

（5）弃土场下游前部为民居、学校、电站、大桥等重要结构物时，加大弃土场防护工程，设置桩板墙等防护力度较大的支挡工程，防止弃土场在复杂地质条件下发生不可预测的次生灾害而造成巨大的危害。

7. 结论

（1）总结了我国藏族聚居区高速公路的建设难点，提出了灵活运用相关规范、标准，深入分析人文环境与地质条件是确保高速公路安全、抗灾、经济、环保的重要举措。建议藏族聚居区高速公路的建设需加强与国土、水利等相关部门的相互协作，贯彻"治山、治水、修路"的工程设计理念，提高高速公路的全天候运营能力。路基设计应重点加强高烈度地震工况下的稳定性核查，根据"5·12"汶川地震和"4·20"芦山地震，以及相并行的G317国道和G318国道的使用情况和相关病害，运用工程地质类比核查高速公路路基设计的合理性。

（2）提出了藏族聚居区高速公路路基设计的对策，包括加强路基与桥梁、隧道等专业的协调,合理决定线路采用哪种形式通过,加强重点工点的监测,有效减小潜在危害;高速公路多处于山腰或紧邻大江大河,施工场地十分狭窄,做好施工组织设计是确保项目顺利实施的关键;作为高速公路附属工程的施工便道,设计时尽量兼顾将来作为当地藏族群众的通行道路,提高当地人民的出行便捷性;川藏高速公路的设计要贯彻生态和谐、人文和谐、民族和谐的设计理念,将藏族聚居区高速公路建设成为真正的"天路"。

第三节 川藏高速公路高烈度区不良地质体分析与病害防治

1. 引言

川西藏族聚居区高速公路受地质环境影响,大部分区段位于地形陡峻高差大、断裂活动频繁、气候恶劣的地带,具有极其复杂的地质条件、极其脆弱的生态条件、极其困难的工程建设条件,是当时全国施工难度最大、同等建设标准工程中造价最高的高速公路。工程建设以来,由于对区内高烈度地震区不良地质体的定性认识和工程防护认识上的差异,一方面建设工期延误,另一方面工程变更规模巨大,甚至造成工程的报废,形成了负面社会影响。基于此,本书以雅康高速公路牦牛沟不良地质体为例,对藏族聚居区高烈度地震区不良地质体的性质和工程防治方案进行探讨,以期能为今后藏族聚居区高速公路或川藏铁路的安全、经济修建提供一定的借鉴。

该段线路原设计以大桥的形式从不良地质体前缘通过,大桥康定端紧邻大坪长隧道,泸定端紧邻避险停车区,停车区后紧邻喇嘛寺大桥。2015年3月施工现场调研时,设计单位认定该处为地震诱发的"老滑坡体",遂提出取消在建的牦牛沟大桥、喇嘛寺大桥、大坪隧道和避险停车区,将线路向山侧偏移后以长5021m的特长隧道形式进行改线绕避。线路影响长度达13676m,影响工程建安费达15.87亿元。改线后报废已修建的造价约为2100万元的道路工程。

变更方案讨论阶段,相关各方就高烈度地震区的不良地质体的定性及治理方案进行了长达几个月的争论,久拖不决,最后建设单位为安全起见进行了改线绕避,但改线后的高速公路在线路的线形、行车的舒适度、服务功能以及运营养护等方面均有较大幅度的下降。

2. 不良地质体基本特征

1) 地形地貌特征

工作区峡谷深切,岸坡陡峻,属河流侵蚀-构造剥蚀的高中山峡谷地貌,距泸定县城约15km,距康定市约24km。不良地质体所依附的山体相对高差约1000m,坡体由晋宁—澄江期中~细粒结构、块状构造的斜长花岗岩为主构成,位于低频泥石流牦牛沟的中下游。该泥石流历史上曾多次暴发,在下游约0.8km的沟口形成了巨大的泥石流堆积扇,前缘受大渡河冲刷而形成陡坎。

从现场看,不良地质体长约240m、宽约232m,整体呈现明显的"圈椅状"地貌(图13-25),面积约 $5.6 \times 10^4 m^2$,体积约 $142.3 \times 10^4 m^3$,相对高差约150m,前缘高出牦牛沟底30~50m,高悬于沟谷之上。坡体上部自然坡度稍缓,约为33°,坡体下部自然坡度较陡,约为45°,坡面植被茂密。现由于隧道施工便道的开挖,弃渣覆盖局部坡面。

泸定断裂次级南北向F1压扭性断裂破碎带严格控制了不良地质体的东西侧界,后期发育的产状为49°∠54°的F2张性断裂从不良地质体坡脚的牦牛沟向上一直贯穿整个自然山体，并在地形上形成了相对低凹的自然冲沟，将不良地质体分割为东侧的Ⅰ区和西侧的Ⅱ区两部分。Ⅰ区地形相对较低，形成了较明显的"地堑式"地质体，岩体相对更为破碎，自然坡度也相对较缓，体积为$60×10^4m^3$。由于受F2断层走向的影响，Ⅰ区在平面上呈"倒葫芦状"，前部西侧Ⅱ区完整度相对较好的岩体对Ⅰ区坡体到了良好的"锁口"作用。Ⅱ区地形相对凸起，岩体的破碎程度相对较弱，自然坡度相对较陡，体积为$82.3×10^4m^3$，平面上呈上小下大的"圈椅状"。西侧界断层崖高12~40m，崖下部堆积了较多的崩塌块石(图13-26)。

图13-25 牦牛沟不良地质体全貌

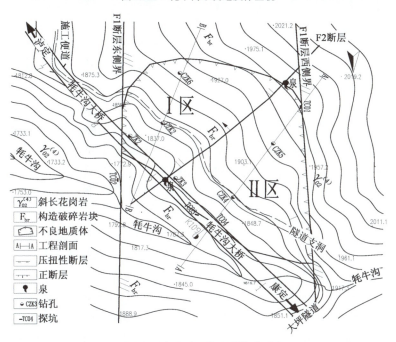

图13-26 牦牛沟不良地质体平面图

2)坡体结构特征

不良地质体坡体主要由斜长花岗岩的构造碎块岩构成,其中粒径 0.5~2m 的颗粒约占 85%,粒径大于 2m 的颗粒约占 12%,最大粒径约为 4m。坡体在距地表 42~52m 的地带分布有两层厚为 0.4~1m、倾角为 21°~27°、呈中细砂状的花岗岩风化带,形成不良地质体的软弱带。该软弱带粒径小于 0.25mm 的颗粒含量达到了 60% 以上,相对隔水的特性使地下水在坡体前缘与 F2 断层交汇处常年以泉的形式排泄。不良地质体东、西两侧严格地受 F1 压扭性大断裂控制,后缘陡坎受区内普遍发育的产状为 190°∠82° 的原生节理控制(图 13-27)。

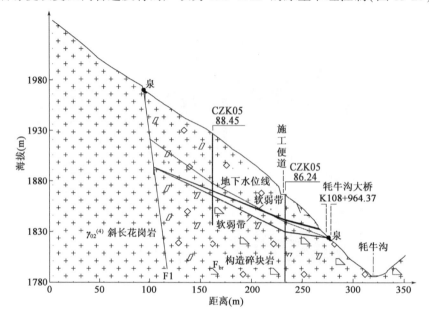

图 13-27 牦牛沟不良地质体工程地质剖面图

工作区位于康定—甘孜地震活动断裂带的花岗岩地块中,场地基本地震烈度为Ⅷ度,地震动峰值加速度为 $0.3g$,地震反应谱特征周期为 $0.4s$。

3)水文地质特征

不良地质体上部的自然山坡呈相对负地形,汇水面积约 $11.5 \times 10^4 m^2$,造成地表水沿山坡向 F2 断层形成的冲沟和山坡下部汇流,一部分地表水沿冲沟以径流的形式向下流入不良地质体,另一部分地表水沿张性的 F2 断裂带下渗形成地下水,以泉的形式分别在不良地质体后缘和坡体前缘软弱带部位流出。

4)不良地质体的定性分析

设计变更进行线路调整的核心是设计单位认为该处是强震诱发的大型破碎岩质老滑坡,在高烈度地震区进行原位治理将形成高昂的工程造价,且风险系数高。但笔者通过大量调查,认为将不良地质体定性为强震诱发的老滑坡是欠合理的。

(1)从地形地貌演变、地质构造、地质类比来看,不良地质体是在区内地块不断抬升的过程中,在南北向压扭性 F1 大断裂、次级张性 F2 断裂和节理共同作用的基础上,受后期降雨、风化等作用演变而来,这与 F1 断层走向上分布的一系列串珠状低凹地形地貌是一致的。尤其是由于张性 F2 断层形成的"上盘效应",断层上盘的Ⅰ区在后期地质作用改造时呈现出较Ⅱ区更为低凹的地形地貌,而非Ⅰ区坡体在"滑坡"整体滑动后再次滑动形成的低凹形态。

(2)不良地质体上部自然坡体顺直,不存在地震时地质体从坡体上部滑移而来的空间。不良地质体的圈椅状地貌是断层、节理、降雨、风化等共同作用的结果,这也与区内直线距离20km的范围内没有地震诱发的花岗岩滑坡分布是一致的。

(3)区内自有文献记载以来,康定共发生破坏性地震20余次,其中对工作区有严重影响的地震3次:1725年的7.0级地震,在工作区烈度为Ⅶ度;1786年的7.8级地震,在工作区烈度为Ⅸ度;1955年的7.5级地震,在工作区烈度为Ⅶ度。尤其是1786年的7.8级地震在工作区的烈度达到了Ⅸ度,地震的影响强度已远超区内的设防烈度,但坡体仍然没有任何变形迹象遗留。从地质历史分析,强震数量可能更多,震级也可能更强。这也就是说,该不良地质体经得起强震的长期作用。

(4)退一步说,如果该不良地质为强震作用下的"老滑坡",强震的作用必然使位于高陡地形和倾角较陡软弱带条件下的坡体剧烈运动而堵塞下部的宽度为5~9m的牦牛沟,并在后期牦牛沟的冲刷作用下使位于沟底以上30~50m的"滑体"被水流带走。但从现场看,不良地质体后部的所谓"滑坡后缘"高2~5m,这说明当初"滑坡"滑动时距离有限,坡体不存在强震作用下剧烈滑动的条件,也就没有太多的能量使停止滑动后的滑体提高太多的稳定度。一旦前缘高30~50m的"滑体"被牦牛沟水流冲走,则剩余部分的滑体应是欠稳定的,而这与坡体处于稳定状态是相矛盾的。

(5)此外,除F2断层附近外,不良地质体中由降雨等作用带入的外界细颗粒很少,这与坚硬岩体发生滑坡形成相对松散的大颗粒堆积体、在漫长的地质年代中易于带入大量细颗粒物质是不一致的。

3.不良地质体的防治方案分析

1)变更设计原位工程治理方案

不良地质体体积巨大,且区内地震动峰值加速度为$0.3g$,不良地质体的潜在下滑力受地震工况控制,潜在下滑力达到了12919kN/m。

方案一:在不良地质体后部进行大清方,清方量为$63×10^4m^3$,清方坡脚形成85m宽的宽大平台。为确保清方形成的75m高边坡的安全,采用17排锚索框架对其进行加固(图13-28)。工程治理后,不良地质体在地震工况下安全系数为1.05,直接工程造价约9100万元。

方案二:在不良地质体后部进行分级清方,清方量为$43×10^4m^3$。为确保清方形成的63m高边坡的安全,采用12排锚索框架对其进行加固。并在不良地质体前部与牦牛沟大桥之间对清方后的2154kN/m剩余下滑力设置参数$2.4m×3.6m×36m$的锚索抗滑桩进行加固(图13-29)。工程治理后,不良地质体在地震工况下安全系数为1.05,直接工程造价约8660万元。

基于此,由于原位治理方案工程造价高而且风险系数大,故设计推荐采用改线绕避方案。

2)变更设计原位工程治理方案的合理性分析

(1)不良地质体稳定度评价

根据走访调查,坡体100多年来稳定而没有任何变形,也就是说坡体长期处于稳定系数不小于1.1的基本稳定状态。但设计对不良地质体稳定度评价为天然工况下1.05,暴雨工况下1.02,也就是说在天然工况下坡体处于蠕变状态,暴雨工况下坡体处于挤压状态。而这两种状态势必会造成坡体后缘裂缝贯通以及侧界羽状裂缝和前缘挤压裂缝发育,这与坡体的现状是相矛盾的。

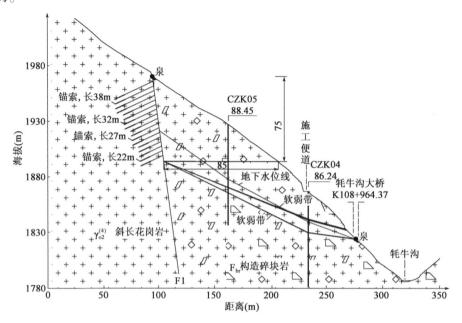

图 13-28　变更设计工程治理方案一

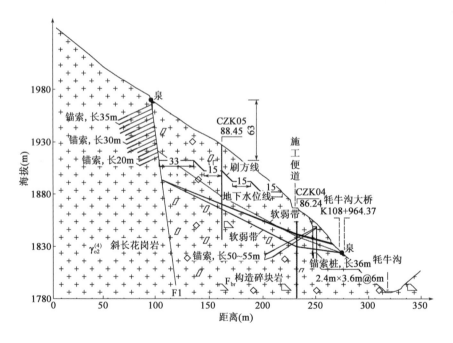

图 13-29　变更设计工程治理方案二

（2）下伏软弱带反算参数分析

设计对不良地质体稳定度的评价偏小，使软弱带的反算参数明显偏小，造成坡体潜在下滑力明显偏大。不同稳定度状态下的软弱参数对比见表 13-1。

不同稳定度状态下的软弱带参数对比　　　　　表13-1

稳定度	1.02	1.05	1.1
内摩擦角(°)	24.065	26.6	28.115
黏聚力(kPa)	16	16	16

(3)不良地质体潜在下滑力分析

由于设计反算的软弱带参数明显较实际参数偏小,故坡体的潜在下滑力明显偏大,如表13-2所示。由于设计的软弱带反算参数偏小,坡体的潜在下滑力在地震工况安全系数为1.05时较实际情况增大了106.6%,在安全系数为1.1时较实际情况增大了113.3%,这严重影响了坡体原位治理方案的合理确定。

不同软弱带参数和安全系数下的下滑力对比表　　　　　表13-2

安全系数	1.05	1.1	备 注
内摩擦角 $\varphi=26.6°$	12919 kN/m	19050 kN/m	黏聚力 $c=16$ kPa
内摩擦角 $\varphi=28.115°$	6253 kN/m	8930 kN/m	

(4)设计工程措施的合理性分析

设计提交的两个原位治理方案分别产生了 $63\times10^4\text{m}^3$ 和 $43\times10^4\text{m}^3$ 的弃方,弃土场位于自然坡度约35°的大渡河阶地下部的泸定水电站水库之中,高差达500m以上。弃方通过宽度不足5m、纵坡达10%以上的狭窄施工便道下运是十分困难和不安全的,这直接影响了原位治理方案的可行性。此外,为确保大清方形成的高陡边坡的安全而设置的大量锚索框架,极大地提高了工程防治费用。另一方面,不良地质体地表汇水和地下水丰富,但设计没有针对性的截排水工程措施。

3)变更设计优化方案

(1)设计方案优化的思路

地震工况下安全系数为1.1时坡体的潜在下滑力为8930 kN/m,因此,需结合截排水和适当清方对不良地质体进行工程加固。

①在不良地质体后缘部位设置截水盲洞对地下水进行截排,降低坡体地下水位,提高坡体的自身稳定性;在坡体后缘泉水出露的地方设置截排水沟,将地表水引离不良地质体。

②根据工程经验,不良地质体后部的清方量取总体积的1/10~1/6,即清方量为 $20\times10^4\text{m}^3$ 左右,在大幅度减小坡体潜在下滑力的同时,将清方形成的边坡高度控制在40m以内,并有效减少弃方的转移量。

③在清方形成的宽约50m的大平台前部砌筑拦石墙,对坡体后部的可能落石进行有效拦截。

④依据地下水的截排和坡体清方后的剩余下滑力,在不良地质体前部与大桥之间设置1排抗滑桩,桩前边坡上设置锚索框架,对不良地质体进行加固。

(2)设计方案优化的工程措施

①不良地质体在减载约 $20\times10^4\text{m}^3$ 后,在地震工况下安全系数取1.1时坡体的潜在下滑力为3785.2kN/m,较清方前的潜在下滑力下降了57.6%。这说明对高烈度地震区的大型不良地质体进行适当清方可以有效减小坡体的潜在下滑力。

②通过设置地表水和地下水的截排措施,坡体的潜在下滑力进一步减小为1810.9kN/m,即潜在下滑力在清方工程的基础上进一步下降了52.1%,这说明有效的截排水工程措施大大提高了坡体自身的稳定性。

综上,经清方和截排水后,不良地质体的潜在下滑力下降了79.7%,处于工程加固的合理范围。

(3)支挡工程设置

在考虑预防"越顶"的情况下,在不良地质体前部设置1排截面为2m×3m×30m的锚索抗滑桩,桩前边坡设置5排锚索框架对坡体进行联合加固,清方后形成的40m边坡采用锚索框架和锚杆框架进行适当防护(图13-30)。

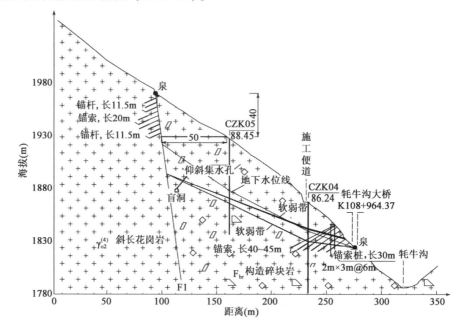

图13-30 设计方案优化工程治理断面图

经方案优化后,不良地质体原位治理的直接工程造价约为2975万元,是变更设计原位治理方案一的32.7%,方案二的34.4%。而与改线方案的绕避特长隧道在通车20年内的1.26亿元隧道维护费用相比,优化后的不良地质体原位治理方案更具有明显的优势。

4. 结语

(1)川西藏族聚居区峡谷深切、地质构造复杂、地震烈度高,高速公路等线性工程通过时应进行充分的地质调查,尽量减少工程建设期间的重大设计变更。

(2)高烈度地震区不良地质体的定性应结合坡体地形地貌的演变、地质构造、地质类比等进行综合推断,互相校核验证,避免应用单一的地质现象对坡体的性质进行评价。

(3)高烈度地震区坡体的稳定度应依据地质环境、地震历史记录等进行评定,防止人为降低坡体的稳定度影响工程治理方案的合理确定。

(4)高烈度地震区大型不良地质体的安全系数应依据"小震不坏、中震可修、大震不倒"的坡体治理原则合理确定。

(5)高烈度地震区通过适当清方减小地震力的影响和进行有效的截排水提高坡体自身的稳定性是治理不良地质体首要考虑的工程措施。

第四节　川藏高速公路雅(安)康(定)段大仁烟高位堆积体病害分析与防治

1.引言

川藏高速公路所经地段峡谷深切,岸坡陡峻,地层岩性多变,气象条件恶劣而水系众多,地质构造复杂,活动断裂发育而地震频繁,形成了极其困难的工程建设条件。自第四纪晚更新世以来,由于青藏高原强烈抬升、新构造运动强烈活动和河流强烈侵蚀下切,川西藏族聚居区第四纪堆积体具有分布的广泛性、成因的多样性、性质的复杂性等特点。自高速公路工程建设以来,堆积体坡体病害呈现出持续高频的特点,对工程建设形成了严重的安全隐患。它一方面造成了工期严重滞后,成为典型的"卡脖子"工程;另一方面造成大规模工程变更,甚至出现工程报废,形成了很大的社会负面影响。基于此,本书以在建的雅(安)康(定)高速公路大仁烟高位堆积体病害为例,对其工程性质和防治方案进行探讨。

项目区原设计以大桥的形式布设于岷江一级支流青衣江上游的天全河左岸斜坡坡脚,桥梁高26~62m。2016年7月27日19时,大桥内侧高位堆积体突然发生体积约$12×10^4 m^3$的滑坡(图13-31),瞬间推倒下部大仁烟大桥左右线23号和24号柱式桥墩,造成直接经济损失近千万元,形成了很大的社会影响。后期用于坡体病害治理和桥梁恢复重建、维修的工程费用达4688万元。

图13-31　高位堆积体滑坡全貌

2.高位堆积体的地质环境

1)地形地貌特征

区内年平均降雨量1660mm,雨季漫长且暴雨集中。天全河为典型的暴涨暴落型山区河流,河流下切严重,天全河在项目区拐弯而顶冲岸坡。桥梁内侧岸坡属于在基座式河流阶地基础上发育而来的突出状山脊。山脊两侧冲沟发育。脊背较窄而相对平缓,前缘临空面呈"三角形"状。河床距山脊高差约201m,其中在河床以上约60m范围内的花岗岩基座自然坡度为35°~40°、60~190m范围内的堆积体自然坡度为45°~50°。山体自然植被茂密,乔木高大挺拔。高位堆积体工程地质平面图如图13-32所示。

2)坡体结构特征

坡体呈二元结构形态,高位堆积体是天全河长期依附于花岗岩基底而在凹形部位成层沉积,并在河流的强烈下切和地壳的强烈抬升作用下形成的。滑坡后壁形成的高边坡坡脚处土岩界面与河床高差约70m。堆积体由崩坡积层(Q_4^{c+dl})和冲洪积层漂卵石层(Q_3^{al+pl})构成,下伏基座为元古界(γ_{o2})花岗岩(图13-33)。

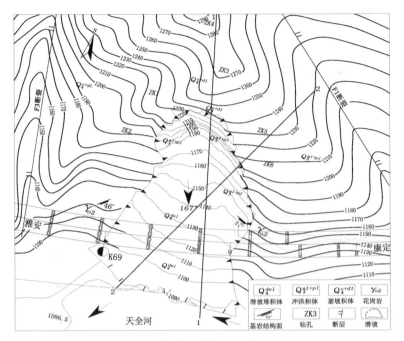

图 13-32 高位堆积体工程地质平面图

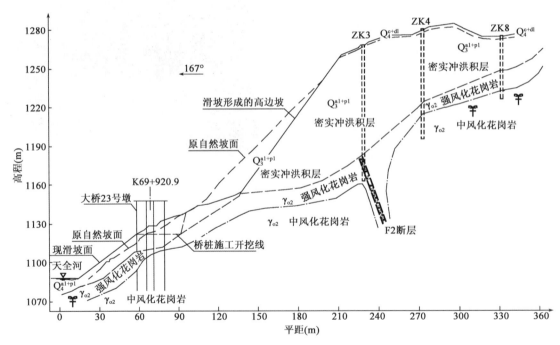

图 13-33 大仁烟高位堆积体工程地质剖面图

崩坡积层(Q_4^{c+dl})主要分布于斜坡表层,厚约3m,主要由潮湿的稍密～中密的碎块石土构成;冲洪积层(Q_3^{al+pl})在场地内广泛分布,主要由层状沉积的密实、局部胶结漂卵石构成,最大厚度约74.60m,渗透系数0.003m/d,透水性和富水性较差,坡体地下水贫乏。

元古界(γ_{o2})花岗岩呈块状构造,发育结构面平直而延长大于8m、产状140°∠46°的结构面 J1,以及结构面平直而延长大于 30m、产状 210°∠47°的结构面 J2。J1 和 J2 形成的"楔形"结构面严格控制了土岩界面的形态。

项目区位于龙门山断裂带和鲜水河断裂带及安宁河断裂带构成的"Y"字形构造交汇部位东侧,次级断裂发育。坡体东、西两侧分别发育走向为 170°的 F1 次级断裂和走向为 137°的 F3 次级断裂,依此形成的深切冲沟严格控制了坡体所在山脊的侧界。场地基本地震烈度为Ⅷ度,地震动峰值加速度为 $0.2g$,地震反应谱特征周期为 $0.45s$。

3. 高位堆积体坡体稳定性分析

1)自然状态下坡体稳定性分析

(1)坡体主要由密实度高、有一定胶结的冲洪积体构成,地表坡度平顺,地表植被发育,没有滑塌等局部失稳现象。坡体前部天全河已下切至花岗岩基座以下约 60m 的部位,对堆积体稳定性基本没有影响。

(2)由于山脊的脊背较窄且两侧冲沟发育,故地表水很少下渗。加之构成坡体的冲洪积层密实度高且渗透系数很小,因此,地表水和地下水对坡体的稳定性影响非常有限。

(3)从地震文献看,发生对项目区具有破坏作用的地震共 5 次,即 1327 年的天全 7.0 级地震,在项目区烈度为Ⅷ度;1786 年的康定—泸定磨西 7.8 级地震,在项目区烈度为Ⅶ度;1941 年的天全西 6.0 级地震,在项目区烈度为Ⅶ度;1970 年的 6.2 级地震,在项目区烈度为Ⅵ度;2013 年"4·20"芦山 7.0 级地震,在项目区烈度为Ⅶ度。从地质历史上分析,全更新世堆积体形成下切的 100 多万年来,该高位堆积体没有发生过地震作用下的整体失稳情况。

以上天然、暴雨及地震三种工况下坡体稳定性的分析表明,堆积体坡体在自然状态是基本稳定的。

2)工程状态下坡体稳定性分析

从设计文件看,大仁烟大桥施工平台施作时在坡体下部形成了高约 16m、宽约 30m 的临时人工边坡,极大地弱化了依附于花岗岩楔形结构面端部的"闸门"锁口作用,造成坡体应力调整而不断挤压"楔形体"端头的锁口"关键块体",最终使其在高应力作用下发生"溃决",致使基座上部的高位堆积体在"闸门效应"的作用下,巨大的势能快速转化为动能,依附于楔形结构面控制的土岩界面而高速下滑,在空间上呈现为由滑坡后壁和侧壁形成的高 70.0~130.0m、坡度为 57°~69°的堆积体高坡。

4. 高位堆积体边坡防治方案分析

1)变更设计工程治理方案(图13-34)

设计推荐方案:对滑坡形成的高边坡在设置宽 2.0~10.0m 的边坡平台的基础上,按 1:0.75~1:1 坡率进行卸载,卸载方量为 $19.8×10^4m^3$,形成 130m 的高边坡;在一级平台部位设置 $2.4m×3.6m×26m$、间距为 5m 的锚索抗滑桩进行固脚;对桩后挖方边坡全坡面设置精轧螺纹钢结合挂网喷混凝土进行防护;对已滑动的 $12×10^4m^3$ 滑体结合河岸防护进行清理。方案工程造价约 3428 万元。

2)变更设计工程治理方案的合理性分析

(1)高位堆积体高边坡稳定度评价

高位堆积体在自然状态下长期稳定而没有发生变形,也就是说坡体的稳定系数应为不小于 1.1 的基本稳定状态。此外,自滑坡发生后的半年时间内,高边坡在自然状态下保持稳定,其间也经历了降雨,说明在当前状态下高边坡稳定系数应不小于 1.1。

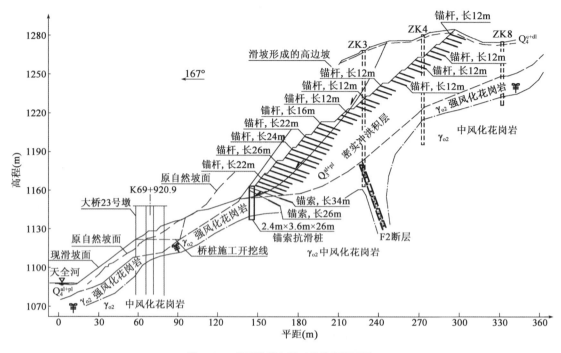

图 13-34　变更推荐方案工程治理断面图

方案设计中高边坡稳定系数在天然工况下为 1.021,暴雨工况下为 0.868。也就是说,在天然工况下高边坡处于滑面全贯通、滑坡圈椅状裂缝明显的挤压状态;暴雨工况下坡体假定全饱水,且高边坡处于滑坡发生状态,这与坡体的现状是相矛盾的。

(2)高位堆积体高边坡潜在滑面参数分析

高位堆积体主要由厚层冲洪积体构成,地表的崩坡积体厚度占比很小,故成层性较好的高位堆积体可近似为类均质土体。基于此,堆积体潜在滑面参数的取值应遵循以下原则:

①自然坡度是坡体内部物理力学性能在表观的综合反映,它经历了地质历史上天全河的下切、自然界的风吹雨淋、地震震动等多种作用。因此,自然坡面倾角 α 应较受外部自然营力作用相对较小的坡体内部岩土体综合内摩擦角 φ 小,即 $\alpha < \varphi$。

滑坡发生前高位堆积体的自然平均坡度 $\alpha = 45°$,由此,坡体的综合内摩擦角 $\varphi > 45°$。

②滑坡滑动后拉裂形成的陡峭后壁,其倾角 θ 与坡体的内摩擦角 φ 的关系满足 $\theta = 45° + \varphi/2$。但陡立边坡在工程约束前将不断卸荷松弛,故潜在滑面的综合内摩擦 φ 值也将不断减小。

现滑坡后壁真倾角 $\theta = 69°$,由 $\theta = 45° + \varphi/2$,得 $\varphi = 48°$,即坡体的综合内摩擦角 $\varphi \leqslant 48°$。

③滑坡发生前原自然坡体处于基本稳定状态,即已滑部分的滑体下滑力与滑前人工损失的坡体抗力配套后,原自然坡体稳定系数不应小于 1.1。基于此,根据开挖平台损失的静止土压力和抗剪力,通过迭代计算分别得出自然坡体的综合内摩擦角 φ,并取其最小值作为坡体的综合内摩擦角。

经计算,在静止土压力反算情况下,堆积体潜在滑面综合内摩擦角 $\varphi \geq 47.7°$,在抗剪力反算情况下,堆积体潜在滑面综合内摩擦角 $\varphi \geq 47.1°$。因此,坡体的综合内摩擦角 $\varphi \geq 47.1°$。

④滑坡发生后由滑坡后壁形成的堆积体高边坡处于基本稳定状态,即可由整体稳定系数应不小于1.1反算堆积体综合内摩擦角。经反算得出,$\varphi \geq 45.5°$。

综上:高边坡坡体综合内摩擦角取最小值 $\varphi = 45°$。

基于此,设计方案中高位堆积体高边坡的潜在滑面参数在天然工况下 $\varphi_内 = 38°$,$c = 40\text{kPa}$,换算为综合内摩擦角 $\varphi = 41.86°$ 是偏低的。尤其是在暴雨工况下,将整个滑体都假定为饱水后所得的潜在滑面参数 $\varphi_内 = 36°$、$c = 32\text{kPa}$ 换算为综合内摩擦角 $\varphi = 39.2°$ 也是欠合理的。

(3)高位堆积体高边坡安全系数分析

滑坡发生后直接对下部的大仁烟特大桥造成了毁灭性影响,形成了不良的社会影响。同时,高位堆积体高边坡潜在滑面的参数取值一直存在争论,高速公路工期压力相当大。基于此,高位堆积体高边坡工程治理安全系数取天然工况 $F_s = 1.3$,暴雨工况 $F_s = 1.2$,地震工况 $F_s = 1.15$ 的规范上限值,而不宜取规范中值或下限值。

(4)高位堆积体高边坡潜在下滑力分析

设计方案中堆积体潜在滑面参数取值偏小,造成高边坡潜在下滑力明显偏大,严重影响了堆积体高边坡加固方案的合理性和经济性,见表13-3。

不同滑面参数下的高位堆积体高边坡潜在下滑力对比表 表13-3

工 况	安 全 系 数	设 计 潜在下滑力(kN/m)	核 算 潜在下滑力(kN/m)	设计/核查
天然工况	1.3	10329.8	4373.4	236.2%
暴雨工况	1.2	10709.1	3830.1	279.6%
地震工况	1.15	9198.4	3592.9	307.7%

(5)设计工程措施的合理性分析

①对依附于花岗岩楔形结构面端部"闸门"处的"关键块体"加固力度不足,直接影响坡脚抗滑桩的锚固力,高位堆积体存在"固脚"不足的情况。

②高边坡基本上采用锚杆防护,对130m高的边坡"强腰"力度不足,不利于高边坡的长期稳定。

③对成层性、密实度良好的冲洪积坡体采用缓坡率大规模清方,不符合坡体的地质条件。且清方后坡体仍采用大规模工程加固,过分强调工程安全而曲解了"一次根治,不留后患"的坡体病害防治理念。

根据计算分析,坡体大规模清方后的坡体稳定系数为1.532,而与支挡防护工程叠加后的坡体安全系数为1.761,这远远超出了规范允许的取值范围。

④坡体大规模卸载后的人工高边坡高约130m,具有 $2.5 \times 10^4 \text{m}^2$ 的汇水坡面,区内丰沛降水可能形成坡面径流冲刷和淘蚀坡面,这非常不利于边坡锚固和挂网喷混凝土工程的安全,继而影响高边坡的稳定性。

3)变更设计优化方案(图13-35)

(1)设计方案优化的思路

①由大仁烟滑坡后形成的高达130m的高位堆积体高边坡防护,应严格贯彻"固脚强腰、锁头绿化"的防护理念,严格控制工程刷方,以减轻弃方压力和对环境的破坏。

②从计算资料看,天然工况下的坡体安全度对高边坡防护工程具有控制作用,其在安全系数为1.3时的坡体潜在下滑力为4373.4kN/m,超出了一般工程加固支挡的经济范畴。因此,应首先对高位堆积体进行适当卸载,以有效减小坡体的潜在下滑力,从而实现工程的有效加固支挡。

③为有效减小高陡边坡坡脚应力,结合适当卸载,在高边坡的中部设置一处20m宽的平台,将高边坡分为"两个边坡"进行处治,从而提高边坡的整体与局部稳定性,并有效削减坡面汇水形成径流的条件。

④结合框架工程对高边坡设置绿化工程进行坡面防护,达到人与自然的和谐和减少环境破坏。

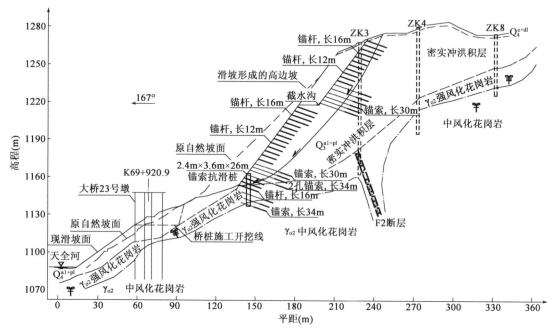

图13-35 设计方案优化工程治理断面图

(2)设计方案优化的工程措施

①高位堆积体高边坡形成的潜在滑体约$22 \times 10^4 m^3$,在采用约$4 \times 10^4 m^3$卸载后,控制性的天然工况下的坡体潜在下滑力为1631.3kN/m,较卸载前大幅度下降了62.7%。

②在距坡脚10m高处设置$2m \times 3m \times 26m$、间距为6m的锚索抗滑桩,与桩前边坡设置的长锚杆和桩后10m高范围内设置的边坡锚索框架共同组成"固脚"工程,有效确保对坡脚"闸门"处岩土体的加固。

考虑到坡脚"闸门"的有效锁固对整个高边坡具有至关重要的作用,且为有效保护坡脚抗滑桩的锚固能力,特在桩前清方边坡的一定范围内设置锚索框架进行预加固。

③在设置的20m宽大平台上部20m范围的边坡上设置锚索框架进行加固,这样既达到了对整个高边坡的"强腰"作用,也达到了对上半部分高边坡的"固脚"效果。

④为有效约束高边坡上、下两部分边坡坡顶的拉应力,特在上、下两部分边坡坡顶设置长锚杆进行防护,从而达到"锁头"的作用。其余各级边坡采用锚杆框架+喷混植生绿化进行防护,确保各级边坡的局部稳定。

⑤边坡中部20m宽大平台部位设置截水沟,有效截排高边坡上半部的坡面汇水;对各级边坡框架设置排水肋条,从而有效集中引排坡面汇水。

综上,方案优化后,高位堆积体高边坡的治理工程造价约为1829万元,是设计方案的53.4%,具有明显的经济性优势,且工程安全度更高。

5. 结语

(1)川西藏族聚居区河谷深切,构造作用强烈,高位堆积体分布广泛,在工程建设前期应充分进行地质调查,积极采取工程预加固措施,防止工程滑坡威胁下部线路的安全。

(2)高位堆积体的稳定度应结合地形地貌、坡体结构、气象水文、水文地质、地震历史、工程扰动程度等因素综合评价。

(3)高位堆积体潜在滑面参数应结合堆积体的成因、性质、工程前后地形地貌的演变等综合分析确定。

(4)高位堆积体的工程安全系数应依据对坡体地质条件的认知程度、所影响的工程结构重要程度、社会影响、工期等因素综合确定。

(5)高位堆积体高边坡的工程治理应严格贯彻"固脚强腰、锁头绿化"的坡体加固理念,对高边坡的整体安全度以及各级边坡和坡面的安全度均予以保证。

第五节 川藏高速公路雅(安)康(定)段玄武岩边坡工程地质分析与病害防治

1. 引言

川藏高速公路四川境内岩浆岩建造坡体开挖后的路堑边坡病害,由于工程地质分析上的分歧,有些工程处治方案久拖不决,甚至造成大量工程报废而形成不良的社会影响。基于此,本书以雅康高速公路ZK49+090~ZK49+260段的玄武岩坡体病害处治工程为例,对玄武岩路堑边坡中常见的几个工程地质问题进行系统分析,并在此基础上对边坡的工程防治方案进行了探讨。

ZK49+090~ZK49+260段玄武岩边坡雅安端紧邻公家坪大桥,康定端紧邻李子坪特大桥。工程前期,由于性质良好的玄武岩出露,拟作为料场应用于路面基材。即在路基坡脚设置11m宽的平台,采用1:0.3~1:0.5的坡率,开挖形成坡高85m、取料$26.3 \times 10^4 m^3$的深挖路堑边坡。工程施工时发现玄武岩受构造作用风化较为强烈,造成玄武岩力学性质无法满足路面材料和边坡稳定性要求,需对原设计进行调整。基于此,原位治理方案取消坡脚宽大平台,设置缓坡率开挖形成高约128m的边坡,采用3排抗滑桩与大量锚固工程加固,工程造价达7113万元。故提出线路左线采用隧道通过,右线适当外移22m后采用桥梁通过,工程造价约4439

万元,并造成公家坪大桥和李子坪特大桥约 530 万元的报废工程。方案审查阶段,相关各方对玄武岩的工程地质分析产生了巨大分歧,最后考虑到通车压力,协调后采用设计推荐的调线和隧道方案进行处治。

2. 玄武岩坡体基本特征

1) 地形地貌特征

玄武岩边坡区峡谷深切,岸坡陡峻,属构造剥蚀的低中山峡谷地貌(图 13-36)。所依附的条状山脊相对高差约 646m,山脊地形地貌上呈多级陡缓相间。高速公路在山脊坡脚的沟谷上部约 40.5m 的陡坡部位通过,边坡工程影响范围内的自然坡度为 30°~50°,坡脚河流为典型的暴涨暴落型山区河流,河流冲刷严重,受边坡所依附的自然突出山脊影响而呈"S"形从斜坡下部拐弯通过。

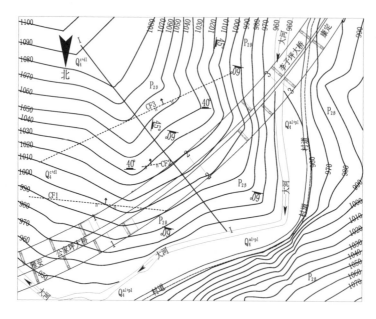

图 13-36 玄武岩边坡地质平面图

2) 坡体结构特征

坡体上层为厚 2.0~18.0m 的稍密的崩坡积碎石土,其中粒径大于 200mm 的颗粒占 5%~15%,粒径为 20~200mm 的颗粒占 50%~70%,粒径为 2~20mm 的颗粒占 10%,余为粉黏粒。呈现出边坡由上至下,由小里程向大里程碎石土厚度逐渐减小的趋势。坡体下伏斑状结构、杏仁状构造的玄武岩,其中碎块状强风化层厚度为 3~5m,其下为较完整的微风化玄武岩。坡体内主要发育 3 组节理。结构面赤平投影及各自的性质及特征分别见图 13-37、表 13-4。受区域构造影响,自然边坡发育有 3 条次级断层

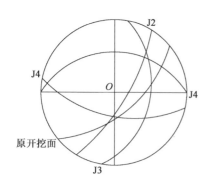

图 13-37 结构面赤平投影图

CF1～CF3,其基本特征见表13-5。场地基本地震烈度为Ⅶ度,地震动峰值加速度为0.15g。

坡体玄武岩结构面性质及特征 表13-4

编号	结构面性质及特征
J1	玄武岩似层面产状12°∠60°,延伸长约10m,间距1～3m,结构面微张～闭合,与开挖面夹角53°
J2	优势产状301°∠75°,延伸长1～2m,间距2～3条/m,结构面微张～闭合,与开挖面夹角18°,倾向坡外
J3	优势产状280°∠45°,延伸长约2m,间距2～3条/m,结构面微张～闭合,与开挖面夹角39°,倾向坡外
J4	优势产状180°∠40°,延伸长0.7m,间距3～5条/m,结构面微张,与开挖面夹角139°,倾向坡内

坡体断层性质及特征 表13-5

编号	坡体断层性质及特征
CF1	产状185°∠(34°～48°),与路线交角约33°,斜倾坡内。断层及其影响带宽约1.0m,破碎带岩石为紫红色、灰色强风化碎裂岩,见镜面擦痕
CF2	产状170°∠(50°～65°),与路线交角约25°,倾向坡内。断层宽2～4cm,两侧岩体破碎
CF3	产状155°∠38°,与路线交角约16°,斜倾坡内。断层及其影响带宽约1.0m,破碎带岩石为紫红色、灰色强风化碎裂岩,局部褶皱发育

3)水文地质特征

区内年平均降雨量1660mm,坡脚大河为典型的暴涨暴落型山区河流,受项目区玄武岩地层的影响,河流的侧蚀和下切相对比较轻微,且河流由于受凸出的玄武岩山脊阻挡呈"S"形从坡脚通过。边坡后部山体高大,植被茂盛,但由于边坡所依附的山脊在地形上凸出,项目区边坡下水作用微弱。

3. 玄武岩坡体主要工程地质特征分析

工程设计变更时,各方在坡体的主要四个工程地质特征上产生了分歧,直接影响了处治方案的分析:受CF1～CF3三条次级断层影响,边坡岩体破碎而稳定性变差;玄武岩似层面与边坡外倾结构面配套组合后形成贯通的长大潜在滑面;玄武岩坡体卸荷严重,结构面存在泥质充填和镜状擦痕,造成坡体稳定性差;玄武岩边坡地表堆积层稳定性差。

基于此,原位治理方案采用缓坡开挖形成高约128m的高大边坡,且潜在下滑力达到13785kN/m,需设置3排2.4m×3.6m×(30～34m)@5m的锚索抗滑桩和52排设计拉力为800kN、长29～52m的锚索进行加固。该处治方案工程造价为7113万元,且工期长,不能满足通车要求。由此,设计最终推荐采用"工期可控、造价合理"的调线方案,即线路左线原位以暗挖隧道形式通过,右线适当外移22.0m后设置桥梁通过(图13-38)。

1)关于项目区受CF1～CF3三条次级断层影响,边坡岩体破碎而稳定性变差的问题

作为构造结构面,这三条次级断层中CF1和CF3断层属于压性断裂,呈带状延伸,长度近百米,破碎带内岩体呈碎裂状。CF2属于张性断裂,只在坡体局部出现,其延伸长度约15m,其断裂面呈锯齿状,有泥质充填。这三条断裂从性质、形态上看,对坡体的整体稳定性或局部稳定性分别有一定的影响。

从断裂分布的位置上来看,CF1断裂位于小里程侧拟挖方的路堑边坡坡脚,在边坡高度较大而挖方坡率较陡形成较高压应力和剪应力的情况下,是不利于坡体整体稳定性的。但考虑到其以较大的倾角反倾于斜坡体内,且断层及其影响带宽度较小,故在贯彻高边坡"固脚"原

则的基础上,采取抗滑桩等工程力度较大的措施进行预加固是可以有效消除其对边坡的不利影响的。

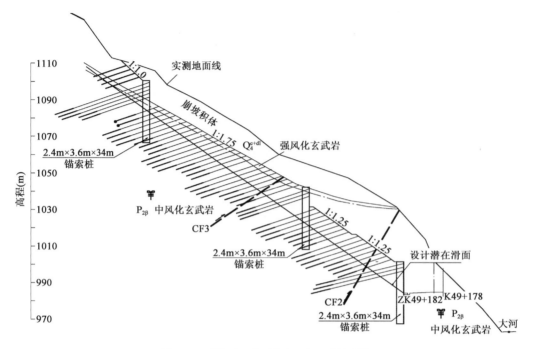

图 13-38 原位治理变更方案工程地质断面图

CF2 断裂位于拟挖方的路堑边坡的二级边坡中部,以较大的倾角反倾于斜坡体内。考虑到该断层宽度只有 2~4cm,长约 15.0m,只对坡体的局部稳定性存在一定的影响,故按一般的贯通性反倾结构面对其进行加固是可行的。

CF3 断裂位于拟挖方路堑边坡的坡顶附近,断层及其影响带宽度约为 1.0m,以较大的倾角反倾于斜坡体内。故在"固脚、强腰、锁头"加固理念的基础上,依据地质条件对边坡采用陡坡率开挖,加大边坡与 CF3 断层之间的安全距离,减小人工开挖边坡对 CF3 断层的扰动,是可以避免 CF3 断层对边坡稳定性的影响的。

基于此,虽然这三条断层对高边坡的整体稳定性或局部稳定性分别有一定的影响,但只要有必要的、合理的工程措施,是可以有效确保坡体的永久稳定的。

2) 关于玄武岩似层面与边坡外倾结构面配套组合后形成的潜在滑面的问题

项目区斜坡区玄武岩结构面根据其成因类型和特征,可分为原生结构面、构造结构面和浅表生结构面。其中坡体的原生建造是基础,后期次生的构造结构面和浅表生结构面破坏了玄武岩的完整性,使岩体力学性质具有各向异性,对坡体的变形破坏模式有一定的影响。

项目区玄武岩的似层面 J1 是在成岩过程中流动冷凝形成的,延伸长度大而连续性较好,构成了坡体的岩体力学作用边界,控制岩体变形破坏的演化方向,作为独立的地质单元,是重要的工程地质边界,控制坡体的稳定,为 A 类贯通性宏观结构面。

斜坡体中受多次构造活动影响的陡倾角结构面 J2 以及受新构造运动和沟谷侧向卸荷共同作用影响的较缓倾角结构面 J3,虽然在地表附近局部存在一定的泥质充填,对岩体的完整性影响较大,但其延续性差,并随着坡体深度的增加而逐渐闭合,呈现出刚性结构面的特征,在坡体浅表层呈现出局部结构效应,为 B 类显现结构面。

从控制性结构面来说,玄武岩的流面 J1 与坡向夹角为 53°,J3 结构面与开挖面夹角为 39°,对坡体开挖后的边坡长期稳定性影响有限;倾向坡外的 J2 结构面与坡向夹角为 18°,需在边坡开挖后及时进行有效加固,防止其在卸荷作用和坡体重力作用下不断发展而诱发坡体病害。

基于此,由于玄武岩的流面 J1 与构造结构面和浅表层结构面 J2、J3 在性质上存在很大的差异,尤其是结构面延伸长度呈现数量级的差异,因此,玄武岩似层面与边坡外倾结构面配套组合后形成的长大潜在滑面是不成立的,其配套后只能在坡面形成危岩落石。

3) 关于玄武岩坡体卸荷严重,结构面存在泥质充填和镜状擦痕,造成坡体稳定性差的问题

项目区位于龙门山断裂带和鲜水河断裂带以及安宁河断裂带构成的"Y"字形构造交汇部位东侧,地质构造复杂。坡体所在山脊地形地貌上呈多级陡缓相间,显示坡体在形成过程中受到新构造运动、河流的下切以及卸荷等浅表生改造的时效作用,具有明显的时空发育特征,即地壳上升、剥蚀作用在时间上的阶段性和坡体形态在空间上的分带性,对坡体结构具有直接影响。

从现场看,自然边坡中下部分出露结构面为闭合~微张的中风化岩,这也是原设计阶段将该边坡作为路基基材的重要原因。浅表生改造使玄武岩坡体出现多组外倾结构面,斜坡岩体顺坡向出现一定的板裂化。坡体中的 J2、J3、J4 结构面与河谷地貌相适应,尤其是外倾坡外的结构面发育程度随坡体高程的增大而增强。即:

J2 陡倾角结构面多发育于自然边坡的上部,为多次构造活动所致,并受到后期浅表生构造作用的改造。其贯通度差,结构面微张~闭合,故其对坡体稳定性影响较小。

J3 较缓倾角结构面主要发育于自然边坡的中下部,反映出玄武岩自然边坡受新构造运动和沟谷侧向卸荷的共同作用影响。其贯通度差,与坡面呈大角度相交,结构面微张~闭合,故其对坡体稳定性影响较小。

J4 反倾结构面是坡体在卸荷作用下使岩体向沟谷的临空方向出现回弹错动,外倾结构面出现镜状擦痕,并造成拉张性质,多充填有次生泥的现象。考虑到回弹错动呈现出向坡体深处逐渐减小的趋势,结构面由地表的微张而逐渐闭合,呈现刚性结构面特征,加之结构面贯通度差,结构面力学性能较好,其对坡体稳定性影响较小。

J1 似层面是玄武岩原生喷出时的流面所致,其结构面呈闭合~微张,无层间错动带等软弱结构面,属硬性结构面,似层面物理力学参数较高,且其与开挖面夹角为 53°,故对坡体稳定性影响相对较小。

基于此,玄武岩坡体不存在贯通的卸荷结构面,且结构面的泥质充填和镜状擦痕现象主要存在于坡体的浅表层,不会对坡体的整体稳定性造成较大影响。

4) 关于玄武岩边坡地表堆积层稳定性差的问题

该段坡体堆积层主要由后部山体的崩坡积碎石土形成,呈稍密状,下伏土岩界面与地表自然坡度近于一致,为 40°~45°,坡体无地下水活动痕迹。

依据工程地质类比,稍密状的碎石土综合内摩擦角应不小于 35°;从自然坡度的工程地质

类比来说,自然地表坡度是坡体内部物理力学性能在表观的综合反映,并且经受自然的外界营力作用。因此,自然坡面倾角 α 应较碎石土或土岩界面处的综合内摩擦角 φ 小,即 $\varphi \geq 40°$。

基于此,考虑到玄武岩边坡地表堆积体的物理力学参数相对较好,在对其进行适当工程预加固、防止坡体力学参数降低的基础上,是可以确保开挖边坡的稳定性的。

需要说明的是,紧邻的大里程侧起点 ZK49+260 的李子坪特大桥在修建时开挖形成了高约 80.0m 的近直立状玄武岩边坡。该临时边坡在开挖后没有采取任何防护工程措施,在大桥施工的近两年时间内,坡体整体稳定性较好,只有个别依附于 CF3 小断层的危岩落石掉落。这有效印证了玄武岩坡体的整体稳定性是良好的,可以通过适当的工程防护确保高速公路的永久安全。

4. 变更设计优化方案

1) 设计方案优化的思路

通过以上玄武岩坡体工程地质分析,可对坡体原位处治方案进行有效优化(图 13-39),从而提高处治方案的安全性、经济性。

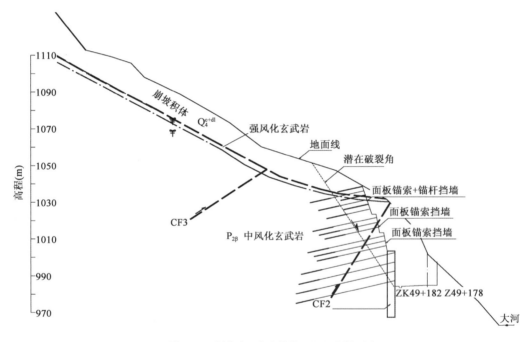

图 13-39　原位治理方案优化工程地质断面图

(1) 依据玄武岩流面、浅表生结构面的性质,与开挖临空面进行合理的地质配套,确定玄武岩边坡的主控潜在滑面,减少工程对断层和地表堆积体的扰动。

(2) 玄武岩高边坡贯彻"固脚、强腰、分级加固"的理念,结合工程地质条件,遵循合理收坡、预加固的原则,尽量减小边坡高度和工程规模,保护环境。

(3) 依据坡体工程地质分析,结合紧邻的李子坪特大桥开挖形成的近直立边坡的工程类比,依据岩石压力和堆积体的稳定性对坡体的潜在下滑力进行复核。经计算分析,坡体的控制性下滑力为 2652 kN/m,为设计文件的 19.24%。边坡处于工程加固的安全、经济合理范围。

(4)依据边坡开挖后形成的临空面,分别对上部堆积体和下伏玄武岩边坡开挖后的稳定性进行加固。贯彻"固脚、强腰、分级加固"的理念,在边坡坡脚设置多排锚索的"桩式梁"型锚索抗滑桩,对 CF1 和 CF2 断层影响范围内的坡体进行预加固而"固脚",桩后边坡采用面板式锚杆或锚索挡墙进行"强腰",从而有效提高坡体的整体稳定性和局部稳定性。

2)防护工程设置

在坡脚设置 1 排 2.4m×3.6m×36m@5m 的锚索抗滑桩进行固脚收坡,并在长 20m 的桩体悬臂段设置 4 排设计拉力为 500kN 的锚索;桩后位于中风化的二、三级边坡采用 1:0.2 的坡率,设置板厚为 30cm、设计拉力为 500kN、长 27~48m 的轻型锚索挡墙;由稍密状碎石土构成的四级边坡采用 1:0.35 的坡率,设置板厚为 30cm、设计拉力为 400kN 的锚索和锚杆组成的轻型挡墙。经优化后,边坡的坡高可由 128m 降为 55.9m。

经方案优化后,坡体原位治理的直接工程造价可由设计文件的 7113 万元降为约 2589 万元,是变更设计原位治理方案的 36.4%,是设计推荐改线方案的 58.3%,且工期可控,具有明显的安全、经济和工期优势。

5. 结语

(1)川藏高速公路所经地区峡谷深切,地质构造复杂,技术人员应积极调整适应"无人区"等复杂地质条件下的地质调查和岩土工程设计,实现技术创新,尽量减少工程建设期间的重大设计变更。

(2)复杂环境中的玄武岩边坡防治,应依据地形地貌、岩土体性质、坡体结构等地质条件,结合工程地质类比,合理分析断层、流面、浅表生结构面和地表堆积体对边坡稳定性的影响程度。

(3)高度超过 30m 的深挖路堑边坡,应在合理设置预加固和主动防护工程的基础上,采用陡坡率收坡防护方案,减小开挖工程对坡体扰动并保护环境。

(4)该段按设计进行改线变更后,在工程施工时由于隧道偏压而增加了围岩加固等工程,工程造价进一步提高,并造成工期延误,最终成为全线不能正常通车的"卡脖子"工程。

第六节 川藏高速公路汶(川)马(尔康)段崩塌危岩发生机制与病害防治

1. 引言

中国是世界上崩塌灾害较为严重的地区之一,尤其是在地形变化大、地质构造作用强烈的环青藏高原第一阶梯带内最为严重,给人民群众的生命财产造成了极大损失,严重影响铁路、公路、水电站等基础设施的安全。作为世界上最危险的公路之一,国道川藏公路位于地形高差显著、板块活动强烈、山地灾害频发的青藏高原地带。自 20 世纪 50 年代公路建成以来,沿线频发的地质灾害每年都会造成交通中断和人员伤亡事故,严重影响了社会的稳定、经济的可持续发展和国防建设。川藏高速公路北线汶马段自开工建设以来,由于崩塌灾害具有典型高位、远程、隐蔽和群发特征,造成了巨大的施工难度和安全隐患,建设成本高,工期压力大,对崩塌危岩的发成机制和处治方式进行研究显得非常迫切。

2. 川藏高速公路地质环境

川藏高速公路位于四川盆地和青藏高原过渡带，山体高大陡峻，峡谷深切，活动断裂发育，处于我国著名的强烈地震带——龙门山断裂带和鲜水河断裂带及安宁河断裂带构成的"Y"字形构造带。高速公路分别经过基本地震烈度为Ⅶ、Ⅷ、Ⅸ度地区，其中，Ⅶ度区占线路总长的57%，Ⅷ度区占线路总长的37%，Ⅸ度区占线路总长的6%。

区内地层岩性复杂多变，第四系堆积层、沉积岩、岩浆岩和变质岩均有出露，其中基岩以泥盆系、志留系、石炭系、二叠系、三叠系千枚岩、板岩或泥质灰岩和变质石英砂岩为主，崩坡积、冲洪积、泥石流堆积、冰水堆积和滑坡堆积为主的堆积体多分布于沟谷河岸两侧及山体下部。区内大部分地段气候属大陆性高原季风气候，垂直性差异明显，气候环境复杂多变，年平均气温6.3~7.0℃，年降水量753~905mm，年平均蒸发量在1527mm左右，年均15m/s以上大风40次。区内江河溪流纵横交错，河道狭窄，水流湍急，落差大，岷江汇百川至东南奔腾出山，线路多沿蜿蜒河道相伴而行。

3. 崩塌危岩发生的主要机制

区内崩塌的发生是所处的特殊地质环境决定的，是内、外两种地质条件下的多因素共同作用的结果。

(1)内部因素主要指地形地貌、岩土类型、地质构造三个地质要素，它是崩塌形成的基本因素。

地形地貌：川藏高速公路地形地貌对崩塌的主要作用体现在山坡的坡度和山坡的表面构造。由于峡谷深切、岸坡陡立，自然坡度多为50°~85°，多呈凸出山嘴和凹陷岩腔状，坡体相对高差最高可达上千米，风化强烈，卸荷、河流冲刷严重，为区内崩塌的频繁发生提供了良好的地形地貌。

岩土类型：岩土体是崩塌产生的物质条件，川藏高速公路汶马段主要发育千枚岩、板岩、石英砂岩、砂泥岩和大型岩堆等地层，造成区内多发育软岩、较软岩的倾倒式和顺片理面的滑移式崩塌，软硬岩体差异风化主要发育坠落式崩塌，广泛分布的高位岩堆易形成滚落式崩塌。

地质构造：区内复杂的地质构造作用造成岩土体结构面发育，它为崩塌块体脱离母体提供了良好的边界条件。坡体中发育的节理、裂隙、断层、岩脉、褶皱等结构面以及良好的高大临空面为形成不同类型的崩塌提供了有利的条件。

(2)外部因素主要指地震、气象、人类活动等地质环境要素，它是崩塌形成的重要激发因素。

地震：川藏高速公路所经过的地区多为Ⅶ~Ⅸ度地震烈度区，地震活动频繁，是危岩崩塌高发的重要影响因素。形成的崩塌具有规模大、密度高、破坏严重的特点。根据"5·12"地震后沿线公路的调查，由地震造成的崩塌密度达到了约1.4处/km，尤其是特大型崩塌相当发育，造成公路多被崩塌体掩埋、损坏，崩塌体堵塞或侵占河道相当严重。

气象：龙门山断裂区的前山、中央和后山断裂带内岩体破碎，由于地形高差大、坡度陡，降雨极易造成岩体的快速充水而降低岩土体的稳定性，每年7月、8月为区内降雨型崩塌的高发期；而区内的高海拔特征造成坡体冻胀作用明显，每年4月、5月为区内春融型崩塌的高发期。

人类活动：边坡的岩土体开挖短时间内对坡体的应力场、位移场、渗流场形成了巨大的改造，使岩土体发生卸荷损伤，破坏了自然斜坡的平衡状态，促使岩体内部应变不断发展，继而在宏观表现为裂隙的扩展、融合，最终导致岩体失稳而发生崩塌落石。

4. 崩塌危岩的基本特征

川藏高速公路在复杂的地质环境作用下形成了多种类型的崩塌。按破坏模式可分为滑移式崩塌、倾倒式崩塌、坠落式崩塌和滚落式崩塌。

滑移式崩塌：主要由危岩体的潜在下滑力与滑移面上结构面抗剪强度共同决定。在层状或似层状坡体结构、块状或块体状坡体结构、楔形坡体结构和二元坡体结构等中均有发生，但以层状或似层状坡体结构中最为常见，主要是结构面处的抗剪力无法平衡上部崩塌体形成的下滑力时沿软弱结构面滑移所致。根据其发生机制，滑移式崩塌可分为压剪性破坏和拉剪性破坏。

倾倒式崩塌：稳定性由危岩体后缘岩、土体抗拉强度控制，其在川藏高速公路经过的卸荷强烈高山峡谷、直立岸坡、陡崖坡体非常发育，其临空面陡立，甚至呈反坡状，坡体在差异风化和河流冲刷等作用下卸荷严重。在长期的重力、水压力等作用下，岩体向临空方向发生倾倒、折断，直至失稳而脱离母岩形成崩塌。倾倒式崩塌主要由危岩体外倾弯矩大于危岩体抗拉强度对倾覆转折点弯矩所致。

坠落式崩塌：主要由危岩体的抗拉强度与抗剪强度共同决定。其在产状近于水平或较为平缓的层状或似层状坡体结构中最为常见。该类崩塌主要是由于差异风化形成的凹腔造成上部岩体悬空而发生从危岩体下底部逐渐向上部崩塌。

滚落式崩塌：主要由降雨、地震、风力等外力作用造成危岩体与下伏坡面的外摩擦力无法提供足够的抗力而向下发生滚落所致。在川藏高速公路所在的高山峡谷区形成的高位崩、坡积物中非常常见。如"5·12"汶川震后在岷江峡谷内形成了大量高差较大的崩、坡积物，造成在降雨、余震等作用下上部岩块失去平衡而快速滚落，对下部国道G213和川藏高速公路映汶段、汶马段形成了巨大的安全隐患。

5. 崩塌危岩的工程地质分析

川藏高速公路崩塌危岩的工程地质分析主要采用地形地貌形态演变、地质条件对比、失稳因素变化和监测变形迹象及其发展趋势四种方法。

地形地貌形态演变分析法：斜坡在不同部位岩土性质和结构差异，以及不同应力的共同作用下，会向临空面发生不同性质的变形或破坏。基于此，依据斜坡的岩土体性质、坡体结构、水文地质、临空面形态等地形地貌条件以及类似斜坡的病害特征分析崩塌危岩的类型和稳定程度。

地质条件对比分析法：不同稳定阶段的崩塌危岩在宏观上呈现不同的形态，将需分析的崩塌体与地质条件类似的斜坡岩土体进行对比，依据彼此之间的差异度和关联度对崩塌危岩进行分析。

失稳因素变化分析法：崩塌危岩的稳定性变化过程可能是渐进的，也可能是突变的。如危岩体在长期的风化、降雨作用下稳定性是渐进的；但边坡的开挖或地震会快速改变坡体的平衡状态,就可能造成危岩体稳定性的突变而发生崩塌。

监测变形迹象及其发展趋势分析法:不同稳定度的崩塌危岩表现出不同的变形状态,通过对变形迹象的监测观察,分析危岩体的稳定状态。如危岩体后缘裂缝贯通,前部不断出现掉块和监测的曲线出现突变,说明崩塌即将发生。

6. 川藏高速公路崩塌危岩处治实例

1) ZK53+880~ZK54+140段左侧

(1) 坡体地质条件:边坡位于突出山脊前缘陡崖部位,坡度呈75°~88°,坡向60°,高差约160m。坡脚为河流侵蚀堆积地形,陡崖高速公路以桥梁的形式沿杂谷脑河谷底呈带状展布,桥面距坡脚高差约29m。边坡全貌见图13-40。坡体主要由志留系茂县群(S_{mx}^2)绢云母石英千枚岩和变质石英砂岩构成,岩层优势产状为320°∠54°。主要发育有两组闭合充填节理(图13-41):J1,125°∠29°,延伸1.5~2.5m,间距0.2~0.5m;J2,40°∠85°,延伸1.5~2m,间距0.2~1m。项目区地震动峰值加速度0.20g,地震基本烈度Ⅷ度。

图13-40 边坡全貌图

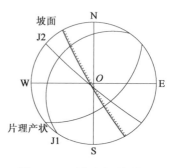

图13-41 下半球赤平投影图

图13-42 坡面凹腔

(2) 崩塌发生机制:陡崖上部坡体沿临空面方向在长期卸荷和重力作用下向临空面发生倾倒,形成弯曲-拉裂式倾倒危岩体。整个陡崖在岩体片理面、多种结构面组合切割和差异风化的作用下形成多处腔径为7.7m×3.5m×4.3m~18.4m×5.1m×4.1m的凹槽(图13-42),为坠落式、滑移式崩塌提供了良好的地质环境。根据调查,该陡崖每年雨季都会发生落石现象,落石粒径主要集中在0.5~1.0m,最大直径可达5m,大部分掉落于陡崖坡脚宽10~30m的范围内。

(3) 工程处治方案(图13-43):陡崖坡脚特大桥距离陡崖底约12m,属于崩塌落石打击密集区。由于无法调整线路平面以躲避该地质灾害体,故不得不采用工程主动进行防护,主要工程措施为:人工清除坡面浮石,在陡崖上部倾倒变形区设置锚固段,强卸荷线以下采用垫墩锚杆结合挂网喷混凝土进行加固;全坡面设置直达坡脚的导石网,确保陡崖落石顺利到达坡脚;在桥墩部与陡崖坡脚之间设置落石槽,对导石网导落的块石进行拦截；对坡面凹腔采用锚杆混凝土进行嵌补，防止坡体的不均匀风化并对危岩进行有效支撑。

2）ZK56+455 桑坪隧道进口左侧

（1）坡体地质条件：桑坪隧道进口位于杂谷脑河右岸自然坡度 70°~80°的突出山脊前部，坡向 330°，坡高约 130m。边坡全貌见图 13-44。坡体主要由夹结晶灰岩的志留系茂县群(S_{mx}^2)绢云母石英千枚岩和变质石英砂岩构成，岩层产状 350°∠75°，隧道轴线与岩层走向小角度斜交。洞口区主要发育两组节理（图 13-45）：J1，产状 105°∠60°，延伸 3~10m，间距 6m；J2，产状 311°∠82°，延伸 2.5~8m，间距 1~2m。节理面微张，有少量泥质充填物。项目区地震动峰值加速度 0.20g，地震基本烈度Ⅷ度。

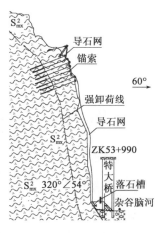

图 13-43 工程地质断面图

图 13-44 边坡全貌图

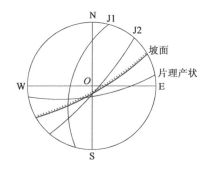

图 13-45 下半球赤平投影图

（2）崩塌发生机制：构成陡崖的岩体在片理面、结构面组合切割和差异风化的作用下，形成多处凹腔，造成坠落式、滑移式危岩多有掉落，落石最大可达 4m×5m×3m（图 13-46）。尤其是工程施工期间，由于隧道开挖扰动，危岩掉落频率加剧，直接威胁下部隧道口的工程施工安全，若不采取措施，在降雨、地震等作用下，必然会对下部隧道和相连的克枯特大桥造成重大安全隐患。

（3）工程处治方案（图 13-47）：由于桥隧相连部位的山体高陡，采用坡面主动防护工程规模大，且施工相当困难。故结合隧道口河流高阶地较为宽阔的有利条件，在不影响河流行洪的条件下，决定将崩塌落石影响区的桥梁调整为路基与隧道相接。这样避免了桥梁一旦受到危岩破坏而很难修复的缺点，充分发挥了路基抗灾能力相对较强的特点，并在隧道口延伸明洞，明洞上部设置必要的倾向河侧的缓冲层，进一步提高线路的抗灾能力，达到对崩塌危岩的有效处治。

3）K59+960~K60+250 段右侧

（1）坡体地质条件：项目区位于南西向延伸山脊前缘，自然坡度 65°~85°，边坡陡峻，高差 800m 以上，坡向 215°。边坡全貌见图 13-48。坡体主要由志留系茂县群(S_{mx}^2)绢云千枚岩和石英片岩构成。岩层优势产状 315°∠75°，主要发育 4 组平直构造节理（图 13-49）：J1，195°∠36°，延伸0.5~2.5m,间距0.3~0.5m;J2,58°∠78°,延伸0.5~1.3m,间距0.4~1.2m;J3,345°∠55°,延伸0.2~0.5m,间距0.2~0.5m;J4,239°∠79°,延伸1.5~2.5m,间距0.3~0.8m。山脊坡面冲沟发育,坡面多有凹腔(图13-50),起伏不平,曾发生多次崩塌失稳灾害。项目区地震动峰值加速度0.20g,地震基本烈度Ⅷ度。

图13-46 坡面局部崩塌

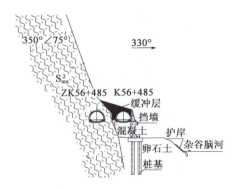

图13-47 工程地质断面图

图13-48 边坡全貌图

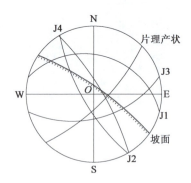

图13-49 下半球赤平投影图

(2)崩塌发生机制:根据现场调查及遥感影像分析,边坡岩体风化、卸荷作用强烈,沿岩体软弱层和片理面冲沟发育,造成冲沟周边危岩密集分布,在降雨、冻融、地震、重力等作用下,历史上曾多次发生倾倒式、滑移式、坠落式和滚落式崩塌,落石多为0.5m×0.5m×0.5m~4m×5m×3m。

(3)工程处治方案(图13-51):项目区山体高陡,多种形式的崩塌频发而冲击能量大,加之工程工期紧张,考虑到线路以路基形式通过,结合项目区坡脚存在较宽的河流阶地等有利条件,决定在坡脚路基部位设置装配式棚洞被动防护方案。即棚洞结构的桩柱及纵梁采用现浇形式,而棚洞顶板采用预制装配的方式,以快速完成工程施工。放弃了工程施工速度较慢、全部现浇和对地基整体强度要求较高的明洞防护方案。棚洞上部根据危岩落石的冲击能量,设置厚约4m的碎石土缓冲层,并在其中设置厚70cm的EPS(聚苯乙烯泡沫)缓冲层,以进一步提高棚洞的抗冲击能力。

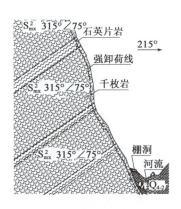

图 13-50 坡面凹腔　　　　　　图 13-51 工程地质断面图

4) ZK69 + 257 ~ ZK69 + 532 段左侧

(1) 坡体地质条件：项目区属构造剥蚀高山峡谷的上缓下陡形台阶状地貌，自然边坡高约 400m，其上部较缓边坡坡度约为 40°，下部陡崖坡度 70°~80°，崖顶与坡脚高差约 190m，坡向 50°，线路以大桥的形式从坡脚通过，桥面高出河道约 6m。坡体主要由志留系茂县群（S_{mx}^{4}）绢云母千枚岩和夹少量条带-薄层状变质细砂岩构成。由于坡体位于桃坪倒转背斜核部，坡体褶皱、挤压破碎带发育。边坡优势产状 345°∠77°，属陡倾斜交结构边坡。项目区地震动峰值加速度 $0.20g$，地震基本烈度 Ⅷ度。

(2) 崩塌发生机制：陡崖上部较缓自然边坡，由于风化、冻融、地震、降雨和动物扰动，常有块径可达 0.3~0.8m 的落石滚落；陡崖顶部向下 14~100m 的范围内，由于岩体片理面陡倾而临空面高大、强烈风化、卸荷岩体在上部岩体重力作用下发生倾倒-拉裂变形（图 13-52），并分别发育有两条平行于坡体走向、宽 4~15.1m、长 89.7m 和 52.7m 的锯齿状卸荷张拉裂缝（图 13-53），其可见深度约 7m。倾倒变形体沿底部切割结构面发生折断，局部可见架空孔洞。该倾倒体坐落于相对完整坚硬的石英绢云母千枚岩"基座"上，在降雨、地震等作用下存在形成倾倒式崩塌的可能。倾倒体产状见图 13-54。陡崖坡面由于岩体片理面与结构面的切割和风化、卸荷作用，在降雨和地震时多次发生粒径为 0.5~1.0m 的坠落式落石。

图 13-52 崖体上部倾倒变形体　　　　　　图 13-53 陡崖后部卸荷张拉裂缝

(3) 工程处治方案（图 13-55）：清除坡面浮石、危岩，在贯通性张拉裂缝后部设置被动网，对崖顶后部缓坡地段的小型落石进行拦截；对崖顶倾倒体采用挂网喷混凝土和设置垫墩锚索进行预加固,防止倾倒体在风化和卸荷作用下稳定性进一步降低;在陡崖顶部锚固工程上部设置张口式导石网,对陡崖上部和陡崖坡面上分布的零星危岩进行防护;在坡脚桥墩部位设置拦石墙,利用废弃的 G317 国道形成落石槽,防止落石在坡脚直接冲击桥墩,并作为导石网拦截落石的停积场地。

图 13-54　下半球赤平投影图

图 13-55　工程地质断面图

5)薛城 1 号隧道进口

(1)坡体地质条件:项目区坡体位于近南北向延伸条状山脊前缘,自然边坡高 200～300m,坡度为 60°～85°,坡向 130°。在距坡脚约 20m 的部位线路以桥隧相连的形式通过。坡体主要由泥盆系(D_{wg}^2)千枚岩、绢云母石英千枚岩、炭质千枚岩组成,夹少量变质石英砂岩和石英岩,岩层片理优势产状为 355°∠65°。边坡由于长期重力作用形成体积约 $40×10^4 m^3$ 的大型倾倒体(图 13-56、图 13-57),倾倒体优势产状 320°∠10°,主要发育 3 组平直构造节理(图 13-58):J1,产状 145°∠75°,延伸 5～10m,间距 1～3m;J2,30°∠65°,延伸 4～8m,间距 0.2～0.7m;J3,产状 190°∠52°,延伸 5～10m,间距 0.5～1.2m。项目区地震动峰值加速度 $0.15g$,地震基本烈度Ⅶ度。

图 13-56　大型倾倒体正面

图 13-57　大型倾倒体侧面

(2)崩塌发生机制:根据隧道开挖地质编录和现场调查,大型倾倒体厚 20～30m,整体处于基本稳定状态。但由于大型倾倒变形作用,坡体节理裂隙发育,在隧道开挖作用下,大型倾倒体存在稳定性逐渐降低的可能。此外,由于坡体岩性软弱,受风化剥蚀、地表水冲蚀等因素影响,坡面形成多条沟槽,坡表岩体被切割成零散块状。地貌突出部位形成的危岩体,其体积多为200~1000m³,在重力、降雨、地震等作用下极易形成坠落式、倾倒式、滑移式和滚落式崩塌,对下部隧道洞口及桥梁构成巨大的威胁。

(3)工程处治方案(图13-59):清除坡面浮石、危岩,对坡面崩塌落石区设置挂网喷混凝土进行封闭,以确保工程施工安全;对大型倾倒体采用预应力锚索加固,使其安全系数达到规范要求的稳定状态,并继而有效地对坡体浅层发育的坠落式、滑移式和倾倒式危岩进行加固;采用长锚杆对隧道通过的倾倒体范围内围岩进行加固,尽可能减小隧道开挖形成的松弛圈对大型倾倒体的整体或局部稳定性的影响;在坡体上部合适部位设置被动网,加强坡体顶部坡面滚落式危岩的防护;隧道口桥梁上设置柔性明洞,进一步提高线路的抗灾能力,并应加强大型倾倒体的监测,必要时将洞口的桥梁调整为抗灾能力更强的路基并采用钢筋混凝土明洞进行处治为最佳。

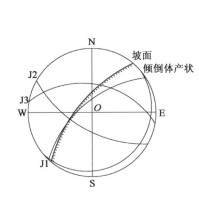

图13-58　下半球赤平投影图

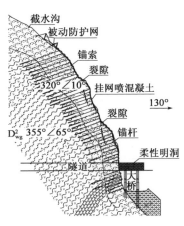

图13-59　工程地质断面图

7.结语

(1)川藏高速公路崩塌极为发育,具有机制复杂、隐蔽性高、规模大、危害强、发生突然、防治困难的特点,在我国崩塌研究中具有典型性和代表性。

(2)环青藏高原东侧第一阶梯坡降区的复杂地形地貌是川藏高速公路崩塌发育的根本原因之一,其地形陡、坡降大,岷江、大渡河流经的高山峡谷区为崩塌危岩的发生奠定了良好的地形地貌基础。

(3)环青藏高原边缘的新构造运动强烈、活跃,地震作用强烈而频发,河流持续下切和青藏高原持续隆升,造成川藏高速公路所经地区的高陡峡谷区发生了强烈的动力作用过程,促进了危岩的形成和崩塌的发生。

(4)川藏高速公路汶马段所经地区气候极为恶劣,暴雨集中,海拔高而存在较为广泛的季节性冻土层。暴雨和春融期是区内崩塌落石发育的高峰期。

(5)由于川藏高速公路的大规模修建,人类活动在短时间内对坡体的应力场、渗流场、温度场等造成了较大的改变,使原有的自然营力条件下形成的边坡稳定性失去平衡而导致崩塌的发生,这是工程建设期间崩塌灾害数量呈现大规模上升的直接原因。

(6)川藏高速公路崩塌具有复杂的形成机制,滑移式、倾倒式、坠落式和滚落式崩塌均有发育,且常与滑坡交织在一起,往往需对坡面、边坡和坡体进行综合治理才能对崩塌危岩进行有效防治。

第七节　川藏高速公路复杂地质灾害体综合处治分析
——以喇叭嘴泥石流、滑坡、崩塌、弃渣、高填综合处治为例

1. 引言

川藏高速公路雅(安)—康(定)段位于我国地势由第一阶梯青藏高原向第二阶梯四川盆地过渡段,山体陡峻高差大,大江大河发育,断裂活动频繁,气象环境变化快速,具有极其复杂的地质条件、极其脆弱的生态条件、极其困难的工程建设条件,是目前我国双向四车道建设标准中工程造价最高的高速公路。沿线滑坡、崩塌、泥石流等自然灾害体,以及工程弃渣、高填路堤、深挖路堑等分布广泛,甚至出现多类型地质灾害体共生的情况,对高速公路造成了巨大的安全隐患、建设成本和工期压力。

喇叭嘴段原设计线路为典型的"两隧夹一桥",其中小里程端龙进隧道长1274m,大里程端日地1号隧道长1883m,喇叭嘴中桥长80m,桥面距沟底高程20~25m。工程建设期间接连发生了日地1号隧道进口段滑坡变形、山体卸荷开裂和崩塌落石,龙进隧道出口段滑塌和落石,大量隧道弃渣弃于桥梁部位,补充地质调查时发现喇叭嘴沟属于泥石流沟地质灾害体等,对工程的建设造成了巨大安全隐患。由此,围绕高烈度地震区复杂地质灾害体的综合处治方案几经调整,但最终的实施方案仍存在一定的调整空间。

2. 工程地质环境和灾害体特征

项目区属河流侵蚀-构造剥蚀的高中山峡谷地貌,位于康定—甘孜地震带地块,东侧为大渡河活动断裂带,西侧为康定—磨西活动断裂带,构造活动强烈而地震多发,地震基本烈度为Ⅷ度,地震动峰值加速度为$0.3g$,属于典型的高烈度地震区。区内广泛分布晋宁—澄江期粗粒结构、块状构造的花岗岩,山体坡度一般为35°~55°,线路距下部大渡河水库弃渣场高差约450m,距康定市约21km,属高山亚寒带气候,年均气温6.5℃,年平均降雨量830mm。

1) 喇叭嘴泥石流

喇叭嘴沟主沟全长7.46km,平均纵坡比降398‰,沟谷宽6~70m,流域面积约8.46km²,流域切割密度3.24km/km²,源头海拔4744m,沟口海拔1640m,主沟相对高差3104m。喇叭嘴泥石流沟根据4744~3900m、3900~1860m、1860~1660m、1660~1640m四段高程,分为寒冻风化区、形成区、流通区和堆积区(图13-60)。

寒冻风化区面积约1.16km²,沟道长1.74km,平均纵坡比降为599‰;形成区面积约7.25km²,沟道长5.23km,平均纵坡比降为429‰。寒冻风化区和形成区的季节性积雪及高海拔影响碎块石,以及沟谷两侧高陡岸坡形成的崩坡积物为泥石流物质的主要来源,泥石流静储量约为$112.49 \times 10^4 m^3$,动储量为$31.25 \times 10^4 m^3$。流通区面积约0.04km²,沟道长度为0.38km,平均纵坡比降为750‰,其下游有落差超过100m的陡崖,陡崖以外即堆积区。堆积区面积0.01km²,沟道长0.15km,平均纵坡比降为140‰。

喇叭嘴沟在1937年和1958年发生过两次规模较大的泥石流,造成国道G318断道。近年

来沟中偶有小规模的泥石流发生,但主要停积在沟道中上游。沟内分布大量的漂木和呈稍密~中密状砾石的泥石流堆积物(图13-61),其中粒径大于20cm的颗粒含量占60%~70%,2~20cm的颗粒含量占20%~30%,0.2~2cm的颗粒含量占5%~10%,颗粒母岩为花岗岩,最大粒径为4~8m。沟内海拔3000m以上地段植被多为草甸和稀疏灌木,随着海拔降低,沟内乔木比例逐渐提高,尤其是在2100m左右的高速公路附近,沟内植被茂盛,乔木直径可达到40cm以上。沟内常年的稳定水流量约为 $0.5m^3/s$,在暴雨时水量大幅增加,属于典型的暴涨暴跌型山区沟谷,目前泥石流堆积区的国道G318附近为大量居民区。

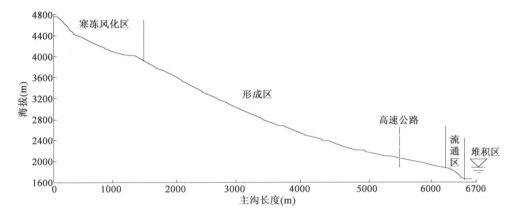

图 13-60　喇叭嘴泥石流沟沟床纵剖面图

图 13-61　喇叭嘴沟内遍布的碎块石和漂木

2)日地1号隧道进口段和龙进隧道出口段坡体

构成坡体的灰白色斜长花岗岩($\gamma_{02}^{(4)}$)中发育五组结构面,产状分别为J1:80°∠70°,J2:78~83°∠25~32°,J3:269°∠72°,J4:301°∠33°,J5:175°∠70°,地质剖面见图13-62。

(1)日地1号隧道进口段:边坡自然坡度40°~60°,坡向75°,地表为厚约10m的稍密状崩坡积(Q_4^{c+dl})碎块石(图13-63)。粒径大于2cm的颗粒含量在60%以上,粒径多为0.3~1.5m,最大为5~6m;粒径在0.2~2cm的颗粒含量占10%~20%。坡面多有裂缝分布,落石现象严重,树木多呈"马刀树"状。下伏的强~中风化花岗岩中,倾向坡外的J1结构面追踪发育卸荷裂隙,其贯通度达10m以上,倾向坡外的J2结构面贯通度达5m以上。陡倾的J1结构面和缓倾的 J2 结构面组合对坡体稳定性具有控制作用。

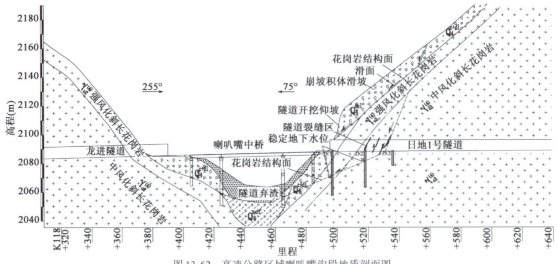

图 13-62　高速公路区域喇叭嘴沟段地质剖面图

2017 年 2 月下旬,隧道开挖时仰坡出现约 300m³ 垮塌,坡外约 70m 的位置出现两条长约 15m 的贯通状裂缝,其侧界明显受花岗岩中发育的 J4 和 J5 结构面控制。距隧道洞口 20～40m 的隧道洞身出现多条状环向裂缝,其形态与花岗岩中发育的 J1 和 J2 结构面一致。

（2）龙进隧道出口段:边坡自然坡度 50°～70°,坡向 269°,线路走向 255°（图 13-64）。隧道仰坡部位坡体主要由强～中风化花岗岩（$\gamma_{02}^{(4)}$）构成,与自然坡向一致而与线路斜交的 J3 结构面贯通度达 10m 以上,坡面常有零星落石掉落;隧道高程以下崩坡积（Q_4^{c+dl}）碎块石厚度约为 10m,其中粒径大于 2cm 的颗粒含量占 60% 以上,粒径多在 0.5～1.5m,最大为 4～6m;粒径为 0.2～2cm 的颗粒含量占 10%～20%。

图 13-63　日地 1 号隧道进口边坡

图 13-64　龙进隧道出口边坡

2017 年 5 月中旬,隧道左、右洞之间的沟槽部位沿与 J3 结构面近于一致的基岩面发生了约 1000m³ 的堆积体滑塌,造成隧道下部堆积体发生较大变形而威胁线路安全。

3）隧道弃渣

项目区弃渣场位于高差约 450m 的下部大渡河水库之中,巨大的运输安全隐患和转运成本造成弃渣场无法投入应用。由此,工程单位就地在隧道口的喇叭嘴沟中弃置了约 22×

$10^4 m^3$、颗粒多为 2~35cm 的花岗岩隧道弃渣。根据调查,原沟底多呈台阶形,有厚 3~17m 的泥石流堆积体分布,沟底纵坡约 35%,沟内常年有水,见图 13-65。喇叭嘴沟在高速公路附近呈相对宽缓的 U 形,沟宽 50~70m,两侧岸坡堆积厚 10m 以上的稍密状崩坡积体,自然坡度约 40°。弃渣体下部主沟两侧岸坡陡立,基岩完整性好,沟宽约 7m,使弃渣所在沟谷呈典型的"葫芦状",见图 13-66。沟内的大量弃渣在极端条件有成为泥石流物源的可能,存在巨大的安全隐患。

图 13-65　流入弃渣的沟内汇水　　　　图 13-66　喇叭嘴沟内隧道弃渣

3. 地质灾害体机理分析

(1) 喇叭嘴泥石流沟是典型的高海拔沟谷型泥石流。低气温、强日照、大温差、季节性积雪为泥石流物源创造了条件;季节性融雪、强降雨和寒冻风化带的开阔地形为泥石流的形成提供了良好的水源;寒冻风化带和 3000m 以上的高海拔地带植被稀少而基岩裸露,山体和沟谷岸坡高陡,有利于夏季雪山融水和雨季地表水的快速汇流冲刷,为泥石流的暴发提供了良好的水动力条件。

自 1937 年和 1958 年暴发两次规模较大的泥石流以来,喇叭嘴泥石流多次小规模暴发,但由于季节性积雪的不断减少和区内植被的有效恢复,加之泥石流沟道多弯而狭长,小规模暴发的泥石流多在沟道后部由于阻塞而停积(图 13-65)。但存在多年蓄能后在强震激发和极端强降雨条件下暴发较大规模泥石流的可能。

(2) 日地 1 号隧道洞口场地平整时开挖形成了最大高度约 21m 的仰坡,造成二元结构边坡上部欠稳定状态的堆积体由于前缘支撑力度减弱而沿土岩界面发生滑移,并伴有局部坡体垮塌和坡面落石。滑坡主轴长 75m,平均宽约 76m,滑体平均厚度为 9m,滑坡体积约为 5×$10^4 m^3$,主滑方向为 75°。

此外,隧道挖深 60m 左右时,在距隧道洞口 25~40m 范围内的隧道洞身出现多条环状、贯通裂缝,洞顶累计下沉约 10mm,洞底仰拱部位裂缝深 2~3m。根据补充勘察,仰拱下部 7.4~16.5m 的部位存在稳定水位,其水位线与花岗岩中发育的倾角为 25°~32°的 J2 结构面倾角基本吻合;而隧道洞身开裂的裂缝依据花岗岩中发育的倾角为 70°的 J1 结构面向上延伸时,与地表的覆盖层滑坡后缘裂缝基本吻合。

以上地质形态说明,隧道所在坡体由于沟谷陡深而卸荷严重,隧道开挖后造成花岗岩体依附于倾向坡外的 J1 和 J2 两组结构面发生强烈卸荷,造成隧道在上部岩土体重力作用下沿陡倾结构面 J1 发生挤压开裂;隧道下部花岗岩体在开挖扰动、卸荷等作用下沿缓倾结构面 J2 发生回弹开裂。若不能有效地对卸荷体进行处治,在后期工程扰动、卸荷和地下水的作用下存在结构面逐渐贯通而产生变形的可能。

(3)龙进隧道左洞进洞前对侧向边坡进行开挖,形成了高约12m的边坡,造成上部覆盖层沿基岩面发生了约1000m³的滑塌,导致下部堆积体加载发生了较大变形。同时,由于山体高陡,常有落石掉块发生,严重威胁着下部隧道与桥梁的安全。

(4)日地1号隧道进口段坡面孤石分布密度大,形成的落石常沿坡面滚落于坡脚;龙进隧道出口段山体高大陡峻,岩体在不利结构面切割和风化作用下常发生的崩塌落石坠落于坡脚,形成了深厚的崩坡积体。这两个隧道洞口的危岩落石直径多集中在0.3~1.5m,最大可达6m左右,工程前期虽采用主动网和被动网进行了防护,但项目区内属于高烈度地震区,一旦发震将可能引发大规模崩塌而直接威胁下部桥梁的安全。

(5)弃置的$22\times10^4 m^3$隧道花岗岩弃渣位于线路部位及其下游,考虑到大量弃渣转运的可行性差,若不能原位对弃渣进行有效处治,在长期沟水作用下存在沿下伏较陡的沟底纵坡发生滑坡的可能,将直接威胁弃渣中后部的高速公路桥梁安全。将花岗岩弃渣作为高速公路的路堤填料材料进行处治,若不能有效解决弃渣高填方的不均匀沉降造成上部设置的泥石流排导槽开裂问题,则极易使沟中汇水快速渗流入弃渣后造成路堤的开裂变形;甚至在沟内暴发洪水或泥石流的情况下,强大的冲刷能力极易造成隧道弃渣成为泥石流的新物源,将直接威胁下游大量民居和国道G318的安全。此外,在强震作用下,花岗岩弃渣在振密的过程中发生下沉或失稳将影响高速公路的安全,故需对弃渣进行必要的工程处治。

4.复杂地质灾害体综合处治方案分析

项目区地质灾害体包括滑坡、崩塌、泥石流、弃渣,各地质灾害体之间的工程处治既相互联系,又相互制约。因此,工程处治方案应具有针对性并兼顾特征性,确保高烈度地震区各灾害体的安全。

1)泥石流处治分析

喇叭嘴泥石流的合理处治对滑坡、崩塌、弃渣处治方案的确定和线路的通过形式具有直接的影响,因此,合理地确定泥石的特征和相关参数,是项目区复杂地质灾害体综合处治的关键。

(1)泥石流防治标准确定

设计依据地质报告提供的遥感解译资料,确定喇叭嘴泥石流为中频、轻度易发、中度危险型泥石流,泥石流的防治标准和工程设计保证率取2%。喇叭嘴泥石流相关参数见表13-6。

喇叭嘴泥石流相关参数表　　　　　　　表13-6

频率(%)	一次沟道泥石流总量(m³)	沟道泥石流流量(m³/s)	泥石流流速(m/s)	泥石流整体冲压力(kPa)	泥石流最大冲高(m)
1	37990.30	92.24	4.42	83.45	1.57
2	24021.23	58.34	3.92	63.81	1.23
5	10508.45	25.5	2.99	36.21	0.72
10	6120.37	14.85	1.88	13.61	0.28

根据现场实地调查,1937年和1958年发生过两次规模较大的泥石流,规模不大于$1.3\times10^4 m^3$。近年来虽有小规模的泥石流发生,但基本停积在沟道中上游,路线上游约800m范围

的沟内。结合泥石流的流域、沟型、堆积扇、物质储量、暴雨强度、植被、危害对象等指标判定，喇叭嘴泥石流宜定性为低频、泥石流活动规模中等、灾害等级为Ⅱ级、危害程度为一般灾害。基于此，喇叭嘴泥石流防治标准和工程设计保证率宜为5%~10%。考虑到泥石流处治是项目区复杂地质灾害体综合处治的关键，故防治标准和工程设计保证率取5%。

(2) 泥石流处治方案分析

喇叭嘴泥石流间歇性发生、暴发频率低，沟内大颗粒物源占比大，存在巨大漂砾，对高速公路和堆积区的民居和国道存在直接的安全隐患，且项目区属于无人区，一旦损坏很难进行工程恢复，故需采取工程措施进行分级有效拦挡和疏排。

依据泥石流特征和工程建设条件，在线路上游490m和355m处的沟道分别设置梅花形布置的3排桩林，对泥石流中的粗大花岗岩颗粒、漂木等进行拦截形成连锁停积，有效减小泥石流的冲击力；在线路上游221m处设置1道刚性梳齿坝，对桩林拦截下泄后的泥石流较大颗粒再次进行拦截；在线路上游150m处设置1道拦砂坝，对泥石流中的颗粒进行有效拦截，从而有效控制泥石流下泄后的冲刷、撞击能力和停淤隐患，提高下游结构物的安全性。

(3) 设计处治方案

①第一排桩林由3排15根$\phi1.8m$、纵横向间距4.0m、桩长13m的C30钢筋混凝土桩组成，其中露出地面以上8.0m，桩头和地面处用系梁进行连接，以提高桩林的整体性。第二排桩林由3排15根$\phi1.2m$、纵横向间距6.8m、桩长11m的C30钢筋混凝土棱台桩组成，其中露出地面以上6.0m。

梳齿坝主要由梳齿高5.0m、间距0.8m、截面为1.5m×1.2m的13根C30钢筋混凝土桩构成，并通过承台与下部8根$\phi1.5m$、间距1.3m、埋深7m的锚固桩连接。

拦砂坝长35m，高6.0m，由C20混凝土构成，墙前设9.0m长护坦，直接与下部排导槽相连，库容$1.4\times10^4m^3$。

②为使经上游拦截后的泥石流按一定的线路排泄，减少对下部高速公路等构造物的威胁，在拦砂坝与线路之间设置纵坡为20%~40%、顶宽12m、底宽10m、高5.5m的C30钢纤维混凝土排导槽。

(4) 设计方案优化

根据泥石流的分析计算，对第一排和第二排桩林工程进行调整，方能确保拦截工程的安全。即第一排桩林依据泥石流撞击能量、库容，宜将桩林纵横向间距调整为5.0m，桩身宜加长至19m，并进入基岩3m方能确保桩林的稳定；第二排桩林设计采用纵横向间距为6.8m的钢筋混凝土棱台桩，不利于泥石流的分级有效拦截和桩林安全，宜结合上级桩林的泥石流拦截效果，采用纵横向间距为3.4m的普通圆桩进行拦截，且桩身宜加长至17m并进入基岩2m以上，桩头和地面处采用系梁进行连接，以提高桩林的整体性，如图13-67所示。

2) 隧道洞口地质灾害体处治分析

日地1号隧道进口段的主要病害为堆积体滑坡和依附于花岗岩结构面的卸荷体，以及与龙进隧洞出口段共同存在的崩塌落石，需对其进行有效治理，并应确保线路下部泥石流的正常通过。

(1) 地质灾害体相关参数分析

①日地1号隧道进口段的花岗岩卸荷体是洞口的控制性病害，而堆积体病害可以在花岗

岩卸荷体进行处治时兼顾进行处治。

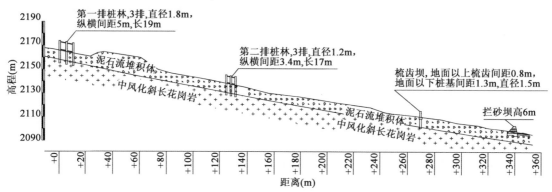

图 13-67　喇叭嘴泥石流拦截工程措施布置图

设计在确定卸荷体结构面参数时没有区分岩体的风化程度和结构面的性质,直接造成了卸荷体潜在下滑力明显偏大。依据隧道上部的陡倾张性结构面和隧道下部的缓倾压性结构面性质,以及卸荷体的风化段落,结构面贯通长度、充填度和张开度,并结合区内相似的水电站花岗岩结构面参数进行校核。其中下滑力计算时的控制性工况为地震工况,安全系数 $K = 1.15$。不同性质花岗岩结构面参数及潜在下滑力对比见表 13-7。

不同性质花岗岩结构面参数及潜在下滑力对比表　　表 13-7

项　　目		设　　计		优　　化	
结构面参数		内摩擦角 $\varphi(°)$	黏聚力 $c(kPa)$	内摩擦角 $\varphi(°)$	黏聚力 $c(kPa)$
强风化	张性结构面	26.1	50	28	20
	压性结构面	31.4	100	31	80
中风化	张性结构面	26.1	50	32	100
	压性结构面	31.4	100	43.5	200
控制工况下滑力(kN/m)		4613.4		1323.3	

从表 13-7 的对比分析来看,由于卸荷结构面参数的取值偏小,花岗岩卸荷体的潜在下滑力较实际情况增大了 348.6%。

②地质灾害体处治方案分析。

隧道口堆积体滑坡和花岗岩卸荷体的治理需同时考虑崩塌落石工程的有效防治,提高线路的抗灾能力,且有利于泥石流的正常通过。

(2)设计处治方案(图 13-68)

①日地 1 号隧道进口仰坡的堆积体滑坡和花岗岩卸荷体,在隧道上部采用 4 排长 12m 的锚杆和 13 排长 19~36m 的锚索工程进行加固;将喇叭嘴中桥由 80m 减跨为 40m,利用花岗岩弃渣对"桥改路"段的日地 1 号隧道进口段和龙进隧道出口段坡体进行反压。

②减跨后的喇叭嘴中桥桥下设置同线路上游相同参数的排导槽对泥石流进行引排。

(3)设计方案优化(图 13-69)

①在对日地 1 号隧道进口仰坡的堆积体滑坡和花岗岩卸荷体采用锚杆锚索工程进行加固的基础上,对隧道开裂区段采用加强衬砌和长锚杆环向注浆,提高隧道的抗变形能力。

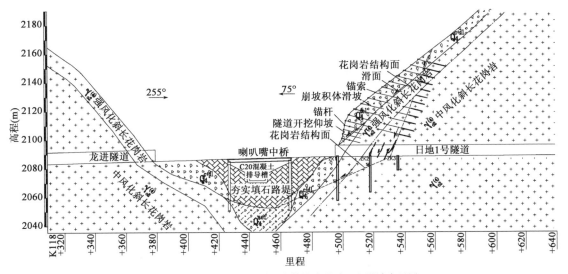

图 13-68　隧道洞口地质灾害体综合处治工程设计布置图

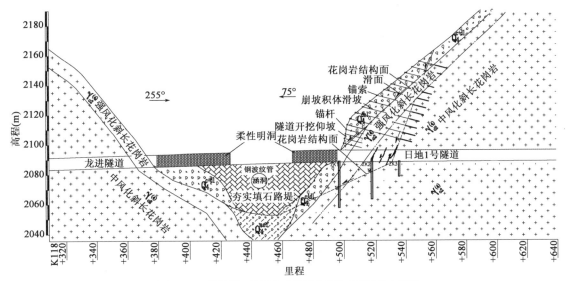

图 13-69　隧道洞口地质灾害体综合处治工程优化布置图

②喇叭嘴中桥减跨反压虽有效对花岗岩卸荷体进行了处治,也在一定程度上提高了线路的防崩塌落石能力,但减跨后的中桥桩基位于泥石流堆积体中,花岗岩弃渣的沉降和稳定性对其存在较大的安全隐患。

基于此,在考虑在泥石流上游进行有效拦截的基础上,将喇叭嘴中桥全部进行桥改路,从而大幅度提高线路对崩塌落石的抗灾能力,进一步提高花岗岩卸荷体的稳定性,更加有效地消化弃渣。此外,根据落石轨迹和能量,在日地 1 号隧道进口段和龙进隧道出口段 30m 和 50m 的路基部位设置柔性明洞,从而大大提高隧道洞口的崩塌落石防护等级。

③喇叭嘴中桥进行桥改路时对花岗岩弃渣进行强夯补强,在路基部位设置有较大安全冗余、抗裂性较好的直径 $\phi 8m$ 的双层圆形钢波纹管式排导槽涵洞,槽底设置厚 50cm 的砂石垫层和土工格栅,有效提高排导槽对基底可能出现的不均匀沉降的适应能力。

3) 花岗岩弃渣和高填处治分析

喇叭嘴沟内的花岗岩弃渣方量大,在沟内汇水和高烈度地震作用下存在较大的安全隐患,一旦出现过大沉降和失稳,则会造成高速公路的病害和泥石流排导系统的破坏。在极端情况下,花岗岩弃渣自身也有成为泥石流物源的可能。故需进行针对性的工程处治,以确保复杂地质灾害体综合处治的成功。

(1) 设计处治方案(图13-70)

①花岗岩弃渣采用1:1.5～1:1.75坡率进行放坡,路肩以外约10m部位设置一排$\phi 2m$、桩长18～25m的圆形埋入式抗滑桩,桩顶距填方坡面约20m,桩顶伸出原地面约8m。每5m设置一层土工格栅,并逐层强夯,路堤边坡最大高度为78.5m。

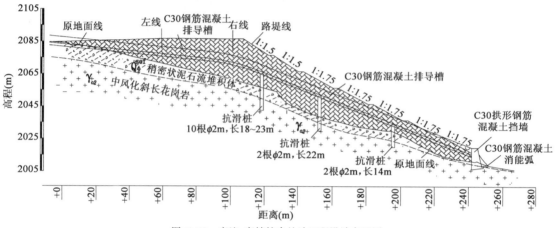

图13-70 弃渣、高填综合处治工程设计布置图

②坡脚设置顶宽3.5m、高12m、基础埋深2m的C30拱形混凝土挡墙,挡墙两端嵌入中风化花岗岩岸坡不小于1.5m,墙前设置C30钢筋混凝土消能弧。

③弃渣坡面上设置与线路部位相同参数的钢筋混凝土排导槽,且在槽底设置2排共4根$\phi 2m$、桩长13m和20m的圆形固定桩。

(2) 设计方案优化(图13-71)

①在泥石流和高烈度地震区的高填方,应将路堤与弃渣隔断分别进行处治,而设计采用抗弯能力较差的埋入式圆形滑桩,不能确保极端条件下路堤的稳定。

基于此,根据分析计算,在路堤一级平台部位设置桩基托梁挡墙对路基与花岗岩弃渣进行隔离,以有效确保高速公路的安全。其中,为有效减小抗滑桩悬臂长度,特在桩顶设置高10m的衡重式挡墙,抗滑桩基规格为$2m \times 3m@5m$,长24.5m。

②花岗岩弃渣填方区设置的钢筋混凝土排导槽抗裂性较差,极易由于不均匀沉降而开裂,从而可能危及整个弃方的安全。基于此,在对弃渣进行强夯和分层设置土工格栅的基础上,排导槽采用双层半圆形钢波纹管,以有效提高泥石流排导槽在弃渣填方体上的抗裂性,并可有效提高排导槽的"束流攻沙"效果。在管底设置厚50cm的砂石垫层和土工格栅,对可能出现的差异沉降进行调节。

③进一步放缓花岗岩弃渣填方的边坡坡率,以提高填方稳定性和减小泥石流对排导槽的冲刷,并加大坡脚挡墙前部消能弧的抗冲击力度。

④依据分析计算,为有效提高弃渣填方体的稳定性,在坡脚拱形混凝土挡墙下部采用3排φ180mm钢管微型桩进行加固。

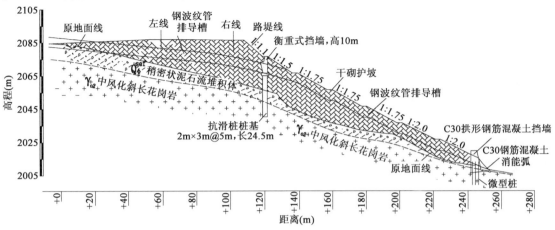

图 13-71　弃渣、高填综合处治工程优化布置图

5. 结语

(1)川西藏族聚居区峡谷深切,地质构造复杂,新构造运动强烈,地质灾害频发,高速公路设计应贯彻地质选线理念,尽量避免在地质灾害群发地段通过。

(2)泥石流的有效治理是喇叭嘴复杂地质灾害体成功治理的基础,而大量弃渣的有效综合处治、利用是复杂地质灾害体成功治理的关键。

(3)复杂地段的泥石流治理工程,宜采用分级拦挡工程和抗裂性较好的排导槽,而沟内高烈度地震区的高填与弃渣应进行隔断分别进行处治,并适当提高工程的安全冗余。

(4)合理分析堆积体滑坡性质和花岗岩卸荷体的发展趋势,积极采用"桥改路"反压工程有效提高坡体的稳定性和线路的抗崩塌落石等级。

(5)地质灾害复杂地段应合理设置弃渣场地,严格控制工程施工风险,加强工程管理,防止人工次生灾害的发生。

参 考 文 献

[1] 张倬元,王士天,王兰生.工程地质分析原理[M].北京:地质出版社,1994.
[2] 徐邦栋.滑坡分析与防治[M].北京:中国铁道出版社,2001.
[3] 郑颖人,陈祖煜,王恭先,等.边坡与滑坡工程治理[M].北京:人民交通出版社,2007.
[4] 王恭先,徐峻岭,李传珠,等.滑坡学与滑坡防治技术[M].北京:中国铁道出版社,2004.
[5] 王恭先,马惠民,王红兵.大型复杂滑坡和高边坡变形破坏防治理论与实践[M].北京:人民交通出版社股份有限公司,2016.
[6] 成永刚.滑坡的区域性分布规律与防治[M].北京:人民交通出版社,2013.
[7] 程强,苏生瑞,裴向军.震后崩塌灾害[M].北京:科学出版社,2015.
[8] 重庆市建设委员会,重庆市国土资源和房屋管理局.地质灾害防治工程设计规范:DB50/5029—2004[S].
[9] 重庆市质量监督局.地质灾害防治工程勘察规范:DB50/143—2003[S].
[10] 中华人民共和国交通运输部.公路工程抗震规范:JTG B02—2013[S].北京:人民交通出版社,2014.
[11] 中华人民共和国交通运输部.公路钢筋混凝土及预应力混凝土桥涵设计规范:JTG 3362—2018[S].北京:人民交通出版社股份有限公司,2018.
[12] 中华人民共和国交通运输部.公路路基设计规范:JTG D30—2015[S].北京:人民交通出版社股份有限公司,2015.
[13] 中华人民共和国交通部.公路勘测细则:JTG/T C10—2007[S].北京:人民交通出版社,2007.

索　引

a

安全系数　Safety factor ·· 091

b

半成岩　Semi-diagenesis ·· 045
半定量　Semi-quantitative ·· 114
半刚性防护　Semi-rigid protection ··· 143
半坡桩　Half slope pile ·· 170
被动网　Passive network ·· 139
崩塌　Collapse ··· 031
边坡病害　Slope diseases ··· 003
边坡渗沟　Slope trench ··· 198
变形监测　Deformation monitoring ·· 122

c

冲刷　Scour ·· 020
错落式　Scattered ·· 066

d

挡墙　Retaining wall ··· 150
地表汇水　Surface water ··· 194
地下水　Groundwater ··· 195
地形地貌　Topographic features ·· 005
地震　Earthquake ··· 015
地质工程　Geological engineering ·· 004
地质构造　Geological structure ··· 007
定量　Ration ··· 116
定性　Qualitative ··· 107
堆积层　Stacking layer ·· 061
堆填土　Fill ·· 064

f

反算　Inverse calculation ··· 073
防腐　Anti-corrosive ··· 181

防治方案	Prevention and control plan	202
防治工程	Prevention and control engineering	128
防治原则	Prevention and control principle	202
分级加固	Graded reinforcement	219
风化剥落	Weathering and spalling	019

g

刚性防护	Rigid protection	147
刚性明洞	Rigid open cut tunnel	156
刚性棚洞	Rigid shed hole	156
高边坡	High slope	211
工程地质	Engineering geology	004
工程斜坡	Artificial slope	001
固脚强腰	Strengthen feet and waist	219
滚落	Roll down	038

h

滑坡	Landslide	039
滑塌	Collapse	024
滑移	Slippage	037

j

机理	Mechanism	070
基本试验	Basic test	189
集水井	Collecting well	200
监测	Monitoring	122
减载反压	Load shedding back pressure	231

k

勘探	Prospecting	094
抗滑桩	Anti-slide pile	158
刻槽	Grooving	186
块状	Lump	051

l

| 帘式防护网 | Curtain net | 141 |
| 落石掉块 | Falling stone and falling block | 019 |

m

盲洞	Underground drainage tunnel	199
盲沟	Underground drainage ditch	197
锚固工程	Anchoring works	171
锚固机制	Anchoring mechanism	176

p

平推式	Horizontal push type	067
坡面病害	Dome diseases	003
坡体病害	Massif diseases	003
坡体结构	Slope structure	013

q

气象	Meteorological	014
牵引式	Traction type	041
抢险	Rescue	246
切层	Slicing	050
轻型钢架棚洞	Light steel frame shed hole	147
倾倒	Dump	037

r

绕避	Detour	227
人类活动	Human activity	015
柔性防护	Flexible protection	137
柔性明洞	Flexible open cut tunnel	141

s

生态绿化	Ecological greening	129
水力学	Hydraulics	086
水文地质	Hydrogeology	014
水文监测	Hydrological monitoring	124
顺层	Bedding	045

t

坍塌	Caving-in	024
推力	Thrust	076
推移式	Push type	041

w

微型桩	Micro-piles	185

y

岩土体	Rock and soil mass	004
验收试验	Acceptance test	191
仰斜排水孔	Inclined drain hole	195
应力监测	Stress monitoring	124

z

支撑渗沟	Supporting trench	199
支挡工程	Retaining works	235
主动网	Active network	138
注浆	Grouting	180
坠落	Fall	037

后　　记

本书交稿之际,我尊敬的岳父,我一生的人生导师——王恭先于2019年3月20日离世,到另一个世界去从事他热爱的岩土工程事业。在送走老人家后,我心里很难受,但老人家"的确、可能"累了,一辈子奔走于祖国的山山水水,为祖国的滑坡治理事业贡献了自己的一生,切切实实做到了生命不息、奋斗不止。

老人家无论是在生活中还是在工作中,都是我学习的榜样,老人家在生活、工作中教导我的点滴,都可以让我受用一生。老人家处处为他人着想,换位思考。无论是家人,还是工作中交往的人,老人家都会设身处地考虑问题、解决问题。无论是工作中在一起的大师,还是滑坡调查时遇到的现场施工人员;无论是与农民工坐在一起抽烟,还是与院士们一起讨论问题,老人家的言语都会让人感到相当舒服,不但说明了问题,又让大家都能乐意接受他的建议。

在与老人家生活的二十年中,他就是我的第二个父亲,在点点滴滴的小事中教我做人,从没有大声说过家人一句话。无论什么事,他都能心平气和地讲道理,就像老人家讲滑坡一样,解决问题是那么的透彻。即使家人在一起吃饭,老人家也会等到大家都坐到饭桌边了,才开始吃饭,让我每时每刻感到长辈的言传身教。在外面,老人家是别人尊敬的学者,但在家里,老人家永远是可亲可敬的家人。老人家有抽烟的习惯,但怕影响别人,都会躲在阳台上抽完了才进来;老人家病重时在我家休养了两个月,每天早上五点起床后怕影响我们,戒掉了多年一起床就看新闻的习惯;老人家由于生病吃饭困难,怕影响家人而坚持单独去旁边吃……老人家心里永远首先想到的是别人!

工作实践中,老人家严谨的工作态度深深感染着每一个人,为了一个细小的地质变化、一个细微的裂缝,老人家都要亲身调查,才会去进行发言和讨论。正因为有如此追求科学的精神,老人家一生取得的成绩获得了滑坡界的认可和推崇。

老人家常与年轻人以"故事"的形式进行交流,让大家更易接受、理解,在不知不觉中学习老人家渊博的知识。无论是认识的还是不认识的人,无论以何种形式向他请教,他都会马上进行交流,有时电话甚至可以打一个多小时。跟随老人家的十多年野外工作中,他都会要求我认真做好笔记,都会在开会前让我谈谈对所要讨论的滑坡的认识,都会在会后让我谈谈有什么心得……也正是在老人家的点拨下,我更加感受到了岩土工程之美,学会了结构知识和地质知识"两条腿走路"。

老人家在病重要去住院的前一天,还坚持用抖动的手为本书作序,这也是老人家人生的绝笔。写完后,还问我:"写得符合实际情况吗?"老人家的话,真是让我泪流不止。

老人家此生为我的岳父,是我幸运找到人生伴侣之后的再次幸运。老人家是我一生努力学习的楷模。老人家的笑容会陪伴我一生,老人家手把手教会我的东西让我受用一生,时时刻刻让我知道如何做一个对社会有用的人,如何做一个在平凡岗位上为祖国的建设认认真真做事的人。

成永刚

2019 年 10 月